BIBLIOTHÈQUE
DE L'ÉCOLE
DES HAUTES ÉTUDES

PUBLIÉE SOUS LES AUSPICES

DU MINISTÈRE DE L'INSTRUCTION PUBLIQUE

SCIENCES PHILOLOGIQUES ET HISTORIQUES

TRENTE-SIXIÈME FASCICULE

RELIGION VÉDIQUE D'APRÈS LES HYMNES DU RIG-VEDA
PAR ABEL BERGAIGNE

Tome premier

PARIS

F. VIEWEG, LIBRAIRE-ÉDITEUR

67, RUE DE RICHELIEU, 67

1878

EN VENTE A LA MÊME LIBRAIRIE

BIBLIOTHÈQUE DE L'ÉCOLE PRATIQUE DES HAUTES ÉTUDES, publiée sous les auspices du Ministère de l'Instruction publique.

1er fascicule : La Stratification du langage, par Max Müller, traduit par M. Havet, élève de l'Ecole des Hautes Etudes. — La Chronologie dans la formation des langues indo-germaniques, par G. Curtius, traduit par M. Bergaigne, répétiteur à l'Ecole des Hautes Etudes. 4 fr.

2e fascicule : Etudes sur les Pagi de la Gaule, par A. Longnon, élève de l'Ecole des Hautes Etudes. 1re part. : l'Astenois, le Boulonnais et la Ternois, av. 2 cartes. Epuisé.

3e fascicule : Notes critiques sur Colluthus, par Ed. Tournier, directeur d'études adjoint à l'Ecole des Hautes Etudes. 1 fr. 50

4e fascicule : Nouvel Essai sur la formation du pluriel brisé en arabe, par Stanislas Guyard, répétiteur à l'Ecole des Hautes Etudes. 2 fr.

5e fascicule : Anciens glossaires romans, corrigés et expliqués par F. Diez. Traduit par A. Bauer, élève de l'Ecole des Hautes Etudes. 4 fr. 75

6e fascicule : Des formes de la conjugaison en égyptien antique, en démotique et en copte, par G. Maspero, répétiteur à l'Ecole des Hautes Etudes. 10 fr.

7e fascicule : La Vie de saint Alexis, textes des XIe, XIIe, XIIIe et XIVe siècles, publiés par G. Paris, membre de l'Institut, et L. Pannier. Epuisé.

8e fascicule : Etudes critiques sur les sources de l'histoire mérovingienne, par Gabriel Monod, directeur adjoint à l'Ecole des Hautes Etudes et par les Membres de la Conférence d'histoire. 6 fr.

9e fascicule : Le Bhâminî-Vilâsa, texte sanscrit, publié avec une traduction et des notes par Abel Bergaigne, répétiteur à l'Ecole des Hautes Etudes. 8 fr.

10e fascicule : Exercices critiques de la Conférence de philologie grecque, recueillis et rédigés par E. Tournier, directeur d'études adjoint à l'Ecole des Hautes Etudes 10 fr.

11e fascicule : Etude sur les Pagi de la Gaule, par A. Longnon. 2e partie : les Pagi du diocèse de Reims, avec 4 cartes. 7 fr. 50

12e fascicule : Du genre épistolaire chez les anciens Egyptiens de l'époque pharaonique, par G. Maspero, répétiteur à l'Ecole des Hautes Etudes. 10 fr.

13e fascicule : La Procédure de la Lex Salica. Etude sur le droit Frank (la fidejussio dans la législation franke; — les Sacebarons; — la glosse malbergique), travaux de M. R. Sohm, professeur à l'Université de Strasbourg, traduits par M. Thévenin, répétiteur à l'Ecole des Hautes Etudes. 7 fr.

14e fascicule : Itinéraire des Dix mille. Etude topographique par M. F. Robiou, professeur à la Faculté des lettres de Rennes, avec trois cartes. 6 fr.

15e fascicule : Etude sur Pline le Jeune, par Th. Mommsen, traduit par Morel, répétiteur à l'Ecole des Hautes Etudes. 4 fr.

16e fascicule : Du C dans les langues romanes, par Ch. Joret, ancien élève de l'Ecole des Hautes Etudes, professeur à la Faculté des lettres d'Aix. 12 fr.

17e fascicule : Cicéron, Epistolæ ad Familiares. Notice sur un manuscrit du XIIe siècle, par Charles Thurot, membre de l'Institut, directeur de la Conférence de philologie latine à l'Ecole pratique des Hautes Etudes. 3 fr.

18e fascicule : Etudes sur les Comtes et Vicomtes de Limoges, antérieurs à l'an 1000, par R. de Lasteyrie, élève de l'Ecole des Hautes Etudes. 5 fr.

19e fascicule : De la formation des mots composés en français, par A. Darmesteter, répétiteur à l'Ecole des Hautes Etudes. 12 fr.

20e fascicule : Quintilien, Institution oratoire, collation d'un manuscrit du XIIe siècle, par Emile Châtelain et Jules Le Coultre, licenciés ès-lettres, élèves de l'Ecole pratique des Hautes Etudes. 3 fr.

21e fascicule : Hymne à Ammon-Ra des papyrus égyptiens du musée de Boulaq, traduit et commenté par Eugène Grébaut, élève de l'Ecole des Hautes Etudes, avocat à la Cour d'appel de Paris. 22 fr.

22e fascicule : Pleurs de Philippe le Solitaire, poëme en vers politiques, publié dans le texte pour la première fois, d'après six mss. de la Bibliothèque nationale par l'abbé Emmanuel Auvray, licencié ès lettres, professeur au petit séminaire du Mont-aux-Malades. 3 fr. 50

23e fascicule : Haurvâtât et Ameretât. Essai sur la mythologie de l'Avesta, par James Darmesteter, élève de l'Ecole des Hautes Etudes. 4 fr.

24e fascicule : Précis de la Déclinaison latine, par M. F. Bücheler, traduit de l'allemand par L. Havet, répétiteur à l'Ecole des Hautes Etudes, enrichi d'additions communiquées par l'auteur, avec une préface du traducteur. 3 fr.

25e fascicule : Anis-el-'Ochchâq, traité des termes figurés relatifs à la description de la beauté, par Cheref-eddin-Râmi, traduit du persan et annoté par Cl. Huart, élève de l'Ecole des Hautes Etudes et de l'Ecole des Langues orientales vivantes. 5 fr. 50

26e fascicule : Les Tables Eugubines. Texte, traduction et commentaire, avec une grammaire et une introduction historique, par M. Bréal, membre de l'Institut, professeur au Collège de France. Accompagné d'un album de 13 planches photogravées. 30 fr.

27e fascicule : Questions homériques, par F. Robiou, professeur d'histoire à la Faculté de Rennes, ancien directeur à l'Ecole des Hautes Etudes, avec 3 cartes. 6 fr.

BIBLIOTHÈQUE
DE L'ÉCOLE
DES HAUTES ÉTUDES

PUBLIÉE SOUS LES AUSPICES

DU MINISTÈRE DE L'INSTRUCTION PUBLIQUE

SCIENCES PHILOLOGIQUES ET HISTORIQUES

TRENTE-SIXIÈME FASCICULE

LA RELIGION VÉDIQUE D'APRÈS LES HYMNES DU RIG-VEDA
PAR ABEL BERGAIGNE

Tome premier

PARIS

F. VIEWEG, LIBRAIRE-ÉDITEUR

67, RUE DE RICHELIEU, 67

1878

LA

RELIGION VÉDIQUE

D'APRÈS LES HYMNES DU *RIG*-VEDA

SAINT-OUEN (SEINE). — IMPRIMERIE JULES BOYER.
(Société générale d'Imprimerie et de Librairie).

LA

RELIGION VÉDIQUE

D'APRÈS LES HYMNES DU RIG-VEDA

PAR

ABEL BERGAIGNE

MAITRE DE CONFÉRENCES A LA FACULTÉ DES LETTRES DE PARIS
RÉPÉTITEUR A L'ÉCOLE DES HAUTES ÉTUDES

TOME PREMIER

PARIS

F. VIEWEG, LIBRAIRE-ÉDITEUR

RUE DE RICHELIEU, 67

1878

A MON MAITRE

MONSIEUR HAUVETTE-BESNAULT

HOMMAGE DE RECONNAISSANCE

ET DE RESPECTUEUX ATTACHEMENT

INTRODUCTION

I

Ce livre est surtout une étude philologique. L'objet principal que je m'y propose est l'interprétation des hymnes du *Rig-Veda*. Après les travaux de rapprochement des différents emplois de chaque mot, d'où sont sortis, et la partie védique du dictionnaire sanskrit de Pétersbourg, due à M. Roth, et l'*index verborum* complet que M. Grassmann a publié sous le titre de *Wœrterbuch des Rig-Veda*, j'ai pensé qu'un travail de rapprochement des différentes formes de chaque idée pourrait contribuer à son tour à la solution d'une partie des difficultés, les unes reconnues, les autres esquivées plutôt que résolues, que présente encore l'exégèse du plus ancien monument de la littérature indienne. J'ai donc entrepris de donner au public une sorte d'*index rerum*, ou mieux d'*index* « des idées » du *Rig*-Veda.

L'ordre d'un tel *index* ne pouvait guère être, comme celui d'un *index verborum*, un ordre alphabétique. J'aurais d'ailleurs mal rempli l'objet que j'assignais à ce travail en me contentant de rapprocher toutes les formes d'une même idée. Il fallait, pour achever de préciser chacune des différentes idées et la mettre dans tout son jour, la rapprocher des idées analogues, l'opposer à l'occasion à des idées contraires, en un mot pousser jusqu'au bout la *synthèse* des traits épars à travers les hymnes védiques. C'est ainsi que l'*index* projeté est devenu un exposé méthodique de *la Religion védique d'après les hymnes du Rig-Veda*.

Mais mon livre, en prenant ce titre, n'a pas changé d'objet. J'insiste sur la pensée d'un *index*, et d'un *index* conçu avant tout comme un nouvel instrument d'exégèse pour l'intelligence du texte même des hymnes. Elle explique et, je l'espère, justifie la forme, l'esprit, les limites de ce travail.

La « forme » est à peu près celle d'une mosaïque faite de menus fragments du texte des hymnes rapprochés et ajustés de manière à composer un tableau d'ensemble. Les citations et les renvois [1] sont multipliés, quelquefois peut-être au détriment de la netteté, et en tout cas de la marche rapide de l'exposition, mais le plus souvent, je l'espère, au profit de l'intelligence des textes mêmes, dont le sens, fût-il clair par lui-même, peut presque toujours être précisé encore par la comparaison.

En revanche, j'ai généralement évité la polémique, du moins, et c'était mon droit, ce semble, dans un travail de synthèse embrassant le *Rig*-Veda tout entier, contre les auteurs de simples traductions ou de monographies. Or, les seuls travaux de synthèse à la fois complets et de première main sur ce monument, à part le volume V des *Sanscrit Texts* de M. Muir, précieux recueil de faits rassemblés en dehors de tout esprit de système, et par suite offrant peu de prise à la polémique, sont les travaux des lexicographes. Je ne prendrai donc guère à partie que MM. Roth et Grassmann, et cela à propos de la détermination du sens même des mots.

L' « esprit » de ce livre est la systématisation, la poursuite de toutes les analogies, la recherche de toutes les formes probables ou seulement possibles de chaque idée. Tranchons le mot, et prévenons une critique générale qu'on pourra lui adresser : dans cette recherche, dans cette poursuite des analogies, je paraîtrai souvent craindre moins de dépasser le but que de ne pas l'atteindre. C'est que je ne prétends, ni donner le tableau définitif d'une religion dont le principal monument offre encore tant de difficultés d'interprétation, ni faire œuvre de critique impeccable en ne citant que les passages parfaitement clairs, puisque mon principal objet est au contraire de présenter des solutions, ou tout au moins des suggestions pour l'explication des passages obscurs.

D'un autre côté, dans le rapprochement des textes, j'ai le plus souvent négligé les distinctions chronologiques. A cette

---

1. Les hymnes Vâlakhilya sont comptés à part, comme dans la première édition de M. Aufrecht sur laquelle j'avais fait le dépouillement des textes. J'ai dû renoncer, faute de caractères spéciaux, à accentuer les mots sanskrits; mais j'ai distingué ces mots comme oxytons, paroxytons, etc., toutes les fois qu'il y avait utilité à le faire. La transcription est des plus simples. Toutes les lettres qui devraient être pourvues de signes diacritiques sont distinguées par l'alternance des caractères romains et des caractères italiques.

nouvelle critique qu'on pourra m'adresser je ferai d'avance une réponse analogue. Je n'entends, ni retracer le développement historique de la religion védique d'après des hymnes dont la chronologie devra être déterminée uniquement par des raisons intrinsèques, et ne pourrait, selon moi, l'être que prématurément dans l'état actuel de l'exégèse philologique, ni me priver des lumières que peut apporter à cette exégèse la comparaison de passages empruntés à des hymnes d'époques peut-être fort différentes. L'ensemble de ces comparaisons aura précisément pour résultat de prouver qu'il n'y a pas eu entre les plus anciens et les plus modernes des hymnes du *Rig*-Veda, quels que soient ceux qui doivent être effectivement rangés dans l'une ou dans l'autre de ces deux catégories, une transformation telle de la religion védique, que les hymnes les plus modernes ne puissent plus servir de commentaire aux plus anciens. Tout au plus peut-on dire que quelquefois ceux-ci contiennent seulement le germe dont ceux-là nous montrent le complet développement.

C'est en cet état de développement complet, et comme un système achevé de toutes pièces, que la religion védique est présentée dans mon livre. A-t-elle eu, en effet, cette forme complète et achevée à un moment donné de son existence, et dans la conscience de l'un quelconque de ses ministres ? Je n'avance rien de tel, et c'est à un tout autre point de vue que je me place pour justifier la systématisation qui est, je le répète, l'esprit de mon travail. On ne conteste pas au critique d'une œuvre littéraire ou d'une œuvre d'art le droit de rechercher les lois que la pensée de l'écrivain ou de l'artiste a suivies, d'une manière plus ou moins consciente, dans la conception et dans l'exécution de son ouvrage. On ne peut davantage, ce me semble, contester au mythologue le droit de rechercher les lois qu'a suivies également d'une manière plus ou moins consciente la pensée des créateurs et des premiers interprètes d'une mythologie. L'ordre que j'adopte pour le classement des idées védiques est dans ces idées mêmes, s'il n'a pas été, du moins avec le degré de perfection et d'achèvement qu'il présente ici, dans l'esprit des auteurs des hymnes. Plus tard viendra le temps, et je ne renonce pas à contribuer un jour pour ma part à cette œuvre, de chercher à restituer l'ordre historique du développement de la religion védique. Mais il faut avant tout s'entendre sur le caractère essentiel qu'a présenté cette religion dès son origine, pour avoir quelque chance de s'entendre ensuite dans le classement chronologique des hymnes et des idées qui y sont exprimées. Si l'ordre suivi dans mon *index* des idées est, comme je le crois, le mieux approprié à son principal objet, qui est d'éclairer les textes mêmes par la comparaison et la coordination, il est par cela même justifié.

Quant aux « limites » de ce travail, ce sont celles du recueil même du *Rig-Veda*. Ces limites auraient été évidemment trop étroites pour un travail où l'on se serait proposé uniquement de tracer un tableau de la religion védique. Mais on ne fait guère d'*index* que d'un seul ouvrage. Un travail de ce genre, pour être complet dans ses détails[1], doit être restreint dans son étendue.

Tel qu'il est pourtant, composé de fragments de textes rapprochés dans un esprit évident et avoué de systématisation et empruntés aux seuls hymnes du *Rig-Veda*, ce livre présentera, je l'espère, une image assez fidèle de la religion védique. Cette image sera notablement différente de celle qu'en présente par exemple la traduction complète du *Rig-Veda* de M. Grassmann, qui peut être considérée comme le couronnement du travail d'exégèse commencé par M. Roth et continué dans le même esprit par M. Grassmann lui-même[2]. Avertissons-en tout de suite le lecteur : elle lui paraîtra sans doute moins séduisante, et sera en tout cas beaucoup moins simple.

En deux mots, voici le principe du différend. MM. Roth et Grassmann ne craignent pas, pour simplifier le sens des hymnes, de compliquer souvent le vocabulaire[3] : j'essaie au

---

1. Bien entendu, un *index* des idées ne peut être complet à la manière d'un *index* des mots. J'ai fait en sorte que celui-ci le fût dans la mesure que comporte la délicatesse d'une pareille tâche. Inutile de dire que le dépouillement des hymnes a été intégral. J'ai même recommencé plusieurs fois ce dépouillement. Malheureusement le travail de rédaction, entrepris depuis plusieurs années, a été différentes fois et longtemps interrompu. Il en a été de même de l'impression, commencée d'ailleurs avant que la rédaction de toutes les parties fût achevée. J'aurais certainement pu, en travaillant dans de meilleures conditions, rendre cette publication moins imparfaite. Faute de plus de loisirs et de suite dans le travail de rédaction et de correction des épreuves, elle pourra me faire moins d'honneur sans que l'utilité qu'elle pouvait offrir pour le progrès des études védiques en soit sensiblement diminué. C'est ce qui m'a décidé à ne pas l'ajourner indéfiniment.

2. Elle le sera plus encore de celle dont on pourrait trouver les traits disséminés dans les travaux mythologiques de M. Max Müller. Mais il est entendu que je ne fais de polémique que contre les deux lexicographes.

3. La querelle entre eux et moi portera le plus souvent sur l'hypothèse d'un

contraire de rétablir la simplicité dans le vocabulaire en admettant la complexité dans les idées. Je ne recule pas même devant une idée bizarre, quand mes prédécesseurs me paraissent ne l'avoir évitée qu'en faisant violence aux mots. Mais bien entendu je ne tiens compte de cette idée dans le système que je cherche à restituer, que lorsque je l'ai retrouvée plusieurs fois sous des formes différentes et que la comparaison de plusieurs passages a, selon la méthode rigou-

---

homonyme ou sur la multiplication des sens d'un même terme, deux expédients auquel MM. Roth et Grassmann se croient trop souvent forcés d'avoir recours, faute d'avoir reconnu le degré de complication que la religion védique présente dans la plupart des hymnes, et particulièrement l'importance qu'y jouent les spéculations liturgiques. Sans manquer à la reconnaissance et au respect dus au fondateur de l'exégèse védique, et à cet autre savant, son digne continuateur, si cruellement enlevé par une mort prématurée, qui lui a laissé le temps d'achever son œuvre, mais non celui d'en recueillir tout l'honneur, qu'il me soit permis de préciser ici par deux exemples, où l'erreur de l'un et de l'autre est évidente, les critiques que je viens de formuler. Je les ai déjà cités ailleurs (*Revue critique*, 1875, vol. II, p. 373 note 3); mais bien que j'aie le choix entre un grand nombre d'exemples analogues qu'on trouvera disséminés dans ce livre, ce seront encore ceux-là que je reproduirai ici, parce qu'il n'en est guère de plus frappants. — Le mot *dur* « porte » fait au génitif singulier *durah* (oxyton) et à l'accusatif pluriel *durah* (paroxyton). Ces deux formes se rencontrent dans deux passages où elles ont embarrassé M. Grassmann. Déjà pour expliquer la première, au vers I, 53, 2, M. Roth avait supposé un mot *dura* (oxyton), dont il ne trouvait pas d'autre exemple, avec le sens de « donneur », proprement *Erschliesser*. M. Grassmann a admis cette hypothèse, et y a ajouté celle d'un second mot *dura* (paroxyton), tout aussi inconnu, et auquel il attribue le même sens, pour expliquer le vers VI, 35, 5. Or les deux formes s'expliquent parfaitement, l'une comme le génitif, l'autre comme l'accusatif du mot *dur* « porte ». Dans le premier passage, Indra est appelé le maître puissant « de la porte du cheval, de la porte de la vache, de la porte du blé et de la richesse », comme ailleurs il est dit d'Agni qu'il ouvre les portes de la richesse en général, I, 68, 10. Dans le second, si l'on prend le verbe *vi gṛiṇīshe* au sens moyen, au lieu de le prendre au sens passif, on voit qu'il est dit d'Indra, si souvent accompagné de chantres, et accomplissant lui-même ses exploits au moyen de l'hymne, qu'il *dischante* les portes, qu'il ouvre les portes par le chant. — Passons à l'interprétation donnée du mot *vip* par MM. Roth et Grassmann. Ni l'un ni l'autre n'ont pu méconnaître entièrement le rapport étroit qui existe, pour le sens comme pour l'étymologie, entre ce mot *vip* et le mot *vipra* « prêtre », proprement « inspiré », ou le mot *vipas* (dans les composés *vipaç-cit, vipo-dhá*), « inspiration » ou « hymne, prière » (cf. *vepate matī*, de Soma, IX, 71, 3, et d'Agni, X, 11, 6, c'est-à-dire des prêtres, des « inspirés » par excellence). Mais ils ont cru devoir en outre, pour l'interprétation de divers passages, tirer de la signification radicale « trembler, vibrer », les sens de « branche », de « baguette faisant partie du tamis à presser le Soma », et enfin de « flèche ». Or l'un des sens suggérés par la comparaison des mots *vipra* et *vipas* suffit parfaitement à l'explication de tous ces passages, non pas le sens d'« inspiré » ou de « prêtre », mais celui d'« inspiration » ou d'« hymne, prière ». De ces deux sens, M. R. n'avait reconnu que le premier. Or, j'admettrai qu'au vers 7 de l'hymne III, 3, l'opposition de *devānām* nous invite à prendre *vipām* au sens concret, et qu'au vers 1 du même hymne, il est naturel de l'interpréter

reusement suivie dans tout ce travail, confirmé l'interprétation naturellement indiquée par le sens ordinaire des termes.

C'est en procédant ainsi, c'est en me laissant instruire par les mots, au lieu de les plier aux exigences d'une simplicité voulue, que j'ai été conduit à tracer de la religion védique un tableau dont je vais d'avance, pour la commodité du lecteur, esquisser les principaux traits.

de même. Mais je ne puis croire, avec MM. R. et Gr. qu'il soit au vers V, 68, 1, un adjectif employé comme épithète de girá. Il est là construit en apposition avec ce mot, et y a, comme au vers X, 61, 3 (où M. Gr. ne maintient le sens de prêtre que par l'hypothèse d'une accentuation fautive), et dans l'expression vipâm jyotîmshi, III, 10, 5 (cf. les prières brillantes, ci-dessous, p. 285), le sens de prière ou d'hymne. Ce dernier sens est admis du reste par M. Gr. pour le vers VI, 49, 12, où les vipah sont les hymnes de celui qui est « éloquent », et où il est difficile de comprendre comment M. R. peut introduire son sens de « baguette ». — M. Gr. a renoncé pour plusieurs passages encore aux sens imaginés par M. R. On va voir qu'il aurait pu les abandonner complétement. Et d'abord, s'il renonce au sens de « baguette du tamis » pour les vers IX, 3, 2 et VIII, 6, 7, où je substituerais d'ailleurs le sens d' « hymne » ou « prière » à celui de « prêtre », pourquoi le garde-t-il aux vers IX, 22, 3 et IX, 99, 1 ? Le premier ne s'explique-t-il pas par les passages qui nous montrent le Soma purifié par la prière, IX, 96, 15 ; 113, 6, cf. 43, 3 (cf. d'ailleurs, dans le vers IX, 22, 3 lui-même, le mot vipaçcitah), et le second, mieux encore, par la comparaison de la formule agre vâcah, IX, 106, 10 (cf. agre sindhûnâm, IX, 86, 12), et de l'expression vâco agriyah, IX, 7, 3, évidemment équivalente aux formules vipâm agre et vipâm agreshu, VIII, 6, 7 ? On sera sans doute peu disposé maintenant à retenir pour le seul vers IX, 65, 12 le sens de « baguette du tamis » ; et si l'on remarque de plus que le mot vipâ y est rapproché de dhârayâ comme l'est au vers IX, 10, 4 le mot girâ, on n'hésitera guère à l'interpréter dans le sens d' « hymne ». Le passage peut signifier par exemple « brillant avec cette prière-ci et avec cette prière-là » : les deux prières paraissent être d'ailleurs celles de la terre et du ciel. — M. Gr. admet dans son Lexique, au vers VIII, 52, 7, le sens d' « hymne » (qu'il abandonne, il est vrai, pour celui de « flèche » dans sa traduction), et au vers VIII, 1, 4, le sens de « prêtre », auquel je substituerais celui d' « hymne ». Si l'on remarque que dans ces deux vers, il s'agit des hymnes de l'ari, c'est-à-dire (contrairement à l'interprétation que M. Gr., dans sa traduction, conserve pour le vers VIII, 1, 4) de l'ennemi, du sacrificateur rival, on verra que ce dernier sens doit être étendu encore au vers IV, 48, 1 (où le mot na est négatif, cf. X, 22, 5), concernant le même sujet (cf. encore VIII, 54, 9, aryo vipaçcitah). — Le sens de « branche » a été suggéré à MM. R. et Gr. par les vers VI, 44, 6 et VIII, 19, 33. Or il faut remarquer d'abord que ces deux passages n'ont rien de commun. On trouve bien dans l'un et dans l'autre l'idée de « branche », suggérée dans celui-là par le verbe vi rohanti, formellement exprimée dans celui-ci par le mot vayâh. Mais dans ce dernier, le mot vayâh appartient au premier hémistiche, « O Agni, toi qui es (comme un tronc) sur lequel les autres feux croissent comme des branches », et l'idée exprimée par le second hémistiche n'a aucun rapport avec celle du premier. Le verbe ni yu qu'on y rencontre n'ayant pris le sens de « s'emparer de » ou plutôt de « diriger à son gré » que par une métaphore tirée de l'art de conduire les chars, et signifiant proprement « atteler » (cf. niyut « attelage »), la méthode d'interprétation qui consiste à multiplier les significations d'un même mot pour simplifier le sens des formules védiques, aurait dû plutôt suggérer là

II

La mythologie des Aryas védiques est étroitement liée à leur culte, et ces deux aspects de leur religion doivent être étudiés simultanément.

Le sacrifice védique, par les rites mêmes qui le constituent, ou tout au moins par la plupart des formules où ces rites sont

à MM. R. et Gr., pour l'accusatif pluriel *vipah*, le sens de « chevaux », qu'ils auraient pu déduire, avec autant de vraisemblance que ceux de « branches » ou de « flèches, » de l'idée radicale de « mobilité ». La vérité est que notre mot y *désigne* les « prières » ou les « hymnes » avec *allusion* à des chevaux, à des attelages. Nous verrons en effet que l'assimilation des prières à des attelages est une des idées les plus familières aux poëtes védiques. Il suffira quant à présent de citer le vers VI, 35, 3 où se trouvent à la fois le substantif *niyut* et le verbe *ni yu*. Dans le second hémistiche de notre vers VIII, 19, 33, le prêtre se vante, en honorant Agni, « d'atteler les richesses des hommes comme ses hymnes », c'est-à-dire de s'en rendre maître comme il est le maître des hymnes qu'il dirige à la manière d'attelages. Deux comparaisons sont exprimées, ou plutôt, le terme intermédiaire étant supprimé, suggérées d'un coup, celle des richesses à des attelages, celle des attelages à des prières. Le terme intermédiaire est d'ailleurs suggéré lui-même par le verbe *ni yu*. — Or, la même figure, et c'est là le seul trait de ressemblance des deux passages, se retrouve au vers VI, 44, 6. L'idée des « branches » y est, non pas exprimée, mais suggérée par le verbe *vi ruh* « se ramifier » dans la formule « Indra, dont les faveurs sont comme les prières, *vipah*, quand elles se ramifient ». Ainsi ce passage qui, aux yeux de MM. R. et Gr., établissait avec évidence le sens de « branches », contient simplement une *allusion* à la comparaison des prières des différents sacrificateurs, VIII, 5, 16, à des branches qui se séparent, VII, 43, 1 (cf. VIII, 13, 6, cf. encore II, 5, 4, et aussi VIII, 13, 17, et plus tard, les différentes *çâkhâ* des Vedas). La double comparaison forme ici d'ailleurs un sens intéressant : les faveurs d'Indra se ramifient pour répondre à la ramification des prières ; en d'autres termes, Indra exauce les prières de tous les sacrificateurs. — Reste le passage qui paraissait offrir un argument non moins triomphant en faveur du sens de « flèche », c'est-à-dire le vers X, 99, 6. Quand nous aurons vu la prière comparée à une lame de fer qu'on aiguise, VI, 47, 10, quand nous aurons de plus développé l'idée de l'efficacité toute-puissante de la prière, considérée comme l'arme des dieux, aussi bien que comme un moyen d'action en quelque sorte magique de l'homme sur la divinité, on ne s'étonnera plus que Trita, ce dieu tout particulièrement considéré comme un sacrificateur, comme un préparateur du Soma céleste, se serve, pour frapper le sanglier, c'est-à-dire le démon, d'une « prière à pointe de fer », X, 99, 6, ou simplement d'une prière « ferrée », acôrée (cf. *vâcah... jyotiragrâh*, VII, 101, 1, *giraç candrâgrâh*, V, 41, 14, « paroles, chants brillants »), c'est-à-dire en somme, d'une prière tenant lieu de fer. Cette substitution au sens véritable d'un mot du sens qu'il suggère à côté du sien propre est fréquente chez M. R. et Gr. Or on voit que l'effet de cette substitution peut être, non-seulement d'altérer le tour de la pensée védique, mais d'enlever aux formules mythologiques leur signification la plus intéressante.

décrits, nous apparaît d'abord comme une imitation de certains phénomènes célestes.

Les phénomènes dont il s'agit peuvent se ramener à deux groupes : ceux qui accompagnent le lever du soleil, et que j'appellerai phénomènes solaires, ceux qui accompagnent après une longue sécheresse la chute de la pluie, et que j'appellerai phénomènes météorologiques. Dans l'un et l'autre groupe, la mythologie védique distingue des éléments mâles et des éléments femelles. L'élément mâle est, dans les phénomènes solaires, le soleil lui-même, dans les phénomènes météorologiques, l'éclair. Les éléments femelles correspondants sont l'aurore et la nue, ou, avec intervention de l'idée de pluralité qui est volontiers liée à celle du sexe féminin, les aurores et les eaux. Ces divers éléments sont susceptibles de représentations diverses qui constituent l'anthropomorphisme et le zoomorphisme mythologiques.

Les figures d'animaux les plus fréquentes sont, pour les mâles, l'oiseau, le cheval, ailé ou non, le taureau et le veau ; pour les femelles, la cavale et surtout la vache. Entre les êtres des deux sexes s'établissent, soit sous leur forme humaine, soit sous leurs formes animales, des rapports mythiques représentant les relations supposées des éléments entre eux. La concomitance, l'antériorité, la postériorité des phénomènes trouve son expression dans l'union sexuelle ou la parenté collatérale, dans la paternité ou la maternité, dans la filiation des êtres mythologiques. Ces rapports peuvent d'ailleurs se confondre ou se renverser selon les points de vue divers ou multiples sous lesquels ils sont envisagés. De là les incestes du frère et de la sœur, du père et de la fille. De là encore ces paradoxes, auxquels les auteurs des hymnes prennent une sorte de plaisir enfantin, « La fille a enfanté son père », « Le fils a engendré ses mères », et qui s'expliquent par le fait que le soleil a été considéré, tantôt comme le fils, tantôt comme le père de l'aurore, ou que les eaux du ciel ont passé, tantôt pour les mères de l'éclair qui naît au milieu d'elles, tantôt pour les filles de ce même éclair qui les fait couler.

Toute cette phraséologie mythique se retrouve dans la description des cérémonies du culte. Il y a dans ces cérémonies deux moments principaux, la préparation de l'offrande, et le sacrifice qui en est fait dans le feu. Arrêtons-nous d'abord à la seconde opération. L'élément mâle y est le feu lui-même, Agni, tandis que l'élément femelle est l'offrande, quelle qu'elle soit, beurre, lait, ou liqueur spiritueuse du Soma. Or, le feu et l'offrande sont souvent représentés sous les mêmes formes que les éléments mâles et les éléments femelles des phénomènes célestes, et les rapports conçus entre ceux-ci sont également étendus à ceux-là. Mais c'est surtout dans les formules qui décrivent la préparation de l'offrande par excellence, c'est-à-dire du Soma, que l'intention de faire des rites une imitation des phénomènes célestes se trahit avec une entière évidence. Ici c'est le Soma lui-même qui joue le rôle d'élément mâle. En effet, tandis que les offrandes de beurre et de lait, correspondant dans le sacrifice au beurre et au lait des vaches célestes, c'est-à-dire à la lumière de l'aurore et à l'eau de la nuée, et assimilées elles-mêmes à des vaches, sont toujours et uniquement femelles, le Soma ne prend accidentellement le même sexe que par opposition au feu dans lequel il est sacrifié. Par lui-même, ce liquide de couleur d'or, ce breuvage qui réchauffe et brûle le cœur, est un élément mâle comme le feu, avec lequel il offre tant de ressemblance qu'on peut l'appeler un feu liquide. Les femelles sont, tantôt les eaux servant à humecter la plante d'où on l'exprime, et coulant avec lui dans l'opération du pressurage, tantôt le lait auquel on le mêle pour le faire fermenter. Tout un livre du *R*ig-Veda, le neuvième, est composé d'hymnes où cette préparation du breuvage sacré est mille fois décrite dans des formules qui conviendraient tout aussi bien à la description mythique des phénomènes de l'orage ou du lever du jour.

Il est un autre ordre de femelles que les hymnes mettent en rapport avec le feu, et plus souvent encore avec le breuvage du sacrifice. Je veux parler des prières, ces vaches mugissantes qui appellent leur veau ou lui répondent. Mais ces femelles ont aussi leur prototype céleste dans les éclats du tonnerre, considérés comme les mugissements des vaches de l'orage, ou assimilés eux-mêmes à des vaches. La correspondance du rite et du phénomène n'est même nulle part plus évidente que dans les formules qui consacrent la relation des prières avec le feu et le breuvage sacré.

J'ai parlé jusqu'à présent d'une imitation des phénomènes dans le culte. Mais pour rendre la pensée exacte des *A*ryas védiques, il faut aller plus loin. Les rites sont la reproduction réelle sur la terre des actes qui s'accomplissent dans le ciel. Les éléments du culte ne sont pas de purs symboles des éléments des phénomènes célestes : ils leur sont identiques en nature, et ils tirent comme eux leur origine du ciel.

La chose va de soi pour les eaux. Mais la croyance à l'identité du feu terrestre et de celui qui s'allume dans l'orage, sous la forme de l'éclair, ou encore de celui qui apparaît tous les matins à l'orient sous la forme du soleil, n'est pas moins solidement établie. C'est ce que prouvent de nombreux passages des hymnes. Le mythe de la descente du feu céleste sur la terre est même commun à tous les peuples indo-européens, comme l'a démontré M. Kuhn dans un livre qui passe à bon droit pour le vrai fondement des études de mythologie comparée, *Die Herabkunft des Feuers und des Gœttertranks*[1]. Je ne crois pas d'ailleurs qu'il en faille chercher uniquement l'explication dans le phénomène terrible de la chute de la foudre. Le feu qu'on fait sortir du bois selon le rite antique du frottement des aranis y a été introduit par la pluie qui a fait croître ce bois, et il était contenu dans la pluie elle-même, comme il l'est toujours dans les eaux du ciel, soit qu'il s'y manifeste, soit qu'il y reste caché. Il y était mêlé comme le Soma l'est aux eaux terrestres et au lait dans la préparation du breuvage sacré. Il y jouait le rôle de Soma céleste. En effet, et sur ce point les théories de M. Kuhn appellent, selon moi, une rectification importante, le Soma céleste n'est pas la pluie elle-même, mais l'élément igné renfermé dans la pluie. Les deux éléments, distincts sur la terre, du feu et du Soma, se confondent dans le ciel sous la forme de l'éclair. Ils se confondent également sous celle du soleil : car c'est seulement par une modification relativement tardive, quoiqu'elle soit déjà en germe dans le *Rig-Veda*, que le mythe primitif de Soma a été, comme tant d'autres mythes solaires ou météorologiques dans les diverses mythologies indo-européennes, transporté dans le ciel nocturne, et que le nom du breuvage sacré est devenu un nom de la lune.

La distinction du feu et du Soma s'opère sur la terre lorsqu'en tombant mêlés aux eaux de la pluie, ils s'introduisent avec elle dans des plantes différentes, pour sortir des unes en étincelles et des autres en gouttes de liqueur. L'argument décisif en faveur de l'identification du feu et du Soma est d'ailleurs, indépendamment des passages où l'un et l'autre sont assimilés à l'éclair et au soleil, le rôle que le second

---

1. M. Baudry en a donné une analyse, à laquelle il a ajouté des faits nouveaux, dans la *Revue germanique*, XIV, p. 353 et 535, XV, p. 5.

joue comme élément mâle dans les rites du sacrifice. Il est même sur la terre le représentant le plus direct du feu contenu dans les eaux réelles, puisque le feu terrestre ne peut s'unir qu'à des représentations des eaux, c'est-à-dire au beurre et au lait.

Ce n'est pas que l'analogie des eaux, du feu et du Soma n'ait fait considérer aussi ces autres éléments du sacrifice, ainsi que les prières, comme identiques en nature à ceux qui leur correspondent dans le ciel. Il ne faut d'ailleurs pas perdre de vue le fait que les vaches qui donnent ce lait et ce beurre ne font que rendre ce qu'elles ont emprunté, en les buvant, aux eaux du ciel, et en les paissant, aux plantes que les eaux du ciel ont fait croître.

Mais ce n'étaient pas seulement les éléments constitutifs du sacrifice qui étaient considérés comme descendus du ciel. Les hommes qui l'accomplissaient avaient eux-mêmes une origine céleste, comme le feu qu'ils allumaient. Ce mythe de l'origine céleste, et, pour préciser davantage, de l'origine ignée de la race humaine, est également, d'après le livre déjà cité, commun à tous les peuples de la race. Mais M. Kuhn ne me paraît pas avoir suffisamment mis en relief toutes les causes qui peuvent contribuer à expliquer la formation du mythe, ni même peut-être les plus importantes. Au nombre de celles-ci, il faut mentionner l'idée, naturellement suggérée par le refroidissement des cadavres, que le feu est le principe de la vie, puis le fait que l'homme redemande sans cesse, plus ou moins directement, selon que sa nourriture est animale ou végétale, aux eaux de la pluie considérées comme renfermant le feu céleste, cet élément nécessaire à la conservation et à la transmission de l'existence. Mais, en dehors de ces observations quasi scientifiques, il est encore un point dont il faut tenir grand compte. Le feu dans lequel les prêtres versaient l'offrande était lui-même considéré comme le véritable prêtre par lequel le sacrifice se consommait. Le feu du foyer domestique, identique d'ailleurs au feu du sacrifice, était le maître de maison par excellence. C'est ainsi que d'anciens noms du feu, Angiras, Vasish/ha, Atri, et tant d'autres, ont pu devenir les noms d'autant de personnages qui, tout en passant pour les premiers prêtres et les premiers ancêtres, ont retenu assez fidèlement les attributs du feu pour contribuer, sinon à former, au moins à fixer le mythe de l'origine ignée de la race humaine. Il se pourrait aussi que tel ou tel de ces chefs de famille eût réellement existé, et que l'application qui lui aurait été faite d'un nom du feu, en raison des attributs sacerdotaux qu'il partageait avec lui, eût amené peu à peu dans la légende une confusion plus ou moins complète du prêtre mortel et de son modèle immortel. Quoi qu'il en soit, l'assimilation au feu, ou au Soma, ce feu liquide, soit des ancêtres de la race, soit plus généralement des anciens sacrificateurs, est la forme la plus ordinaire sous laquelle se présente à nous, dans la mythologie védique, l'idée que les hommes ont, comme lui, le ciel pour patrie.

Si maintenant on se demande quelle pouvait être la portée d'un sacrifice conçu comme une imitation des phénomènes célestes, on y reconnaîtra sans doute, sous la forme particulière d'un culte naturaliste, une de ces pratiques consistant à produire en effigie ce qu'on souhaite de voir arriver dans la réalité, pratiques communes à la plupart des peuples primitifs, et persistant même souvent jusque dans un état de civilisation assez avancé, comme celle, par exemple, que notre moyen âge désignait par le nom d'envoûtement. Le sacrifice védique, réglé d'ailleurs sur les heures du jour et sur les saisons de l'année, avait pour objet d'assurer le maintien de l'ordre naturel du monde, soit dans les phénomènes solaires, soit surtout dans les phénomènes météorologiques dont la régularité est moindre, ou même de hâter la production de ces derniers au gré des vœux de l'homme. En d'autres termes, c'était un moyen de faire tomber la pluie en réalisant, pour les représentations terrestres des eaux du nuage et de l'éclair, les conditions dans lesquelles celui-ci détermine dans le ciel l'épanchement de celles-là. L'efficacité d'une telle opération était du reste d'autant mieux assurée que, dans la croyance des Aryas védiques, elle ne se réduisait pas à une imitation pure et simple, mais que le sacrifice était accompli au moyen d'éléments empruntés au ciel par des hommes qui y rapportaient eux-mêmes leur origine.

L'idée d'une action directe exercée par le sacrifice sur les phénomènes célestes ressort clairement d'un bon nombre de passages des hymnes. Elle a, ainsi que la croyance à l'origine céleste des instruments du culte, introduit dans la mythologie védique un nouvel ordre de rapports entre les éléments mâles et les éléments femelles qui y sont représentés sous les différentes formes énumérées plus haut. Je veux parler des rapports entre les éléments terrestres et les éléments célestes.

C'est ainsi que le mâle d'un monde s'unit aux femelles de l'autre, qu'un mâle engendre, qu'une femelle enfante ou nourrit son petit dans un monde autre que celui qui est son propre séjour. Des relations d'amitié, des alliances s'établissent aussi entre les éléments terrestres et célestes du même sexe. Elles produisent des couples mythiques, qui peuvent même devenir des triades par l'adjonction à la forme terrestre d'un élément de chacune de ses deux formes célestes, dans les phénomènes solaires et dans les phénomènes météorologiques.

L'assimilation du sacrifice et des phénomènes célestes est plus complète encore que je ne l'ai indiqué jusqu'ici. Non-seulement le sacrifice est une imitation des phénomènes, mais les phénomènes sont eux-mêmes considérés comme un sacrifice. Cette conception peut s'expliquer de différentes manières. D'une part, il était assez naturel, après avoir rapporté au ciel l'origine des divers éléments du sacrifice, d'y rapporter aussi l'institution du sacrifice lui-même. De l'autre, l'action supposée du sacrifice terrestre sur les phénomènes célestes devait en faire attribuer la production indépendante dans le ciel à une cause analogue. Il est bien entendu, d'ailleurs, que le sacrifice céleste se confondait avec les phénomènes eux-mêmes, et que, par exemple, le feu de ce sacrifice ne pouvait être distingué de l'éclair ou du soleil. Enfin, quand les Aryas védiques, sans abandonner entièrement dans leurs rites funéraires l'usage antique de l'inhumation, lui eurent cependant substitué, dans la plupart des cas, la pratique, plus conforme au reste de leur religion, de l'incinération des cadavres, quand ils eurent pris l'habitude de confier leurs morts au feu qui les remportait en tourbillons de fumée dans cette patrie céleste d'où ils étaient descendus comme lui, ils peuplèrent ainsi le ciel d'êtres humains qui, après avoir accompli le sacrifice pendant tout le cours de leur vie terrestre, poursuivaient leur œuvre dans le ciel, et continuaient à assurer le retour régulier des phénomènes, en opérant, non plus sur le représentant terrestre du soleil et de l'éclair, mais sur le soleil et l'éclair eux-mêmes. Ces ancêtres, ces *pitris*, comme les appellent les *rishis* ou poëtes védiques, avaient d'ailleurs été réunis aux formes célestes du feu, principe de leur existence, par ce feu terrestre du bûcher qui, en les conduisant au ciel, était allé lui-même rejoindre ses frères, de telle sorte qu'ici encore nous retrouvons la confusion déjà signalée du sacrificateur et de l'instrument du sacrifice. A un autre point de vue, il est souvent aussi très-difficile, ou même impossible, dans les formules relatives aux anciens sacrificateurs, de distinguer l'œuvre accomplie par eux dans le ciel de l'œuvre qu'ils ont accomplie sur la terre, les mêmes effets étant attribués à l'une et à l'autre, ou dans celles qui concernent décidément des sacrificateurs célestes, de distinguer les ancêtres divinisés des dieux proprement dits auxquels la même œuvre est maintes fois attribuée.

Le nom de « dieux » vient de se rencontrer pour la première fois dans cette esquisse de la religion védique, et en tant qu'appliqué à des êtres qui sont considérés seulement comme accomplissant dans le ciel une œuvre du même ordre que le sacrifice journellement célébré par les hommes sur la terre. C'est qu'en effet la conception particulière des rapports de la terre et du ciel que j'ai seule analysée jusqu'ici est une conception directement naturaliste, où les éléments mêmes jouent le principal rôle. Les véritables dieux y sont ces éléments, au moins les éléments mâles, c'est-à-dire le soleil, l'éclair, ou mieux encore les diverses formes de l'élément universel qui porte, comme feu, le nom d'Agni, comme breuvage, celui de Soma, et dont les formes célestes sont le soleil et l'éclair, Agni et Soma sont même tour à tour le dieu unique et omniprésent qui a sur la terre autant de séjours qu'il s'y trouve d'autels et de pressoirs, mais dont tous les séjours terrestres s'opposent ensemble à ses deux principaux séjours célestes, l'atmosphère, théâtre des phénomènes météorologiques, et le ciel proprement dit, théâtre des phénomènes solaires. Aux trois formes d'Agni et de Soma dans ces trois séjours correspondent trois formes de la femelle, qui réunit elle-même les attributs assimilés et confondus des aurores, des eaux, des offrandes et des prières, ou qui représente successivement, mais toujours sous une triple forme, correspondant, au moins en principe, aux trois mondes, ces divers éléments des phénomènes célestes et du sacrifice. Enfin, quand les divisions de l'univers sont multipliées par des procédés de formation mythique que j'ai analysés ailleurs [1] et que j'exposerai plus complètement dans cet ouvrage, les formes de la femelle, comme celles du mâle, se multiplient également de façon à demeurer toujours l'expression, en quelque sorte

---

1. *Comptes rendus de l'Académie des inscriptions*, 1875.

arithmétique, de l'omniprésence de l'une comme de l'autre.

Une dernière observation est nécessaire avant de passer à un nouvel ordre d'idées. Aux personnages mythologiques représentant directement les éléments, nous pouvons ajouter déjà ceux qui représentent les différents lieux où ces éléments résident, où ils prennent naissance, et qui, par les effets de la personnification, deviennent naturellement leurs pères et leurs mères. Ces différents lieux sont, bien entendu, les différentes divisions du monde, à cela près que l'atmosphère n'est presque jamais personnifiée par elle-même, mais est remplacée par la nuée ou le nuage. Je veux indiquer par les genres différents de ces deux noms d'un même objet, que le personnage qui le représente dans la mythologie védique est, tantôt mâle, tantôt femelle. Le ciel et la terre sont quelquefois femelles l'un et l'autre; mais plus souvent ils forment un couple de parents, ils sont le père et la mère de toutes choses, et particulièrement d'Agni et de Soma.

La mythologie védique connaît cependant d'autres dieux que ceux qui représentent directement les éléments, ou les mondes où ces éléments prennent naissance. Nous aurions, il est vrai, à en citer plusieurs encore qui peuvent être identifiés purement et simplement au soleil ou à l'éclair, ou mieux à Agni ou à Soma sous l'une ou l'autre de leurs formes, ou sous toutes ces formes à la fois. C'est ainsi que Pûshan réunit aux attributs du soleil certains traits qui rappellent le breuvage sacré. C'est ainsi encore que Vishnu, faisant ses trois pas, paraît n'être qu'un représentant du mâle, Agni ou Soma, transmigrant dans les trois mondes. D'autre part, la distinction de l'élément et d'un personnage qui y préside, — lorsqu'elle laisse subsister l'appellation commune, ainsi qu'il arrive pour les noms de Sûrya, d'Ushas, d'Agni, de Soma, qui désignent à la fois le soleil, l'aurore, le feu ou le breuvage, et une divinité qui préside à chacun de ces éléments,— lorsqu'elle n'introduit pas non plus dans la conception de l'être divin d'attributs étrangers à ceux de l'élément dont cette conception est tirée, — une telle distinction, dis-je, est un fait trop simple, trop nécessairement lié au développement naturel des mythes, pour que nous ayons à y insister dans ce résumé rapide. Nous avons eu déjà d'ailleurs l'occasion de signaler le dédoublement d'Agni ou de Soma en un élément des phénomènes ou du sacrifice et un producteur de cet élément. C'est ce dédoublement qui explique en grande partie les mythes des anciens sacrificateurs divinisés comme les A*n*giras et les *R*ibhus, et des dieux sacrificateurs comme les Maruts. On le constate avec plus de certitude encore dans le mythe de la descente du feu apporté par Mâtariçvan ou par les Bh*r*igus, et dans celui de la descente du Soma apporté par un aigle. L'analyse mythologique réduit cet aigle à une représentation du Soma lui-même, comme Mâtariçvan et les Bh*r*igus à des représentations du feu. Les attributs du feu (ou du Soma) considéré comme élément, et du feu (ou du Soma) considéré comme prêtre, semblent s'être confondus dans le personnage, d'origine secondaire, de Brihaspati ou Brahma*n*aspati, le maître de la prière. Mais le dieu auquel j'en veux venir paraît beaucoup plus profondément distingué des éléments que les différents personnages qui viennent d'être énumérés.

Ce dieu, nommé Indra, est celui qui, si on tient compte à la fois du nombre des hymnes qui lui sont adressés et du rôle que ces hymnes lui attribuent, a décidément le pas sur tous les autres dans la mythologie du *R*ig-Veda. Ce n'est pas qu'il n'emprunte, lui aussi, ses attributs aux éléments dont il dispose. Ce n'est pas qu'à remonter à l'origine probable du mythe, on ne pût l'identifier, lui aussi, au soleil ou à l'éclair, ou encore à l'élément universel dont le soleil et l'éclair ne sont que des formes particulières. Le caractère d'Indra est avant tout celui d'un dieu guerrier. Mais Agni et Soma sont aussi quelquefois, lorsqu'ils se manifestent sous la forme de l'éclair ou du soleil, considérés comme des héros vainqueurs de la sécheresse et de la nuit, conquérants des eaux et des aurores. Entre Agni ou Soma d'une part, et Indra de l'autre, la différence paraît donc être surtout dans le degré où en est arrivée la personnification de l'élément, ou mieux dans la conséquence avec laquelle est observée la distinction de l'élément et du dieu qui y préside. Tandis que l'élément et le dieu, distingués par un dédoublement de la conception primitive, tendent toujours, dans les personnages d'Agni ou de Soma, et dans ceux des autres dieux dont il a été précédemment fait mention, à se confondre de nouveau, au contraire, dans le personnage d'Indra, beaucoup plus arrêté, transformé beaucoup plus profondément par l'anthropomorphisme, ils restent décidément et définitivement séparés. Indra est le dieu qui fait lever le soleil après l'aurore, et qui, la foudre, c'est-à-dire l'éclair à la main, fait couler les eaux célestes.

Avant d'être ainsi rendues par Indra à l'homme qui les attend, les aurores pendant la nuit, les eaux pendant la sécheresse, avaient été ravies et étaient retenues par une puissance malfaisante, dans une caverne, ou, selon l'expression mythique naturellement suggérée par l'assimilation des femelles célestes à des vaches, dans une étable. Pour l'analyse mythologique, la caverne et le voleur, l'étable et le vacher, se confondent, au moins en partie. Le lieu où se produisent les phénomènes célestes est considéré, pendant le temps où ils sont attendus, comme la prison des êtres qui les représentent, ou quand il est lui-même personnifié, comme leur geôlier. Il en est ainsi du moins dans la conception particulière de l'ordre du monde qui s'est fixée dans le mythe d'Indra. Cette conception est dualiste. Le bien, c'est-à-dire dans l'ordre physique, la lumière et la pluie, et le mal, c'est-à-dire les ténèbres et la sécheresse, y sont rapportés à deux ordres de puissances opposés. D'Indra, du dieu, les hommes n'attendent que le bien. Le mal est tout entier l'œuvre des démons, c'est-à-dire des Panis, de Çushna, de Vala, et du plus célèbre de tous, Vritra, considéré surtout comme le voleur des eaux. Indra entre en lutte avec ces démons, il les frappe, il les tue ou les mutile; et par sa victoire, il délivre les aurores et les eaux, il rend aux hommes la lumière et la pluie.

A cette conception mythologique correspond une conception particulière du culte. L'offrande, et particulièrement l'offrande du Soma versée dans le feu, est destinée à Indra. Le feu, Agni, l'élève jusqu'à lui dans le ciel en tourbillons de fumée, ou bien encore il est la langue par laquelle Indra est supposé la boire. Le sacrifice garde son action en quelque sorte magique sur les phénomènes célestes. Mais cette action ne s'exerce plus directement. L'intermédiaire en est le dieu que le breuvage sacré enivre, exalte, et met en état de soutenir et de terminer heureusement la lutte engagée par lui contre les démons voleurs des eaux ou des aurores. Ce breuvage devient tantôt son arme, tantôt le cheval qui le porte ou le traîne, tantôt un héros, son allié. Il en est de même du feu, intermédiaire de l'action exercée sur Indra par le breuvage. Les prières figurent aussi à leur rang dans ce combat livré à la fois par la terre et le ciel. Assimilées au tonnerre, c'est-à-dire au bruit de la foudre d'Indra, excitant d'ailleurs le courage du dieu, elles deviennent, tantôt des armes qu'il emploie contre le démon, tantôt des chars qui le traînent. Dans un autre ordre d'idées, elles sont des épouses auxquelles il s'unit ou des mères qui l'encouragent.

Le mythe du sacrifice céleste a d'ailleurs aussi sa place, et une place très-importante dans la légende d'Indra. Les sacrificateurs mythiques, dieux ou ancêtres, Maruts ou Angiras, l'enivrent de Soma, l'exaltent avec leurs hymnes de louange, lui portent en un mot tous les secours du culte, dans la bataille qu'il livre aux ennemis communs des hommes et des dieux. Comme leurs représentants terrestres, les formes célestes d'Agni et de Soma, le soleil et l'éclair, sont aussi, tantôt ses armes, tantôt ses alliés.

Les attributs du feu ou du Soma du sacrifice et ceux du soleil et de l'éclair sont souvent réunis et confondus dans des personnages mythiques dont le principal caractère est d'être tour à tour ou à la fois les protégés et les alliés d'Indra, et au nombre desquels on peut citer Etaça, Kutsa, Dabhîti, et une foule d'autres.

Le feu ou le Soma céleste n'est cependant pas toujours, soit une arme dans la main d'Indra, soit un allié combattant à ses côtés. Souvent il est considéré lui-même comme prisonnier avec les aurores ou les eaux, et doit alors être délivré avec elles par Indra. Non personnifié, il est la conquête, la proie du dieu guerrier. Il a aussi été quelquefois conçu comme se dérobant lui-même dans sa retraite aux hommes qui l'attendent et au dieu qui le cherche. De là le caractère équivoque de certains personnages mythiques, ordinairement présentés comme les alliés d'Indra, mais devant lesquels ce dieu paraît prendre d'autres fois une attitude hostile. De là surtout l'application aux démons, ravisseurs des eaux et des aurores, de certains attributs qui semblent empruntés au soleil et à l'éclair.

J'avais indiqué déjà plus haut comme base naturaliste de la conception des démons, la notion du lieu, ciel ou nuage, qui retient la lumière ou la pluie, et qui peut être aussi considéré comme un dieu, en tant qu'il les répand, comme un dieu père en tant qu'il les produit. D'après ma dernière observation, les démons peuvent aussi représenter dans une certaine mesure les éléments mâles des phénomènes célestes, quand ils se dérobent à l'attente des hommes ; le caractère divin et le caractère démoniaque peuvent appartenir tour à tour à ces éléments, selon le rôle qui leur est attribué vis-à-vis du dieu qui lutte pour la conquête des eaux et des aurores.

A côté du dieu bienfaisant par excellence, d'Indra, il faut nommer les Açvins, couple de divinités non moins secourables, mais à peu près complétement privées d'attributs guerriers. A cette différence près, ce couple répond assez bien à celui qu'Indra forme avec tel ou tel de ses alliés, et il est effectivement identifié dans un passage du *R*ig-Veda au couple d'Indra et Agni.

C'est au contraire une opposition essentielle de nature et d'attributs que nous aurons à relever entre Indra d'une part, et les dieux tels que Parjanya, Rudra, Savitri-Tvash*t*ri, les *A*dityas de l'autre. Pour marquer cette opposition avec le dieu guerrier, je les appellerai, faute d'un autre terme, *dieux souverains*, parce qu'ils règnent sans conteste sur ce monde où Indra ne manifeste sa puissance que par des victoires qu'il doit renouveler sans cesse. Quelques-uns doivent être en même temps considérés comme des formes de ce dieu père dont j'ai déjà dit un mot tout à l'heure. Dans la même catégorie de personnages divins, nous rangerons encore ceux qui sont conçus simplement comme des gardiens des trésors célestes. Ils ressemblent fort à ceux qui, dans la conception dualiste de l'ordre du monde, sont les démons combattus par Indra. Comme eux, ils empruntent leurs attributs au ciel, au nuage, ces réservoirs souvent fermés de la lumière et des eaux, du feu et du Soma, en même temps qu'au feu et au Soma eux-mêmes considérés comme se dérobant parfois volontairement à l'attente de l'homme. La figure des dieux souverains et des dieux pères est aussi formée des mêmes traits.

Toutes ces divinités appartiennent à une conception unitaire de l'ordre du monde dans laquelle le bien et le mal, c'est-à-dire le jour et la nuit, la pluie et la sécheresse, sont rapportés à un seul et même personnage ou à une seule et même catégorie de personnages célestes. Il en résulte qu'elles ont un double aspect, propice et sévère, un caractère équivoque qui, par opposition au caractère exclusivement bienveillant d'Indra, peut s'accuser dans le sens malveillant jusqu'à les assimiler, dans une certaine mesure, aux démons de la conception dualiste. C'est ce qui arrive surtout quand par la rencontre et le mélange de ces deux conceptions, unitaire et dualiste, d'origines évidemment différentes, le dieu souverain ou le dieu père entre en lutte avec le dieu guerrier, considéré parfois comme son propre fils. La victoire qui reste toujours à ce dernier rappelle tout à fait celle qu'il remporte sur les démons, ses ennemis habituels. C'est ainsi qu'Indra tue son père Tvash*t*ri, curieuse figure mythique, qui a formé avec celle de Savitri un personnage unique, mais qui a pris seule à sa charge l'équivoque inhérente à la conception du dieu souverain et père, et en a entièrement débarrassé Savit*r*i. C'est ainsi encore qu'Indra détrône Varu*n*a, le plus auguste des Adityas, qui, dans ses démêlés avec Indra, est une fois presque confondu avec le démon V*r*itra. Dans les luttes de ce genre, Agni et Soma, autres formes du dieu fils, prennent ordinairement parti pour Indra contre le dieu souverain ou père, de la colère duquel ils défendent aussi personnellement et directement leurs suppliants.

L'étude que nous consacrerons aux dieux souverains de la religion védique doit nous conduire à traiter la question des rapports de cette religion avec la morale générale.

Les hymnes védiques ne sont point œuvres de moralistes. Composés pour la plupart en vue des cérémonies du culte, ils ne renferment guère, outre la description de ces cérémonies, et avec les louanges adressées aux dieux, que l'expression des vœux de leurs adorateurs, qu'un appel sans cesse réitéré à leur libéralité et à leur protection. Non-seulement la morale ne s'y formule jamais en préceptes ; mais, même par voie d'allusion, ce que les auteurs de ces hymnes nous laissent entrevoir de leurs idées sur les vices ou les crimes qu'il faut fuir et sur les vertus qu'il faut pratiquer, se réduit à des généralités très-vagues et n'offre rien qui puisse suppléer à la codification absente des devoirs observés ou reconnus par eux. A cet égard, l'indianiste, interrogé sur l'avancement de la culture morale dans la société védique, ne saurait fournir une réponse aussi précise et des témoignages aussi frappants que l'helléniste auquel on adresserait une question du même genre sur les temps héroïques de la Grèce. Les poëmes d'Homère où la vie entière d'une période primitive est retracée dans sa riche diversité, où les situations multiples d'un drame à mille personnages reproduisent la variété infinie des rapports sociaux, sont pour l'historien des idées morales une mine de matériaux bien autrement précieuse qu'une collection d'hymnes liturgiques, où d'ordinaire les seuls acteurs en scène sont, d'une part le prêtre et le sacrifiant qu'il assiste, de l'autre le dieu auquel le sacrifice est offert. Les comparaisons mêmes, ces ornements prodigués dans toutes les poésies primitives, et qui dans Homère achèvent la peinture du monde et de la vie, en donnant aux tableaux de batailles un arrière-plan rustique et en faisant une place aux humbles dans un coin de la scène où s'agitent les héros, les comparaisons, quoique abondantes aussi dans les hymnes védiques, sont loin d'y présenter le même intérêt et surtout le même développement. De ces deux monuments, les plus anciens de notre race, la poésie naturaliste et liturgique du Rig-Veda et l'épopée homérique, le premier a sur le second un avantage incontestable, celui d'éclairer d'une lumière beaucoup plus vive la formation des mythes et les anciennes croyances religieuses. Mais s'il s'agit seulement de constater l'état moral d'une société primitive, l'avantage est tout entier à l'épopée homérique sur la collection des hymnes védiques, et il est trop grand pour permettre même aucune comparaison de l'une à l'autre.

Cependant le Rig-Veda, à défaut des formes particulières de la vie morale chez les ancêtres de la race hindoue, nous révèle du moins l'intensité de cette vie, le sentiment à la fois vif et profond qu'ils avaient d'une pureté à garder ou à reconquérir, de souillures à éviter ou à laver par l'expiation. Les poëtes védiques n'avaient pas, dans de simples prières adressées à leurs dieux, l'occasion de nous montrer, comme Homère, la morale de leur temps « en action » : mais la conscience morale parle dans ces prières le seul langage qu'elle fût appelée à y tenir, le langage religieux, le sentiment moral y revêt la seule forme qu'il y pût naturellement prendre, celle d'un appel à la justice et surtout à la miséricorde divine.

Dans cet ordre d'idées, ce que nous aurons à relever le plus fréquemment à travers les hymnes sera, tantôt l'aveu du péché, tantôt la protestation d'innocence placée dans la bouche du suppliant. Sur ces aveux et sur ces protestations conçues la plupart du temps en termes assez vagues, nous aurons à prévenir un malentendu possible. Quand l'homme, en effet, s'accuse d'une façon générale d'offenses commises envers les dieux, il semble qu'on puisse conserver des doutes sur la nature et sur l'élévation du sentiment qui se traduit dans sa prière. La première obligation des *R*ryas de la période védique vis-à-vis de leurs dieux, c'est le culte lui-même, avec ses cérémonies, moins compliquées sans doute qu'elles ne le furent dans la suite, mais déjà réglées dans leurs traits essentiels. Toute omission et toute erreur dans l'accomplissement des rites est une faute. Mais la conscience de cette faute et les terreurs qu'elle cause à son auteur n'appartiennent pas nécessairement à l'ordre des sentiments moraux, dans le sens où nous prenons ici ce mot. Tant que tout se passe entre l'offenseur et l'offensé, nous pouvons croire que nous assistons simplement à une querelle où, de part et d'autre, l'intérêt personnel est seul en jeu. Le souci que prend le dieu de venger sa propre offense n'a par lui-même, et sauf l'intervention d'autres idées, rien de bien auguste, et la prière que l'homme lui adresse peut ne trahir après tout que la frayeur naturelle du plus faible devant le plus fort.

Mais le rôle moral du dieu se dessine avec une netteté parfaite lorsqu'il prend en main, non plus seulement sa propre cause, mais celle des semblables du suppliant offensés par lui. L'idée que les dieux recherchent et punissent des fautes autres que celles qui ont été commises directement envers eux, quand elle s'introduit dans les religions naturalistes, leur donne décidément la portée morale qui leur manquait à l'origine. Or, cette idée est exprimée dans des passages à la vérité fort peu nombreux du *R*ig-Veda, mais en des termes qui ne laissent place à aucun doute. Grâce à eux, les passages beaucoup plus nombreux où la confession du coupable est conçue en termes plus généraux s'éclairent d'une lumière nouvelle. Il devient légitime de donner à l'idée fréquemment exprimée du péché toute l'extension dont elle a été une fois reconnue susceptible, et au lieu de s'étonner que les témoignages précis ne soient pas plus nombreux dans une littérature composée pour une bonne partie de formules qui, sauf la substitution d'un nom propre à un autre et l'emploi d'une assez riche synonymie, se reproduisent avec une grande monotonie, on doit bien plutôt se féliciter qu'un heureux hasard nous en ait conservé quelques-uns, et ait mis ainsi hors de litige le caractère moral qu'on aurait pu, sans eux, être tenté de contester à la religion védique.

Ce caractère moral ressort encore de considérations d'un autre ordre. Les rapports conçus entre le suppliant et le dieu qu'il implore, peuvent, même quand ils sont le plus étroitement limités, et que la notion des devoirs envers le prochain n'y intervient pas, s'élever fort au-dessus de l'idée, d'ailleurs fréquente, d'un marché entre deux contractants, et prendre une dignité qui a droit à tous les respects de l'historien des idées morales. « Donne-moi, je te donne » est resté, il est vrai, la formule assez exacte des relations établies par le culte védique entre la terre et le ciel, pendant la longue période où ce culte a survécu aux conceptions primitives qui lui avaient donné naissance. Mais à côté de cette notion grossière des rapports de l'homme avec la divinité, à côté des autres conceptions du culte qui se rattachent plus étroitement encore aux principes essentiels de la mythologie védique, il s'en était formé une autre répondant mieux aux besoins moraux de l'humanité. La confiance dans la bonté divine par exemple, et le repentir fondé, non-seulement sur la crainte du châtiment, mais sur le regret d'avoir trahi une amitié fidèle (car les *r*ishis donnent à leurs dieux le titre d'amis), sont des manifestations indiscutables de la conscience morale.

Ce qui souvent relève encore la conception du culte, et donne une portée morale à l'aveu de la faute commise envers les dieux, c'est l'idée que ceux-ci tiennent compte, non-seulement du fait matériel du sacrifice, mais de l'intention dans laquelle il est offert, et qu'à défaut de sincérité de la part du sacrifiant, les offrandes ne peuvent leur plaire.

Cette vertu de la sincérité est en somme la vertu védique par excellence, ou pour parler plus exactement, au milieu des allusions, la plupart du temps assez vagues, que les chantres védiques peuvent faire au bien et au mal moral, nous constaterons qu'ils en ramènent le plus souvent la distinction à celle du vrai et du faux.

Une autre idée dont on ne saurait nier la portée morale est l'idée de « loi », telle qu'elle est conçue par les chantres védiques. On verra comment les mêmes mots désignent tour à tour les lois naturelles, les lois du sacrifice et enfin les lois morales, et la discussion philologique qui portera sur les termes, sur leur sens primitif et leurs sens dérivés, éclairera, je l'espère, d'un jour assez vif, la question de l'origine et du développement des idées elles-mêmes. Elle offrira d'ailleurs un double intérêt. La formation de l'idée de loi, en tant que cette idée peut s'appliquer à la morale commune, à la morale sociale, n'en sera pas le seul objet; en constatant l'assimilation des lois du sacrifice aux lois qui régissent l'ordre du monde, je montrerai la conception du culte sous un nouvel aspect qui achèvera d'en relever la dignité, et de faire ressortir la portée morale du repentir témoigné pour une offense envers les dieux, cette offense ne consistât-elle que dans une simple infraction aux prescriptions liturgiques.

Mais les divinités védiques ne s'intéressent pas toutes au même degré à la distinction du bien et du mal moral, et elles ne sont pas toutes non plus également considérées comme gouvernant, soit le monde moral, soit même le monde physique, par des lois immuables. A ce double point de vue, la différence est surtout profonde entre le dieu guerrier Indra et ceux des dieux souverains qui sont désignés par l'appellation commune d'*Adityas*, et dont le premier est Va-ru*n*a, tandis que les fonctions morales attribuées aux dieux qu'on pourrait appeler élémentaires comme Agni et Soma, et à ceux qui leur ressemblent le plus, s'expliquent naturellement par leurs relations, soit dans le culte, soit dans les phénomènes naturels, avec les dieux souverains. Si, ajoutant un nouveau trait à ceux qui nous ont paru nécessaires pour caractériser le rôle moral de la divinité dans le monde, on ne considère ce rôle comme nettement accusé que lorsque sa justice vengeresse s'étend sur les hommes qui lui rendent un culte aussi bien que sur leurs ennemis, le dieu guerrier recule décidément à l'arrière-plan, tandis que les dieux souverains restent au premier. Cette distinction s'explique parfaitement par celle des rôles attribués aux mêmes personnages dans les mythes naturalistes.

Les questions qui préoccupent avant tout les créateurs des mythes védiques, et que ces mythes, dès leur origine, ont pour objet de résoudre, se ramènent à celles-ci : Où est la lumière pendant la nuit? Où sont les eaux pendant la sécheresse? Et pour employer la langue mythologique elle-même : Où sont les vaches absentes? Quelle est la cause qui les retient? Quel est le moyen de les faire reparaître? Deux systèmes différents fournissaient la solution de ces questions. Suivant l'un, les vaches étaient enfermées dans une étable qui leur servait de prison; suivant l'autre, elles étaient rentrées dans le lieu mystérieux qui est la source même de la lumière et de la pluie. D'après le premier, elles avaient été volées par des démons; d'après le second, elles étaient gardées par les dieux mêmes. Le premier système enfin s'accordait très-bien avec une conception du sacrifice dans laquelle le prêtre est un auxiliaire du dieu, l'enivrant pour doubler ses forces, combattant avec lui l'ennemi commun, c'est-à-dire le démon voleur des vaches. Le second système s'accordait mieux avec une notion toute différente du culte, celle qui tend à le réduire à un pur acte d'hommage, par lequel l'homme cherche à se concilier la faveur d'une divinité toute-puissante.

Mais la différence essentielle entre les divinités appartenant à ces deux conceptions, l'une dualiste, l'autre unitaire, de l'ordre du monde, c'est que le dieu guerrier, opposé à un démon, est exclusivement bienveillant, tandis que les dieux souverains, seuls auteurs du mal comme du bien physique, ont un caractère tour à tour bienveillant et malveillant, qui inspire à leurs suppliants la terreur autant que l'amour. Cette différence est aussi, selon moi, la vraie cause de l'aptitude inégale des personnages divins à revêtir des fonctions morales. L'idée de la malveillance devenait, à mesure que s'élevait la notion de la majesté divine, inséparable de l'idée de justice. Indra, toujours bienfaisant, n'était et ne pouvait être pour les Aryas védiques qu'un ami. Varuna, tour à tour propice et irrité, était leur juge. La colère du dieu ne pouvait être expliquée que par le péché de l'homme. C'est ainsi que les attributs semi-démoniaques des dieux souverains dans l'ordre des phénomènes naturels paraissent avoir été étroitement liés à leurs attributs providentiels dans l'ordre des idées morales.

III

L'exposé dont on vient de lire à l'avance un sommaire sera divisé en quatre parties.

La première partie sera consacrée aux éléments mêmes de la mythologie védique, éléments empruntés à la fois aux phénomènes naturels et au culte qui en est l'image. Les principaux points que j'y traiterai sont l'assimilation du sacrifice aux phénomènes célestes, l'assimilation inverse des phénomènes célestes à un sacrifice, enfin l'action exercée par le sacrifice sur les phénomènes. Je les traiterai à propos de chacun des éléments des phénomènes et du sacrifice, en étudiant successivement les éléments mâles et les éléments femelles, puis à propos des rapports des éléments mâles avec les éléments femelles, et des rapports de parenté des éléments de même sexe entre eux, enfin, dans une étude consacrée à la signification mythique des nombres dans le *Rig-Veda*.

Dans la seconde partie, j'étudierai le dieu guerrier, Indra, et cette conception particulière du culte dans laquelle la divinité est l'intermédiaire de l'action exercée par le culte sur les phénomènes célestes.

Après un appendice aux deux premières parties, qui formera la troisième partie, consacrée à différents dieux ou groupes de dieux, tels que Vish*n*u, les Açvins, les Maruts, etc., je traiterai, dans la quatrième partie, des Dieux souverains et de la Morale dans la Religion védique [1].

---

1. Cette quatrième partie est déjà imprimée. Précédée d'une introduction et suivie d'une conclusion qui ont été reproduites en partie dans l'esquisse de la religion védique qu'on a lue plus haut, elle a formé une thèse de doctorat que j'ai soutenue devant la Faculté des lettres de Paris le 31 mars 1877. Mais elle n'a pas été, sous cette forme, mise dans le commerce, et ne le sera, sous sa forme nouvelle, que le jour où elle pourra être présentée comme le complément de l'ouvrage dont je donne aujourd'hui le premier volume. Elle en formera le troisième volume, et paraîtra, très-prochainement d'ailleurs, en même temps que le second volume, qui comprendra, avec la fin de la première partie, la seconde et la troisième partie Une table analytique, par ordre alphabétique, sera jointe au troisième volume, ainsi qu'un *Erratum* pour l'ouvrage entier.

PREMIÈRE PARTIE

———

LES

ÉLÉMENTS DE LA MYTHOLOGIE VÉDIQUE

DANS LES PHÉNOMÈNES NATURELS

ET DANS LE CULTE

CHAPITRE PREMIER

LES MONDES

Le ciel et la terre sont les deux grandes divisions de l'univers. Ils sont ordinairement désignés par les thèmes *dyu* (*div*) et *prithivî*, dont le premier est identique à une racine signifiant « briller », et le second n'est autre que le féminin de l'adjectif *prithu* « large » pris substantivement. Les deux mots sont rapprochés et opposés dans un composé impropre *dyâvâ-prithivî*, qui est une des expressions les plus usitées du *Rig*-Veda.

Le terme de terre ne prête à nulle équivoque : il faut remarquer seulement que pour les poëtes védiques la forme de la terre est naturellement sa forme apparente, celle d'un disque plat, ou légèrement concave si l'on tient compte du relèvement des bords à l'horizon. Quant au terme de ciel, il est susceptible de plusieurs applications distinctes en sanscrit védique comme dans notre propre langue. Il peut s'entendre d'abord de l'espace entier qui s'étend au-dessus de la terre : la terre et le ciel composent alors tout l'univers visible. Mais le ciel peut aussi n'être que la voûte azurée, la surface tournée vers la terre de la demi-sphère qui la recouvre. Enfin, au-dessus de cette voûte, par delà les limites du monde visible, les *r*ishis conçoivent un monde invisible, séjour des dieux, dont la notion est nécessairement suggérée, même dans l'ordre purement naturaliste, par la disparition et la réapparition du soleil et des nuées : c'est le réservoir de la lumière pendant la nuit et de la pluie pendant la sécheresse. Or, le terme de ciel peut recevoir encore cette troisième application, la voûte azurée n'étant plus alors que la limite inférieure du monde invisible.

Dans la seconde, comme dans la troisième conception du ciel, ces deux grandes subdivisions le ciel et la terre, n'épuisent plus l'univers. Entre le ciel-voûte et le disque de la terre s'étend l'espace libre qui devient un troisième monde. Cette division est clairement indiquée dans le texte suivant où le ciel et la terre sont d'ailleurs, comme souvent, désignés par le duel *rodasi*, X, 55, 3 : « Il (Soma) a rempli les deux mondes et le milieu. » Ce « milieu » est le monde ordinairement appelé *antari-ksha*, littéralement « ce qui est placé entre », et auquel nous donnerons le nom d'atmosphère. Le singulier *antariksham* s'ajoute souvent au duel déjà cité *dyâvâprithivî*, comme complétant l'énumération des parties de l'univers. Il est clair que l'atmosphère peut être en outre opposée comme ciel visible au ciel invisible, quand le terme de ciel désigne, non plus la voûte céleste, mais l'espace dont elle est la limite inférieure.

D'après ce qui précède, le théâtre des phénomènes de la lumière solaire et des phénomènes météorologiques sera le ciel quand celui-ci comprend tout l'espace qui s'étend au-dessus de la terre, l'atmosphère quand le ciel est conçu comme un monde invisible. Dans la division de l'univers qui comprend une atmosphère et un ciel visible, les deux ordres de phénomènes sont répartis entre ces deux mondes. Les phénomènes de la lumière solaire, paraissant se produire sur la voûte azurée elle-même, sont rapportés au ciel. L'espace intermédiaire que nous sommes convenus d'appeler l'atmosphère reste le théâtre des phénomènes météorologiques.

Dans ce même système de division comprenant trois mondes visibles, l'espace invisible constitue nécessairement un quatrième monde. Je ne fais ici qu'indiquer sommairement ces différents points pour l'intelligence de l'exposition qu'on va lire : la démonstration en sera faite successivement au cours de cette exposition même.

De plus, aux systèmes de division fondés sur l'observation directe, viennent s'en joindre d'autres dont la base reste toujours naturaliste, ou plutôt n'est autre que ces systèmes primitifs eux-mêmes qui se sont en quelque sorte ramifiés d'une manière artificielle, mais dont l'intelligence exige une étude particulière. Nous renvoyons cette étude à la fin de notre première partie, et, dans les développements qui vont suivre, nous réserverons, pour les traiter en même temps, tous les détails qui ne s'expliquent pas directement par la conception de deux ou de trois mondes visibles et d'un troisième ou d'un quatrième monde invisible.

Il nous reste pourtant à signaler une division de l'univers non moins naturelle que les précédentes, mais dans une autre dimension : c'est la division en quatre régions cardinales. Seulement, à ces quatre régions, les *r*ishis en ajoutent le plus souvent une cinquième, comme aux huit régions d'une période postérieure il en a été ajouté deux, le zénith et le nadir. Comme on le verra en temps et lieu, la cinquième région de la période védique est pareillement le zénith, ou bien encore le ciel invisible opposé aux quatre régions de l'univers visible.

Nous allons maintenant passer en revue les différents éléments,. tant des phénomènes célestes que du sacrifice, en commençant par les éléments mâles.

CHAPITRE II

LES ÉLÉMENTS MÂLES

SECTION PREMIÈRE

LE CIEL

Avant tous les autres éléments mâles il faut placer le ciel lui-même. Nous renvoyons au début du chapitre consacré aux éléments femelles, la conception du ciel et de la terre comme père et mère de toutes choses; on verra alors que le couple est aussi considéré quelquefois comme composé de deux mères, et qu'en outre le ciel peut être conçu isolément comme femelle [1]. Mais le nom de mâle lui est aussi expressément donné, V, 36, 5. Il est assimilé à un taureau, V, 58, 6 : « Que le ciel taureau mugisse [2]. » Ailleurs, X, 68, 11, le ciel de la nuit est simplement comparé à un cheval noir, auquel les étoiles font un ornement de perles.

La notion du ciel est donc une de celles qui pourront être cherchées sous le mythe du mâle et particulièrement du taureau ou même du cheval, quand l'objet de ces représentations zoomorphiques ne sera pas autrement désigné. De telles représentations ont été suggérées pour le ciel par l'assimilation de la pluie au sperme [3] d'un animal mâle qui vient féconder la terre, considérée comme femelle; celle du taureau a trouvé une confirmation dans le mugissement du tonnerre.

---

1. Le mot *dyu* « ciel » est tantôt masculin, tantôt féminin.
2. Cf. V, 59, 8 : « Que le ciel mugisse. »
3. Quelquefois aussi à l'urine.

Un commencement d'anthropomorphisme peut être signalé au vers IV, 17, 3, où le ciel reçoit l'épithète *açanimat*, et semble être ainsi conçu comme armé de la foudre, puisque Indra, le véritable dieu fulgurant, lui est comparé. Mais c'est là un trait tout à fait isolé dans le *R*ig-Veda. Habituellement même le ciel, au moins sous son nom ordinaire de *dyu*, reste soustrait au zoomorphisme aussi bien qu'à l'anthropomorphisme.

La terre est toujours femelle, et le monde de l'atmosphère, se réduisant à l'espace libre entre le ciel et la terre, ne saurait guère être animé. Il n'est pas davantage susceptible de l'être sous le nom de « mer » qu'il reçoit très-souvent comme séjour des eaux célestes. Mais le nuage qui renferme ces eaux, le nuage non-seulement mugissant et ruisselant, mais encore mobile, semble s'offrir de lui-même aux jeux du zoomorphisme.

En tant que distinct des eaux qu'il contient, il est quelquefois femelle comme elles, et ces eaux sont alors son lait ; mais les mêmes eaux peuvent être considérées comme son sperme[1], et il devient alors un mâle, taureau ou cheval. C'est sous le nom de *parjanya*[2] que ces dernières conceptions se sont fixées.

Le ciel et les nuages d'ailleurs, n'étant comme la terre que les réceptacles, les lieux d'origine ou de manifestation des autres éléments, mâles ou femelles, devront, en tant que mâles, être considérés comme les pères de ceux-ci. C'est ce que nous constaterons en effet en temps et lieu.

Abordons maintenant l'étude des éléments mâles qui se manifestent dans chacun des trois mondes, c'est-à-dire dans le ciel visible, dans l'atmosphère et particulièrement dans le nuage, enfin sur la terre.

---

1. Ou son urine.
2. Voir la quatrième partie, ch. I, section IV.

SECTION II

LE SOLEIL

Le mâle du ciel est le soleil. Le rôle du soleil dans une mythologie naturaliste est nécessairement de première importance. Même sous son nom vulgaire il est adoré par les Aryas védiques, et plusieurs hymnes lui sont exclusivement adressés. Il est « l'âme du monde mobile et du monde immobile » I, 115, 1, et tous les êtres dépendent de lui, (littéralement, sont attachés à lui), I, 164, 14. En effet, c'est lui qui prolonge la série des jours, VIII, 48, 7, et vivre, c'est voir le soleil se lever, IV, 25, 4 ; VI, 52, 5 ; cf. I, 23, 21 ; II, 33, 1. L'amour de l'homme pour le soleil trouve l'une de ses expressions les plus frappantes dans ce vers, X, 37, 8 : « Traînant avec toi un immense éclat, ô brillant ! resplendissant, *jouissance pour tous les yeux*, te levant du sein d'une splendeur sublime, puissions-nous, vivants, te contempler, ô soleil ! » Quand il est enveloppé de ténèbres, les êtres sont « comme un insensé qui ne sait plus où il est », V, 40, 5. Notre dicton « le soleil luit pour tout le monde » est déjà védique, VII, 63, 1 ; mais ce n'est pas seulement pour les hommes que le soleil brille, c'est pour les hommes et pour les dieux, c'est-à-dire pour l'univers, I, 50, 5. Il n'est jamais, au moins sous son nom vulgaire, considéré comme malfaisant. A peine trouve-t-on dans tout le Rig-Veda deux ou trois allusions à son ardeur dévorante, II, 33, 6 : « Puissé-je atteindre la faveur de Rudra, comme l'ombre pendant l'été » ; IX, 107, 20 : « Nous avons, comme des oiseaux dans leur vol, échappé au soleil qui brûle pendant l'été » ; VII, 34, 19 : « Ils brûlent leur ennemi comme le soleil la terre ». Les auteurs des hymnes vivent encore évidemment sous des climats tempérés, et le petit nombre des traits pareils à ceux que nous venons de citer ne doit pas nous prédisposer à reconnaître, comme on l'a fait peut-être trop vite dans la mythologie védique, la conception d'un rôle malfaisant du soleil.

Le séjour et l'état du soleil quand il a disparu sont des questions qui préoccupent vivement nos poëtes, I, 35, 7 : « Où est maintenant le soleil ? Qui le sait ? Sur quel ciel s'étendent ses rayons ? » D'après les vers I, 115, 4 ; II, 38, 4, il n'est encore, quand il disparaît le soir, qu'au milieu de sa course: c'est qu'il a deux formes, l'une sous laquelle il se lève, et l'autre sous laquelle il se dirige vers l'Est, X, 37, 3, évidemment pendant la nuit. Le vers I, 115, 5 nous apprend que l'une de ses formes (le texte dit « splendeurs ») est brillante, et que l'autre est noire : mais par ce terme « noire » il faut entendre simplement « invisible ». C'est par une figure du même genre que l'astre invisible est, comme nous le verrons, représenté dans la mythologie par un aveugle; il y est du reste souvent aussi désigné par cette qualification de « noir ». De notre première citation nous retiendrons ce trait « Sur quel ciel s'étendent ses rayons ? » suggérant naturellement l'idée du monde invisible qui reçoit le soleil quand il disparaît aux yeux de l'homme. Il va sans dire que l'astre absent est ardemment désiré, IV, 5, 13 : « Quand les déesses, maîtresses de l'immortalité, quand les aurores nous recouvriront-elles de la couleur du soleil ? »

Le soleil n'est pas toujours représenté comme un être animé. Le vers V, 63, 7 en fait un char brillant placé dans le soleil par Mitra et Varuna. L'idée de char a été naturellement suggérée par celle de la roue du soleil, et c'est évidemment le même astre qui est désigné par cette roue unique qui obéit aux mêmes dieux, V, 62, 2. Il est encore appelé une arme brillante, V, 63, 4[1], et enfin le bijou d'or du ciel, VII, 63, 4; cf. VI, 51, 1. Ces représentations, au moins le char et l'arme, impliquent l'intervention d'un être distinct du soleil ; nous en prendrons bonne note pour l'intelligence de certains détails mythologiques. On peut rapporter au même ordre de représentations la conception très-fréquente[2] du soleil comme un œil, l'œil des dieux et particulièrement de Mitra et Varuna.

En tant qu'être animé, le soleil est toujours mâle. Il est comparé à un aigle qui vole, VII, 63, 5, il est représenté lui-même comme volant, I, 191, 9 et paraît au vers V, 45, 9, recevoir directement le nom d'aigle. Le cheval est aussi une de ses représentations. C'est évidemment le soleil qui est désigné au vers VII, 77, 3 par la double qualification d' « œil des dieux » et de « cheval blanc » ou « brillant ».

1. Cf. ce passage d'un hymne à Indra, X, 148, 2 : « Puisses-tu triompher des races ennemies avec le soleil ! »
2. Voir la quatrième partie, ch. II, section v.

L'idée de cheval est naturellement suggérée par la course du soleil, celle d'oiseau par la course à travers le ciel.

Ailleurs le soleil n'est plus un cheval, mais il guide des chevaux, IV, 45, 6, ou des cavales attelées, I, 50, 9, de même qu'au soleil, œil des dieux, nous voyons substituer l'œil du soleil, I, 164, 14, et le soleil voyant, VII, 60, 2 ; 3 ; on saisit ainsi le passage du zoomorphisme à l'anthropomorphisme, ou plutôt à la notion d'un être distinct de l'astre lui-même. Dans l'ordre purement naturaliste, les chevaux du soleil sont ses rayons comme le montre ce vers, I, 50, 1 : « Le dieu qui connaît les êtres s'élève traîné par ses rayons, pour tout voir, lui, le soleil. » Quant au disque du soleil, il paraît assimilé, comme nous l'avons vu déjà, à un char : c'est en ce sens que la qualification bizarre de filles du char, donnée aux cavales-rayons, I, 50, 9, trouve son explication la plus naturelle. Ces cavales nommées *harit*, I, 50, 8 et *passim*, sont quelquefois remplacées par un cheval unique nommé *etaça*, VII, 63, 2 ; nous reviendrons plus loin sur les Harits, particulièrement sur leur nombre, et sur Etaça, ces mythes ayant subi selon nous l'influence de la liturgie.

Il semble à première vue inutile de relever les passages qui présentent le soleil comme faisant les jours, I, 50, 7 ; roulant les ténèbres ainsi qu'une peau, VII, 63, 1 ; chassant l'obscurité avec son éclat, X, 37, 4 ; triomphant des êtres ténébreux, I, 191, 8 et 9 ; cf. VII, 104, 24, qui au rebours des autres êtres, s'éveillent le soir, I, 191, 4 et 5. Ces citations ont pourtant leur intérêt ; en nous montrant le soleil *agissant*, elles nous préparent à le reconnaître dans la mythologie sous la figure d'un héros. Au vers X, 139, 3 il est comparé à Indra, le héros céleste par excellence[1].

---

[1]. Si toutefois la divinité de ce vers est bien le soleil comme l'entend l'Anukramaṇi.

SECTION III

L'ÉCLAIR

Au soleil dans le ciel correspond l'éclair dans l'atmosphère ou le nuage[1]. Le rôle de l'éclair, comme celui du soleil, est, sinon exclusivement, au moins principalement bienfaisant. C'est qu'on considère son apparition comme la condition de la chute des eaux célestes, et cette idée est fondée sur une observation réelle qui a pu être faite même sous un climat tempéré, alors du moins que la pluie est le plus impatiemment attendue, c'est-à-dire après une longue sécheresse. Il est à peine utile de recourir aux citations pour prouver que les *r*ishis reconnaissaient ici une connexion étroite entre l'idée de l'éclair et celle de la pluie. Aussi ne ferons-nous que renvoyer aux vers I, 39, 9; V, 84, 3; VII, 56, 13; X, 91,5 et au vers V, 83, 4 qui nous montrent l'essor de la végétation succédant à la manifestation de l'éclair. Mais nous citerons dans le texte même une expression des plus caractérisques et presque intraduisible, II, 34, 2 : *vy abhriyá na dyutayanta vrishtayah*, « Ils (les Maruts) ont *éclairé* comme les pluies du nuage. »

La même question que nous avons soulevée pour le soleil se posait également pour l'éclair, cet élément dont l'apparition d'ailleurs est si courte, et le retour irrégulier. Quel est son séjour, son réceptacle, quand il reste caché aux yeux des hommes? Le nuage? Mais le nuage lui-même disparaît souvent. Ici encore les Aryas védiques rencontraient le mystère, ici encore leur était suggérée l'idée du monde invisible, I, 105,1 : « O éclairs aux jantes d'or! on ne connaît pas votre séjour. »

Nous rangeons l'éclair parmi les éléments mâles, et la suite de ce travail ne laissera aucun doute sur l'exactitude de notre classification ; mais elle semble au premier abord contredite par ce fait que le nom commun de l'éclair, *vidyut*, est féminin, bien plus, que l'éclair est sous ce nom effectivement

---

[1]. Il reste bien entendu que l'éclair peut être aussi conçu comme se manifestant dans le ciel : c'est ce qui résulte des observations présentées plus haut sur les différentes applications du terme « ciel».

représenté comme femelle. C'est que le véritable nom de l'éclair dans le *R*ig-Veda n'est pas ce mot *vidyut* qu'on y trouve employé en tout 34 fois (en comptant les composés), nombre qui n'est nullement en rapport avec l'importance du phénomène et du rôle prédominant qu'il joue dans la mythologie védique. Ce nom véritable est celui d'Agni qui est appliqué en même temps au feu terrestre. L'identification des feux célestes au feu terrestre, que nous constaterons pour le soleil comme pour l'éclair, n'a guère diminué l'importance du nom qui désigne proprement le premier; elle a au contraire relégué tout à fait à l'arrière-plan le nom du second. Il ne faudrait pas se hâter d'en conclure qu'elle ne fût universellement acceptée que pour l'éclair, qu'elle se réduisît pour le soleil à une assimilation capricieuse et passagère. La raison de la différence doit être cherchée plutôt dans l'individualité du soleil, corps céleste aux contours nettement déterminés, opposée au caractère purement phénoménal de l'éclair, illumination brusque et courte du ciel. Cette opposition avait trouvé son expression dans les noms mêmes de l'un et l'autre, celui du soleil étant concret et masculin, *sûrya*, « soleil », tandis que celui de l'éclair était féminin, et comme la plupart des féminins formés sans suffixe de la racine nue, (accompagnée seulement ici d'un préfixe, *vi-dyut*), avaient selon toute vraisemblance le sens abstrait qui est à l'origine celui de notre mot éclair lui-même, et pourrait se traduire : illumination. En tant que l'éclair était conçu comme un élément, d'essence identique aux autres feux célestes et terrestres, le mot *vidyut* en exprimait la manifestation, la production, plutôt qu'il ne le désignait lui-même. C'est en ce sens que le *r*ishi Vasish*t*ha, identifié comme nous le verrons au feu de l'éclair, est appelé « la lueur qui sort de la *vidyut* » c'est-à-dire « de l'illumination » VII, 33, 10. Quoi qu'il en soit, c'est seulement dans la section consacrée à Agni que nous pourrons retrouver les traces de la conception de l'éclair comme mâle et de ses diverses représentations. Nous pouvons cependant remarquer dès maintenant que l'assimilation à un cheval et à un oiseau, déjà constatée pour le soleil, ne s'expliquera pas moins bien pour l'éclair par son apparition rapide dans les airs. Ajoutons que le bruit du tonnerre qui accompagne l'éclair, et le fait appeler l'éclair tonnant dans les nuages, IX, 87, 8, suggère non moins naturellement l'idée d'un taureau mugissant.

Quant aux représentations de l'éclair sous son nom de

vidyut, ou plus exactement du phénomène d'illumination considéré comme distinct de l'élément igné lui-même, ce n'est pas ici le lieu d'en traiter, et nous les renvoyons au chapitre consacré aux éléments femelles.

Cependant les emplois de ce mot *vidyut*, auxquels nous avons emprunté nos premières citations sur la part faite à l'éclair dans les préoccupations des Aryas védiques, peuvent nous renseigner encore sur une représentation non animée de l'éclair. Je veux parler de l'assimilation de l'éclair à une arme. Nous verrons plus tard que les Maruts ont l'éclair à la main, VIII, 7, 25; V, 54, 11; cf. I. 88, 1; III, 54, 13; V, 54, 3, et qu'avec l'éclair ils frappent le démon, I, 86, 9. Mais comme arme aussi bien que comme mâle, l'éclair a le plus souvent changé de nom : il est devenu la foudre, *vajra*, que nous trouverons plus loin dans la main d'Indra. Remarquons cependant encore que, même sous sa forme de flèche, de flèche d'en haut, *çarave brihatyai*, IV, 3, 7, l'éclair est compris dans une énumération de dieux auxquels Agni doit rendre compte des actions des hommes.

SECTION IV

AGNI

§ 1ᵉʳ. — DIFFÉRENTES FORMES D'AGNI — ORIGINE CÉLESTE DU FEU TERRESTRE

Le nom d'Agni désigne d'abord le feu terrestre. Il s'applique d'une façon générale au feu qui dévore le bois et dont les effets font souvent l'objet de descriptions pittoresques, par exemple, I, 58, 4; IV, 7, 9; 11; V, 7, 7; VI, 3, 4; 60, 10; VII, 8, 2 ; VIII, 49, 7; puis particulièrement au feu qui cuit les aliments, cf. X, 27, 18; enfin et, surtout au feu du sacrifice, d'ailleurs identique au feu du foyer domestique, ou tout au moins tiré de ce feu.

L'importance du feu terrestre n'est pas moindre dans la vie humaine que celle du soleil et de l'éclair. Par la diversité de ses usages il peut même paraître y jouer le rôle prédominant. Placé à la disposition de l'homme qui « l'engendre »,

I, 60, 3, et dont il est comme le fils, I, 69, 5 ; VIII, 19, 27, s'il semble devoir, par ce fait même, lui inspirer un moindre respect que l'astre du jour et le météore igné de l'orage, il a d'autant plus de titres à son amour. A la différence de l'éclair et du soleil, il brille en tout temps, et la nuit comme le jour : « Il éclaire, même la nuit », dit l'auteur du vers V, 7, 4, « celui-là même qui est éloigné [1] ».

Mais c'est comme feu du sacrifice qu'Agni rend à l'homme les services les plus signalés ; c'est dans l'ordre des idées liturgiques qu'il prend une importance décidément prépondérante.

Nous ne pourrions mettre actuellement ce point en lumière sans anticiper sur des développements qui seront mieux à leur place plus loin. Contentons-nous d'une simple allusion à la formule souvent répétée, et appliquée non pas même au feu du sacrifice en général, mais au feu du sacrifice consommé selon toutes les règles : « Celui-là est le véritable Agni qui..... etc. », V, 6, 1 ; 25, 2 ; VII, 1, 14-16 ; cf. ibid. 4 et IV, 15, 5, et *passim*.

Comme le soleil, comme l'éclair, ainsi que nous le verrons plus loin, sous ce même nom d'Agni, le feu du sacrifice est directement divinisé. Établi chez les races humaines, III, 5, 3 ; cf. IV, 6, 2, il y séjourne, immortel parmi les mortels, VIII, 60, 11. C'est un dieu que les mortels allument, III, 10, 1, ou engendrent, IV, 1, 1. Il est invoqué en qualité de feu du sacrifice dans un très-grand nombre d'hymnes. De tous les dieux, il est le plus proche, il est l'allié le plus voisin des hommes, VIII, 49, 10 ; cf. IV, 1, 5 ; VII, 15, 1.

L'attribution au feu terrestre du caractère divin s'expliquerait déjà par la puissance effective de cet élément. Elle serait mieux justifiée encore pour le feu du sacrifice par le rôle d'intermédiaire qu'il joue, ainsi que nous le verrons, entre les hommes et les dieux. Mais pour les Aryas védiques elle repose avant tout sur la croyance à l'identité de ce feu avec les feux célestes du soleil et de l'éclair.

Agni est d'abord simplement comparé au soleil, pour son

---

1. Il offre aussi cette particularité, qu'il est bon de noter parce qu'elle peut fournir l'explication de certains traits mythologiques, de faire face de tous côtés, I, 97, 6 et 7 ; 144, 7 ; II, 3, 1 ; X, 79, 5, et, comme ajoute le vers I, 94, 7, d'être beau de tous côtés. C'est donc à lui qu'appartient primitivement la qualification de *caturanîka* « à quatre visages » que nous verrons appliquée à Varuna dans un passage, V, 48, 5, où la mention de la langue suggère aussi d'ailleurs l'idée du feu du sacrifice.

éclat, I, 149, 3 ; VI, 2, 6; 4, 3; 12, 1 ; VII, 3, 6 ; 8, 4; VIII, 7, 36, pour sa beauté, VIII, 91, 15 ; cf. I, 66, 1, pour sa pureté tans tache, VI, 3,3 ; X, 91, 4, et comme lui il chasse les ténèbres de ses rayons, VIII, 43, 32. Le fait même dont nous entreprenons la constatation, à savoir l'identité d'Agni sous les différentes manifestations de la chaleur et de la lumière, rend souvent fort difficile ou même impossible, dans les cas particuliers, l'application exclusive de son nom à telle ou telle de ces manifestations. Mais le feu du sacrifice paraît clairement désigné dans plusieurs des passages cités ; il l'est en tout cas dans le vers X, 69, 2, où Agni est comparé au soleil pour l'éclat qu'il prend après avoir reçu l'offrande du beurre. Au vers V, 1, 4, on lit que les esprits de ceux qui offrent le sacrifice sont tous ensemble tournés vers lui comme les yeux convergent sur le soleil. Ces comparaisons[1] sont déjà plus significatives qu'on ne pourrait le croire. Nous aurons en effet plus d'une fois l'occasion de constater que pour les poëtes védiques la comparaison n'est pas éloignée de l'assimilation, que les deux termes d'une comparaison peuvent même être identiques. Réciproquement d'ailleurs les rayons du soleil sont comparés à des feux, I, 50, 3, et au vers VIII, 25, 19, le soleil est lui-même expressément comparé au feu du sacrifice, au feu allumé et honoré d'une offrande.

Il est telle formule de comparaison du feu au soleil où le premier paraît jouer effectivement le rôle du second, en sorte qu'à la traduction « comme le soleil » on pourrait être tenté de substituer l'interprétation « en qualité de soleil », comme au vers VI, 4, 6 : « En qualité de soleil, avec tes rayons brillants, ô Agni, tu as, par ton éclat, étendu et séparé les deux mondes. »

Quoi qu'il en soit, nous lisons au vers Vâl. 8, 5, cette fois sans aucune particule comparative : « Agni, avec un éclat brillant, a resplendi, soleil, bien haut, a resplendi, soleil, dans le ciel » ; et dans le vers III, 14, 4, dont nous retrouverons plus loin le premier hémistiche : « ... lorsqu'avec ton éclat, ô fils de la force (Agni), tu t'es étendu, soleil, audessus des races des hommes[2]. » Ici, c'est bien décidément

---

1. On peut y ajouter la comparaison d'Agni à Savitri, dieu qui préside au cours du soleil, et qui est quelquefois confondu avec lui, IV, 6, 2 ; cf. I, 36, 13 ; 73, 3 ; 95, 7.
2. Les accusatifs *kshitîh* et *nrîn* sont construits paratactiquement.

le soleil qui est désigné à la fois par son propre nom et par celui d'Agni [1].

Ailleurs, à défaut du nom même du soleil, certains traits ne permettent guère de douter que cet astre ne soit encore désigné sous le nom d'Agni. Il en est ainsi, par exemple, au vers III, 2, 14, où Agni est invoqué comme « la lumière du ciel qui s'éveille à l'aurore », et « la tête du ciel », et aux vers X, 187, 4 et 5, où il est dit, dans le second qu'Agni est né brillant de l'autre côté de l'atmosphère, et dans le premier qu'il voit tous les êtres. Nous avons relevé plus haut l'assimilation du soleil à un œil, et il n'est guère douteux qu'Agni ne soit redevable à son identification au soleil de l'épithète *jâtavedah* « connaissant les êtres », qui est devenue son bien propre, mais que nous trouvons encore appliquée à l'astre lui-même au vers I, 50, 1. Lors donc qu'avec le don de longue vue, une origine céleste est attribuée à Agni, il semble légitime de le considérer comme représentant alors principalement le soleil. C'est en qualité de soleil qu'Agni accomplit une course circulaire (*parijman*), en contemplant (ou en éclairant?) les êtres, VII, 13, 3. Le vers VIII, 19, 16, d'après lequel c'est par Agni que voient les dieux, et particulièrement Mitra et Varuna, rappelle la formule qui fait du soleil l'œil de ces divinités. Ailleurs ce n'est plus Agni lui-même qui est l'œil, mais bien le soleil qui est l'œil d'Agni, I, 115, 1. C'est évidemment avec le même œil qu'Agni voit les démons, X, 87, 12, puisqu'il est prié de le rendre au chantre, c'est-à-dire de faire reparaître le jour. Nous retrouvons ici le passage de l'idée « d'œil » à celle de « voyant » que nous avions constatée pour le soleil lui-même.

Les citations précédentes ne forment qu'une très-petite partie des textes qui concourent à prouver que le soleil est bien réellement, et dans un grand nombre de cas, désigné par le nom d'Agni. Les autres seront successivement produits dans l'ordre où les appellera le développement des idées dont nous entreprenons l'exposition. La même observation sera applicable aux premières preuves que nous allons apporter à l'appui de l'identification d'Agni et de l'éclair.

Les rayons d'Agni, III, 1, 14, ses splendeurs, V, 10, 5, ses beautés, X, 91, 5, sont comparés à des éclairs. Lui-même

---

1. Cf. I, 71, 9.

brille de loin comme l'éclair [1], I, 94, 7. Réciproquement il est dit des éclairs qu'ils ont l'éclat du feu, d'Agni, V, 54, 11.

D'autres comparaisons où l'éclair n'est plus désigné par son nom, mais par une de ses représentations, sont plus significatives, précisément parce qu'introduisant une notion autre que l'idée pure et simple d'éclat, elles ne sont plus directement suggérées par l'observation, et supposent une assimilation plus complète. C'est ainsi qu'Agni est comparé au cheval du nuage, I, 149, 3. C'est ainsi surtout que l'idée d'arme apparaît dans divers passages, où Agni est comparé au trait de l'archer, I, 66, 7, est appelé le trait du sacrifice VI, 66, 10, est comparé à la pierre à lancer *céleste*, I, 143, 5, tandis qu'au vers X, 142, 3 ; cf. 1, par le passage de l'idée d'arme à celle de héros armé, il est question du trait d'Agni.

Lorsque Agni est comparé au ciel tonnant, X, 45, 4, quand il est dit qu'il tonne comme le plateau du ciel, I, 58, 2, ou simplement qu'il tonne, I, 140, 5, ces expressions, quoiqu'elles puissent faire allusion au bruit réel, au crépitement du feu terrestre, sont trop exagérées dans cette application pour pouvoir s'expliquer autrement que par une assimilation consacrée du feu terrestre à l'éclair. Dans deux ou trois passages, IV, 10, 4 ; V, 25, 8 ; VII, 3, 6, dont la construction est un peu embarrassée on peut même douter, en dépit de la particule comparative, si le bruit d'Agni est simplement comparé au tonnerre, ou s'il n'est pas le tonnerre lui-même.

Le doute n'est plus possible au vers VI, 6, 2, où Agni est appelé le « tonnerre (pour « le tonnant ») brillant qui est dans le ciel. » Le nom d'Agni désigne encore évidemment l'éclair au vers X, 8, 1, où il est appelé « le taureau qui fait retentir les deux mondes, qui atteint les dernières extrémités du ciel, et qui croît dans le sein des eaux », et au vers VIII, 91, 5, dont l'auteur invoque Agni comme le sage « qui a le bruit du vent, le hennissement du nuage, et qui prend la mer (céleste) pour vêtement ».

Enfin l'emploi de la racine *dyut* avec le préfixe *vi*, pour exprimer l'éclat d'Agni brillant « dans l'impérissable », c'est-à-dire dans le ciel, VI, 16, 35, semble bien impliquer son identité avec l'éclair.

---

1. *Tadit.* Je ne vois aucune raison d'abandonner dans ce passage et dans un autre, II, 23, 9, comme le font MM. Roth et Grassmann, le sens d' « éclair », seul établi pour ce mot par l'usage postérieur.

Il arrive souvent aussi qu'un texte place expressément Agni dans le ciel, sans qu'il soit facile ou même possible de choisir entre les deux formes qui peuvent alors lui être attribuées, celle de l'éclair et celle du soleil. Ainsi le vers VIII, 44, 29, nous le présente simplement comme brillant dans le ciel [1]. Je n'oserais affirmer, en dépit de la distinction établie plus haut entre les lieux d'origine du soleil et de l'éclair, que l'Agni naissant « dans le ciel suprême », I, 143, 2 ; VI, 8, 2 ; VII, 5, 7, ne puisse être que le soleil. Même observation sur le vers X, 187, 2, d'après lequel il apparaît en brillant de la distance la plus éloignée [2]. Le vers VI, 15, 1, paraît contenir une allusion assez vague à la naissance d'Agni dans le ciel. Nous avons vu Agni comparé, ou plutôt sans doute identifié au soleil, comme étendant et séparant les deux mondes, VI, 4, 6 ; mais la même fonction pouvant être attribuée à l'éclair, nous ne nous prononcerons pas sur le vers VI, 1, 11, où elle l'est à Agni, sans autre indication [3]. La même réserve nous est imposée pour les vers VI, 7, 6 et 7, d'après lesquels Agni a mesuré les espaces du ciel. Les formules qui le représentent remplissant les deux mondes, I, 69, 1 ; cf. II, 2, 5, et les remplissant en naissant, VI, 10, 4, ainsi que toutes les demeures, X, 1, 1, ce qui revient vraisemblablement au même, ou encore tous les espaces du ciel, I, 146, 1, lors même qu'elles seraient appliquées au feu du sacrifice [4], renfermeraient une exagération qui suggérerait naturellement l'idée du feu céleste ; mais elles conviennent également bien à la lumière du soleil et à l'éclair.

Nous savons maintenant que le nom d'Agni peut désigner le soleil ou l'éclair, ou plus généralement un feu céleste. Cet usage de la langue paraît impliquer déjà l'assimilation réelle des feux célestes et du feu terrestre. L'identité d'essence de celui-ci et de ceux-là va être définitivement prouvée par le mythe de la descente d'Agni.

---

1. J'interpréterais de même les vers III, 27, 12 et VIII, 43, 4, ne voyant aucune raison de modifier comme le font MM. Roth et Grassmann, dans la ocution *upa dyavi*, le sens védique ordinaire de la préposition *upa* avec le locatif.
2. Sur l'éloignement d'Agni, cf. V, 2, 4.
3. Cf. encore les passages où il est dit simplement qu'Agni a étendu les deux mondes, V, 1, 7 ; VII, 5, 4.
4. L'Agni qui au vers VI, 48, 6, remplit les deux mondes et court « avec sa fumée » dans le ciel, paraît bien être en effet le feu du sacrifice. Voir plus loin, cf. VIII, 92, 2

Ce mythe n'est d'ailleurs comme tous les mythes primitifs qu'une induction fondée sur une observation réelle. Et ici je n'entends pas parler seulement du feu allumé par la chute de la foudre, quoique ce phénomène soit presque exclusivement pris en considération par M. Kuhn dans son livre *Die Herabkunft des Feuers*. Ce phénomène terrible ne paraît guère interprété, au moins par les Aryas védiques, que comme une œuvre de la colère céleste, VII, 46, 3 : « Ton trait (ô Rudra), qui, lancé du ciel, parcourt la terre, qu'il nous épargne ! » S'il a vraisemblablement suggéré la première idée de la descente du feu, cette suggestion, déjà confirmée par une assimilation du feu terrestre aux feux célestes, fondée sur des sensations analogues de lumière, et, pour le soleil, de chaleur, l'a été encore par un raisonnement d'un caractère quasi-scientifique, qui a dû occuper la première place dans la conception du mythe propre aux poëtes de Rig-Veda. Le feu sort du bois, dont on le tire, comme nous le verrons, par le frottement. C'est ce qui fait dire de lui qu'il est né dans le bois, VI, 3, 3; X, 79, 7, qu'il est répandu dans les plantes, X, 1, 2, qu'il est le fœtus des plantes, II, 1, 14. Or qu'est-ce qui fait germer et croître les végétaux qui fournissent ce bois ? La pluie. C'est donc la pluie qui en tombant sur la terre a apporté et introduit dans les plantes le feu qu'on y retrouve. Ce feu était caché dans la pluie comme il l'est là-haut dans le nuage, ou encore la pluie l'a enfanté comme le nuage l'enfante, ainsi qu'il sera expliqué dans le chapitre consacré aux relations des éléments mâles et des éléments femelles. L'observation des éclairs qui accompagnent la chute des eaux célestes, *qui y sont mêlés*, a pu d'ailleurs, indépendamment de la chute effective de la foudre, suggérer ce raisonnement, et a dû en tout cas le confirmer. Nous retrouverons plus loin la même conception à propos de la descente dans les plantes du Soma ou breuvage céleste, identique, non pas comme on le croit généralement à la pluie, mais bien à l'élément igné que la pluie est supposée contenir. Pour le feu lui-même, les poëtes y font des allusions assez claires. Ainsi nous lisons au vers VII, 9, 3 qu'Agni, fœtus des eaux, a pénétré dans les plantes, au vers VIII, 43, 9 que son séjour est dans les eaux, qu'il monte dans les plantes, et qu'étant dans la matrice, apparemment dans la matrice des plantes, il naît de nouveau. Le premier hémistiche du vers I, 95, 10, si je l'entends bien, représente la descente d'Agni mêlé aux eaux célestes qu'il fait lui-même couler : « Il prend pour route le torrent qui coule à travers l'espace aride; il atteint la terre avec les flots brillants (qu'il colore lui-même). » Le second hémistiche n'offre pas moins d'intérêt pour notre sujet : « Il dévore (littéralement, il reçoit dans son ventre) tout ce qui est vieux (le vieux bois), il pénètre à l'intérieur des plantes nouvelles. » J'interpréterais encore dans le même ordre d'idées ce passage, I, 141, 4 : « Quand il est amené de chez le père suprême, il escalade les plantes[1]... » Au reste la transformation en plante du feu tombé du ciel est un mythe fort ancien, commun, ainsi que l'a prouvé M. Kuhn, à tous les peuples de la race, et ce mythe paraît trouver une explication plus satisfaisante dans l'ordre d'idées qui vient d'être présenté, que dans la conception d'une descente d'Agni sous la forme d'une pièce de bois à allumer le feu. Une telle conception paraît d'ailleurs étrangère à la mythologie védique, et M. Kuhn ne l'a tirée sur un autre domaine du mythe de Prométhée, qu'à l'aide d'une étymologie contestable.

L'idée de la descente du feu céleste sur la terre n'est d'ailleurs pas présentée seulement sous la forme simple et transparente que nous avons constatée. La précieuse acquisition est rapportée, tantôt à un don des dieux, tantôt à l'opération de certains personnages tels que Mâtariçvan et les Bh*r*igus dont nous ne sommes pas encore préparés à bien comprendre l'origine. Nous retrouverons plus loin ces mythes. Dès maintenant nous avons reconnu non-seulement l'assimilation du feu terrestre aux feux célestes, mais encore l'origine céleste du premier. L'identité essentielle d'Agni, de l'éclair et du soleil, va être confirmée par une nouvelle série de citations relatives à la diversité des lieux d'origine, des séjours, des formes d'Agni conçu comme un seul et même élément. Terminons seulement ce que nous avions à dire actuellement de la descente du feu par cette observation, qu'en raison même de notre mythe, le titre de « fils du ciel » appliqué à Agni IV, 15, 6; VI, 49, 2, n'implique plus nécessairement

---

[1]. Le sens du mot *prikshudhah* que je ne traduis pas est trop douteux pour qu'on puisse tirer de l'interprétation que M. Roth en propose (dévorant) un argument contre mon interprétation. — Le vers III, 14, 1 : « Agni, fils de la force, qui a pour char l'éclair, qui a une chevelure de lumière, a répandu son éclat sur la terre, » est peu significatif. Il n'est pas certain que ces différents traits doivent composer un tableau unique, ni même que l'éclat répandu sur la terre doive s'entendre d'une descente effective du feu.

l'idée d'un feu céleste, et peut convenir également au feu du sacrifice. Notons encore une qualification donnée couramment à Agni, celle d'hôte, *atithi*, des hommes (voyez Grassmann, *Wœrterbuch*, s. v.), qui fait évidemment allusion à son origine céleste, et qui est en quelque sorte commentée dans ce vers, IV, 1, 9 : « Il séjourne dans les demeures de l'homme, accomplissant le sacrifice ; le dieu est devenu le compagnon du mortel. »

Nous passerons rapidement sur les textes qui mentionnent en termes généraux la multiplicité des formes d'Agni. Les mortels invoquent ses noms, ou plutôt ses essences nombreuses, VIII, 11, 5; cf. III, 20, 3. Ils le prient de leur accorder sa faveur sous tous ses aspects, IV, 10, 3 ; VII, 3, 5. Ses bûchers (? *samhatah*) ont toutes les formes, III, 1, 7. Les offrandes doivent, suivant une formule qui sera étudiée plus loin, faire croître ses corps nombreux, X, 98, 10. Il séjourne dans tous les êtres, II, 10, 4. Il est enfanté, III, 54, 19, ses essences, X, 80, 4, ses mâchoires, X, 79, 1, sont disséminées en divers lieux, et ainsi dispersé il reste un seul et même roi, III, 55, 4. Il est semblable en divers lieux, dans toutes les races, VIII, 11, 8 ; 43, 21. Aussi à la question posée au vers X, 88, 18 : « Combien y a-t-il de feux », trouve-t-on dans un autre hymne, Vâl. 10, 2, la réponse : « Il n'y a qu'un feu allumé en plusieurs lieux. » Sans doute la multiplicité des formes du feu s'expliquerait déjà par la dissémination du feu terrestre en divers lieux, et en particulier du feu du sacrifice sur les autels des différents sacrificateurs. Tel peut être en effet le sens de plusieurs des passages cités [1]. Mais ce que nous savons déjà de la conception d'Agni dans le *R*ig-Veda nous montre aussi que ces formules peuvent avoir une portée beaucoup plus étendue. J'en dirai autant de celles où Agni est invoqué avec les Agnis, VII, 3, 1; VIII, 18, 9; 49, 1 ; X, 141, 6, avec tous les Agnis, I, 26, 10; VI, 12, 6, où l'Agni auquel on s'adresse, VIII, 19, 33, et particulièrement Agni Vaiçvânara (commun à toutes les races), I, 59, 1 est considéré comme un tronc dont « les autres feux sont les branches. » Sans doute les « autres feux » peuvent être les différents feux terrestres et sont en effet appelés au vers VI, 10, 2 les feux

---

1. Cf. les passages qui constatent sa présence dans toutes les races, III, 1, 20; 21; IV, 7, 4; VIII, 63, 1, et *passim*, cf. V, 15, 4, et dans toutes les demeures, V, 1, 5; 6, 8; 11, 4.

de Manus ou de l'homme, bien que d'ailleurs l'identification des différents dieux à Agni, dont nous aurons à traiter plus loin, suggère une tout autre interprétation pour les passages où ces feux reçoivent la qualification de dieux, III, 24, 4; VI, 11, 6; qu'en effet les dieux Maruts reçoivent non-seulement l'épithète « brillants comme le feu », III, 26, 5, mais le nom même de feux, d'Agnis *ibid.* 4, dans un hymne où ils sont invoqués en même temps qu'Agni; qu'enfin les dieux auxquels Agni dans le vers VII, 1, 22, doit rendre compte des actions des hommes, soient appelés les feux allumés par les dieux. Mais en tout cas, le feu principal dont « les autres feux sont les branches » d'après les vers I, 59, 1 et VIII, 19, 33, surtout quand il reçoit comme dans le premier de ces vers le nom de Vaiçvânara « ou commun à toutes les races », expression dont le sens sera précisé plus loin, éveille bien d'après ce que nous savons déjà l'idée d'un élément dont les manifestations ne sont pas confinées dans le monde terrestre. — D'ailleurs, pour en revenir aux premières formules citées, à côté des nombreuses essences d'Agni dont il est question au vers VIII, 11, 5, nous trouvons mentionnée deux vers plus loin sa demeure « suprême », et c'est aussi sans doute aux formes célestes du feu que s'opposent ses « aspects domestiques » dont parle le vers III, 1, 15 [1].

Les textes relatifs aux différentes formes, aux différents séjours, aux différentes naissances d'Agni, sont souvent aussi plus précis. Les vers I, 57, 9 et 10, nous le montrent tour à tour dans les plantes et dans les eaux, ce qui ne peut naturellement s'entendre que des eaux célestes. D'après le vers III, 1, 13, le bois a engendré celui qui est le fils des eaux et des plantes. Agni, connaissant (habitant) le nuage, séjourne chez les hommes et dans le sein des eaux, X, 46, 1. Je citerai littéralement, X, 91, 6: « Les plantes l'ont reçu comme un fœtus qui se reproduit régulièrement; les eaux mères ont engendré Agni: il est le (fruit) commun que les arbres, que les plantes devenues grosses enfantent tous les jours »; et VI, 48, 5: « Lui, le fœtus de la loi, que les eaux, que les pierres (ou les montagnes), que

---

1. Celles des splendeurs d'Agni qui portent le sacrifice, X, 188, 3, peuvent s'opposer simplement aux feux profanes, comme ceux des corps d'Agni qui sont propices et portent le mort dans le monde des pieux, X, 16, 4.

les bois nourrissent, qui baratté[1] avec force par les hommes, naît sur la surface de la terre. » Le terme de montagnes ou de pierres peut s'entendre aussi bien des pierres réelles d'où jaillit le feu et des montagnes terrestres qui les fournissent, que des montagnes célestes qui sont, comme nous le verrons, les nuages ou la voûte même du ciel. Poursuivons nos citations. Agni naît des eaux, de la pierre, du bois, des plantes, II, 1, 1. Il est le fœtus des eaux, le fœtus du bois, le fœtus du monde mobile et du monde immobile[2], et séjourne dans la pierre (ou dans la montagne), I, 70, 3 et 4. Dans tous les passages qui précèdent[3] la mention des eaux suggérait seule nécessairement l'idée d'un feu céleste. La matrice préparée par les dieux qui est le séjour d'Agni d'après le vers VII, 4, 5, où il est présenté aussi comme le fœtus des plantes, des arbres, de la terre, est vraisemblablement un séjour supra-terrestre. Enfin, le vers I, 98, 2 attribue expressément pour séjour à Agni le ciel comme la terre en même temps que toutes les plantes. Le vers III, 22, 2 ajoute au ciel, à la terre et aux plantes, les eaux et l'atmosphère. Ici, nous avons déjà, en dépit de la confusion produite par les mentions équivalentes de la terre et des plantes, de l'atmosphère et des eaux, tous les éléments de notre triade de feux. Si nous éliminons au vers X, 2, 7 le nom de Tvash*tri*, au vers X, 46, 9, ceux de Tvash*tri*, des Bh*ri*gus, de Mâtariçvan, des dieux, conçus comme producteurs du feu, il nous reste la formule : « Agni, que le ciel et la terre, que les eaux ont engendré. » C'est bien la triade des mondes[4], les eaux représentant l'atmosphère.

Enfin le nombre trois est souvent expressément indiqué. Le vers X, 45, 1 porte en propres termes qu'Agni est né une première fois du ciel, une seconde fois « de nous », c'est-à-dire sur l'autel, et une troisième fois dans les eaux, cf. 3. De là, au vers 2 : « Nous connaissons, ô Agni ! tes triples essences triplement disséminées en beaucoup de lieux. » Dans

---

1. Cette expression sera expliquée plus bas.
2. Cf. III, 27, 9, le fœtus des êtres (de tous les êtres).
3. On peut leur comparer le vers 1, 59, 3, d'après lequel Agni est le maître des richesses qui sont dans les montagnes, dans les plantes, dans les eaux, chez les hommes.
4. Elle se retrouve au vers VIII, 44, 16, où l'idée exprimée n'est plus ailleurs celle des différents séjours d'Agni, mais bien celle de son autorité dans les trois mondes : « Agni tête, sommet du ciel, maître de la terre, met en mouvement les torrents des eaux. »

le vers I, 141, 2, la première naissance d'Agni dans le ciel est suggérée plutôt qu'exprimée; mais il est fait explicitement mention de sa *seconde* naissance dans les sept mères bienheureuses, c'est-à-dire dans les sept rivières célestes [1], et de la *troisième* naissance où il a été engendré par les dix jeunes femmes, c'est-à-dire par les dix doigts [2]. La naissance d'Agni sur la terre occupe ici, plus naturellement en apparence [3], le dernier rang. Il en est de même au vers II, 18, 2 dont le premier pâda paraît signifier qu'Agni est une première et une seconde fois capable de traîner un char merveilleux dont nous reparlerons, mais dont le second porte en tout cas que, la troisième fois, il est le ho*tri*, le prêtre de l'homme.

C'est aussi, à ce qu'il semble, le feu du sacrifice qui occupe le troisième rang dans la triade assez mal définie du vers I, 164, 1 : « De ce beau sacrificateur chenu [4], le frère moyen est dévorant [5], le troisième frère est couvert de beurre. »

Au contraire le troisième séjour d'Agni est au vers X, 1, 3 son séjour suprême, également désigné par cette seule qualification de suprême aux vers I, 72, 2 et 4; cf. V, 3, 3.

Nous retrouverons plus loin le vers X, 88, 10 d'après lequel Agni a été partagé en trois, et le vers III, 2, 9 où il est dit que des trois bûches d'Agni, l'une a été déposée chez les mortels, tandis que les deux autres « viennent vers leur sœur ».

Ces deux autres représentent sans doute le soleil et l'éclair qui sont en tout cas suffisamment indiqués, dans les textes cités plus haut, par l'opposition du ciel et des eaux. A ce propos citons, à l'appui de la répartition des deux feux célestes entre le ciel et l'atmosphère, le vers V, 85, 2 qui mentionne parallèlement à Agni (l'éclair) dans les eaux, le soleil dans le ciel, et le vers X, 27, 21 qui place la foudre, c'est-à-dire encore l'éclair, *au-dessous* du séjour du soleil [6].

---

1. Voir à la fin de cette première partie le chapitre de l'*Arithmétique mythologique*. — J'adopte la correction de M. Grassmann, d'ailleurs sans influence sur le sens général.

2. Voir plus bas. — Même observation pour le changement à faire au texte (celui-ci déjà proposé par M. Roth).

3. Nous reviendrons sur ce point.

4. Le soleil ?

5. L'éclair ? Ordinairement le feu dévorant est le feu terrestre.

6. Désigné d'ailleurs par un mot qui implique l'idée d'humidité, *purîsha*. Voir au chapitre suivant la section des *Eaux*.

Toutefois, par une transformation de l'usage des nombres mythologiques que nous verrons, dans le dernier chapitre de cette première partie, se réduire en loi, les trois lieux d'origine, les trois séjours, les trois formes du feu, finissent par être attribuées ensemble à l'espace supra-terrestre. C'est ainsi que le vers IV, 1, 7 attribue à Agni trois naissances « suprêmes. » Au vers III, 17, 3, l'origine de ses trois vies paraît même rapportée à l'aurore seule qui est bien, comme nous le verrons, la mère d'Agni, mais sous l'une de ses formes particulières, celle du soleil. Le vers I, 95, 3, après la mention des trois naissances, omet la terre[1], et compte pour lieux d'origine, avec le ciel, la mer et les eaux, comme deux mondes distincts, bien qu'il ne puisse s'agir que d'une mer céleste.

Le chiffre trois reparaît encore dans d'autres passages où aucun trait particulier n'en vient préciser l'application. Agni a trois demeures, *trî shadhasthâ*, et trois langues, trois corps aimés des dieux, au vers III, 20, 2, comme au vers I, 146, 1, il a trois têtes[2]. Le mythe des trois demeures s'est fixé dans deux composés servant d'épithète à Agni, dont l'un, *tripastya*, ne lui est appliqué qu'une fois, VII, 39, 8, mais dont l'autre, *trishadhastha*, accentué, tantôt sur la finale, tantôt sur la pénultième, est plus usité, V, 4, 8; VI, 8, 7; 12, 2; cf. X, 61, 14.

Sans doute les trois séjours d'Agni font songer aux trois foyers sacrés qui portent, dans le rituel du sacrifice, les noms de *Gârhapatya*, d'*Ahavanîya* et de *Dakshinâgni*. Il n'est pas impossible qu'ils les désignent quelquefois dans nos textes, et il est même peu probable qu'il faille entendre autrement les trois matrices, ou séjours, où Agni est au vers II, 36, 4 prié de s'établir. Si la répartition des trois naissances d'Agni entre les trois mondes n'était pas prouvée par des textes formels, les partisans d'une interprétation purement liturgique des mythes védiques auraient pu songer à demander au rituel l'explication de celui qui nous occupe. J'insiste sur ce point parce qu'ils ont tenté ailleurs ce qu'il leur était trop évidemment interdit de faire ici. Mais, qui ne voit que de telles explications n'expliquent rien, ou plutôt que

---

1. Il ne semble pas qu'on puisse trouver dans le second hémistiche l'équivalent de la mention de la terre qui manque dans l'énumération du premier.

2. La flamme d'Agni est désignée au vers X, 105, 9 par le mot *tretinî* dont le sens paraît être « triple ».

le détail du rituel ne peut trouver son explication que dans le mythe, bien loin de pouvoir servir lui-même à expliquer le mythe? Ceux qui croient pouvoir rendre compte d'un mythe par le culte seul, commettent, en sens inverse, la même faute que les partisans d'un naturalisme exclusif. Dans le système d'interprétation qu'on trouvera suivi dans tout ce livre, c'est la combinaison des observations naturelles avec l'idée du culte sous sa forme la plus simple, qui a produit à la fois la complication des mythes et des rites qui en sont l'image. Pour nous en tenir à l'exemple du mythe des trois naissances du feu et du rite des trois foyers, il est clair que l'une des trois naissances serait inexplicable pour les mythologues qui ne tiendraient compte que des phénomènes célestes, comme deux des trois foyers le seraient pour les archéologues qui ne voudraient rien considérer en dehors de la liturgie. Ni le ciel seul, ni la terre seule, mais la terre et le ciel étroitement unis et presque confondus, voilà le vrai domaine de la mythologie védique, mythologie dont le rituel n'est que la reproduction.

Le mythe des trois feux constitue la véritable triade védique, prototype des triades postérieures. Le *Rig*-Veda en connaît pourtant déjà une autre [1], celle du soleil, du vent et du feu, VIII, 18, 9, répartie pareillement entre les trois mondes, X, 158, 1 : « Que le soleil nous protége du ciel, le vent de l'atmosphère, le feu du séjour terrestre. » Elle est clairement désignée en l'absence de ces trois noms dans le vers 44 de l'hymne I, 164, où nous avons rencontré déjà au premier vers la triade des feux: «Trois chevelus se manifestent régulièrement : l'un d'eux dans l'année (tout le long de l'année) rase (la terre en brûlant les plantes); un autre a la faculté de tout voir; du dernier on ne voit que le passage et non la forme. » Cette triade ne diffère de la première que par la substitution du vent à l'éclair. Elle a été transformée de nouveau, non pas dans le *Rig*-Veda, mais très-anciennement encore, par la substitution d'Indra au vent. Entre Indra et le vent, la différence est ici pour nous de peu d'importance. Le fait essentiel est que l'éclair ait été remplacé par un autre

---

[1]. Il n'y a peut-être pas d'importance à attacher à la triade d'Indra, du soleil et de Vena au vers IV, 58, 4. Il est cependant permis de remarquer que Vena, identique à Soma (voir le chapitre suivant), pourrait remplacer Agni. Quant à Indra, il a en effet plus tard été substitué au vent; voir ci-après.

élément assigné également à l'atmosphère, ou par un dieu dont l'action est conçue comme s'exerçant principalement dans ce monde intermédiaire. Or, l'une au moins des causes de ce fait est aisée à découvrir. Nous avons remarqué déjà que l'éclair, en tant qu'élément mâle, n'a pas dans la langue védique d'autre nom que celui du feu terrestre, d'Agni. De là l'impossibilité d'une distinction nette, pour deux des personnages de la triade, autrement que par des épithètes ou des allusions diverses. Le nom d'Agni étant d'ailleurs avant tout celui du feu du sacrifice, on comprend aisément que l'élément le plus exposé à être supplanté par un élément ou par un dieu voisin était le feu de l'atmosphère ; c'est, en effet, ce qui est arrivé.

A propos du vent, je prierai le lecteur d'excuser ici une courte digression dont l'occasion, étant donné le plan que je me suis tracé, ne se représenterait pas dans des conditions plus favorables : elle est nécessaire pour que dans un livre, qui traite en somme, quoiqu'à un point de vue particulier, de la mythologie védique tout entière, cet élément du vent et le dieu qui le représente ne soient pas, en dépit de leur importance très-secondaire, surtout pour notre sujet, complétement passés sous silence.

Le vent est désigné dans le *Rig-Veda* par deux noms, d'ailleurs formés tous deux de la même racine *vâ* « souffler » : *vâta* et *vâyu*. Le premier est surtout le nom de l'élément, le second, le nom du dieu. Mais cette distinction n'a rien d'absolu. L'Anukramanî rapporte, il est vrai, à Vâyu seul tous les hymnes et les vers isolés adressés à la divinité du vent ; mais dans deux hymnes entiers, X, 168 et 186, cette divinité ne reçoit pas d'autre nom que celui de Vâta, et le même mot figure dans des énumérations de dieux aux vers I, 186, 10 ; V, 41, 4 ; 46, 4 ; VII, 35, 4 ; X, 64, 3 ; 141, 5, comme les noms de bien d'autres objets matériels, il est vrai, tels que ceux des rivières, des montagnes, des arbres, dont il est précisément rapproché au vers Vâl. 6, 4 [1]. D'un autre côté, le mot *vâyu* peut désigner purement et simplement l'élément comme le mot *vâta*, et s'emploie de même que lui au pluriel.

Il était impossible que le vent ne jouât pas son rôle dans une mythologie naturaliste, quoique l'importance de ce rôle

---

1. Dans les vers VI, 50, 12 ; X, 92, 13, on rencontre à la fois le nom de Vâyu et celui de Vâta.

ait été très-réduite par la simplification qu'a produite dans la mythologie védique[1] la prédominance décidée de l'élément igné. D'ailleurs, ses effets les plus frappants, ceux du moins qui devaient exciter le plus vif intérêt, n'étaient pas ceux qui se produisent sur terre, dans les bois, par exemple, X, 23, 4; cf. I, 28, 6; 29, 6; cf. V, 78, 8, mais ceux qui sont liés aux phénomènes célestes de la pluie et du retour de la lumière. Les passages qui font allusion aux eaux, IV, 19, 4, à un étang, V, 78, 7; cf. 8, à une mer, IX, 84, 4, soulevée par le vent, pourraient s'entendre déjà des eaux célestes. Arrêtons-nous seulement à ceux qui nous représentent le vent soufflant à travers les nuages, X, 31, 9, les amenant, X, 68, 5, enfin jouant un rôle important dans les phénomènes de l'orage, IV, 17, 12; V, 83, 4, pour ne rien dire du couple que sous le nom de Vâta il forme avec Parjanya, le nuage. Ils suffiront pour nous faire comprendre qu'on demande les eaux à Vâyu, VIII, 26, 25.

D'un autre côté les hymnes n'ont garde d'omettre les effets du vent sur le feu, qu'il excite sous le nom de *vâyu*, V, 19, 5, comme sous celui de *vâta*, I, 148, 4; IV, 7, 10 et 11; cf. VIII, 40, 1, et qui reçoit les épithètes *vâta-jûta*, I, 58, 4; 65, 8; VIII, 43, 4, *vâta-codita*, I, 58, 5; 141, 7, *vâtopadhûta* X, 91, 7, « excité par le vent », dont la première est également appliquée aux chevaux d'Agni, I, 94, 10; 140, 4; cf. II, 1, 6, et, ce qui revient au même, à ses flammes, VI, 6, 3. Il était d'autant plus naturel d'étendre aux feux célestes ces effets observés sur le feu terrestre, qu'en réalité le souffle des vents dans l'orage coïncidait avec l'apparition des éclairs et précédait la réapparition du soleil. Nous ne nous étonnerons donc pas que l'épithète *vâta-jûta* « excité par le vent » soit appliquée dans le vers, X, 170, 1 à un être imparfaitement désigné, mais qui ne saurait guère représenter qu'un feu céleste, et dans le vers IV, 33, 1 aux Ribhus, dont nous constaterons plus tard l'assimilation aux trois feux. Ainsi s'expliquent les passages qui reconnaissent au vent le pouvoir de faire la lumière (littéralement les rougeurs), X, 168, 1, et même par extension de faire briller les aurores, I, 134, 3.

Nous avons vu que dans la triade des feux, c'est au feu de l'atmosphère que le vent est substitué. L'attribution qui lui

---

1. Et aussi sans doute dans la mythologie indo-européenne.

est faite de ce domaine intermédiaire se justifie d'elle-même, et elle est confirmée par les vers I, 161, 14 ; II, 14, 3 ; cf. X, 128, 2. L'expression « chemins du vent » semble même synonyme du terme d'atmosphère, III, 14, 3. Enfin, il semble que comme le mot *vâyu* a pris le sens d' « air » dans la langue classique, celui de *vâta* désigne l'atmosphère elle-même dans les passages où les « vents » sont appelés « larges », IX, 22, 2, et où il est dit qu'Indra dépasse « l'étendue du vent », X, 89, 11.

La rapidité du vent est naturellement un thème banal et ournit un terme de comparaison pour la vitesse des dieux, d'Indra, IV, 17, 12 ; de Soma, IX, 97, 52 ; des Açvins, V, 41, 3 ; des deux sacrificateurs divins, V, 5, 7 ; d'un être mal déterminé, mais qui paraît être le feu, I, 79, 1 ; des chants qui s'élancent, VII, 33, 8 ; de la fièvre qui quitte le malade, X, 97, 13 ; mais surtout pour celle des chevaux mythologiques, I, 163, 11 ; IV, 38, 3, ou non, VIII, 34, 17. De là, comme nous le verrons, des chevaux mythologiques identiques aux vents eux-mêmes. Le bruit du vent, IV, 22, 4 ; VIII, 91, 5 ; X, 168, 1 et 4, joue dans la mythologie védique un rôle beaucoup plus important pour le sujet de ce livre, mais qu'il n'est pas temps encore d'étudier.

Le vent n'est pas seulement insaisissable, X, 95, 2 ; il est invisible. Nous l'avons déjà trouvé plus haut désigné par cette formule : « On voit son passage et non sa forme », I, 164, 44. Le vers X, 168, 4 exprime la même idée : « On entend son bruit et on ne (voit) pas sa forme. » Et cependant il est question au vers VIII, 46, 28 de sa forme digne de louange, et on ne lui attribue pas seulement un char brillant, IV, 48, 1 (refrain de l'hymne), mais on lui donne à lui-même les qualifications de « beau à voir », I, 2, 1, et même de « blanc » ou « brillant », VII, 91, 3 ; cf. 90, 3. Il semble n'avoir pu emprunter de pareils traits qu'à ce feu qu'il remplace en effet dans la triade. Remarquons encore que le mot *mâtariçvan* qui dans le *R*ig-Veda est, comme nous le verrons, un nom de feu, devient dans la langue classique un nom du vent[1]. Nous sommes ainsi ramenés à notre point de départ, et nous concluons, qu'au point de vue spécial où nous nous plaçons,

---

1. N'y a-t-il pas même une assimilation expresse du feu au vent dans ce passage où précisément Agni reçoit après plusieurs autres noms celui de Mâtariçvan, III, 29, 11 : « Il est Mâtariçvan quand il se forme dans sa mère ; il est devenu dans sa course l'essor du vent. »

le vent doit nous intéresser surtout en tant que substitut d'Agni.

Nous terminons ici la digression et revenons au sujet de la multiplicité des feux.

Après le rôle du chiffre trois dans la conception d'Agni, il nous reste à étudier celui du chiffre deux. C'est à dessein que je renverse ici l'ordre naturel des nombres. La notion des trois feux est non-seulement plus complète, mais encore plus précise que celle des deux feux. Les deux feux en effet, bien qu'on rencontre au vers VIII, 43, 28 Agni distingué seulement en tant que né dans le ciel, et né dans les eaux [1], seront très-rarement le soleil et l'éclair. L'opposition ordinaire est celle du feu terrestre et d'un feu céleste.

Or la nature du feu céleste est sans doute quelquefois indiquée. C'est ainsi qu'au vers X, 45, 10 le soleil est opposé à Agni, vraisemblablement, puisque rien ne peut faire supposer le contraire, au feu du sacrifice, si toutefois on peut voir une opposition dans le seul fait de deux mentions parallèles, cf. X, 88, 18 et Vâl. 10, 2. Au vers III, 29, 14, le feu qui brille sur le sein de sa mère peut être le feu terrestre, et en tout cas celui qui naît du ventre de l'Asura [2] et qui ne cligne jamais l'œil, paraît bien être le soleil. Enfin l'opposition du feu du sacrifice et du soleil se retrouve, et cette fois avec des développements malheureusement assez obscurs, aux vers VI, 12, 1; 3; cf. VI, 6, 6; I, 150, 1, du moins si le mot *toda*, comme M. Grassmann l'admet après M. Roth, y a le sens de soleil. D'un autre côté l'éclair, ou du moins Apâm Napât, le fils des eaux, qui représente, sinon exclusivement [3], au moins principalement l'éclair, forme au vers VI, 13, 3, avec le feu du sacrifice, un couple protecteur des hommes. Il lui semble opposé au vers VIII, 91, 7. Enfin deux formes sont attribuées à Apâm Napât lui-même, « qui brûle sans bûche dans les eaux, et que les prêtres honorent (*îlate*, terme consacré à l'Agni du sacrifice) dans les cérémonies, » X, 30, 4. Dans un autre hymne adressé à la même divinité, il est dit plus expressément encore que le cheval (Apâm Napât) a une naissance ici (sur terre) et une dans le ciel, II, 35, 6. Le vers 11 du même hymne oppose l'essence cachée

---

1. Cf. le vers III, 13, 4 où on lui demande seulement aussi les richesses du ciel et des eaux.
2. Cf. Quatrième partie, ch. I, section VIII.
3. Il représente aussi le soleil. Voir chapitre IV.

d'Apâm Napât à celui qu'allument les jeunes femmes, c'est-à-dire les doigts, désigné encore au vers 12 par l'épithète d'inférieur à laquelle s'oppose au vers 14 la mention du séjour suprême, tandis que le vers 13 nous montre Apâm Napât opérant ici (sur la terre) avec le corps d'un autre (le feu du sacrifice), cf. I, 143, 1.

Cependant il arrive souvent que le feu du sacrifice est opposé à un feu céleste, que le séjour terrestre d'Agni est opposé à un séjour supérieur, sans qu'aucun trait particulier puisse fixer le choix entre l'éclair et le soleil, entre l'atmosphère et le ciel. C'est ainsi que les « aspects domestiques » d'Agni sont opposés à ses « aspects divins », III, 54, 1, sa naissance suprême à son séjour inférieur, II, 9, 3, que d'après le vers I, 128, 3, il établit sa demeure sur les plateaux inférieurs et sur les plateaux supérieurs. Le vers X, 87, 3 n'insisterait pas tant sur les deux mâchoires, l'inférieure et la supérieure, d'Agni, qui reçoit en outre l'épithète *ubhayâvin* (tourné? des deux côtés), si ces deux mâchoires devaient s'entendre au sens vulgaire : elles correspondent évidemment aux deux mondes [1].

L'*Ayu* [2] inférieur du vers IV, 2, 18, paraît être le feu du sacrifice, et cette expression suggère naturellement l'idée du supérieur. Elle se retrouve au vers I, 104, 4, où le « nombril » de l'*Ayu* inférieur paraît désigner précisément la patrie céleste du feu terrestre, par une figure qui sera étudiée en dans le paragraphe suivant, cf. III, 5, 5.

L'Agni au dos blanc dont parle le vers III, 7, 1, paraît être d'une façon générale l'Agni céleste, par opposition à l'Agni au dos noir du vers III, 7, 3, c'est-à-dire au feu terrestre qui noircit tout sur son passage, cf. I, 58, 4.

Le vers suivant oppose l'Agni qui dévore le bois, c'est-à-dire le feu terrestre, au feu céleste désigné par la qualification de «noble mâle », I, 140, 2 : « Celui qui a deux naissances s'élance trois fois [3] sur sa nourriture, ce qu'il a dévoré repousse dans l'année ; avec la bouche, avec la langue de l'une (de ses formes, de ses naissances), il est le noble

---

1. La mention de l'atmosphère dans le second hémistiche pourrait peut-être d'ailleurs, si le rapport était plus clair, faire rentrer cette citation dans la série de celles qui nous ont servi à montrer l'application du nombre trois.
2. Voir le paragraphe suivant.
3. Probablement aux trois sacrifices du matin, de midi et du soir. Voir plus bas.

mâle : sous l'autre (de ses formes, dans l'autre de ses naissances), il s'empare des arbres, lui qui est fort. »

Le feu terrestre est le seul qui soit toujours présent, qui « n'émigre pas » (*aproshivân*, VIII, 49, 19). Aussi le vers V, 2, 1 oppose-t-il à l'enfant que sa mère garde dans son sein, c'est-à-dire à l'Agni céleste, l' « aspect immuable » du feu que les hommes voient devant eux dans « le serviteur », c'est-à-dire dans le feu du sacrifice. De là l'opposition des deux séjours d'Agni, l'un découvert, l'autre caché III, 55, 15[1], et au vers X, 79, 2 celle de sa tête cachée avec ses deux yeux (le soleil et la lune ? ou le soleil et l'éclair ?) et de sa langue qui lui sert à dévorer le bois.

Signalons encore au vers VII, 30, 3 le rapprochement, à ce qu'il semble intentionnel, du feu du sacrifice, et de la clarté suprême qu'Indra fait briller dans les combats[2].

La notion d'un Agni céleste a dû singulièrement favoriser la distinction d'un dieu du feu qu'on honore par le sacrifice, et d'un feu qui consomme ce sacrifice, distinction sur laquelle il est inutile d'insister, parce qu'elle se rencontre à chaque pas dans les hymnes. Contentons-nous de signaler quelques-uns des nombreux passages où Agni est invité au sacrifice, X, 98, 9, est prié de venir sur le même char que les dieux, VII, 11, 1, de s'asseoir avec eux sur le *barhis* ou gazon du sacrifice, III, 14, 2 ; cf. VII, 11, 2. Son suppliant cherche à l'attirer de sa demeure suprême, VIII, 11, 7, d'où il descend vers les inférieurs, VIII, 64, 15. La distinction d'ailleurs laisse subsister l'identité d'essence et aussi la divinité, déjà reconnue, du feu qui consomme le sacrifice. Agni, comme le dit le vers VI, 11, 2, offre le sacrifice à son « propre corps ».

Après le chiffre deux, et au delà du chiffre trois, nous aurions encore à signaler plusieurs nombres qui figurent tour à tour dans la notion du multiple Agni. Mais la valeur en sera mieux comprise plus loin dans l'étude d'ensemble que nous consacrerons aux nombres mythologiques. Les nombres supérieurs à trois seront pareillement réservés dans chacune

---

1. Cette opposition pourrait cependant, comme nous le verrons, s'entendre aussi dans un autre sens.

2. On peut comparer encore aux passages qui attribuent deux séjours ou deux formes à Agni, ceux beaucoup moins significatifs d'ailleurs, qui le présentent comme maître des richesses du ciel et de la terre, IV, 5, 11 ; VII, 6, 7 ; X, 91, 3, cf. III, 15, 6, ou de deux richesses, II, 9, 5.

des sections réservées aux divers éléments mâles et femelles, où l'on nous dispensera de répéter cette observation faite ici une fois pour toutes. Nous ne ferons d'exception, quand il y aura lieu, que pour le nombre quatre, en tant qu'il s'applique aux points cardinaux. C'est sans doute vers ces quatre points que sont dirigés les quatre yeux d'Agni [1], I, 31, 13 qui, selon l'observation déjà faite plus haut, fait face de tous côtés [2].

§ II. — SUITE DU PRÉCÉDENT — ORIGINE CÉLESTE DE LA RACE HUMAINE

Les pages qui précèdent ont fait pour le premier élément du sacrifice, le feu, la preuve qui sera successivement faite pour tous les autres éléments, et qui sera pour le feu lui-même confirmée à chaque page du livre, celle, non d'une simple assimilation, mais d'une identification essentielle avec les phénomènes correspondants dans l'atmosphère et dans le ciel, et de l'attribution effective d'une origine céleste. Nous avons maintenant, selon le plan que nous nous traçons, à étudier certains faits et certaines idées appartenant également à cette première face du sujet, (l'assimilation du *terrestre* au *céleste* et l'origine céleste du terrestre), qui ne sauraient trouver place dans les autres divisions du présent chapitre. Ces faits et ces idées concernent, soit le sacrifice en général, soit les sacrificateurs, et il importait, en raison de leur généralité même, de les présenter au lecteur le plus tôt possible.

Signalons d'abord l'imitation de la succession naturelle du temps dans la succession des sacrifices. Le *Ṛig*-Véda ne renferme pas, que je sache, d'allusion précise aux sacrifices des saisons prescrits dans le rituel [3], ni même aucune indication sûre [4] des sacrifices de la pleine lune et de la

---

1. On lui donne d'ailleurs aussi mille yeux, I, 79, 12.
2. Cf. aussi les passages où il est dit qu'Agni protége des quatre côtés de l'horizon, comme X, 87, 20 et 21.
3. Le mot *ritu* figure bien dans une foule de locutions qui impliquent la régularité du sacrifice, et dans la dénomination la plus générale des prêtres, *ritv-ij*, « qui sacrifie selon le *ritu* »; mais il ne signifie pas nécessairement « saison » et peut se prendre simplement dans le sens de « temps déterminé. »
4. On pourrait être tenté d'en chercher une au vers I, 9, 1, dans le composé *soma-parvabh*ih. Sur l'emploi du mot *soma* dans le sens de « lune », voir la section suivante.

nouvelle lune, ce qui n'est pas d'ailleurs une raison de douter de l'antiquité de ces rites. En revanche, la mention simultanée du sacrifice du matin et de celui du soir est fréquente ; il suffira d'en citer quelques cas dans les hymnes à Agni, IV, 2, 8 ; 12, 2 ; VII, 15, 8 et 15. Ailleurs nous lisons qu'Agni reçoit sa nourriture trois fois le jour, IV, 12, 1 ; cf. I, 140, 2, et que trois fois aussi il récompense l'homme par ses bienfaits, VII, 11, 3[1]. Le temps des trois sacrifices de la journée est exactement déterminé dans un grand nombre de passages où l'énumération du lever du jour, de l'heure de midi et du coucher du soleil constitue une véritable formule, V, 69, 3 ; 76, 3 ; VII, 41, 4 ; VIII, 1, 29 ; 27, 19 et 21 ; X, 151, 5.

Cette correspondance des cérémonies du culte avec les étapes de la course diurne du soleil, toute naturelle qu'elle peut paraître, prend une importance particulière après ce qui a été dit de l'identité du feu du sacrifice avec les feux célestes, et particulièrement avec l'astre du jour[2]. Remarquons à ce propos le rite du transport du feu, indiqué en différents passages, IV, 9, 3 ; 15, 1 ; cf. IV, 6, 4 et 5 ; 15, 2 et 3, par une expression qui implique l'idée d'une marche circulaire ; cette marche n'est peut-être aussi qu'une imitation du cours du soleil[3].

Mais le point qui doit ici arrêter surtout notre attention, et qui la retiendra même assez longtemps, est l'origine céleste des sacrificateurs, je dis des hommes qui accomplissent le sacrifice, et des hommes en général. Cette origine céleste peut être entendue, et l'était en réalité, de différentes manières.

C'est du ciel, en effet, que les prêtres mêmes dont nous lisons les hymnes, et les sacrifiants qui empruntaient leur secours, attendaient une postérité. Or, la signification des prières par lesquelles ils implorent de leurs dieux « des enfants mâles », est tout autre dans ce culte dont la base reste

---

1. Nous verrons que le Soma est aussi pressé trois fois dans la même journée.

2. Il y est peut-être fait allusion dans ce passage d'un hymne à Agni, X 53, 6 : « Tendant le fil (accomplissant le sacrifice), suis la lumière de l'atmosphère. »

3. Le mouvement qu'au vers I, 31, 4 on lui imprime en avant et en arrière, et qu'on explique comme n'ayant d'autre objet que d'activer la flamme, serait-il une reproduction des deux voyages en sens inverse du soleil (cf. p. 7 ?

purement naturaliste, qu'elle ne serait dans une religion plus spiritualiste, ou seulement plus altérée par l'obscurcissement des mythes. Les eaux de la pluie, c'est-à-dire l'élément dont l'origine céleste ne peut être révoquée en doute et a formé, selon toute vraisemblance, le point de départ du système entier, les eaux de la pluie n'apportent pas seulement le feu dans les plantes ; elles y introduisent les sucs nourriciers qui passent de là dans le corps des animaux, et aussi, directement ou indirectement, dans celui des hommes. La conséquence était facile à tirer. Les hommes n'avaient pas besoin de formuler d'une manière scientifique l'assimilation des fonctions reproductives aux fonctions nutritives, pour croire qu'ils tiraient de leurs aliments, et par suite de la pluie qui les leur procurait, le sang qu'ils transmettaient à leur postérité. Le vers célèbre de la Bhagavad-Gîtâ[1] : « Les êtres naissent de la nourriture, la nourriture naît du nuage », n'est qu'un écho de la pensée védique qu'on est, il est vrai, étonné de trouver si fidèle et si distinct au milieu du fatras philosophique qui l'accompagne. D'ailleurs, un mythe familier favorisait singulièrement la même croyance : c'était celui du sperme, tombant du nuage assimilé, ainsi que nous l'avons dit déjà, à un taureau. Il paraît légitime de chercher une allusion à ce mythe dans les formules très-usitées qui implorent des dieux, et particulièrement de Tvash*tri*[2], la semence, une semence merveilleuse.

Le sperme qui tombe du nuage est la pluie sans doute, mais la pluie considérée surtout comme renfermant un élément mâle, s'il n'est pas plutôt cet élément mâle lui-même, c'est-à-dire, comme on l'a vu déjà, le feu. Ce feu est entré dans la plante en même temps que les sucs nourriciers ; il est passé avec eux dans le corps de l'homme et de là dans celui de ses enfants. Il pouvait donc, même dans cet ordre d'idées, être tenu pour le vrai principe de la vie, dont la pluie n'était en quelque sorte que l'enveloppe et le véhicule, et ce principe descendait toujours du ciel.

Or l'idée d'un principe igné était la première solution du problème de la vie qui dût se présenter à l'esprit des hommes primitifs. L'observation du refroidissement des cadavres suffisait pour la leur suggérer. Et en effet le vers X, 5, 1, en

---

1. Où est exprimée en même temps la croyance à l'efficacité intrinsèque du sacrifice, Bh. G. III, 14, cf. 10.
2. Voir la quatrième partie, ch. I, section VI.

donnant au feu l'épithète *bhûrijanmâ* « qui a beaucoup de naissances », ajoute qu'il « rayonne de notre cœur », cf. *ibid.*, 2. Sans doute l'air, le vent, a dû être aussi considéré comme un des principes de la vie humaine, le vent qui est appelé l'âme (le souffle) de Varuna, VII, 87, 2 et des dieux en général, X, 168, 4, et avec lequel, ainsi que nous le montrerons plus loin, l'âme de l'homme retourne se confondre après la mort, X, 16, 3; cf. X, 92, 13 et X, 90, 13.[1]. Mais c'est incontestablement le feu, dont les relations avec le vent ont du reste été déjà relevées, qui tient la première place dans le mythe que nous allons étudier. Or la croyance à l'origine céleste du feu étant donnée, la croyance à l'origine céleste de la race humaine s'ensuivait naturellement, lors même que les idées analysées plus haut n'auraient pas fait concevoir la vie de chaque individu comme puisée de nouveau à la source suprême. Ces idées d'ailleurs ont dû vraisemblablement jouer un rôle dans la formation du mythe. Toutefois, c'est seulement dans l'éloignement d'un passé, éclairé par les inférences qu'elles permettaient, mais éclairé de cette lumière un peu trouble où naissent et se plaisent les légendes, que pouvait se former par la suppression de l'intermédiaire obligé du père réel, la notion d'un premier ancêtre descendu du ciel. Ce premier ancêtre ne pouvait être évidemment que le feu lui-même.

La croyance incontestable, et d'ailleurs depuis longtemps reconnue, de l'identité du premier homme avec le feu, paraît se justifier mieux par les considérations qui précèdent, que comme tente de le faire M. Kuhn, par la seule assimilation de la production du feu (au moyen de deux morceaux de bois) à l'acte de la génération. Elle se justifie mieux encore par la combinaison de l'une et de l'autre explication. Car rien ne nous oblige à attribuer au mythe une origine unique, et c'est au contraire la convergence d'inférences et d'analogies d'ordres divers qui a produit les mythes durables. Or le fait allégué par M. Kuhn est parfaitement exact, et dans l'hymne X, 184, destiné à procurer des couches heureuses, il est dit au vers 3 que les deux Açvins font sortir le fœtus par la friction (comme le feu) avec une *arani* d'or, cf. III, 29, 1 et 2. Enfin

---

[1]. Le vent est aussi un médecin auquel on demande des remèdes, I, 89, 4; VII, 35, 4; X, 186, 1, et la vie, *ibid.* 2 et 3, et qu'on invoque avec les plantes, les simples, I, 90, 6; X, 169, 1. Aux vers X, 137, 2 et 3 deux vents sont invoqués, dont l'un apporte le remède et l'autre emporte le mal.

les deux explications réunies n'épuisent pas encore la série des analogies qui ont pu concourir à l'établissement de la croyance en question. Les fonctions de prêtre, assignées, comme nous le verrons bientôt, au feu du sacrifice, ont dû contribuer à faire confondre avec lui les premiers ancêtres qui, dans l'ordre des idées religieuses, le plus important naturellement en mythologie, sont avant tout les premiers prêtres. Mais il est temps d'apporter des textes à l'appui de toutes nos affirmations. Il ne s'agit plus, bien entendu, que de l'origine céleste de la race elle-même, et de l'identification d'Agni avec les ancêtres de cette race.

Notons d'abord la mention fréquente de liens de parenté existant entre les hommes et les dieux. Nous n'entendons pas ici parler de l'attribution continuelle aux différents dieux du titre de père, qui peut n'avoir, et qui n'a en effet dans un grand nombre de cas, qu'une signification métaphorique. Mais il ne saurait y avoir de doute sur la valeur du mot *sajâtya* « communauté de race », exprimant aux vers VIII, 18, 19; 72, 7 (cf. III, 54, 16; VIII, 27, 10, et VIII, 62, 12 rapproché de VII, 72, 2), la relation conçue entre les hommes et les dieux, ni sur la portée de cet autre vers, VIII, 72, 8: « Nous avons en commun, ô dieux qui versez des trésors liquides, la qualité de frères dans le sein de la mère [1]. » Le suivant n'est pas moins significatif, quoiqu'il renferme des détails dont l'explication pourra être donnée seulement plus loin, I, 105, 9: « Il y a là-haut sept rayons; c'est là que *s'étend mon nombril*; Trita Aptya le sait, il proclame la parenté. » « Le nombril de l'homme étendu là-haut » est une expression qu'on ne peut comprendre qu'en remarquant d'abord que dans le langage védique le terme de nombril équivaut à celui de père, ensuite que le père est ici le ciel lui-même. Le premier fait semble étrange, mais je le crois incontestable. Il explique un détail curieux de la mythologie postérieure, la naissance de Brahmâ sortant d'un lotus qui sort lui-même du nombril de Vishnu, et qui, selon toute vraisemblance, représente ce nombril lui-même. Le germe de ce mythe se trouve déjà au vers X, 82, 6 du Rig-Veda dans la notion de « l'unique attaché au nombril de celui qui est sans parents », notion sur laquelle nous reviendrons.

---

[1]. Cf. IV, 10, 8. Faut-il interpréter dans le même sens la formule : « Le mortel a la même matrice que l'immortel », I, 164, 30, ou s'agit-il là de deux formes du feu ?

« Le nombril de celui qui est sans parents » est un de ces paradoxes auxquels les poëtes védiques paraissent prendre un si grand plaisir, et qui ont quelquefois d'ailleurs un sens profond. Celui-ci par exemple constate sous une forme pittoresque l'énigme du commencement. Quant à l'origine d'une représentation aussi bizarre de la descendance paternelle, on peut la chercher peut-être dans cette idée que le nombril, étant chez le père comme chez le fils la marque extérieure de la descendance, constitue en quelque sorte chez celui-là le premier anneau de la chaîne qui relie celui-ci aux ancêtres. De là le fils attaché au nombril du père comme dans le vers X, 82, 6. Mais par une sorte d'abus du langage, le nombril auquel le fils est attaché est devenu le nombril du fils, comme dans le passage qui a nécessité cette digression. MM. Roth et Grassmann éludent, de même qu'en bien d'autres cas, toutes ces difficultés, en effaçant le sens propre du mot *nâbhi* et le transformant selon qu'ils le jugent nécessaire en ceux de « parenté (abstrait) », de « parenté (collectif) », ou de « parent ». Mais le caractère artificiel de ces solutions ressort avec évidence dans le passage suivant où l'opposition du mot *bandhu* « lien » au mot *nâbhi* est tout à fait significative, I, 164, 33 : « Le ciel est mon père, qui m'a engendré, là est mon nombril ; mon cordon, ma mère, est cette grande terre. » On voit ici que la mère a dû être considérée comme le lien qui réunit entre eux les anneaux principaux de cette chaîne que nous cherchions à nous représenter tout à l'heure, c'est-à-dire les mâles d'une même race : ils sont les nombrils et elle est le cordon ombilical, ce cordon devant relier le fils, non à la mère qui ne compte pas dans la série des anneaux, mais au père[1]. On voit aussi que, comme nous l'avions annoncé, le nombril, c'est-à-dire le père de l'homme, « qui s'étend là-haut », au vers I, 105, 9, est bien le ciel[2], tandis qu'au vers

---

1. Remarquons à ce propos que le mot *bandhu*, qui n'exprime jamais d'ailleurs qu'un lien de parenté ou de dérivation, doit avoir le même sens dans le composé *mṛityu-bandhu*, équivalent au terme *martya* « mortel », et pour lequel M. Grassmann ne trouve pas de traduction plus précise que celle de « soumis à la mort, lui appartenant », tandis que M. Roth propose l'interprétation plus hardie, mais selon nous tout à fait arbitraire, de « compagnon de la mort ». Ici encore le mot *bandhu* nous paraît équivalent au terme de mère, comme le mot *nâbhi* l'est à celui de père, en sorte que le composé signifierait étymologiquement « fils de la mort », expression également hardie, mais qui se trouve faire le pendant exact de celle de « fils de l'immortalité » appliquée aux dieux, VI, 52, 9 ; X, 13, 1.

2. On peut interpréter de même au vers III, 54, 9 le père dont les hommes

VII, 72, 8, cité avant celui-là, la mère dans le sein de laquelle les hommes « ont en commun avec les dieux la qualité de frères » peut être la terre. Ainsi les hommes et les dieux seraient frères parce que le ciel et la terre sont, comme nous le verrons, les parents de tous les êtres animés et inanimés. C'est en effet suivant cette conception que s'explique le mieux le titre de frère des hommes donné aux dieux, et particulièrement à Agni (voir Grassmann, *Wœrt.* au mot *bhrâtri*).

Cependant la mère des hommes peut être aussi placée dans le ciel avec leur père qui est alors distingué du ciel lui-même. Nous verrons que Yama, considéré comme le premier homme, dit à sa sœur Yamî, X, 10, 4 : « Le Gandharva dans les eaux, et la femme aquatique, tel est notre nombril suprême, telle est notre parenté [1] ». D'un autre côté, les anciens *R*ishis, I, 164, 15, et particulièrement Viçvâmitra, III, 53, 9, reçoivent l'épithète *deva-ja* « né des dieux », qui ne peut plus s'expliquer, de même que le titre de frère des dieux, par la conception du ciel et de la terre comme père et mère de toutes choses. Elle n'est pas susceptible non plus d'une interprétation purement métaphorique comme le serait la qualification de fils des dieux, et elle implique décidément l'idée d'une origine céleste de la race humaine. Cette descendance divine, immédiate pour les chefs de famille, médiate pour leurs descendants, est indiquée dans les termes les plus clairs au vers I, 139, 9 : « Dadhyanc connaît mon origine, et l'antique Angiras, et Priyamedha, Kanva, Atri, Manu l'ont connue; les anciens, Manu, l'ont connue; c'est aux dieux qu'ils se rattachent, et c'est en eux que sont nos nombrils... » Mais la notion vague d'une filiation divine n'est pas encore le mythe que nous avons annoncé. Il nous reste à prouver par les textes que le dieu dont descendent les ancêtres est avant tout celui qui, émigrant sur la terre, forme le lien naturel de la race divine et de la race humaine, c'est-à-dire le feu, Agni.

Or, on lit en propres termes au vers I, 96, 2, qu'Agni a engendré les enfants des hommes, et les hommes sont vrai-

---

revendiquent également la parenté en ces termes : « C'est là notre parenté, là où les dieux se tiennent sur le vaste chemin *tissé* ». Le chemin *tissé*, *vyuta*, est en tout cas le ciel, *vyoman*. Cf. encore X, 61, 18 et 19.

1. Le mot *jâmi* « parenté » s'applique-t-il spécialement à la mère, comme le mot *nâbhi* « nombril » au père ? Cette hypothèse serait contredite par l'emploi du même mot au vers III, 54, 9.

semblablement encore désignés au vers 4 du même hymne, où il est dit qu'Agni a trouvé la voie pour ses descendants. Il doit être invoqué comme le *premier* père, II, 10, 1. Agni Vaiçvânara, d'après le vers I, 59, 1, est le nombril, c'est-à-dire selon l'interprétation justifiée plus haut, le père des races. Le vers 2 du même hymne l'appelle la tête du ciel et le nombril de la terre ; la première de ces expressions nous le fait reconnaître pour l'Agni céleste, la seconde pour le père de la terre, ou plutôt des êtres qui l'habitent [1].

Il n'est pas impossible que l'épithète *tapoja,* appliquée aux *R*ishis, X, 154, 5 ; cf. X, 183, 1, et dont le sens est devenu « né de la pénitence », ait signifié primitivement, conformément à l'étymologie, « né de la chaleur, c'est-à-dire du feu ». Citons encore dans l'ordre d'idées qui nous occupe, et comme pouvant se rattacher au mythe d'Agni ancêtre des hommes, les passages où ce dieu est appelé le premier-né, X, 5, 7 ; cf. I, 31, 11 ; cf. aussi I, 164, 37 ; X, 61, 19.

Mais c'est surtout en sa qualité de prêtre, et de premier prêtre, qu'Agni figure comme chef des races humaines et particulièrement des familles de prêtres. Nous devons donc maintenant nous attacher à faire ressortir ce caractère sacerdotal dont est revêtu le feu du sacrifice.

C'est un fait bien connu que tous les noms désignant les prêtres sont appliqués à Agni, depuis les termes génériques de *vipra* et de *ritvij* (voir Grassmann, *Wœrterbuch,* s. v.), jusqu'à ceux qui expriment les fonctions particulières des ministres du culte. Il reçoit, dans un grand nombre de passages (voir *ibid.* s. v.), celui de *hotri* qui désigne en général le sacrificateur, et en particulier, au moins dans le rituel postérieur, le prêtre qui récite des vers, les vers du *R*ig-Veda ; plus rarement ceux de *brahman (ibid.)* et d'*adhvaryu,* III, 5, 4 et peut-être, VIII, 90, 10.

En plusieurs passages les titres sont intentionnellement accumulés. Ainsi dans l'hymne II, 5, il reçoit successivement, de vers en vers, ceux de *hotri* 1, de *potri* 2, de *praçâstri* 4 [2], de *neshtri* 5, d'*adhvaryu* 6, sans compter l'emploi du

---

1. Cette interprétation paraît mise hors de doute par la comparaison d'un vers que nous retrouverons à propos de Soma, et où les Somas sont appelés à la fois « têtes du ciel » et « pères » du poëte, IX, 69, 8.

2. Au vers 3 l'emploi du substantif *brahman* « prière » remplace peut-être le titre de *brahman*, ou simplement la mention de la sagesse, *kâvya,* le titre de *kavi.*

terme générique de ri*tvij* au vers 7. Le vers II, 1, 2, aux fonctions de *hotri*, de *potri*, de *neshtri*, d'*agnidh*, de *praçâstri*, d'*adhvaryu* et de *brahman*, ajoute encore le titre de *grihapati* désignant le maître de maison, celui qui offre le sacrifice. De même que dans le reste de l'hymne Agni est successivement identifié à tous les dieux, il l'est dans ce vers, reproduit d'ailleurs, X, 91, 10, à tous les personnages qui prennent part au sacrifice, à l'exception de la femme du sacrifiant. Celle-ci n'est plus oubliée aux vers IV, 9, 3 et 4, où Agni est tour à tour assimilé au *hotri*, au *potri*, à la femme[1], au maître de maison, au *brahman*. Citons encore le vers I, 94, 6, où Agni reçoit en outre le titre de *purohita*, fixé plus tard dans le sens de prêtre domestique, de chapelain : « Tu es l'adhvaryu et tu es le hotri antique, le praçâstri, le potri, le purohita par naissance; connaissant tous les offices de *r*itvij, etc. » Au vers VII, 16, 5, il est appelé maître de maison, hot*r*i et pot*r*i, et les vers I, 76, 4; X, 2, 2, lui attribuent encore à la fois les fonctions de ces deux derniers prêtres.

Il semble pourtant qu'Agni n'ait dans le sacrifice qu'une fonction unique, celle de dévorer les offrandes. Mais il reçoit l'offrande du Soma de la coupe de tous les sacrificateurs. Les coupes mentionnées en plusieurs passages comme offertes aux différents dieux, ainsi aux vers II, 36, 1 et 37, 1, celle du hot*r*i, aux vers I, 15, 2; II, 36, 2; 37, 2, celle du potri, aux vers I, 15, 9; II, 37, 3, celle du neshtri, au vers II, 36, 6, celle du praçâstri, au vers II, 37, 4, enfin celles du hotri, du potri et du nesh*t*ri à la fois, toutes ces coupes, dis-je, sont versées dans le feu. Si donc le feu qui dévore l'offrande a été une fois considéré comme le véritable sacrificateur de cette offrande, il a dû assumer du même coup la charge de tous les prêtres dont il la reçoit.

Or rien n'était plus naturel que cette attribution à Agni du rôle de sacrificateur. C'est à la consomption de l'offrande qu'aboutissent toutes les cérémonies, c'est elle qui constitue, à proprement parler, le sacrifice. Mais Agni n'est pas simplement un instrument passif de cette opération qui sert

---

1. Le sens est trop clair pour permettre la correction proposée par M. Max Müller (*Chips*, vol. IV, p. 48). Quant à la question grammaticale de l'authenticité du nominatif féminin *gnâh*, elle est indépendante de l'interprétation. Cette forme, qui n'est donnée que par le pada-pâ*t*ha, a pu n'exister jamais dans la samhitâ.

de couronnement à toutes les autres, Agni est, nous le savons, un dieu parmi les mortels. Il est, et nous analyserons plus loin les diverses formes de cette idée, l'intermédiaire de la terre et du ciel. Les offrandes qu'on lui confie sont par lui transmises aux dieux qui ne « s'enivrent pas sans lui », VII, 11, 1, et s'il est, comme nous le verrons, appelé leur bouche, ses flammes sont aussi, par une conception qui rentre tout à fait dans l'ordre d'idées auquel nous nous arrêtons actuellement, considérées comme des cuillers, *juhvah*[1]. Les dieux, en somme, n'ont directement affaire qu'à lui seul. C'est lui qui est le vrai sacrificateur, *hotâ satyatarah*, III, 4, 10, et qui rend aux différents dieux les honneurs qui leur sont dus[2], attendu qu'il les connaît, III, 4, 10; VI, 52, 12; cf. VII, 10, 2, comme il connaît les mortels, VIII, 39, 6. Aussi est-ce lui que ceux-ci choisissent pour leur hot*ri*, VIII, 49, 1, lui seul, que l'offrande soit grande ou petite, X, 91, 8 et 9. Il est le hot*ri* de toutes les offrandes, X, 91, 1. Comparé aux autres, il est le plus glorieux des hot*ri*s, VIII, 91, 10.

Sa sagesse est surtout vantée. Nous venons de voir déjà qu'il connaît et sait distinguer les dieux. A son titre de prêtre, *vipra*, le vers I, 127, 1 accole l'épithète *jâtavedah* « connaissant les êtres », qu'il a, nous le savons déjà, empruntée au soleil. Il est aussi appelé *viçvavid* « qui connaît tout » (voir Grassmann, *Wœrt.*, s. v., cf. X, 11, 1). On ne se contente pas de dire qu'il a l'intelligence d'un sage, *kavikratu*, I, 1, 5, qu'il est riche en pensée, *dhiyâvasu*, I, 58, 9; III, 28, 1, qu'il connaît exactement le sacrifice, X, 110, 11, qu'aussitôt né (cf. VII, 4, 2) il a fait le sacrifice, qu'il connaît tous les rites, X, 122, 2 : on lui attribue toutes les sagesses ou toutes les sciences, III, 1, 17; X, 21, 5, qu'il embrasse comme la jante embrasse la roue, II, 5, 3, et on les lui attribue également dès sa naissance, I, 96, 1. L'auteur d'un hymne à Agni renfermant un certain nombre de passages obscurs à dessein, ajoute en terminant qu'il a adressé ces paroles à un sage,

---

1. M. Grassmann (*Wœrt.*) a très-bien reconnu le vrai sens du mot *juhû* en tant qu'appliqué à la désignation des flammes d'Agni. Ce sens avait échappé à M. Roth. Je crois le retrouver encore dans le composé *juhvâsya*, épithète d'Agni, lequel me paraît signifier « dont la bouche est une cuiller, » c'est-à-dire qui ne dévore l'offrande que pour la transmettre aux dieux.

2. Cf. les passages innombrables où Agni est prié de sacrifier (*yaj*), d'honorer les dieux.

autrement dit à bon entendeur, IV, 3, 16. Les poëtes reconnaissent qu'Agni l'emporte en sagesse sur tous les hommes pieux, I, 72, 1, étant lui-même le plus pieux des *rishis*, VI, 14, 2, ou plutôt ils confessent leur ignorance et l'opposent à sa science dont ils implorent les lumières. Car, sage parmi les ignorants en même temps qu'immortel chez les mortels, VII, 4, 4 ; cf. X, 46, 5, il instruit le simple[1], I, 31, 14 ; déposé sur la peau inférieure (la terre), il a dévoilé les rites aux mortels, I, 145, 5. Comme des fils écoutent un père, on écoute son enseignement, I, 68, 9, qui est celui d'un sage, I, 73, 1. Il est descendu du ciel pour être interrogé, I, 60, 2. Aussi lisons-nous au vers I, 105, 4 : « J'interroge l'inférieur (l'Agni terrestre) sur le sacrifice ; que le messager (*id.*) me réponde » ; et au vers I, 145, 1 : « Interrogez-le, il est allé (?), il sait [2] ». Les mêmes idées se retrouvent plus développées dans les deux passages suivants :

VI, 9, 2. « Je ne sais pas tisser la trame (le sacrifice) que tissent ceux qui luttent[3] (les sacrificateurs) ; quel fils de l'homme pourrait dire ici ce qu'il faut dire, mieux que le père inférieur (Agni)?

3. « Celui-là sait tisser la trame, celui-là dira exactement ce qu'il faut dire, qui connaît le monde immortel dont il a la garde, et qui venant ici-bas en voit plus que l'autre (le père suprême).

4. « C'est lui qui est le premier sacrificateur. Regardez-le : c'est la lumière immortelle au milieu des mortels[4]. »

— X, 2, 1. « Rassasie les dieux, comble leurs désirs, ô dieu très-jeune ; connaissant les temps, ô maître des temps, offre ici le sacrifice ; avec les prêtres divins[5], ô Agni, tu es le plus vénérable des ho*tri*s.

2. « Tu te charges pour les hommes de l'office de ho*tri* et de po*tri* ; tu es pieux, libéral, fidèle à la loi ; accompagnons les offrandes du cri *svâhâ* ; dieu lui-même, qu'Agni honore les dieux, lui qui en est capable.

---

1. Il lui enseigne les lieux. Un poëte dit ailleurs qu'Agni connaît pour lui les temps, V, 12, 3.
2. Toutefois le vers suivant, I, 145, 2, en constatant qu'on l'interroge, ajoute, si j'entends bien le sens du verbe *prich* avec la particule *vi* : « Tous ne tirent pas de lui ce que le sage a en quelque sorte saisi (et qu'il retient) dans son esprit. »
3. Voir la deuxième partie.
4. Le sens de tout ce passage a été complètement méconnu dans la traduction de M. Kœgi. Voir *Revue Critique* 1875, II, p. 388.
5. Voir plus bas § IV.

3. « Nous sommes entrés dans le chemin des dieux (le sacrifice) pour nous y avancer aussi loin que nous pourrons ; Agni est savant, qu'il offre le sacrifice ; c'est lui qui est le hotri ; qu'il ordonne les sacrifices et règle les temps.

4. « Si nous violons vos lois, ô dieux, ignorants que nous sommes, ô sages, qu'Agni remplisse toutes les lacunes, lui qui est savant, en honorant chaque dieu en son temps.

5. « Si dans leur simplicité, les mortels à la faible intelligence ignorent le sacrifice, qu'Agni, le sage sacrificateur qui le connaît, très-digne lui-même d'être honoré, honore les dieux selon les temps. »

On aura remarqué dans ce second passage l'idée qu'Agni répare les fautes commises par les sacrifiants. J'entends dans le même sens l'expression *iskartâram adhwarasya*, X, 140, 5, comme signifiant le redresseur ou le médecin du sacrifice. Agni est à la fois celui qui enseigne les rites, I, 95, 3 ; cf. VIII, 61, 1, qui aiguise les prêtres selon l'expression énergique du vers VII, 16, 6, qui les fait sacrifier, III, 1, 1, qui élève les mortels au rang de rishis, I, 31, 16, et celui grâce auquel l'offrande est bien sacrifiée, celui qui dirige ou qui accomplit (*sâdh*) lui-même les cérémonies, III, 1, 18 ; cf. 17 ; III, 2, 5, qui en est l'ordonnateur, VII, 7, 5. Pour en finir avec le sujet des enseignements dus à Agni, il faut citer les passages portant que les sagesses, les prières, les hymnes naissent de lui, IV, 11, 3 ; cf. 2, qu'il est le sein (le récipient) de toutes les prières et le vase où on les puise, V, 44, 13, l'inventeur de la parole brillante, II, 9, 4, le premier inventeur de la prière, VI, 1, 1, qu'il la connaît et qu'il l'enseigne, III, 31, 1, qu'il la proclame, IV, 5, 3, qu'il donne la pensée, V, 7, 9, les prières, X, 45, 5, les hymnes en abondance, V, 6, 9, qu'il communique une bonne part de la parole, III, 1, 19[1], enfin qu'il inspire l'enthousiasme poétique *vipâm jyotimshi*, III, 10, 5, *vepah*, X, 46, 8, ce qui lui vaut l'épithète *vipodhá*, X, 46, 5, dont on peut rapprocher celle de *medhâkâra*, X, 91, 8 « qui donne la sagesse ».

Agni d'ailleurs n'inspire pas seulement les poëtes ; il connaît lui-même l'enthousiasme (*vepate matî*, X, 11, 6) qu'il leur communique. Il est lui-même éloquent, VI, 4, 4 ; cf. X, 12, 2 ; il est un chantre, VIII, 49, 19 ; X, 100, 6 ; I, 148,

---

1. *Suvâcam bhâgam*, expression équivalente à *vâco bhâgam*, I, 164, 37, où le premier-né de la loi, grâce auquel cette part de la parole est obtenue, peut être également Agni.

2 ; cf. I, 59, 7 ; 127, 10 ; VIII, 44, 20[1], et sa voix est comparée à une douce liqueur, IV, 6, 5. Le chant d'Agni n'est pas d'ailleurs un simple produit de l'imagination des *r*ishis. Ils ont entendu le feu crépiter en dévorant le bois, I, 58, 4 ; VI, 3, 7, et le bruit de ses flammes leur a paru un chant, X, 3, 6, surtout quand ils y versaient l'offrande, I, 94, 14, pour ne rien dire de la voix céleste d'Agni, VI, 15, 4, qui est le tonnerre.

Ainsi donc Agni est un sacrificateur, un sage, un chantre, et naturellement le sacrificateur, le sage, le chantre par excellence, celui qui instruit ou qui inspire les autres. Ce n'est pas tout, et nous avons vu déjà qu'il était assimilé au maître de maison. Dans cette assimilation se révèle surtout le caractère d'Agni comme feu du foyer, comme feu domestique, *damûnah* (V, 1, 8, *et passim*), que l'homme honore dans sa propre demeure (VIII, 44, 15, *et passim*), et qui est établi dans cette demeure comme le chef de la tribu, *viçâm viçpatih*, VII, 7, 4 ; cf. V, 4, 3 ; VI, 1, 8. La tribu paraît d'ailleurs ne différer guère ici de la famille, et le titre de maître de maison, *grihapati*, qu'Agni reçoit encore au vers V, 8, 1, semble équivalent au titre de chef de tribu, *viçpati*, dans le vers VI, 48, 8 : « Tu es, ô Agni, le maître de maison de toutes les tribus humaines. » L'origine de la conception est encore assez transparente au vers III, 1, 17, où le poëte dit à Agni, en lui donnant l'épithète *damûnah*, « domestique » : « Tu as rendu les mortels sédentaires[2]. » Le foyer, en effet, n'est pas seulement le centre, il est, si l'on peut ainsi parler, le noyau de l'habitation. C'est autour de lui que celle-ci s'est formée. Il en est donc bien véritablement le maître, en même temps que le chef de la famille qu'elle abrite ou de la tribu qui s'est groupée autour d'elle. Pour la même raison encore, il peut être appelé l'ancien de la demeure, VIII, 91, 11.

L'antiquité, tel est en effet le caractère qui, dans cet ordre d'idées, devait frapper avant tout chez Agni. Sans doute Agni est aussi un dieu jeune, et même très-jeune, auquel l'épithète *yavishtha* est spécialement consacrée. Mais c'est qu'il a, comme nous l'avons vu déjà à propos de son entrée dans les

---

1. Aux vers I, 66, 4 ; VI, 3, 6, il est simplement comparé à un chantre.
2. *Sic* Grassmann. Il serait peut-être plus exact de traduire : « Tu as réparti les mortels entre différentes demeures. » Mais la signification resterait au fond la même.

plantes, le don de renaître, VIII, 43, 9, c'est qu'il a des naissances nouvelles que le vers III, 1, 20 oppose à ses naissances anciennes. Le rajeunissement n'est qu'une autre forme de la renaissance. Nous pouvons donc rapprocher des citations précédentes le vers II, 4, 5, portant que lorsque Agni est devenu vieux, il redevient tout à coup jeune, II, 4, 5. Ailleurs encore nous lirons, ce qui en somme revient au même, qu'il ne vieillit pas, I, 128, 2. Son éclat nouveau est en effet semblable à l'ancien, VI, 16, 21. Toutes ces formules peuvent s'appliquer d'ailleurs aussi bien à l'Agni céleste, tour à tour caché pendant la nuit et pendant la sécheresse et reparaissant le matin ou dans l'orage, qu'au feu terrestre enfermé dans le bois, puis en sortant par la friction.

Antique comme maître de maison, Agni ne l'est pas moins comme prêtre, car l'institution du sacrifice est placée au berceau même de la race. Nous avons déjà vu qu'il est le premier inventeur de la prière. On lit ailleurs qu'il a conduit le premier sacrifice, III, 15, 4. Il est appelé le premier sacrificateur, X, 88, 4, l'ancien sacrificateur, VIII, 44, 7 (cf. I, 94, 6, déjà cité), qu'on prie de remplir de nouveau la même fonction, VIII, 11, 10. Il a brillé aux aurores anciennes, I, 44, 10, et il naît maintenant avec toutes les sagesses, comme autrefois, I, 96, 1. Je traduirai en entier le vers I, 76, 5 : « Comme tu as, avec les offrandes du prêtre Manu, honoré les dieux avec les sages, sage toi-même : ainsi, toi le vrai sacrificateur, honore-les maintenant, ô Agni, avec la cuiller savoureuse. » Rien n'est plus fréquent, d'ailleurs, que l'emploi des formules qui rappellent avec les sacrifices des ancêtres le rôle qu'Agni y a joué, VII, 11, 3 : « Agni, honore ici les dieux comme chez Manu, *manusvhat.* » Cf. *bhriguvat, angirasvat*, VIII, 43, 13, et tant d'autres composés du même genre, VIII, 23, 23 et 24; VIII, 91, 4, etc., etc. Signalons encore le vers V, 3, 5 : « Il n'y a pas, ô Agni, de sacrificateur plus ancien que toi, ni qui par sa science accomplisse mieux le sacrifice », et le vers X, 53, 1, où Agni paraît d'ailleurs descendre du ciel pour reprendre son ancienne charge : « Celui qu'appelait notre pensée est venu, lui qui connaît le sacrifice, qui en connaît chaque partie; qu'il sacrifie pour nous dans le service divin, lui qui est plus habile; car il s'est établi près d'ici avant nous. »

La double fonction de prêtre et de maître de maison reconnue à Agni, et son antiquité avec l'un et l'autre caractère, qui se confondent d'ailleurs pour les familles sacerdotales[1], auraient suffi peut-être pour le transformer en un ancêtre de ces familles, lors même que le mythe de l'origine ignée de la race humaine n'aurait pas été fondé, comme nous l'avons reconnu, sur des observations réelles et des analogies immédiates. Il nous est au moins permis de croire que ces analogies plus lointaines, mais cependant extrêmement familières à la pensée védique, ont corroboré le mythe et contribué à sa conservation. A ce titre seul elles auraient dû être mentionnées ici. Mais ce qui nous justifiera surtout de les avoir exposées avec tant de détails, c'est que la forme particulière qu'elles imposent au mythe est précisément celle sous laquelle il se présente ordinairement à nous dans le *R*ig-Veda, à savoir l'assimilation d'Agni aux chefs de familles sacerdotales, ou réciproquement de ces chefs à Agni.

Ici se pose une question qui est encore pour nous insoluble, ou plutôt susceptible d'au moins deux solutions entre lesquelles nous ne nous sentons pas en état de choisir. Les noms des ancêtres dont nous constaterons l'identification à Agni sont, au moins en partie, ceux de familles qui ont réellement existé, auxquelles appartiennent les poëtes mêmes dont nous lisons les hymnes. Quelle est donc dans la légende de ces ancêtres la part à faire à la réalité et au mythe, et comment concilier celui-ci avec celle-là? Leurs noms étaient-ils purement et simplement des noms du feu, considéré dans toutes les familles, mais sous une appellation particulière dans chacune d'elles[2], comme le premier ancêtre? En ce cas Angiras, Bh*r*igu, Vasish*th*a et les autres, n'auraient jamais été des personnages réels, et n'auraient été distingués du feu, tout en conservant dans leur légende certaines traces de leur véritable origine, que par l'obscurcissement graduel

---

1. Ils n'ont même dû être distingués que dans une période relativement tardive, quoique antérieure à celle de la composition des hymnes védiques, ou au moins de la plupart d'entre eux.

2. L'hypothèse inverse, d'après laquelle les noms des différentes familles auraient été attribués aux feux de ces familles, est peu vraisemblable. Sans doute nous voyons les patronymiques, *vâdhryaçva*, X, 69, 5 et 9, *daivodâsa*, VIII, 92, 2, *daivavâta*, III, 23, 3, désigner le feu de Vadhryaçva; celui de Divodâsa, celui de Devavâta, comme *bhârata*, II, 7, 1 et 5; IV, 25, 4; VI, 16, 19, désignent peut-être aussi celui des Bharatas. Mais d'une part il ne s'agit que de patronymiques, et non pas des noms mêmes des anciens sacrificateurs. D'autre part, l'attribution au feu du nom de l'ancêtre n'expliquerait pas l'identification effective de l'ancêtre avec le feu.

du mythe primitif. Ou bien les ancêtres réels des différentes familles avaient-ils pris des noms du feu, cet ancêtre commun de tous les hommes, auquel leurs fonctions de prêtre aussi bien que leur caractère de maître de maison les assimilaient d'ailleurs? En fait nous voyons les auteurs des hymnes se comparer eux-mêmes à des feux qui chantent, II, 28, 2. L'Agni qui allume Agni dans le vers VIII, 43, 14 est peut-être le prêtre réel : « O Agni, tu es allumé par un Agni, prêtre par un prêtre, ami par un ami. » L'auteur du vers VIII, 6, 10, se compare au soleil, forme céleste d'Agni, comme naissant sur la terre pour y appliquer dans l'ordre du sacrifice la loi à laquelle le soleil obéit également dans le ciel[1] : « J'ai reçu de mon père la connaissance de la loi ; je suis né comme le soleil. » Les prêtres sont encore comparés à des soleils au vers VIII, 3, 16, et le vers I, 171, 5 les représente brillant à l'aurore, cf. X, 98, 8, ce qui peut s'entendre du feu du sacrifice aussi bien que du soleil. L'auteur de l'hymne VII, 88 va plus loin, si j'entends bien le vers 3 où il paraît se représenter comme traversant les eaux célestes sur le même navire que Varuna, sans doute en qualité d'éclair, et en s'assimilant à son ancêtre Vasishtha (cf. 4) que nous verrons en effet identifié à l'éclair, VII, 33, 10. Ce qui permet de croire que le vers en question n'est pas placé dans la bouche de l'ancêtre, et que le poëte y parle bien en son propre nom, c'est la comparaison du vers X, 136, 3 : « Enivrés par l'état de muni[2], nous nous sommes élevés sur les vents ; ô mortels, vous ne voyez que nos corps[3]. » Tant de hardiesse n'aurait même pas été nécessaire aux anciens prêtres pour prendre simplement l'un des noms du feu, noms qui d'ailleurs ne sont à l'origine que des épithètes. Dans cette hypothèse l'œuvre du temps aurait consisté à confondre peu à peu, au moins dans une certaine mesure, le personnage réel avec l'élément ou le dieu dont il portait le nom, confusion favorisée naturellement par le mythe de l'origine ignée de la race humaine.

---

1. Voir la quatrième partie, ch. III.
2. Ascète qui observe la loi du silence.
3. Il ne semble pas impossible que le personnage qui parle à la première personne dans les hymnes IV, 26 et 27, en s'attribuant des transformations et des exploits dont la réunion ne peut, comme nous le verrons, convenir qu'à Agni ou à Soma, soit l'auteur même de l'hymne. — Voyez encore le vers X, 120, 9, constatant que l'Atharvan Brihaddiva s'est identifié lui-même à Indra.

Les deux explications proposées peuvent, semble-t-il, se soutenir toutes les deux. Peut-être même, dans les cas particuliers, répondraient-elles tour à tour à la réalité. Quoi qu'il en soit, on ne peut nier que certains noms, Vasish/ha par exemple, semblent appartenir davantage au domaine de l'histoire, d'autres au contraire, comme A*n*giras et Bh*r*igu, à celui de la mythologie. Nous ne pouvions passer la question sous silence ; mais après l'avoir ainsi posée une fois, sans d'ailleurs la résoudre, nous n'y reviendrons plus. Simples mythes transformés en personnages historiques, ou personnages historiques défigurés par la mythologie, les ancêtres offrent en tout cas dans leur légende des traits qui appartiennent à Agni[1]. Dans cette mesure, ils représentent Agni, et figureront en cette qualité dans nos analyses. Le plus grand nombre sera plus commodément étudié dans la seconde partie consacrée à Indra, et surtout dans le chapitre de la troisième partie consacré aux Açvins. Nous nous bornerons ici à en citer quelques-uns. On verra d'ailleurs qu'ils peuvent être identifiés au feu sous ses diverses formes. Nous avons dit déjà que Vasish*t*ha l'est à l'éclair, VII, 33, 10, et le vers IV, 26, 1, sur lequel nous reviendrons plus tard, introduit, quel que soit le personnage qui parle, la mention du soleil dans une série de transformations comprenant la forme de *r*ishi, IV, 26, 1 : « J'ai été Manu et le soleil, je suis le *r*ishi, le prêtre Kakshîvat, etc. » Il n'en est pas moins vrai que, comme prêtres et maîtres de maison, les ancêtres représentent avant tout le feu du sacrifice.

Le premier nom d'ancêtre sous lequel nous rechercherons le personnage du feu est celui d'*angiras*. Ce nom est donné à Agni dans un grand nombre de passages, I, 1, 6; 74, 5; IV, 3, 15 ; 9, 7; V, 8, 4 ; 10, 7; 21, 1; VI, 2, 10 ; 16, 11; VIII, 49, 2; 63, 11 ; 64, 5; 73, 4; 91, 17. Au pluriel il désigne tout un groupe de prêtres ; mais par comparaison avec ce groupe, Agni reçoit l'épithète *angirastama* « le plus A*n*giras, l'A*n*giras par excellence », I, 75, 2; VIII, 23, 10; 43, 18 et 27; 44, 8, expliquée par les qualifications de premier *r*ishi A*n*giras, I, 31, 1[2], de prêtre (inspiré, *vipra*) le plus inspiré des A*n*giras, VI, 11, 3, également appliquées à Agni, en sorte que celle d'an-

---

1. Et d'autres que, comme nous le verrons, ils semblent avoir empruntés plutôt à Soma.
2. Le vers suivant I, 31, 2 appelle Agni, par un véritable pléonasme, le *premier le plus* A*n*giras.

tique Aṅgiras au vers X, 92, 15 peut être regardée comme une désignation suffisante du feu. Or le premier des Aṅgiras pourrait naturellement passer pour le père des Aṅgiras, lors même qu'il ne serait pas dit expressément, aux vers X, 62, 5 et 6, que les Aṅgiras sont fils d'Agni, qu'ils sont nés de lui.

Même en tant qu'opposé au groupe des Aṅgiras, l'Agni nommé Aṅgiras peut, comme nous l'avons vu par la formule du vers I, 31, 1 : « Tu es, ô Agni, le premier rishi Aṅgiras », retenir le caractère de prêtre. Mais il peut n'être aussi que l'élément que les Aṅgiras, comme prêtres du feu, ont trouvé caché dans le bois, V, 11, 6 : « Les Aṅgiras, ô Agni, t'ont trouvé caché, retiré dans les différents morceaux de bois ; tu nais par une friction opérée avec une grande force ; on t'appelle le fils de la force, ô Aṅgiras. » D'un autre côté il arrive que le nom d'Aṅgiras, même au singulier, par exemple sous la forme *aṅgira* au vers IV, 51, 4, et l'expression « antique Aṅgiras » elle-même, dans une énumération d'ancêtres déjà citée, I, 139, 9, ne désignent plus qu'un ancien prêtre, sans allusion directe à Agni. J'interprète de même le mot dans le composé *aṅgirasvat*[1] « comme Aṅgiras » ou « comme chez Aṅgiras, » en sorte que les vers I, 78, 3 ; VIII, 43, 13 : « Nous t'invoquons, (ô Agni,) comme autrefois Aṅgiras, » et le vers I, 45, 3 : « Écoute notre invocation comme tu as écouté celle d'Aṅgiras », nous montrent Agni en tant que dieu, distingué d'Aṅgiras en tant qu'ancien prêtre. Il y a plus, et le même mot désigne successivement l'ancêtre et Agni, distingués l'un de l'autre, dans un seul et même vers, I, 31, 17 : « Viens chez nous, comme autrefois chez Aṅgiras, ô Aṅgiras. » Il faut nous habituer à ces conséquences de l'équivoque impliquée par les noms qui désignent à la fois Agni et un chef de race, tantôt confondus et tantôt distingués. Nous retrouverons d'ailleurs plusieurs fois dans le cours de cette exposition le groupe des Aṅgiras.

Au nom d'Aṅgiras est étroitement associé dans la tradition brahmanique celui d'*atharvan*. Les deux noms réunis en un composé *atharvāṅgirasaḥ*, littéralement les Atharvans et les Aṅgiras, désignent le quatrième Véda, plus connu sous le nom

---

1. On pourrait aussi dans le composé donner au thème du mot la valeur d'un pluriel « comme chez les Aṅgiras », mais ceux des passages cités qui renferment des énumérations comme le vers I, 139, 9, peuvent être légitimement interprétés d'après ce dernier. — Le même composé se retrouve dans des vers adressés à Indra et Agni, VIII, 40, 12, et aux Maruts, VI, 49, 11.

d'Atharva-Veda. Dans le *R*ig-Veda, nous les voyons déjà rapprochés, également au pluriel, dans une énumération des pit*r*is ou ancêtres de la race, X, 14, 6. D'ailleurs, quelle que soit l'antiquité du lien particulier qui s'est établi entre les deux noms, il ne saurait être douteux que celui d'Atharvan ne soit dans un rapport très-étroit avec l'idée du feu[1]. On doit croire à la vérité, d'après le sens qu'il a presque sous la même forme (*átharvan*) dans la langue zende, et d'après son étymologie très-claire dans cette langue (de *átar* « feu » et du suffixe possessif *van*), qu'il n'a pas désigné primitivement l'élément, mais déjà le prêtre du feu. Cependant il faut remarquer en même temps qu'il n'est resté employé que comme nom propre dans la littérature brahmanique et, si je ne me trompe, aussi dans le *R*ig-Veda[2]. Il désigne un ancêtre auquel on donne pour fils Dadhya*n*c, personnage entièrement mythologique, ainsi que nous le verrons en étudiant la légende des Açvins, I, 116, 12; 117, 22; VI, 16, 14. Il figure dans des énumérations d'anciens prêtres, I, 80, 16, et de protégés d'Indra, X, 48, 2. Enfin on lui attribue l'honneur d'avoir accompli le premier par le sacrifice certaines œuvres dont nous parlerons plus loin, ce qui équivaut à faire de lui le premier sacrificateur, I, 83, 5; X, 92, 10. Or l'analogie d'A*n*giras et des autres anciens prêtres, identifiés à Agni, dont nous étudierons les légendes ci-après et dans tout le cours du livre, doit nous porter à croire que le mot *atharvan* n'est pas passé directement du sens abstrait de prêtre du feu à la désignation d'un ancêtre de la race, mais qu'il n'a pris cette dernière acception qu'après être devenu un nom d'Agni considéré comme prêtre. En fait, de l'aveu de MM. Roth et Grassmann, il désigne Agni au vers VIII, 9, 7. D'après l'observation déjà faite à propos d'A*n*giras, l'identité primitive d'Atharvan avec Agni n'aurait point fait obstacle à ce qu'il fût présenté aux vers VI,

---

1. Cf. l'épithète *atharyu* donnée à Agni, VII, 1, 1, et le mot *athari* qui paraît désigner la flamme au vers IV, 6, 8.

2. Il paraît désigner, il est vrai, au vers VI, 47, 24 des prêtres actuellement existants. Mais la mention des Atharvans au nombre des pit*r*is dans le vers X, 14, 6, permet de croire qu'une famille de prêtres a pu en effet porter ce nom. Il n'y a pas non plus de raison pour rejeter, en ce qui concerne l'Atharvan Brihaddiva, X, 120, 9, la donnée de l'Anukrama*n*î qui en fait un *A*tharvana. Au vers IX, 11, 2, les Atharvans peuvent être pris pour d'anciens sacrificateurs, ici présentés d'ailleurs, non comme allumant le feu, mais comme préparant le Soma. Sur l'emploi du mot *atharvan* au vers VIII, 9, 7, voir plus bas.

16, 13; X, 21, 5, comme allumant le feu. La même contradiction apparente se retrouve, avec allusion à l'antiquité d'Atharvan, au vers X, 87, 12 où on prie Agni de détruire l'ennemi comme chez Atharvan, et au vers VI, 15, 17 où il est dit que les prêtres produisent le feu par le frottement comme Atharvan.

Le mot *vasishtha*, superlatif de *vasu*, signifiant « le meilleur » ou peut-être « le Vasu[1] par excellence », est appliqué comme épithète à Agni, aux vers II, 9, 1 et VII, 1, 8. Je crois qu'il désigne Agni au vers VII, 73, 3 où ce dieu n'est pas nommé, cf. 2. Il paraît remplacer, au vers X, 95, 17, le nom de Purûravas, dont l'identité primitive avec Agni sera directement démontrée ailleurs[2]. Enfin, il est le nom de l'ancêtre des Vasishthas, famille sacerdotale à laquelle la tradition attribue, outre quelques courts fragments, tous les hymnes du septième mandala, et dont la mention se rencontre en effet souvent dans ces hymnes. Les Vasishthas sont d'ailleurs, tantôt les membres actuels de la famille, comme le prouve, aux vers VII, 12, 3 ; 23, 6 ; 76, 6 et 7 ; 77, 6, l'emploi d'un verbe au présent, et au vers VII, 39, 7, celui d'un verbe à l'impératif, et surtout aux vers VII, 7, 7 ; 37, 4 ; 90, 7, celui d'un verbe à la première personne, — tantôt les ancêtres de cette famille. A cet égard, le seul emploi d'un verbe au passé ne serait pas décisif, VII, 80, 1 ; X, 66, 14 ; 122, 8 ; mais les Vasishthas sont expressément rangés parmi les pitris au vers X, 15, 8, et invoqués, en cette qualité, dans toute la première partie de l'hymne VII, 33 (de 1 à 9). De même, au singulier, le mot *vasishtha* se rencontre employé, non-seulement avec un passé, mais avec un présent ou un impératif, VII, 22, 3 ; 23, 1 ; 26, 5 ; 59, 3 ; 86, 5 ; 88, 1 ; 96, 1 ; X, 150, 5, auquel cas il ne peut désigner qu'un membre actuel de la famille. Mais venons-en au premier ancêtre, à l'auteur même de la race.

C'est peut-être de lui qu'il s'agit dans les vers VII, 42, 6 ; X, 65, 15, avec un verbe au passé, et dans les vers VII, 9, 6 ; 18, 4 ; 95, 6, sur lesquels nous reviendrons. Il ne peut

---

1. Nom des dieux.
2. L'attribution de l'épithète *vasishtha* à Indra, dans le lexique de M. Grassmann, pour le vers II, 36, 1, repose sur une faute d'impression de la première édition de M. Aufrecht qui rend le texte inintelligible. Il faut lire avec l'édition de M. Max Müller la forme *vasishtha* que M. Grassmann n'a d'ailleurs pas omise à sa place.

plus y avoir de doute au vers VII, 18, 21 ; cf. VII, 96, 3, où le nom de Vasishṭha est rapproché d'autres noms d'ancêtres. Vasishṭha figure au vers X, 181, 1 comme initiateur d'un rite. Enfin, dans l'hymne VII, 33, où les Vasishṭhas, invoqués comme ancêtres, sont appelés « les louangeurs (de la famille) de Vasishṭha », ce Vasishṭha, auteur de la race, affecte un caractère décidément mythologique. Je dois traduire en entier les vers 10-14, quoiqu'ils renferment certains détails qui ne peuvent être expliqués maintenant.

10. « Quand Mitra et Varuṇa t'ont vu, splendeur sortant de l'éclair[1], ce fut là une de tes naissances, et en voici une autre, ô Vasishṭha : Agastya t'a apporté aux hommes.

11. « Et tu es le fils de Mitra et Varuṇa, ô Vasishṭha, né d'Urvaçî[2], ô prêtre, né de la pensée ; goutte tombée par l'effet de la prière divine, tous les dieux t'ont reçu dans la cuillère[3].

12. « Lui qui est l'intelligence, qui connaît les deux (mondes ou races, ou Mitra et Varuṇa, ses parents ?), qui fait mille dons, qui tout au moins fait des dons, Vasishṭha, pour tisser la trame tendue par Yama (le sacrifice), est né de l'Apsaras (Urvaçî).

13. « Nés dans le sattra (l'assemblée), excités par le culte, ils (Mitra et Varuṇa) ont répandu dans le vase une semence commune : du milieu de ce vase est venu Mâna (Agastya), de là on dit qu'est né le rishi Vasishṭha.

14. « Il protége celui qui offre l'hymne, qui offre le sâman ; portant la pierre (à presser le Soma), qu'il parle le premier ; approchez-vous de lui avec un cœur bien disposé ; que Vasishṭha vienne vers vous, ô Pratṛids[4]. »

De ce passage difficile, dont nous chercherons plus tard à éclaircir les obscurités, quelques points se dégagent du moins avec une entière netteté : Vasishṭha a deux naissances comme Agni ; il a été apporté aux hommes comme

---

1. Cf. plus haut, p. 10.
2. Urvaçî est ici la mère de Vasishṭha, tandis qu'elle est l'épouse de Purûravas au nom duquel est substitué, comme nous l'avons dit au vers X, 95, 17, celui de Vasishṭha. Mais nous nous familiariserons plus loin avec ces changements de rapports entre le même mâle et la même femelle.
3. Cf. le Soma, VIII, 61, 11, et le feu, VI, 16, 13.
4. Les Pratṛids, comme nous le verrons, sont les mêmes que les Tṛitsus, qui eux-mêmes ne diffèrent pas essentiellement des Vasishṭhas.

Agni; comme lui, il est descendu pour accomplir le sacrifice; enfin dans l'une de ses naissances, il est identique à l'éclair. C'est sans doute encore comme éclair qu'il a, sur le navire de Varu*n*a, traversé une mer qui ne peut être que la mer céleste, VII, 88, 4[1], exploit dont un de ses descendants paraît se faire lui-même le héros, en s'identifiant sans doute avec son ancêtre (*ibid.* 3). Il faudrait être, après ces citations, difficile à convaincre, pour ne pas reconnaître que, sous le nom et la légende de Vasish*t*ha, est confondue avec la personnalité, réelle ou supposée, d'un chef de race, une représentation du feu. Cette confusion d'ailleurs n'est pas constante, puisqu'au vers VII, 9, 6, le feu est allumé par Vasish*t*ha.

Avec les noms de Bh*r*igu et de Mâtariçvan, nous retrouvons, sous forme légendaire, l'idée de la descente du feu à laquelle nous avons consacré déjà une première étude, et que vient de nous rappeler le mythe de Vasish*t*ha. Il y aura tout avantage à ne pas séparer ici les personnages que désignent ces deux noms. Ce n'est pas que la similitude soit complète. Le mot *mâtariçvan* n'est employé qu'au singulier; il n'est pas devenu le nom d'une famille de prêtres. Au contraire, il n'y a dans le *R*ig-Veda qu'un seul exemple certain[2] de l'emploi du mot *bhrigu* au singulier, I, 60, 1[3], et l'Anukrama*n*î comprend dans la liste des auteurs des hymnes un bon nombre de poëtes auxquels elle attribue le patronymique *bhârgava* « descendant de Bh*r*igu ». Cependant Mâtariçvan, pour n'avoir pas fait souche de prêtres, n'en est pas moins considéré lui-même comme un ancien *r*ishi[4], compris en cette qualité dans les énumérations des vers X, 48, 2; Vâl. 4, 2, et qui, selon une conception qui sera expliquée en son lieu, forge à Indra sa foudre, X, 105, 6 et 7. D'un autre côté, le pluriel du nom de Bh*r*igu ne désigne jamais, dans le *R*ig-Veda, des prêtres actuellement existants, mais seulement d'anciens sacrificateurs, I, 127, 7, qui figurent comme tels dans des comparaisons, IV, 16, 20; VIII, 3, 16; X, 39, 14, et dans

1. Cf. le vers I, 112, 9 où Vasish*t*ha, comme protégé des Açvins (cf. VII, 70, 6), est nommé entre la mer et Kutsa dont nous reconnaîtrons pareillement l'identification avec l'éclair.
2. Voir ci-après, p. 53.
3. Ce n'est pourtant pas une raison de le prendre dans cet exemple unique au sens collectif, comme le veulent MM. Roth et Grassmann.
4. La distinction faite par les mêmes auteurs de deux Mâtariçvan est tout à fait arbitraire.

une énumération de pitris, avec les A*n*giras et les Atharvans, X, 14, 6[1]. Dans les énumérations d'ancêtres des vers VIII, 43, 13 ; 91, 4, le composé *bhriguvat* peut être interprété « comme les Bhrigus » ou « comme Bh*r*igu ». En somme, les Bhrigus forment à côté de Bhrigu, le chef de la race, un groupe d'ancêtres analogue à ceux que forment les A*n*giras à côté d'A*n*giras, et, dans certains cas, les Vasish*t*has à côté de Vasish*t*ha.

Or, le mot *mâtariçvan* est, dans le *R*ig-Veda, un nom du feu. Nous le voyons expressément attribué à Agni, III, 5, 9 ; 26, 2, particulièrement dans un passage déjà cité, I, 96, 4, où Agni est conçu comme chef de race. Le même nom est compris au vers I, 164, 46 avec celui d'Agni parmi les appellations diverses que les prêtres ont employées, « divisant ainsi par la parole l'être qui est en réalité unique[2] ». Il l'est encore au vers III, 29, 11, parmi les divers noms d'Agni dont le poëte précise l'application ou donne même l'étymologie. C'est le dernier cas pour le nôtre qui est ainsi expliqué : « Il (Agni) est appelé Mâtariçvan parce que (ou quand) il s'est formé dans sa mère[3]. » Nous avons déjà fait observer que le mot *mâtariçvan* est devenu plus tard un nom du vent, mais que cette acception paraît étrangère aux hymnes, quoique le vers même qui vient d'être cité indique peut-être la transition de l'idée du feu à celle du vent dans son dernier pâda : « Il est devenu dans sa course l'essor du vent. » Au vers I, 190, 2, Mâtariçvan semble une transformation de Brihaspati, divinité dont nous constaterons les affinités avec Agni. Il est nommé au vers X, 109, 1, en compagnie de la mer et des eaux, cf. X, 85, 47, ce qui suggère naturellement l'idée de l'Agni des eaux. Il n'est pas aisé de décider s'il figure aux vers IX, 67, 31 ; X, 88, 19 ; 114, 1, comme représentant le feu, ou simplement comme ancien *r*ishi. Quoi qu'il en soit, les citations précédentes suffisent pour nous permettre de l'ajouter à la liste des personnages qui prennent tour à tour l'un et l'autre caractère. — Pour Bhrigu l'identification avec Agni n'est pas formelle dans le *R*ig-Veda. Mais le sens étymologique du mot, à savoir « étincelant », l'application à Agni d'une épithète de même étymologie,

---

1. Au vers VII, 18, 6 le rôle des Bhrigus n'est pas très-facile à déterminer.
2. Nous retrouverons ce vers plus loin.
3. Voir chapitre IV.

bhrigavâna, I, 71, 4 ; IV, 7, 4, et surtout les analogies mythologiques ne permettent guère de douter qu'il n'ait été aussi primitivement un nom du feu. La troupe des Bhrigus prend d'ailleurs elle-même le caractère divin aux vers VIII, 35, 3 ; X, 122, 5, où elle est mise en parallèle avec les Maruts, et même avec les trente-trois dieux, ce qui permet peut-être, dans le vers X, 92, 10, d'attribuer directement aux Bhrigus le nom de dieux.

Mais si l'idée d'un ou de plusieurs anciens prêtres et celle de l'élément du feu ont été confondues sous les noms de Bhrigu ou des Bhrigus et de Mâtariçvan, on les retrouve aussi distinguées et même opposées dans les légendes où figurent ces noms. Et ici il ne s'agit plus seulement de quelques traits semblables à ceux que nous avons relevés dans les personnages déjà étudiés : « Nous t'invoquons, ô Agni, comme Bhrigu, ou comme les Bhrigus, *bhriguval* », VIII, 43, 13 ; 91, 4. C'est aux Bhrigus et à Mâtariçvan qu'est rapportée de préférence l'opération par laquelle le feu a été communiqué aux hommes. Ils sont nommés ensemble au vers X, 46, 9 avec Tvashtri, avec les dieux, avec le ciel, la terre et les eaux, comme ayant engendré Agni pour Manu, ou pour l'homme. Les Bhrigus l'ont fait briller en le louant, X, 122, 5, ils l'ont, ainsi qu'Apnavâna, cf. VIII, 91, 4, fait briller sur le bois et dans les différentes races, IV, 7, 1. Ils l'ont établi chez les hommes, I, 58, 6 ; cf. VI, 15, 2, sur le nombril de la terre et du monde (l'autel[1]), I, 143, 4, et Agni est appelé le don des Bhrigus, III, 2, 4. De même Mâtariçvan a par la friction produit le feu, I, 148, 1, le feu qui était caché, I, 141, 3, et bien qu'au vers I, 71, 4, où la même œuvre lui est attribuée, il reçoive l'épithète *vibhrita* « distribué en divers lieux », d'ordinaire appliquée à Agni lui-même, et rappelant l'assimilation du prêtre et du feu, la distinction de l'un et de l'autre n'en est pas moins imposée par le texte même où se rencontre cette trace de la confusion. Toutes les citations qui précèdent pourraient s'entendre à la rigueur de la production du feu sur la terre, par le frottement de deux *aranis* réels. Mais au vers III, 9, 5, il est dit en propres termes que le feu caché, et produit par la friction, a été tiré par Mâtariçvan « d'un lieu éloigné », tiré « des dieux ». Mâtariçvan a reçu le feu qui avait son séjour

---

1. Voir plus bas.

dans le ciel, III, 2, 13[1]. D'après le vers I, 143, 2, c'est en naissant dans le ciel suprême qu'Agni lui a apparu. « Les deux mondes ont tremblé au choix du sacrificateur » quand Agni a apparu[2] le premier (pour la première fois ?) à Mâtariçvan[3], I, 31, 3, et cette formule, sur laquelle nous reviendrons, suggère invinciblement l'idée de l'éclair. De leur côté, les Bhrigus ont trouvé Agni dans les eaux, X, 46, 2, et c'est ainsi qu'ils l'ont communiqué aux hommes, II, 4, 2. Il s'agit donc bien, au moins dans cette nouvelle série de citations, de la découverte du feu céleste et de sa descente sur la terre. A la vérité, la croyance à une action immédiate du sacrifice terrestre sur les feux célestes, que nous étudierons plus loin, nous fournirait une explication du mythe, lors même que Mâtariçvan et les Bhrigus seraient conçus comme opérant ici-bas. Mais il ne faudrait pas croire que cette explication fût imposée par le caractère de prêtres, de sacrificateurs, qui leur est attribué, qu'ils semblent devoir retenir nécessairement quand ils sont distingués d'Agni et considérés comme les inventeurs du feu, et que les Bhrigus gardent en effet dans les vers II, 4, 2 ; X, 46, 2, d'après lesquels ils ont trouvé le feu dans les eaux en lui rendant hommage, *vidhantah*. Nous verrons en effet bientôt que le ciel est le théâtre de sacrifices semblables à ceux de la terre. En fait, le verbe exprimant au vers III, 9, 5 déjà cité, l'acte de Mâtariçvan tirant le feu du ciel, signifie littéralement qu'il « a apporté » le feu, cf. I, 128, 2. Or, ce qui prouve que ce verbe doit bien être pris au sens littéral, c'est, d'une part au vers I, 93, 6 le parallélisme des deux formules exprimant la descente d'Agni et de Soma, « Mâtariçvan a apporté l'un du ciel, *le faucon* a tiré l'autre de la montagne » ; c'est de l'autre le titre de « messager de Vivasvat » attribué à Mâtariçvan apportant le feu, dans le vers VI, 8, 4, lequel mentionne en même temps dans son premier hémistiche toute une troupe qui l'a saisi dans le sein des eaux. Ce titre qui n'est donné d'ailleurs qu'à Agni, I, 58, 1 ; IV, 7, 4 ; VIII, 39, 3 ; X, 21, 5, nous ramène encore une fois à la confusion du feu

---

1. La construction devient beaucoup plus facile par la réunion de *divi kshayam* en un seul mot *divi-kshayam*, cf. V, 46, 5.
2. Je suppose qu'à la leçon *bhava* doit être substituée la forme *bhavah*. La difficulté qui résulte de la première n'intéresse pas d'ailleurs l'usage que nous faisons de ce passage.
3. Et aussi à Vivasvat. Sur ce dernier, voir plus bas.

et du producteur du feu. La vérité est que l'analyse mythologique elle-même, en supprimant, au moins en tant qu'elle appartient à la mythologie, la personnalité distincte des anciens prêtres, et en la ramenant au personnage d'Agni, aboutit partout à ce résidu : le feu produisant, honorant, apportant le feu. Cependant le mythe n'en repose pas moins sur la distinction du feu et de celui qui le produit, quelques confusions qui puissent résulter, et qui résultent en effet de ce fait que le producteur du feu, en tant que personnage mythologique, n'a aucun attribut qu'il n'ait emprunté au feu lui-même.

En résumé Mâtariçvan et les Bh*r*igus sont comme Angiras, comme Atharvan, comme Vasish*th*a, d'anciens sacrificateurs assimilés à Agni et néanmoins distingués du feu comme produisant le feu. Pour eux seulement cette distinction a été plus fortement accusée que pour les personnages précédemment étudiés, dans un mythe qui n'est autre que la communication du feu aux hommes dont ils sont considérés comme les auteurs. Ce mythe d'ailleurs, en plaçant dans le ciel le commencement de leur opération, ne leur enlève pas pour cela le caractère sacerdotal ordinairement lié dans le *R*ig-Veda à l'idée d'un producteur du feu, et que nous reconnaîtrons bientôt être parfaitement conciliable avec un séjour céleste, pas plus qu'en les faisant descendre du ciel comme le feu lui-même, il ne supprime la distinction, dépourvue de sens au point de vue du naturalisme pur, et cependant placée à la base du mythe, de l'élément igné et de celui qui l'apporte après l'avoir produit.

Ajoutons, pour en finir avec ce sujet délicat, que les deux mythes parallèles de Mâtariçvan et des Bh*r*igus se trouvent combinés dans deux passages portant, l'un que le feu « aux deux naissances » a été apporté par Mâtariçvan à Bh*r*igu, I, 60, 1, l'autre au contraire que Mâtariçvan a allumé en le tirant de chez les Bh*r*igus le feu qui était caché, III, 5, 10. Le premier de ces passages, rapproché du vers X, 46, 9 d'après lequel Mâtariçvan a engendré le feu pour Manu ou pour l'homme[1], paraît nous montrer dans Bh*r*igu, en tant qu'il profite de l'œuvre de Mâtariçvan, un sacrificateur placé sur la terre. Le second restitue au contraire aux Bh*r*igus leur caractère de personnages célestes, mais pour suggérer, par

---

1. La même œuvre est d'ailleurs attribuée dans ce passage aux Bh*r*igus.

l'opposition même, l'idée d'un séjour de Mâtariçvan sur la terre. L'explication signalée plus haut comme possible, à savoir l'idée d'une action du feu terrestre sur le feu céleste qui vient à son appel, semble se présenter ici d'elle-même. Cette idée qui, comme nous le verrons, donne au sacrifice sa vraie signification, a pu aussi, dans chacun des mythes de Mâtariçvan et des Bhrigus pris isolément, contribuer, avec la distinction du feu et de celui qui le produit, à la création du personnage conçu comme faisant descendre l'Agni céleste.

Nous avons vu, dans le passage cité plus haut intégralement, Agastya, VII, 33, 10, désigné également plus loin, *ibid*. 13, par le nom de Mâna, descendre du ciel et apporter Vasish*t*ha aux hommes. Il joue là un rôle identique à celui de Mâtariçvan et des Bhrigus apportant le feu. Toutefois l'étude de ce troisième personnage trouvera mieux sa place ailleurs.

Personne n'a contesté aux noms étudiés jusqu'à présent leur caractère de noms propres. Il n'en est pas de même du mot *uçij* qu'on s'accorde généralement à considérer comme un simple adjectif, signifiant d'après son étymologie « plein de bonne volonté, zélé ». Ce mot pourtant est au moins pris substantivement dans un grand nombre de passages, et l'usage qui en aurait été fait, soit comme adjectif, soit comme substantif, dans le sens étymologique, aurait consisté en tout cas dans une application exclusive aux fonctions des sacrificateurs [1], ou du dieu conçu comme sacrificateur. Agni est en effet appelé *uçij*, III, 11, 2 ; il l'est particulièrement en tant qu'établi chez les hommes, I, 60, 4 ; X, 45, 7 ; cf. III, 27, 10, et en tant que don des Bhrigus, III, 2, 4. Il semble nécessaire, ou du moins fort commode, de laisser au mot son sens adjectif dans les formules des vers III, 3, 7 et 8, « zélé parmi les dieux » et « zélé parmi les sacrificateurs, » appliquées également à Agni. Mais ces formules mêmes, dont on rapprochera celle du vers X, 92, 12, « sage entre les *uçij*, » qui peut être aussi rapportée au feu considéré comme prêtre [2], montrent avec quelle facilité Agni, en

---

1. Sur l'emploi du mot *uçij* au vers III, 15, 3, où, selon M. Grassmann, il exprimerait le désir de la richesse, voir ci-après p. 58, note 3.
2. Elle est remplacée au vers II, 31, 6, qui n'est presque qu'une variante du précédent, par celle de « louange (objet de la louange) des *uçij* ». Cf. Narâçamsa.

qualité de « zélé parmi les zélés », pouvait devenir Uçij, chef de la race des Uçij. Elles rappellent les titres d'Angiras par excellence et de premier Angiras. Quant au pluriel du mot *uçij*, il ne désigne pas des prêtres quelconques[1], mais les premiers prêtres, et même des prêtres célestes, qui ont honoré Agni et l'ont déposé chez les hommes, III, 2, 9 ; V, 3, 4 et IV, 6, 11 ; X, 46, 4 ; cf. I, 60, 2[2]. Ces prêtres se trouvent ainsi assimilés aux Bhrigus, dont précisément le nom se rencontre construit parallèlement au pluriel *uçija*h dans le vers X, 46, 2 relatif à la découverte du feu. On pourrait sans doute arguer de ce dernier passage que le mot *uçij* est une simple épithète des Bhrigus, bien que rien ne soit plus fréquent dans le Rig-Veda que l'accumulation des noms propres désignant des personnages ou des groupes analogues. Mais alors cette épithète, dans beaucoup d'autres passages, désignerait les Bhrigus à elle seule. Or, c'est ainsi que s'établit l'usage d'un nouveau nom propre mythologique. Le mot *uçij* serait donc au moins un nom propre en voie de formation. Mais je crois que cette formation s'est réellement achevée, et je le crois pour deux raisons. L'une est que les Uçij figurent aux vers I, 189, 7 ; II, 4, 5 ; VII, 10, 2, de la même manière que tous les noms d'anciens prêtres, comme termes de comparaison[3], ce qui semble bien impliquer une personnalité distincte. L'autre, selon moi décisive, est l'existence du dérivé *auçija*. De celui-ci, lors même qu'il ne devrait pas être considéré comme un véritable patronymique dans l'application qui en est faite à Kakshîvat, I, 18, 1 ; cf. I, 112, 11, et à Rijiçvan X, 99, 11, on peut dire au moins, là où il paraît, comme nous le verrons, désigner le Soma, IV, 21, 6 et 7 ; VI, 4, 6, auquel Kakshîvat, Rijiçvan et plus généralement le sacrificateur *auçija*, I, 119, 9 ; 122, 4, peuvent être, ainsi que nous le verrons aussi, originairement identiques, qu'il implique l'usage du simple *uçij* comme nom propre. On comprend que le

---

1. Au vers VII, 10, 5, les Uçij doivent sans doute être distingués, comme prêtres célestes, des races qui honorent actuellement Agni dans le sacrifice, cf. I, 60, 2, si même l'emploi du présent implique l'actualité pour ces dernières. Le rapport des Uçij avec les Ribhus n'est pas très clair au vers III, 60, 1.

2. Ce sont eux aussi qui, comme nous le verrons, se sont emparés les premiers du Soma, IX, 86, 30.

3. J'explique dans le même ordre d'idées le vers III, 15, 3, à Agni : « Fais de nous des Uçij », c'est-à-dire « Traite-nous comme tu as traité les Uçij. » Cf. IV, 2, 15 : « Puissions-nous devenir des Angiras. »

Soma préparé ou découvert par les Ucij ait été ainsi désigné, de même que le feu allumé par Vadhryaçva reçoit, nous l'avons vu déjà, le nom de Vâdhryaçva. On comprendrait beaucoup moins bien qu'une dérivation de ce genre eût été tirée de l'adjectif *ucij* « zélé », même pris substantivement.

Entre un mot comme *bhrigu* et notre mot *uçij* il y a pourtant cette différence que le second, d'après son sens étymologique, convenait primitivement aux prêtres réels, aussi bien qu'à Agni considéré comme prêtre, tandis que le premier n'a pu être d'abord qu'une épithète propre au feu. Il est cependant vraisemblable que la végétation mythologique du nom d'*uçij* a pour racine, comme celle du nom d'*atharvan*[1], l'application particulière qui en a été faite à Agni.

Le mot *âyu* me paraît avoir, comme le mot *uçij*, une valeur essentiellement mythologique. Il n'est resté usité dans la littérature post-védique que comme nom propre, particulièrement comme nom du fils de Purûravas et d'Urvaçî, primitivement identique au feu ainsi que son père lui-même, et héros d'une légende à laquelle paraissent faire allusion déjà deux vers du *Rig*-Veda, IV, 2, 18 ; V, 41, 19 [2]. Le sens étymologique en est clair : distingué seulement par l'accentuation (comme oxyton) de la forme *âyu* (paroxyton), synonyme d'une autre forme plus usitée, *âyuh*[3], « vie », il était le concret de cet abstrait et signifiait « vivant ». Mais dans les passages mêmes du *Rig*-Veda où il serait possible de lui conserver la valeur d'un simple adjectif, l'application en est limitée de façon à suggérer plutôt l'idée d'une valeur appellative. Il est employé au féminin dans le vers II, 5, 5 parallèlement au terme de vaches : mais ces vaches sont des êtres mythologiques, identiques aux trois sœurs de l'hémistiche suivant, et sans doute aussi aux Apsaras qui reçoivent la même qualification dans la Vâjasaneyi-Samhitâ, 18, 39, et rappellent l'Apsaras Urvaçî, mère d'*A*yu. Agni est aussi appelé *âyu*, X, 20, 7 (cf. I. 147, 1 et I, 31, 11 reproduit plus loin), et nous verrons qu'il en est de même de Soma, IX, 67, 8[4] et des Somas, IX, 23, 2 ; 4 ; 64,

1. Voir plus haut, p. 49.
2. Voir plus loin le mythe d'Urvaçî.
3. Cette forme se retrouve aussi comme nom du fils de Purûravas ; mais elle subissait sans doute alors le même changement d'accentuation.
4. Dans ce passage le même terme est aussi appliqué à Indra.

17. Le même mot, accompagné de l'épithète *râspinâ* « bruyant? » paraît désigner au vers I, 122, 4 le feu des eaux célestes, qui l'est déjà dans le même vers par le nom bien connu d'Apâm Napât. Il en est de même sans doute dans la formule *pary âpa âyoh* « autour des eaux d'Ayu », I, 178, 1; IV, 38, 4. Dans une telle formule notre mot équivaut décidément à un nom propre. D'ailleurs, comme il y a deux Agnis, il y a aussi deux Ayus. Le vers X, 5, 6, rappelant celui où il est question du séjour suprême de la mère d'Ayu, V, 43, 14 [1], nous entretient du séjour de l'Ayu suprême. En revanche, nous voyons par le vers IV, 2, 18 que les *urvaçîh*, les prières des hommes, qui suggèrent l'idée de l'Urvaçî céleste, fortifient l'Ayu inférieur. Celui-ci est nommé encore au vers I, 104, 4 où le « nombril » de cet Ayu inférieur peut être, soit l'Ayu supérieur, soit le ciel, première patrie d'Ayu. L'Ayu compris dans des énumérations de dieux, I, 162, 1; V, 41, 2 [2], représente sans doute l'Agni céleste, et il peut en être de même de l'Ayu nommé dans divers autres passages, IV, 23, 8; V, 49, 1 et 2; VI, 11, 4, [3]. On n'en a pas moins attaché à ce nom l'idée d'un personnage distinct, auquel, dans le vers VI, 11, 4, Agni est seulement comparé. Ce personnage d'ailleurs, en même temps que d'autres qui représentent le feu caché et que nous étudierons plus tard [4], joue quelquefois un rôle équivoque, I, 53, 10, Vâl. 5, 2, ou même décidément hostile, II, 14, 7; VI, 18, 13; cf. II, 32, 2.

Nous ne nous étonnerons pas qu'un nom du feu soit devenu, comme tant d'autres, celui d'un chef de race. Ce qui permet de croire que dans ces expressions « les races d'Ayu » II, 4, 2, « les demeures d'Ayu » IV, 2, 12, le mot *âyu* n'a pas le sens abstrait d' « homme, » c'est qu'au vers VIII, 15, 5, il s'ajoute avec la conjonction « et » au nom de Manu dont on a aussi, sinon nié, du moins beaucoup trop restreint l'emploi comme nom propre dans le *R*ig-Veda : « pour Ayu et pour Manu. »

---

1. Ou de la Mère et d'Ayu.
2. Il n'y a aucune raison d'y rapporter le mot comme épithète au seul Aryaman.
3. La formule *sacâyoh*, I, 174, 6; III, 54, 2; X, 105, 4 et 9, que MM. Roth et Grassmann proposent de résoudre, contre l'autorité du pada-pâ*t*ha, en *sacâ ayoh*, ne pourrait-elle pas être un reste d'une construction ancienne dans laquelle *sacâ* aurait gouverné le génitif, et signifier « en compagnie de l'Ayu céleste » ?
4. Kutsa et Atithigva.

Ayu est compris dans des énumérations de noms propres aux vers X, 49, 5, et Vâl. 4, 1, dans le second exemple encore avec Manu. Agni est d'ailleurs lui-même le premier Ayu que les dieux ont fait pour Ayu, I, 31, 11. Dans le vers I, 96, 2, d'après lequel Agni a engendré les races des hommes selon l'enseignement et la sagesse antique d'Ayu, il s'agit encore d'un autre Ayu, probablement de l'Ayu céleste dont il a été parlé plus haut.

Je n'entends pas nier que le mot *âyu* ne puisse aussi dans l'avant-dernière citation suggérer l'idée de l'homme en général, ni que la même interprétation ne soit susceptible d'être appliquée à plusieurs autres passages d'après lesquels Agni a brillé pour Ayu, VII, 4, 3, est déposé en divers lieux pour Ayu, I, 31, 2, etc. cf. II, 2, 8 ; V, 7, 6, ou encore à la formule çamsam âyoh « objet de la louange d'Ayu », IV, 6, 11 ; V, 3, 4, qui s'emploie en parlant d'Agni (cf. Narâçamsa). Il est même certain que notre terme désigne quelquefois l'homme actuel, I, 114, 8 ; II, 20, 4 ; cf. III, 60, 7. Je crois seulement que dans tous ses emplois il rappelle aux poëtes védiques un mythe d'Ayu ancêtre de la race humaine, dont le nom est devenu celui de tous les hommes. C'est ce qui dans le vers I, 31, 11, très-favorable à cette manière de voir, justifierait la traduction : « Les dieux t'ont fait, ô Agni, premier Ayu pour Ayu » ou « pour l'Ayu. » Au vers II, 20, 4 aussi, l'expression « Ayu actuel » suggère assez naturellement l'idée de l'antique Ayu, de l'Ayu chef de la race.

Les races d'Ayu sont aussi désignées par le pluriel du mot *âyu*, I, 58, 3, et les Ayus, d'ailleurs toujours[1] considérés dans l'accomplissement de leurs fonctions de sacrificateurs, I, 139, 3, et surtout de préparateurs du Soma, IX, 15, 7 ; 16, 8 ; 19, 3 ; 57, 3 ; 64, 23 ; 66, 23 ; 107, 17 (cf. l'épithète de Soma, *âyushac*), sont, quelquefois au moins, des prêtres actuels ; par exemple, au vers VIII, 3, 8 ; cf. 16, d'après lequel ils louent Indra « à la manière ancienne ». Ils semblent au contraire, aux vers I, 130, 6 ; II, 31, 7 ; VIII, 12, 13, des prêtres d'autrefois, et paraissent, au vers I, 117, 25, opposés à ceux qui parlent, comme ayant proclamé les anciens exploits des Açvins. Ils sont eux-mêmes une fois, IX, 10, 6, expressément appelés « anciens[2] ». Mais là ne se bornent

---

1. Même au vers VI, 14, 3, le mot *vrataíh* renferme une allusion suffisante au culte.
2. Le verbe n'en est pas moins au présent.

pas les emplois du mot *âyu* au pluriel. Les *A*yus, quoiqu'ils semblent opposés aux dieux dans le vers VIII, 39, 10, cf. I, 135, 2 ; III, 59, 9 ; IX, 62, 20[1], et que, dans un passage où ils figurent comme allumant le feu, I, 60, 3 ; cf. X, 7, 5 ; 46, 8, ils soient appelés des prêtres humains, sont aussi conçus comme des sacrificateurs célestes. Nous retrouverons les passages relatifs à la préparation du Soma dans le ciel, IX, 63, 17 ; 86, 25 ; cf. 62, 13 et V, 43, 14. Mais nous pouvons citer, dès maintenant, le vers IV, 7, 4, d'après lequel les *A*yus ont apporté aux différentes races le feu, qualifié de *bhrigavâna* comme pour mieux rappeler le mythe des Bhrigus, auxquels ils se trouvent en effet assimilés ici. Les *A*yus sont donc devenus les héros d'un mythe, et leur nom, lors même qu'il aurait été dès l'origine directement appliqué aux hommes en général, n'aurait en tout cas pris sa valeur mythologique que par suite de l'application qui en avait été faite, non moins directement, à Agni.

Du reste, la question d'antériorité que soulèvent les deux sens des mots désignant tantôt la race humaine, tantôt l'ancêtre mythique de cette race, va être discutée dans sa généralité à propos du nom de Manu.

Ce nom se rencontre sous les deux formes *manu* (paroxyton ou oxyton) et *manus*, d'où sont tirés les dérivés *mânava*, *manushya*, *mânusha*, noms ordinaires de la race humaine. Les formes simples elles-mêmes peuvent désigner l'homme, non pas dans la langue sanscrite classique, mais du moins dans le *R*ig-Veda, quoiqu'à mon avis beaucoup plus rarement qu'on ne l'a admis jusqu'ici. Mais elles désignent aussi, exclusivement dans la littérature postérieure, quelquefois du consentement général, et, selon moi, de beaucoup le plus souvent dans les hymnes, un ancêtre de la race humaine, et le plus célèbre de tous. Laquelle de ces deux acceptions est antérieure à l'autre ? Il ne faudrait pas se hâter de répondre que le sens d' « homme », étant exclusivement védique, doit être le plus ancien. On s'expliquerait parfaitement en effet dans l'hypothèse inverse qu'un dérivé en quelque sorte virtuel, comme le simple *manu* dans le sens de fils de Manu, eût cédé la

---

1. Dans ces derniers, il se pourrait aussi qu'ils fussent au contraire confondus avec eux. Cf. le vers V, 60, 8, où le pluriel du mot *âyu* figure comme un nom, ou au moins comme une épithète des Maruts, et le vers VIII, 3, 7, où il est construit parallèlement aux noms des Rudras et des *R*ibhus.

place, dans une langue moins libre, aux dérivés réels. La question n'est pas davantage tranchée par la comparaison des langues germaniques dont le mot congénère, en gothique *manna* « homme », paraît être d'ailleurs un dérivé. Il résulte en effet du rapprochement des mythes grecs de Minos et de Minyas, dû à M. Kuhn (*Herabkunft des Feuers*), que les Indo-Européens reconnaissaient déjà, avant leur séparation, un ancêtre dont le nom était identique ou étroitement apparenté à celui de Manu, et on comprend très-bien que les Germains aient perdu le nom propre en gardant seulement le nom commun dérivé, tandis que les Grecs, au contraire, ont conservé le nom propre, sans que leur langue présente aucune trace du nom commun. En somme, le nom commun, d'après le témoignage des langues germaniques, et le nom propre, d'après celui de la mythologie grecque, appartenaient aux Indo-Européens comme aux Aryas védiques. La solution cherchée ne pouvant donc être fournie par ces rapprochements, dépendra des principes d'après lesquels on restituera l'histoire conjecturale de l'esprit humain à ses origines, ou tout au moins de l'idée générale qu'on se fera du développement de la mythologie indo-européenne.

Or, ceux qui dans les formes *manu*, *manus* regardent le sens d' « homme » comme le sens primitif, supposent par cela même que l'idée abstraite de la race s'est transformée en l'idée concrète d'un individu, auteur de la race. Cette explication séduit d'abord par son extrême simplicité, mais elle pourra aussi mettre en défiance ceux qui croiront avec moi que la simplicité en ces matières, étant tout à fait relative au point de vue où l'on se trouve placé, n'existe guère pour nous que dans les solutions préconçues, ou du moins plus conformes à nos propres habitudes de pensée qu'à celles des hommes primitifs. Pour nous modernes, c'est encore trop dire, pour nous lettrés, la principale source d'un courant mythologique toujours puissant, et auquel personne ne résiste entièrement, est la réalisation des abstractions. Mais ceux-là mêmes qui attribuent une origine semblable au mythe de Manu conçoivent d'ordinaire dans un tout autre esprit la formation de la mythologie indo-européenne primitive, où ce mythe se trouverait ainsi à peu près seul de son espèce. Leur solution peut, il est vrai, être rattachée au système de la formation des mythes par la maladie du langage. Après avoir tiré du mot *manu* « homme » un dérivé *mânava* signifiant « fils du *manu*, de l'homme », et désignant pareillement les hommes, on se serait laissé prendre au piége tendu par cette formule, dont le sens se serait alors transformé en celui de « fils de Manu ». Mais la théorie de M. Max Müller à laquelle je fais allusion, si elle trouve ses applications dans l'altération des mythes primitifs, paraît tout à fait insuffisante pour expliquer la formation de ces mythes eux-mêmes. Elle impliquerait d'ailleurs dans le cas présent l'oubli du sens primitif, ou supposé tel, du mot *manu, manus*, qui précisément se rencontre, dans le *R*ig-Veda, à côté des emplois du même mot comme nom propre.

Cette coexistence des deux sens est au contraire un argument assez fort en faveur de la solution inverse, d'après laquelle l'homme n'aurait reçu le nom de *manu* qu'en qualité de fils de Manu. Mais quel aurait été ce Manu? Car la question de l'origine du mythe est ainsi seulement reculée. Il sera légitime d'emprunter la solution nouvelle à l'analogie des mythes précédemment étudiés, mythes védiques, mais dont le principe, à savoir l'origine ignée de la race humaine, est certainement indo-européen (Kuhn, *Herabkunft*). Comme différents noms du feu sont devenus les noms de différentes familles sacerdotales, un autre nom du même élément serait, par une application plus générale, devenu le nom de la race humaine tout entière. Par son étymologie que nous avons jusqu'ici passée sous silence, ce nom convenait au feu, au moins aussi bien qu'à l'homme en général. Ceux qui, croyant que la signification étymologique du mot *manu* a été « celui qui pense », en concluraient qu'il était ainsi nécessairement appelé à exprimer l'idée d'humanité, subiraient une illusion du même genre que celle que j'ai signalée plus haut. En réalité, une idée aussi abstraite que celle d' « animal raisonnable », n'a pu être conçue dans une période antérieure à la formation du mythe indo-européen de Manu. Le mot *manu* ne signifiait pas « celui qui pense », mais « celui qui pense *bien*, le sage, l'avisé ». En vertu de ce sens, il *pouvait*, mais ne *devait* pas nécessairement être appliqué à la désignation de la race humaine. Je ne veux pas nier d'ailleurs qu'il ne l'ait été en effet, et penche même vers une solution mixte analogue à celle que j'ai proposée déjà pour le mot *ayu*. Mais j'insiste avant tout sur cette idée que notre mot a dû, non moins directement, désigner le feu, comme le sage par excellence, et que cette explication est la seule que l'analogie suggère pour le mythe de Manu, ancêtre de la race humaine.

J'ajoute que dans le *Rig-Veda*, et il est temps enfin, en rentrant dans les limites où nous nous renfermons d'ordinaire, de reprendre pied sur ce terrain plus solide, nous avons le droit de croire que le terme *manu, manus*, quelles qu'en aient été les applications primitives, n'est employé dans le sens d'« homme » que par allusion au mythe de Manu. J'ai dit déjà que cette acception m'y semblait beaucoup moins fréquente qu'on ne l'admet généralement. Il est clair que l'opinion de l'interprète sur la question débattue plus haut ne peut manquer d'exercer son influence dans les cas douteux. Mais il me semble que celle de MM. Roth et Grassmann les a entraînés beaucoup plus loin dans l'extension qu'ils ont donnée à l'usage du nom commun, et que leur interprétation peut être souvent combattue par des raisons purement philologiques.

C'est certainement Manu qui, d'après le vers X, 63, 7, a sacrifié la première offrande, et qui est nommé avec d'autres anciens sacrificateurs comme ayant allumé, X, 69, 3, le poëte aurait pu dire aussi bien « institué, *dhâ* » Agni. Dès lors, pourquoi chercher le sens d'« homme » dans le composé *manurhita*, et dans la formule « le sacrificateur établi par Manu[1] » où il entre d'ordinaire, formule appliquée à Agni, I, 13, 4 ; 14, 11 ; III, 2, 15 ; VI, 16, 9 ; VIII, 19, 24 ; cf. 21, ou le désignant à elle seule, VIII, 34, 8[2] ? Même observation pour la formule « sacrificateur de Manu », pareillement appliquée à Agni, II, 18, 2 ; III, 2, 1 ; 3, 2 ; IV, 6, 11 ; V, 3, 4 ; VI, 15, 4 ; VII, 8, 2 ; cf. I, 128, 1 ; VIII, 61, 2[3], ou le désignant, I, 180, 9 ; VII, 73, 2[4]. « Les feux de Manu », VI, 10, 2 ; cf. II, 10, 1, rappellent encore le même mythe,

---

1. M. Roth avait voulu réserver à la forme *manu* la valeur de nom propre ; mais M. Grassmann a renoncé à une distinction que rien ne justifie. Dans le cas présent, ce dernier hésite entre les deux sens. M. Roth s'arrête à celui d' « *utile* à l'homme ».

2. Sur l'application de la même formule à Pûshan, X, 26, 5, voir la troisième partie.

3. Ici le mot a une autre accentuation dans la formule *manv adhi* qui se retrouve aux vers IX, 63, 8 ; 65, 16 à propos du Soma coulant chez Manu. Dans le dernier exemple pourtant, l'emploi d'un verbe au présent semblerait exiger l'interprétation par le nom commun ; mais il y a d'autres exemples du présent pour le passé.

4. Cf. au vers IX, 72, 4, Soma accomplissant le sacrifice de Manus, et peut-être, IV, 1, 9, et X, 21, 7, où on pourrait rapporter *manushah* comme génitif à *yajnabandhu*h et à *ritvijam*, au lieu d'en faire avec M. Grassmann un accusatif ou un nominatif pluriel.

ainsi que « les deux sacrificateurs de Manu », V, 5, 7, qu'on prie au vers X, 110, 7 d'offrir le sacrifice de Manu. Le sacrifice actuel est en effet lui-même la cérémonie de Manu, III, 26, 2 ; cf. V, 29, 1, aussi bien que l'ancien, VI, 4, 1, comme ayant été institué par Manu. « Les offrandes du prêtre Manu » avec lesquelles Agni a autrefois accompli le sacrifice, I, 76, 5, conservent encore le même nom, I, 36, 7 ; II, 2, 5 ; 6, 8 ; IV, 2, 1 ; X, 11, 5[1]. Le lieu où le sacrifice est actuellement célébré n'a-t-il pas pu être appelé aussi « demeure de Manu », VII, 70, 2 ; VIII, 76, 2 ; X, 110, 1 ; cf. 104, 4, en souvenir du premier sacrificateur ? L'interprétation par le nom propre est en tout cas seule admissible dans la comparaison du sacrifice actuel à celui de Manu, que renferment deux des vers déjà cités, VI, 4, 1 ; I, 76, 5, et qui est couramment exprimée par le composé *manushvat*. Agni est institué sacrificateur, I, 44, 11 ; 105, 13 et 14 ; cf. V, 21, 1, et il est allumé, VIII, 43, 27 par les prêtres actuels comme il l'a été par Manu ; ces prêtres l'invoquent comme l'a invoqué Manu, VIII, 27, 7, et il accomplit le sacrifice pour eux comme il l'a accompli pour Manu, VII, 11, 3 ; cf. II, 5, 2 ; III, 17, 2. Au nom de Manu s'ajoutent dans les vers I, 31, 17 ; VIII, 43, 13, ceux d'autres anciens sacrificateurs, Angiras, Yayâti, Bhrigu[2]. Ce nom se trouve deux fois sous ses deux formes au vers VII, 2, 3 : « Honorons comme Manu (Manus) Agni qui a été allumé par Manu. » Le sacrifice de Manu est rappelé de même dans des vers adressés à Indra, III, 32, 5 ; à Indra et Varuna, VI, 68, 1 ; aux Açvins, I, 46, 13 ; X, 61, 15 ; aux *R*ibhus, IV, 34, 3 ; 37, 3, et aux trois déesses des hymnes *A*prî, X, 70, 8 ; 110, 8. La formule *manushvat* est remplacée au vers II, 10, 6, par *manuvat*. Aux applications de ces deux formules, et aux autres exemples de comparaison déjà cités, il faut ajouter encore le vers VIII, 11, 2 aux Açvins : « Comme vous avez arrosé le sacrifice pour Manu, ainsi écoutez le descendant de Kanva, » le vers IX, 96, 12 à Soma : « Comme tu t'es purifié pour Manu...

---

1. Par une singulière inconséquence M. Grassmann, qui d'ailleurs dans tous ces passages prend le mot au sens d'homme, fait de *manushah* un nominatif pluriel, non-seulement au vers I, 36, 7, mais au vers II, 2, 5, suivi des vers 6 et 8 où il est obligé d'adopter une autre interprétation (la nôtre) pour une formule identique.

2. M. Roth paraît contester même pour ces passages l'interprétation par le nom propre. M. Grassmann partage, d'une façon selon moi tout à fait arbitraire, entre les deux sens, les nombreux emplois de la formule *manushvat*.

ainsi purifie-toi (pour nous) », et enfin le vers I, 26, 4 : «... Que Varuṇa, Mitra, Aryaman, s'asseoient sur notre gazon sacré, comme ils se sont assis sur celui de Manu[1]. » Un poëte, en disant que ses hymnes sont adressés à Indra « comme autrefois », nomme Manu avec Atharvan et Dadhyanc parmi ceux qui ont « tendu » comme sur un métier cette prière qu'il continue à tisser, I, 80, 16. C'est par elle que Manu a triomphé de son ennemi Viçiçipra, V, 45, 6, et c'est elle qui, selon une conception que nous étudierons plus tard, est appelée son épouse, I, 167, 3. Cette institution de la prière par Manu, cf. VIII, 52, 1, nous rappelle l'institution d'Agni comme sacrificateur par le même personnage. Remarquons à ce propos que dans d'autres passages ce sont les dieux, I, 36, 10, c'est Mâtariçvan, I, 128, 2; X, 46, 9, c'est Kâvya Uçanas, VIII, 23, 17, qui donnent le feu à Manu ou l'instituent sacrificateur pour Manu[2]. Mais ce n'est pas une raison de contester au mot manu sa valeur de nom propre, puisque Mâtariçvan, par exemple, apporte également le feu à Bhṛigu[3].

Le composé *manurhita*, dans les deux seuls emplois qui en soient faits en dehors de la formule déjà citée, signifie « destiné, attribué de toute antiquité à Manu ». La preuve en est dans la comparaison du vers I, 106, 5 : « Nous te demandons, (ô Bṛihaspati !) les biens (*çam yoh*) que tu as attribués à Manu » avec le vers I, 114, 2 : « Puissions-nous, ô Rudra ! obtenir sous ta conduite les biens (*çam yoh*) que Manu notre père a gagnés par le sacrifice », cf. II, 33, 13 ; et du vers VI, 70, 2 : « Versez chez nous (ô ciel et terre !) la semence qui a été attribuée à Manu », avec le vers VII, 99, 3 : « Vous avez été (ô ciel et terre !) pleins de trésors liquides, etc., pour Manu, », cf. VII, 100, 4 ; I, 181, 8. L'aurore a aussi brillé pour Manu, X, 11, 3, et plus généralement Manu a été un protégé des dieux, VII, 91, 1 ; VIII, 27, 4, auxquels il devait ses hommages, VII, 35, 15 ; VIII, 30, 2 ; X, 36, 10[4] ; cf. I, 189, 7, et qu'il a contentés, X, 63, 1 ; de

---

1. M. Grassmann fait ici de *manushah* un nominatif pluriel ; mais l'interprétation « comme des hommes » est bien invraisemblable.
2. Au vers IV, 26, 4 le Soma est pareillement apporté à Manu par l'oiseau.
3. Voir p. 56. Au vers VIII, 30, 3, cette formule adressée aux dieux : « Ne nous éloignez pas du chemin du père, du chemin de Manu (*mânava*) », me paraît faire allusion également au sacrifice, dont le poëte craint de ne pas observer exactement les rites. Cf. X, 57, 1 : « Puissions-nous ne pas nous écarter du chemin, ne pas nous écarter du sacrifice du Soma. »
4. Les formes à sens de participe futur passif *yajatra yajñiya* ne sont pas

Vish*n*u, VI, 49, 13, des Maruts, I, 166, 13. Indra a accompli ses différents exploits pour Manu, I, 130, 5; 8; 165, 8; II, 19, 4; 20, 7; III, 34, 4; IV, 28, 1; V, 31, 6; X, 43, 4; 8; 49, 9; X, 73, 7; cf. X, 76, 3, (pour Manus, I, 52, 8; V, 29, 3; X, 99, 7; 104, 8), dont il a bu le Soma, V, 29, 7¹. Il n'y a aucune raison d'interpréter ces formules autrement que celle, déjà citée, où la mention simultanée d'*A*yu et de Manu comme protégés d'Indra, VIII, 15, 5, nous interdit évidemment de faire de *manu* un nom commun². De même, en tant que favori des Açvins, Manu est non-seulement au vers I, 112, 18 appelé un héros, mais encore au vers I, 112, 16 compris dans une énumération avec Çayu et Atri. Enfin, comme protégé d'Agni, il est rapproché de Purûravas, I, 31, 4.

Quelle raison, sinon une opinion préconçue en faveur de l'antériorité du sens d'« homme », peut déterminer M. Grassmann à introduire ce sens dans les formules telles que « races, III, 3, 6, peuples, IV, 37, 1 ; VI, 14, 2 ; VIII, 23, 13, générations, VII, 9, 4, de Manu » ? Manu n'est-il pas expressément appelé Manu père, *manush pitá*, I, 80, 16 ; 114, 2 ; II, 33, 13 ; VIII, 52, 1 ; cf. X, 100, 5 ? N'est-il pas compris dans l'énumération déjà citée des *r*ishis par lesquels la race humaine se rattache à la race divine, I, 139, 9 ? Par une véritable inconséquence d'ailleurs, M. Grassmann admet aux vers I, 68, 7 et Vâl. I, 8, l'interprétation « descendant de Manu ». Le vers X, 80, 6 distingue deux ancêtres des races humaines : Manus et Nahus³.

Il n'en est pas moins certain que le mot *manu* ou *manus* désigne aussi quelquefois l'homme, et l'homme actuel. On le rencontre construit non-seulement avec un présent, I, 140, 4 ; III, 57, 4 ; VIII, 22, 6 ; IX, 74, 5⁴, ce qui ne serait pas toujours une raison décisive, mais avec un présent accompagné de l'adverbe *adya* « maintenant », VIII, 27, 21,

---

plus incompatibles avec l'idée du passé que le participe véritable *ídya* par exemple au vers I, 1, 2. Les « vénérables pour Manu » peuvent très-bien être ceux que Manu a vénérés.

1. Et avec lequel il a été vainqueur? I, 130, 9.
2. Cf. les énumérations des vers Vâl. 3, 1 ; 4, 1. Je crois que *sámvaraṇi* désigne un personnage distinct de Manu dans le premier, comme *vivasvat* dans le second. Il est, en effet, très-invraisemblable que ce dernier mot soit employé *cette unique fois* dans le sens de « fils de Vivasvat ».
3. Nous reviendrons plus tard sur Nahus. Il me paraît évident que les deux mots sont à l'ablatif singulier, et non au nominatif pluriel comme le veut M. Grassmann.
4. Cf. IX, 65, 16 déjà cité p. 65, note 3.

ou avec un subjonctif dans le sens de l'impératif ou du futur, V, 2, 12 ; X, 62, 11 ; cf. VIII, 27, 14[1]. Il est même employé au pluriel, I, 96, 2[2] et avec un verbe, non-seulement au présent, X, 91, 9, mais à la première personne, VIII, 18, 22 : « Prolongez notre vie, ô Âdityas ! à nous tous, *hommes*, fils de la mort[3]. » On comprend très-bien que les hommes aient pris quelquefois le nom de leur père Manu. Mais peut-être devrait-on, même alors, le traiter comme un nom propre, comme un nom de race qui se trouve être d'ailleurs celui de l'humanité tout entière. A l'appui de cette manière de voir je ne citerai pas le vers X, 66, 12, où le pluriel *manavah* paraît ne pas même désigner la race, mais les suppliants assimilés chacun séparément à Manu : « Puissions-nous être à vos yeux des Manus pour la cérémonie, (pour l'accomplir comme lui. » C'est ainsi qu'au vers X, 62, 8 l'homme auquel est promise une nombreuse descendance, et qui doit croître comme une plante, ne reçoit sans doute le nom de *manu* que par allusion au père de tous les hommes. Mais je songe surtout à l'application qui est faite aux dieux mêmes du pluriel *manavah*, I, 89, 7 et du pluriel *manushah*, X, 63, 6. Elle est commentée par l'épithète *manu-jâta* « née de Manu » également attribuée à la race divine, I, 45, 1[4], et par le vers X, 53, 6, sur lequel nous allons revenir : « Deviens Manu, engendre la race divine. » Le pluriel des formes *manu*, *manus* ne comporte évidemment, quand il s'applique aux dieux, qu'une seule traduction : « fils de Manu ». N'est-ce pas une assez bonne raison pour traduire de même tant le singulier que le pluriel de ces formes, quand il s'applique aux hommes ? Les hommes restent d'ailleurs les descendants de Manu *par excellence*. Aussi les races de Manu sont-elles dans le vers III, 3, 6 opposées aux dieux, comme Manu l'est lui-même au vers III, 60, 6 ; X, 104, 8, à moins que le mot *manu* n'y désigne l'homme en général.

Il semble d'ailleurs que le mot *manu* ou *manus*, quand il désigne une race, s'applique moins à l'humanité entière qu'au peuple des Âryas. C'est du moins l'idée que suggèrent assez

---

1. Il est probable aussi que notre mot signifie « homme » au vers X, 25 8, « plus savant que l'homme » (de Soma).
2. Cf. VIII, 47, 4, « tout *homme* ».
3. *Mrityubandhavah*, cf. p. 36, note 1.
4. Les *Ribhus*, qui sont en somme assimilés aux dieux, sont aussi appelés les descendants de Manu, III, 60, 3.

naturellement les passages où ce mot est opposé, soit comme désignant la race, soit comme désignant l'ancêtre, au Dâsa, II, 20, 6; V, 30, 7; VI, 21, 11 ; X, 49, 7 et au Dasyu, I, 175, 3 ; VII, 87, 6 ; IX, 92, 5 ; Vâl. 2, 8. Ces derniers noms en effet, comme nous le verrons, ne désignent pas seulement le démon, mais aussi l'ennemi humain, et s'opposent dans ce sens au mot *ârya*. En tout cas le mot *manu*, *manus* n'est jamais appliqué à l'ennemi [1].

Nous n'avons jusqu'à présent produit aucun texte formel à l'appui de l'identification de Manu avec Agni. On peut citer cependant dans cet ordre d'idées le vers X, 53, 6 à Agni : « Deviens Manu, engendre la race divine », qui me paraît fournir la vraie explication du vers X, 51, 5, où les dieux priant, comme nous le verrons, Agni d'accomplir leur sacrifice, lui disent : « Viens en Manu pieux et disposé à sacrifier. » A la vérité, dans ces passages, Manu est moins un nom du feu que le type du sacrificateur ou du père [2] proposé pour modèle à Agni. Il n'en est pas moins certain qu'en dernière analyse ce type se ramène à Agni lui-même. Mais l'identification proposée reste avant tout une inférence fondée sur l'analogie des autres ancêtres mythiques. Remarquons encore pourtant que Manu est compris au vers IV, 26, 1 dans l'énumération des *rishis* qui sont, *avec le soleil*, des transformations d'un seul et même être.

§ III. — RETOUR DU FEU AU CIEL — MYTHES DE L'AUTRE VIE

Le feu descendu du ciel avec les eaux de la pluie, et introduit en même temps qu'elles dans les plantes, ne reste pas à jamais exilé de sa patrie céleste. Allumé par les hommes qui le font sortir du bois des *aranis* en les agitant l'un dans l'autre, il remonte aux régions supérieures d'où il est venu. Cette nouvelle idée est suggérée par l'observation directe. La flamme en effet monte, IV, 6, 2; VII, 43, 2 [3], et surtout la

---

1. Au vers X, 99, 7, le datif *manushe* doit être construit avec *ûrdhvasânah* (se levant pour Manu) et séparé de *druhvane*, épithète de *arçasânâya*, cf. II, 20, 6, où se trouve la locution équivalente *ûrdhvo bhuvan manushe*.

2. Cf. X, 100, 5 où le sacrifice, considéré comme le principe de toutes choses, est identifié à Manu père.

3. Cf. l'application fréquente à Agni de l'adjectif *ûrdhva* « droit ».

fumée qui se répand dans le ciel, VI, 2, 6; cf. IV, 6, 2; V, 11, 3; VII, 3, 5. Agni court dans le ciel avec sa fumée, VI, 48, 6. Il l'envoie en avant, brillante, en tendant vers le ciel avec son éclat resplendissant, X, 45, 7. Les feux poussés par le vent s'élancent dans le ciel avec un étendard de fumée, VIII, 43, 4. L'application fréquente du nom d'Agni, non-seulement à l'éclair, mais au soleil, rend équivoques un bon nombre de passages[1] où l'Agni qui monte dans le ciel, III, 2, 12; cf. I, 68, 1, qui s'avance dans le ciel avec des membres brillants, I, 141, 8; cf. 7, qui atteint les extrémités du ciel et le nuage, X, 20, 4, dont les rayons (ou les flammes) s'élancent vers le ciel en se ramifiant, V, 1, 1, enfin qui traverse, X, 80, 1, ou pénètre, *ibid*. 2, les deux mondes, peut être un feu céleste aussi bien que le feu du sacrifice. Mais la seconde interprétation est seule possible pour « le feu de Divodâsa » qui s'étend sur la terre et s'arrête sur le plateau du ciel, VIII, 92, 2.

C'est surtout quand on y verse l'offrande que la flamme s'élève, VII, 16, 3; VIII, 43, 10; cf. VIII, 19, 23, et que la fumée va toucher le ciel, VII, 16, 3. Agni prend en brûlant le beurre sacrifié « une forme droite et dirigée vers les dieux », I, 127, 1. Il est d'ailleurs supposé porter l'offrande aux dieux, et cette croyance implique l'idée qu'il atteint en effet le ciel. A la vérité, les dieux sont souvent conçus comme assis sur le gazon du sacrifice, VII, 43, 3; VIII, 27, 6 et *passim*, avec Agni lui-même, V, 11, 2; 26, 5; VII, 11, 2, qui les y amène, III, 14, 2 et les y installe, I, 31, 17; VIII, 44, 3, pour manger l'offrande, V, 1, 11; 4, 4, cf. I, 1, 2; 5; 14, 9; 12; III, 6, 6; 9; IV, 2, 4; VI, 1, 7; 15, 18; X, 1, 7. Le vers I, 76, 3, en priant Agni d'amener Indra, promet à celui-ci « l'hospitalité ». Mais cette façon d'entendre la participation des dieux au festin du sacrifice n'est vraisemblablement pas primitive. Elle se rencontre dans un même vers avec la notion inverse, VII, 11, 5 : « O Agni, amène les dieux pour manger l'offrande; qu'ils s'enivrent ici, avec Indra à leur tête; *porte ce sacrifice aux dieux dans le ciel.* » Ailleurs encore il est dit en propres termes qu'Agni porte les offrandes dans le ciel, VIII, 63, 3; X, 80, 4, qu'il les porte aux dieux, VII, 1, 18; cf. I, 1, 4, qu'il les porte aux dieux dans le ciel, X, 98, 11. On peut entendre dans le même sens les

---

1. Cf. plus haut p. 16.

passages où il est dit simplement qu'il va vers les dieux, VII, 39, 1; X, 6, 4; cf. III, 1, 17.

Agni parcourt donc dans les deux sens, il remonte, X, 98, 11, comme il descend, VII, 7, 2[1] ces chemins qu'il connaît si bien, VI, 16, 3, ces chemins des dieux, I, 72, 7, à l'entrée desquels restent les mortels qui accomplissent le sacrifice, X, 2, 3. Il les parcourt en messager, I, 72, 7. Il visite en messager toutes les demeures, IV, 1, 8. Il sert de messager entre les deux mondes, III, 3, 2 ; IV, 7, 8; VII, 2, 3; cf. III, 5, 9; 6, 5; entre les deux races, IV, 2, 2; cf. VI, 15, 9, entre les deux assemblées, VIII, 39, 1, ou comme le dit en propres termes le vers, IV, 2, 3, entre les dieux et les hommes. Messager des dieux[2], VI, 15, 9, il est apparemment conçu comme descendant sur la terre. Messager antique de Vivasvat, VIII, 39, 3, il reçoit l'épithète déjà citée *bhrigavâna* au vers, IV, 7, 4 qui le représente apporté par les *Ayus*, remplaçant là les Bhrigus, aux différentes races. Mais il se charge aussi et surtout des messages de l'homme, IV, 9, 6 ; X, 70, 3, qui les lui confie, parce qu'il connaît le séjour mystérieux du ciel, IV, 7, 8; 8, 2; 4. Car il doit y aller chercher les dieux pour les amener au sacrifice, IV, 8, 2 ; 4; cf. I, 12, 3 et 4, en sorte que l'idée de la descente des dieux sur la terre n'exclut pas celle d'une ascension préalable d'Agni. Si d'ailleurs la descente d'Agni sur le gazon du sacrifice, et en compagnie des dieux, est purement imaginaire et suppose même la conception d'un Agni distinct du feu matériel[3], l'idée de l'ascension repose au contraire, comme nous l'avons remarqué, sur une observation réelle. Aux vers déjà cités comme formulant cette observation nous ajouterons les suivants, où Agni reçoit en même temps son titre de messager qui y garde ainsi un sens naturaliste, VII, 3, 3 : « A peine es-tu né[4], ô puissant Agni, qu'en s'allumant, tes flammes immortelles s'élèvent; ta fumée brillante monte vers le ciel; tu vas, ô Agni, trouver les dieux en qualité de messager » ; I, 36, 3 : « Nous te choisissons pour messager et pour sacrificateur, toi qui connais tout ; tu

---

1. Ne serait-ce pas à ce double voyage que ferait allusion la formule *udvato nivato yâti*: « il part de la montagne et de la vallée, » III, 2, 10 ; X, 142, 42. Cf. X, 142, 2: « Le penchant de la montagne, ô Agni, est le lieu de ta naissance. »
2. Le vent, dont nous signalerons les rapports avec Agni, à mesure que l'occasion s'en présentera, est aussi appelé le messager des dieux, X, 137, 3.
3. Cf. p. 30.
4. Cf. 1, 12, 3; IV, 7, 9.

es grand, et tes rayons qui s'écartent vont toucher le ciel[1]. »

Nous ne retenons, quant à présent, que ce fait d'un mouvement du feu dans la direction du ciel, fait réel quoique exagéré par l'idée que le feu continue à s'élever effectivement dans l'espace où sa fumée va se perdre. Nous laissons de côté, pour rentrer dans le sujet particulier de cette première partie, les rapports d'Agni avec les dieux, et nous nous contentons d'avoir constaté son retour, comme élément matériel, au séjour d'où il était venu. Descendu sur la terre, il avait d'abord été caché dans les plantes ; mais il s'était ensuite manifesté sous la forme du feu terrestre. Remonté au ciel où il s'était d'abord dissipé en fumée, ne devait-il plus y reparaître ? Il semble *a priori* que les Âryas, s'ils se sont posé la question, n'ont pu la résoudre qu'en admettant, d'après l'analogie de ce qui se passait sur la terre, qu'Agni retourné dans son premier séjour, s'y manifestait de nouveau, et s'y manifestait sous la forme d'un des deux feux célestes, de l'éclair ou du soleil. On ne devra pas s'étonner de ne pas rencontrer de preuves formelles de cette conception pour l'éclair, ordinairement désigné par le même nom que le feu du sacrifice, et ne pouvant par suite figurer dans une formule analogue à celle que nous allons citer pour le soleil. Cette formule, constatant l'union d'Agni avec le soleil ou avec les rayons du soleil, V, 4, 4 (*yatamâno raçmibhih sûryasya*[2]), pourrait, il est vrai, comme les passages où Agni est représenté prenant sa forme supérieure, I, 95, 8, et devenant la plus élevée des lumières, III, 5, 10, où il est prié de devenir l'œil de la grande loi, X, 8, 5, faire allusion d'une façon générale à l'élément du feu, toujours subsistant dans l'univers indépendamment des formes diverses qu'il prend tour à tour. Elle semble pourtant en certains cas expressément appliquée au feu du sacrifice. Non-seulement il est dit au vers I, 98, 1 d'Agni, qualifié, il est vrai, de *vaiçvânara*, que « Né d'*ici*, il contemple tout ce monde et va avec le soleil », mais on lit au vers V, 37, 1 qu'Agni, « honoré de sacrifices, couvert

---

1. Cf. l'application assez fréquente de l'épithète *divi-spriç* « qui touche le ciel », soit au feu, soit au sacrifice lui-même. (Gr. *Wört.* s. v.)
2. Proprement « faisant effort, allant avec les rayons du soleil ». L'idée d'union est, selon moi, exprimée par l'instrumental seul, et non par la racine *yat* elle-même comme l'entendent MM. Roth et Grassmann. Cf. Quatrième partie, ch. II, section V.

de beurre, se réunit¹ à la lumière du soleil. » Voici enfin un passage qui semble tout à fait décisif, VII, 2, 1: « Accepte aujourd'hui notre bûche, ô Agni; brille bien haut, lançant ta fumée sacrée; touche de tes colonnes (de fumée)² le plateau du ciel; réunis-toi³ aux rayons du soleil. »

Le mythe que les citations précédentes nous montrent au moins en germe est, d'ailleurs, impliqué par celui du séjour des morts dans le soleil où ils n'ont pu être portés que par le feu même qui les a brûlés. Les croyances relatives aux morts, auxquelles nous touchons ici pour la première fois, sont étroitement rattachées aux mythes du feu, comme celles qui concernent l'origine de la race humaine. Elles sont avec le mythe particulier de l'ascension du feu à peu près dans le même rapport que ces dernières avec celui de la descente du même élément. Le moment est donc venu de les examiner dans leur ensemble.

Les Aryas védiques croyaient à une autre vie après la mort, et plaçaient dans le ciel le théâtre de cette nouvelle existence qu'ils appelaient même « immortalité ». Un poëte fait cette prière aux Açvins, X, 40, 11 : « Puissions-nous, ô Açvins, arriver à la demeure du taureau à la semence abondante et qui aime les vaches ! Voilà ce que nous désirons. » Il reprend au vers suivant la même pensée en remplaçant par un nom propre la figure mythologique du taureau céleste : « Puissions-nous atteindre la demeure d'Aryaman ! » Une formule analogue est encore adressée à deux divinités innommées qui pourraient être également les Açvins, I, 154, 6: « Nous désirons aller dans vos demeures, là où sont les vaches agiles aux cornes nombreuses⁴; c'est là-haut que resplendit le séjour suprême du mâle qui parcourt de larges routes (Vish*n*u). » On lit déjà au vers précédent : « Puissé-je atteindre le séjour aimé où se réjouissent les hommes pieux ! » D'après le vers I, 164, 23, l'immortalité a été le partage de ceux qui ont connu la parole sacrée. « Puissé-je, » dit encore l'auteur du vers VII, 59, 12, « comme un fruit

---

1. Ici le préfixe *sam* donne sans contredit à la racine *yat* le sens de « se réunir ».
2. Cf. IV, 6, 2.
3. C'est ici la racine *tan* qui prend avec le préfixe *sam* le sens de « se réunir. »
4. Les nombreuses vaches célestes. Voir *Revue critique*, 1875, II, p. 371, note 1.

de sa tige, être détaché de la mort, mais non de l'immortalité!»
L'immortalité [1] est encore promise à ceux qui donnent aux prêtres une riche *dakshinâ* [2], I, 125, 6; X, 107, 2; d'après le vers I, 125, 5, celui qui donne s'élève au sommet du ciel (cf. X, 107, 2), il va chez les dieux [3].

On objectera peut-être que ces textes sont pour la plupart empruntés à des hymmes qui peuvent passer pour relativement modernes, ou à des vers qu'il y a quelque raison de considérer comme interpolés. Mais on aurait tort en tout cas de mettre en doute l'antiquité chez les Aryas de la croyance à l'immortalité.

Je n'entends pas dire que cette croyance ait eu dès l'origine le caractère moral impliqué en une certaine mesure par nos citations, où l'immortalité est demandée aux dieux comme une faveur ou une récompense. Encore moins peut-il être question de la comparer, même sous cette forme, au dogme spiritualiste de l'immortalité de l'âme. D'une part en effet, l'âme, même séparée du corps, restait matérielle. C'était le souffle, *âtman*, ψυχή, *animus*, qui après la mort retournait dans l'atmosphère à laquelle il avait été emprunté, ou, selon l'expression du vers X, 16, 3, allait « dans le vent ». D'autre part, et quoique la notion du souffle mêlé aux vents ait pu fournir certains détails au mythe du séjour des morts dans le ciel, l'âme séparée du corps n'a pas été l'unique, ni même le principal objet des croyances anciennes relatives à l'autre vie.

La dispersion du souffle dans l'espace a pu, il est vrai, fournir le germe mythologique de la doctrine qui a été for-

---

1. Ainsi qu'une longue vie. Il ne faut pas s'étonner de trouver la mention de ce dernier bien après celle de l'immortalité dans des énumérations où l'on attendrait une gradation. D'une part en effet la continuité de la gradation est souvent négligée par les poëtes védiques. De l'autre on peut douter que la longue vie actuelle ait été pour eux un bien moins précieux que l'immortalité future.

2. Salaire du sacrifice. Voir plus bas.

3. Tel autre passage d'après lequel le bienfaiteur du prêtre « a atteint le ciel », VIII, 6, 48, pourrait à la rigueur s'entendre en ce sens qu'il s'est rendu glorieux aux yeux des dieux, VIII, 54, 12, que sa gloire s'est élevée jusqu'au ciel, cf. V, 35, 8. Cependant la formule « Ils se sont acquis de la gloire parmi les dieux » au vers X, 155, 5, semble bien s'appliquer à la conquête de l'immortalité. La chose paraît certaine pour la formule analogue « Ils se sont acquis de la gloire dans le ciel », au vers I, 73, 7, d'après le contexte de l'hymne et de tous ceux de la même série. Mais il ne saurait y avoir de doute en aucun cas sur la portée des citations faites dans le texte. J'ai réservé l'allusion des vers I, 125, 6 ; X, 107, 2 au séjour dans le soleil.

mulée plus tard chez les Hindous dans le système Vedânta, et d'après laquelle l'homme doit finir par s'absorber dans l'être unique. Dans le *Rig*-Veda même, l'hymme X, 58, dont le sujet est l'évocation de l'âme d'un mort qu'on veut rappeler à la vie, cette âme, conçue déjà d'ailleurs comme moins matérielle sous le nom de *manah*, paraît être répandue dans l'univers, dont toutes les parties sont successivement énumérées. Mais cette conception reste isolée dans le recueil des hymnes, aussi bien que celle d'une dispersion des organes restitués aux éléments d'où ils tirent leur origine, l'œil par exemple allant « dans le soleil », comme l'âme dans le vent, X, 16, 3. L'individualité qu'elle supprime a été à l'origine, et est encore dans le *Rig*-Veda un attribut essentiel de la vie nouvelle des morts. Disons mieux : elle était l'attribut sans lequel des hommes primitifs ne pouvaient concevoir la vie. Sans doute ces mêmes hommes pouvaient continuer à attribuer au souffle séparé du corps une individualité de même sorte que celle qu'ils attribuaient en général aux simples phénomènes, sauf à laisser cette idée se compléter par l'anthropomorphisme : l'existence céleste des morts aurait eu ainsi la même origine mythologique que celle des dieux. Mais il n'en est pas moins certain, comme on le verra tout à l'heure, que le corps réel, que le cadavre a joué un rôle, et même un rôle prédominant dans la formation des mythes dont nous entreprenons l'étude.

D'ailleurs la conception anthropomorphique du souffle, aussi bien que l'idée de la conservation ou de la reproduction du corps réel, nous ramène toujours à la notion d'une existence matérielle, corporelle. C'est sous cette forme que le mythe de l'autre vie doit être considéré, non-seulement comme védique, mais comme indo-européen. On peut même être sûr à l'avance de le retrouver sous une forme analogue chez tous les peuples primitifs. En effet, indépendamment des causes morales, telles que l'horreur inspirée à l'homme par l'idée de la destruction, une cause physique a dû dès l'origine l'empêcher d'attribuer à la mort un pareil effet. Il lui a fallu atteindre un certain degré de culture pour se rendre compte de ses songes autrement que par la réalité extérieure des images qui lui apparaissaient. Or, il voyait les morts en songe. La question pour lui n'était donc pas de savoir si les morts vivaient d'une vie nouvelle, sous une forme semblable à celle qu'ils avaient eue sur la terre, mais de déterminer le séjour où s'écoulait cette vie, et d'où ils sortaient, d'où ils *revenaient* de temps à autre pour se montrer aux vivants. Sur ce point même, il n'avait pas à chercher bien loin une solution naturellement suggérée par le mode de funérailles en usage.

Les Indo-Européens ont dû commencer, comme tous les peuples, par enterrer leurs morts. Dans la période védique, l'inhumation pure et simple était encore pratiquée concurremment avec l'incinération. Ainsi le vers X, 15, 14 distingue des ancêtres « brûlés par le feu » et d'autres qui n'ont pas été brûlés. La cérémonie funèbre décrite dans l'hymne X, 18 est une inhumation, comme le prouvent les vers 10-13 : « 10. Pénètre sous cette terre, notre mère, sous cette terre vaste et bienfaisante ; douce comme la laine pour celui qui a donné la *dakshinâ*, que cette jeune (mère) te protége (et te tienne loin) du sein de Nirriti (la destruction). — 11. Reste soulevée, ô terre, ne l'écrase pas ; sois-lui d'un abord, d'un accès facile ; couvre-le, ô terre, comme une mère couvre son fils du bord de son vêtement. — 12. Que la terre reste soulevée ; que mille pieux la soutiennent ; que ces demeures soient pour lui dégouttantes de beurre ; qu'elles le protégent toujours ici. — 13. J'élève la terre en voûte au-dessus de toi ; puissé-je, en déposant cette motte d'argile, ne pas te blesser !... »

Ce morceau n'est pas intéressant seulement parce qu'il témoigne de la pratique de l'inhumation dans la période védique. Il l'est aussi par l'aperçu qu'il nous ouvre sur la vie des morts dans la tombe. On doit en effet y voir autre chose que l'expression de ces sentiments de tendre respect dont nous entourons aujourd'hui encore les restes de nos morts, sentiments qui d'ailleurs, s'ils ont leur racine indestructible au fond du cœur humain, se manifestent souvent, il faut bien le reconnaître, par des actes qui n'avaient leur raison d'être que dans les mythes du passé. Notre poëte entre dans des détails qu'il est difficile de prendre autrement qu'au sens propre, et en demandant que la tombe soit, selon une expression familière aux hymmes, « dégouttante de beurre », c'est-à-dire distille une nourriture abondante ; il professe assez clairement la croyance à une vie réelle du mort sous la terre, ou tout au moins adopte une formule de langage qui avait été l'expression directe de cette croyance.

Il était naturel en effet que les Indo-Européens, quand ils cherchèrent à déterminer le séjour où s'écoulait la vie nouvelle de leurs morts, ne le distinguassent pas d'abord de la tombe même où ils les déposaient. C'est ainsi, du reste, que s'expliquent un grand nombre de rites, conservés plus ou moins longtemps, plus ou moins fidèlement, par les divers peuples de la race, et dont les uns étaient inoffensifs, comme l'usage de placer sur la tombe des mets destinés au mort, ou d'enterrer avec lui ses armes et ses parures; tandis que les autres, complément nécessaire à l'origine des premiers, coûtaient la vie, non-seulement au cheval de bataille, mais aux serviteurs et à l'épouse elle-même [1], qui ne devaient pas manquer à leur maître dans sa vie nouvelle.

Quand le mode de funérailles fut changé, les rites dont il vient d'être parlé subirent une modification analogue. Au lieu d'enterrer avec le mort les objets et les êtres qui devaient rester à sa disposition, on les brûla avec lui. De même, au lieu de porter des mets ou de verser des libations sur sa tombe, on confia au feu les aliments qui lui étaient destinés. Là où s'est conservé pour les cendres, résidu de la crémation, l'usage de libations primitivement instituées pour les cadavres inhumés, et qui n'avaient de sens que pour eux, il ne faut voir qu'un exemple de la longévité des rites, survivant non-seulement aux idées, mais aux pratiques auxquelles ils étaient appropriés. Chez les Aryas védiques, c'est le feu qui porte aux morts leur nourriture, non pas un feu quelconque, mais le feu qui les a brûlés, le feu mangeur de chair, *kravyâd*, expressément distingué d'ailleurs du feu qui porte l'offrande aux dieux, X, 16, 9-12 [2]. C'est qu'alors le mort n'est plus là où est restée sa cendre, c'est-à-dire sur la terre; il est dans les régions supérieures où s'est élevée la fumée du bûcher, et en effet nous avons relevé déjà dans les hymnes védiques des traces de la croyance à une vie nouvelle dans le ciel.

Que cette croyance se rattachât réellement dans l'esprit

---

1. L'hymne védique auquel a été emprunté le dernier passage cité, mentionne parmi les assistants la veuve, qu'il invite à laisser là le mort pour rentrer dans le monde des vivants, X, 18, 8. Mais de ce que le sacrifice de la veuve, remis plus tard en honneur, aurait été condamné par les Aryas védiques comme une coutume barbare, il ne suivrait pas que cette coutume ne pût être néanmoins très-ancienne. D'après le même hymne d'ailleurs, l'arc du mort lui est également repris (v. 9).

2. Le chemin des pères, X, 2, 7, ou de la mort, X, 18, 1, est aussi distingué du chemin des dieux. L'offrande aux morts est d'ailleurs, comme l'offrande aux dieux, élevée par Agni jusqu'au séjour suprême, X, 16, 10.

des *Aryas* à la pratique de la crémation, c'est ce qui ne paraît pas pouvoir être contesté. Le fait de la réunion du souffle à l'atmosphère n'avait pu prévaloir sur le fait, beaucoup plus sensible, de l'inhumation, et empêcher, soit les Indo-Européens leurs pères, soit eux-mêmes, de placer sous la terre le séjour des morts. On comprendrait sans doute que de deux ordres d'idées différents fussent nées deux croyances logiquement incompatibles, lesquelles auraient pu néanmoins, après avoir été professées peut-être par des tribus ou des familles différentes, être recueillies ensemble, comme tant d'autres notions contradictoires, dans le trésor mythologique de la race. Je ne crois pas pourtant qu'on puisse voir dans le vers X, 15, 14, plaçant dans le ciel les pères « non brûlés par le feu » aussi bien que ceux qui ont été brûlés, ou selon l'expression du vers 11 « goûtés par lui », la preuve certaine que le mythe du séjour des morts dans le ciel ait eu une origine indépendante du mode de funérailles en usage. S'il faut admettre en effet que les rites anciens survivent souvent, comme nous l'avons remarqué tout à l'heure, aux mythes qui leur ont donné naissance, il n'est pas moins vraisemblable que les croyances fondées sur des pratiques nouvelles se soient étendues et généralisées en dépit de la conservation, dans telle ou telle tribu ou famille, des pratiques anciennes. Quoi qu'il en soit, l'usage de la crémation a dû tout au moins, en mettant d'accord les inférences tirées du traitement des corps dans les funérailles et celles auxquelles avait pu donner lieu déjà le départ de l'âme, contribuer singulièrement à fixer le mythe en question.

A la dernière citation nous pouvons, d'ailleurs, en opposer une autre qui paraît en tout cas s'accorder mieux avec l'ensemble de la religion védique, et avec l'importance tout à fait prédominante du rôle joué par le feu dans cette religion. Il est dit au vers IX, 83, 1, avec une allusion aux sacrifices célestes dont il sera parlé plus loin, que le tamis, qui d'après le vers suivant est tendu dans le ciel, ne peut être atteint par celui dont le corps n'a pas été « chauffé », qui est « cru », et que ceux qui ont été « cuits » l'atteignent seuls.

Le commentaire des expressions bizarres employées dans ce passage se trouve au premier vers de l'hymne X, 16, tout le long duquel les fonctions de psychopompe sont d'ailleurs expressément attribuées au feu, et qui fournit ainsi de nouveaux et décisifs arguments à l'appui de la liaison reconnue entre le mode de funérailles et les mythes relatifs au séjour des morts [1]: « Ne le détruis pas, ô Agni, en le brûlant (*mâ vi daha*h); que ta flamme n'en fasse pas sa proie (*mâbhi çoca*h); n'endommage ni sa peau, ni son corps; quand tu l'auras *cuit*, ô Jâtavedas, alors transmets-le aux pères. » Le vers 4 du même hymne n'est pas moins significatif: « Le bouc [2] est ta part; quant à lui, échauffe-le avec ta chaleur; que ta flamme, que ton ardeur l'échauffe; avec celles de tes formes qui sont propices, ô Jâtavedas, conduis-le au monde des pieux. » Le bouc dont il s'agit ici est l'animal qui, selon l'expression caractéristique d'un rituel funéraire (A*çvalâyana-grihya-sûtra*, 4, 2), est appelé la « couverture » du mort, et qui peut être, d'après le même rituel, une vache ou une chèvre (*anustaranîm gâm ajâm*). Comme on attribue, ainsi que nous le verrons, au feu de l'autel une part des offrandes qu'il doit transmettre aux dieux, on abandonne le bouc au feu du bûcher pour qu'il respecte le corps de l'homme également confié à ses flammes. Il faut encore citer dans le même ordre d'idées le vers 7, adressé, non plus à Agni, mais au mort lui-même : « C'est ta défense contre le feu; enveloppe-toi des vaches; couvre-toi de graisse [3]; que le (dieu) hardi, frémissant de joie, en te saisissant, ne t'embrasse pas violemment et ne te brûle pas [4] ! » Il est possible d'ailleurs

---

1. Cet hymne est pourtant celui auquel nous avons emprunté plus haut ce passage : « Que l'œil aille dans le soleil, l'âme dans le vent » (v. 3). Mais il ne faut pas demander aux poètes védiques trop de conséquence dans l'usage qu'ils font de formules provenant sans doute de sources diverses et introduites pêle-mêle dans un même hymne, peut-être d'ailleurs dès sa première rédaction, et dans des termes propres à son auteur. Une foule d'hymnes donnent lieu à des observations analogues, et ce fait est la meilleure justification de la méthode suivie dans tout le livre, du parti que j'y ai pris de suivre les traces d'une même idée à travers le recueil entier du *Rig-Veda*, sans chercher à mettre tel ou tel poète d'accord avec lui-même.

2. Le mot *aja* signifie « bouc » et « non né »; en le prenant dans le second sens on devrait traduire : « Il y a une partie (du corps) qui n'est pas née (qui est éternelle); échauffe-la, etc. » Je suis l'interprétation de MM. Roth et Grassmann. Elle me semble suffisamment justifiée par sa concordance avec le rite. Nous retrouverons le bouc dans le sacrifice du cheval. Remarquons à ce propos que les recommandations faites à Agni en faveur du mort lui seront faites également en faveur du cheval, qui doit arriver intact chez les dieux.

3. L'idée de graisse est exprimée dans le texte par deux termes à peu près synonymes.

4. Le poëte demande même à Agni, non-seulement de ne pas endommager le corps, mais de guérir les blessures que peuvent lui avoir faites certains animaux, X, 16, 6. Une prière analogue lui est adressée dans le sacrifice du

que la graisse et les « vaches » dont il s'agit ici ne soient autre chose que le beurre versé dans le feu, ou celui dont on bourre le cadavre (Açvalâyana-grihya-sutra, 4, 1,) et qui doit s'y répandre également. Ce serait une nouvelle analogie du transport du mort avec le transport de l'offrande, considérée, ainsi que nous le verrons, comme enveloppée dans les libations de beurre qui sont la part d'Agni.

Cette assimilation du mort à l'offrande, d'ailleurs formellement exprimée au vers 5 par le terme *áhuta* « sacrifié », appliqué au mort, nous fait bien comprendre le sens des cérémonies de la crémation dans le *R*ig-Veda, le lien qui les rattache au mythe de l'immortalité dans le ciel, et enfin la portée de ce mythe lui-même. Quoique réduit en fumée, le corps du mort subsiste comme l'offrande réservée aux dieux. Comme elle encore, il est transporté dans le ciel par Agni qui reçoit pour cette raison l'épithète *kravya-váhana* « porteur de chair », X, 16, 11, correspondant à celle de *havya-váhana* « porteur d'offrande » (Gr. *s. v.*), et plus conforme à la conception qui nous occupe que celle, citée plus haut, de *kravyâd* « mangeur de chair ».

Enfin, c'est naturellement ce même corps qui est appelé dans le ciel à une vie nouvelle. Il est presque inutile de faire remarquer combien la concordance des rites funéraires et des rites religieux proprement dits, et la conformité des croyances attachées aux uns et aux autres, durent contribuer à généraliser les deux ordres de rites et à affermir les deux ordres de croyances. Les rites funéraires en particulier durent s'imposer sous leur forme nouvelle à la grande majorité des familles, et l'attribution aux morts d'un séjour céleste put être étendue, comme nous l'avons supposé plus haut, même à ceux des familles qui restaient obstinément fidèles à la pratique de l'inhumation.

La conformité des croyances relatives aux morts et des croyances religieuses proprement dites, ne porte pas d'ailleurs uniquement sur le fait matériel du transport des offrandes et du transport des corps dans le ciel. L'origine de l'homme était rapportée au ciel d'où était descendu Agni, le premier

---

heval. — On pourrait croire encore qu'au vers 8 la coupe qu'Agni ne doit pas détruire est le mort lui-même qui, dans sa vie, est devenu une coupe de Soma en buvant ce breuvage sacré, cf. 6 ; mais il est possible aussi que le poëte ait en vue les ustensiles brûlés avec leur possesseur, que celui-ci doit retrouver intacts dans sa vie nouvelle.

ancêtre de la race. Quel séjour pouvait donc, mieux que cette mère-patrie, lui convenir après la mort? Mais aussi qui pouvait l'y introduire, si ce n'est ce même Agni qui remonte au ciel comme il en est descendu? À quel guide plus sûr confier le mort qu'à l'élément dont il était issu et auquel on ne pouvait craindre de le rendre?

Il nous a suffi de prendre pied sur le terrain solide du *Rig*-Veda, et surtout de toucher au sujet principal de ce livre, c'est-à-dire au culte du feu, pour voir aussitôt s'éclaircir et se fixer des notions qui restent plus obscures ou plus flottantes dans la mythologie et dans les rites des autres peuples indo-européens. Si d'ailleurs l'ensemble des mythes du feu nous permet de préciser les croyances relatives à l'autre vie, celles-ci peuvent à leur tour servir à confirmer tel de ces mythes qui aurait paru insuffisamment établi. Et en effet, comme je l'avais annoncé, elles fournissent un argument à l'appui du mythe de la réunion d'Agni au soleil.

Le soleil est expressément assigné pour demeure aux morts. J'avais réservé ce trait dans un vers déjà cité, X, 107, 2, que je traduirai maintenant en entier : « Ceux qui ont donné la *dakshinâ* se sont élevés dans le ciel; ceux qui ont donné des chevaux sont avec le soleil; ceux qui ont donné de l'or ont en partage l'immortalité; ceux qui ont donné des vêtements, ô Soma, prolongent leur vie. » Il faut sans doute entendre de même cette formule du vers I, 125, 6 : « A ceux qui donnent la dakshinâ appartiennent les soleils dans le ciel. » En tout cas le texte suivant, I, 109, 7, est parfaitement clair : « Voilà ces rayons du soleil auxquels se sont réunis nos pères. » Ces pères sont, comme nous le verrons, devenus les gardiens du soleil, X, 154, 5, et ce sont eux qui donnent la lumière, X, 107, 1. Le second hémistiche du vers I, 115, 2, rapproché du vers I, 154, 5 déjà cité, paraît bien se rapporter aux hommes pieux qui vivent dans le soleil. L'idée du soleil était suggérée dans ce même vers I, 154, 5 et dans le suivant par la mention du séjour suprême de Vish*n*u (cf. encore X, 29, 5).

Il faut remarquer à ce propos que l'un des organes de l'homme est dans un rapport particulièrement étroit avec le soleil. La confusion de l'idée de briller et de l'idée de voir, fréquente dans la mythologie védique, n'a pas seulement fait assimiler le soleil à un œil; elle a fait rapporter l'origine de l'œil au soleil, IX, 10, 8; cf. X, 158, 3, où inversement celle du soleil à l'œil mystique du Purusha, X, 90, 13. Nous avons déjà cité le vers X, 16, 3, d'après lequel l'œil doit aller dans le soleil. Mais ce texte, qui paraît faire allusion à une dispersion de l'organisme réparti entre divers éléments, ne doit pas nous faire méconnaître le sens des passages cités plus haut. C'est la personne entière du mort qu'ils nous montrent parvenue dans le soleil. D'ailleurs ce n'est pas l'œil seulement, c'est l'homme tout entier qui a une affinité avec le soleil en vertu de son origine ignée, et qui est par suite appelé à se réunir à lui.

Il semble évident toutefois que l'explication de l'arrivée des morts dans le soleil ne sera complète que si l'on tient compte aussi de l'affinité, ou plutôt de l'identité essentielle de l'astre avec le feu qui les y conduit. Agni est, nous l'avons vu, le dieu psychopompe du *R*ig-Veda. C'est lui que les vers X, 16, 1 et 4 nous ont montré portant le corps chez les pères (cf. 2 et 5; X, 17, 3) ou dans le monde des pieux, et dont on aurait pu dire, ne fût-ce que pour cette seule raison, qu'il donne l'immortalité, I, 31, 7 ; cf. VI, 7, 4. C'est donc lui qui conduit les morts dans le soleil, quand le lieu de leur demeure céleste est ainsi précisé, et s'ils sont réunis au soleil, c'est qu'il s'y réunit lui-même.

L'objet immédiat que nous poursuivions en entreprenant cette exposition des croyances relatives à l'autre vie est maintenant atteint; mais nous la continuerons, tant à cause de l'intérêt propre au sujet qu'en vue des conséquences que nous aurons à en tirer dans le paragraphe suivant.

Le soleil n'est pas la seule demeure attribuée aux morts. Le vers X, 15, 1 distingue trois groupes de « pères », les inférieurs, les supérieurs et les moyens. Cette formule correspond d'une manière frappante à celles qui attribuent à Agni trois formes, trois séjours, trois naissances, et confirme l'idée d'un rapport nécessaire entre les demeures des morts et celles du feu. Qu'elle fasse en effet allusion aux trois mondes, c'est ce qui paraît mis hors de doute par le vers suivant où d'ailleurs le ciel et l'atmosphère semblent confondus et opposés ensemble à la terre dans cette autre formule : « Ceux (d'entre les pères) qui sont établis dans l'espace terrestre ou ceux qui sont maintenant chez les races aux belles demeures. » Je n'insisterai pas, quant à présent, sur les pères « inférieurs » ou habitant la terre. Ce sont certainement aussi des morts, mais ce ne sont pas nécessairement des morts inhumés et habitant la tombe. Nous savons en effet déjà par un vers emprunté précisément au même hymne X, 15, 14, que les pères non brûlés par le feu ont pu être considérés comme habitant le ciel, aussi bien que ceux qui ont été brûlés, et nous étudierons plus loin certains textes desquels il semble résulter que les pères, après être montés au ciel, descendent de là sur la terre [1]. Quoi qu'il en soit, les pères « moyens » semblent bien être, par opposition aux pères « supérieurs », ceux qui habitent l'atmosphère.

Et en effet si le feu pouvait porter les morts dans le soleil en se réunissant à sa forme céleste, il pouvait tout aussi bien s'arrêter avec lui dans le monde intermédiaire, en se réunissant à sa forme atmosphérique, l'éclair. L'idée de la réunion de l'âme aux vents dont l'atmosphère est le domaine devait aussi singulièrement favoriser cette conception. L'auteur de l'hymne X, 16, dit d'ailleurs en propres termes au vers 3, en s'adressant au mort : « Va dans les eaux, si ce séjour t'est agréable [2]. » Le vers 14 du même hymne fait peut-être encore allusion à cette forme du mythe [3].

D'ailleurs, comme le feu, outre ses demeures dans le ciel visible et dans l'atmosphère, en a une encore dans le monde invisible, les morts devaient avoir, eux aussi, un séjour mystérieux. Avec le soleil aux rayons duquel ils étaient réunis, avec les eaux au sein desquelles ils habitaient comme

---

1. Peut-être même l'opposition signalée dans le vers 2 correspond-elle à celle que présente le même vers dans son premier hémistiche ; les pères « partis les premiers » seraient déjà redescendus sur la terre, tandis que ceux qui les ont suivis sont encore dans le ciel.

2. Le même vers, auquel nous avons déjà emprunté le passage : « Que l'œil aille dans le soleil et l'âme dans le vent », assigne pour séjour au mort la terre aussi bien que le ciel, et, après lui avoir proposé le séjour des eaux, ajoute : « Prends un corps dans les plantes. » Ce dernier trait semble appartenir au mythe du retour des morts sur la terre que nous étudierons plus loin, aussi bien que le vers 13 dont il va être question dans la note suivante.

3. Le vers 14 paraît plus clair dans la leçon de l'Atharva-Veda, XVIII, 3, 60. Il semblerait dans le Ṛig-Veda adressé à l'une des plantes nommées au vers 13. Il l'est dans l'Atharva-Veda à la grenouille, invitée à chercher la fraîcheur des eaux, à y apaiser l'ardeur du feu (qui l'a brûlée?), et qui paraît être le mort lui-même. Cf. *Revue critique*. 1875, II, p. 393. A la vérité, le rituel funéraire déjà cité (4, 1) prescrit de choisir pour la crémation un lieu où l'eau coule de tous côtés. Mais le premier hémistiche du vers de l'Atharva-Veda renferme la mention expresse du nuage, et d'ailleurs le rite lui-même ne s'explique que par le mythe du séjour des morts dans les eaux. La dernière observation paraît applicable au rite dont il est question au vers 7, la graisse ou le beurre représentant les eaux célestes, pareillement nommées des vaches.

l'éclair, ils franchissaient les limites de l'espace compris entre la surface de la terre et la voûte du ciel. La conception, à l'origine purement naturaliste, du séjour des morts, ne pouvait pas d'ailleurs conserver ce caractère d'extrême simplicité. Le mystère qui convient aux croyances relatives à l'autre vie était mieux respecté par l'idée d'un séjour invisible, et c'est cette idée qui s'est fixée dans le mythe du royaume de Yama. « Il y a », dit le vers I, 35, 6, « trois cieux, » c'est-à-dire, selon l'explication qui sera donnée plus loin des formules de ce genre, « trois mondes : deux sont les girons de Savitar, » c'est-à-dire le ciel et la terre reçoivent le dieu qui commande au cours du soleil; « l'autre est le giron de Yama », le reçoit[1].

En effet, ce Yama, compris aux vers X, 64, 3; 92, 11, dans les énumérations de dieux, est un roi, IX, 113, 8 ; X, 14, 1 ; 4 ; 11 ; 15, qui règne sur les morts, X, 16, 9. Dans le même vers I, 35, 6, qui vient d'être cité, l'épithète *viráshah*, appliquée à son séjour, paraît signifier « qui conquiert les hommes ».

Ce séjour, d'après un passage qui l'appelle la partie la plus reculée du ciel, IX, 113, 8, et y place la lumière impérissable et les eaux intarissables, *ibid.*, 7 et 8, c'est-à-dire la source invisible de la lumière et des eaux, est celui où l'homme espère devenir immortel[2]. Au premier vers de l'hymne X, 58, déjà cité, l'âme du mort qu'on veut rappeler à la vie est supposée partie « au loin chez Yama », cf. X, 164, 2. Le même Yama est invoqué aux vers 4 et 5 de l'hymne funèbre X, 154, sorte de litanie dont le refrain souhaite au mort une heureuse arrivée chez les pères « qui sont allés au ciel en récompense de leur ascétisme », chez ceux qui ont été « des héros dans les combats », ou qui ont donné « mille dakshinâs », chez ceux qui « ont suivi la loi », etc. L'auteur de l'hymne X, 14, dit expressément au vers 8, en s'adressant à un mort : « Réunis-toi aux pères, réunis-toi

---

1. Nous verrons plus tard qu'au vers X, 14, 16, où Yama d'ailleurs est représenté comme embrassant l'Univers, le « grand unique » opposé aux six mondes est pareillement le monde du mystère. On peut sans doute en dire autant du séjour de Yama où est placé l'oiseau messager de Varuna, X, 123, 6.

2. Toute la seconde partie de l'hymne IX, 113 est du plus grand intérêt pour le sujet du mythe de l'autre vie; nous la retrouverons, ainsi que d'autres textes également réservés, à propos du rôle de Soma dans ce mythe.

à Yama, trouve l'accomplissement de tes désirs dans le ciel suprême, » cf. *ibid.*, 7[1] ; il ajoute au vers 9 que Yama donne à ce mort un séjour décrit d'ailleurs, ainsi que celui dont il a été question tout à l'heure, comme plein d'eaux et de lumière. Tout le long du même hymne, Yama est associé aux pères dans la prière du poëte. Il l'est particulièrement à ces ancêtres mythiques de la race humaine que nous avons appris à connaître sous le nom d'Angiras (v. 3 et 5). Au vers X, 15, 8, il est encore invoqué avec les pères. Enfin l'hymne X, 135 mentionne au vers 7 la demeure de Yama, cf. X, 114, 10. et au vers 1, nous montre ce personnage buvant avec les dieux sous un arbre aux larges feuilles, et accueillant là « les anciens ».

Quelle est l'origine de ce mythe d'un roi des morts, et que représente ce roi ? C'est ce que nous devons maintenant chercher à découvrir. Mais pour que l'investigation soit complète, nous devons d'abord étudier le personnage de Vivasvat, considéré comme le père de Yama, X, 14, 5 ; 17, 1 et 2, qui reçoit pour cette raison l'appellation patronymique de *vaivasvata*, X, 14, 1 ; 58, 1 ; 60, 10 ; cf. IX, 113, 8 ; X, 164, 2.

Le mot *vivasvat* a dans le *Rig*-Veda deux accentuations différentes. Dans les trois passages où il est expressément donné pour le nom du père de Yama, il est accentué sur la première syllabe. Dans tous les autres, à l'exception de deux, VIII, 6, 39 ; Vâl. 4, 1, il est accentué sur la seconde. On ne voit pas toutefois que cette différence d'accentuation corresponde à aucune différence essentielle de signification. Notre mot, pris comme adjectif, dans le sens de « brillant », est appliqué à l'aurore, III, 30, 13 ; cf. I, 44, 1, et peut-être aussi au char des Açvins, X, 39, 12. Il l'est encore à l'éclat d'Agni, I, 96, 2, et à Agni lui-même, VII, 9, 3.

Nous ne nous étonnerons pas qu'une épithète d'Agni soit en même temps le nom d'un ancien sacrificateur, et l'analogie des mythes déjà étudiés nous portera à chercher dans ce sacrificateur une représentation d'Agni lui-même. Les passages qui attribuent le caractère sacerdotal à Vivasvat sont assez nombreux. Quelques-uns ont même induit M. Roth, et après lui M. Grassmann, à admettre que le mot *vivasvat* peut désigner le prêtre actuel en tant que « matinal », ou même en tant que « brillant dans la lumière du matin ».

---

1. Nous retrouverons ce dernier vers à propos de Varuna.

Mais là même où le verbe est au présent ou à l'impératif, les prières de Vivasvat qui excitent Soma, IX, 99, 2; cf. IX, 26, 4; 66, 8, ou dont Indra est invité à « s'enivrer », VIII, 6, 39, peuvent être de même que les offrandes de Manus, dont il a été question plus haut, celles dont l'institution remonte, par une tradition ininterrompue, au premier sacrificateur. Et en effet, nous lisons au vers I, 139, 1, que la prière « nouvelle » est rattachée à Vivasvat comme à son « nombril », c'est-à-dire, selon l'explication présentée plus haut de cette expression bizarre, comme à son point d'origine. De même les qualifications de « poëte harmonieux », V, 11, 3, ou de « messager », X, 21, 5, de messager « antique », VIII, 39, 3, de messager et de « sacrificateur », I, 58, 1, de Vivasvat, attribuées à Agni, celle de « séjour de Vivasvat », attribuée à la place du sacrifice, I, 53, 1; III, 34, 7; 51, 3; X, 75, 1, rappellent les locutions telles que « le sacrificateur de Manus, la demeure de Manus », et confirment l'interprétation que j'en ai proposée. Des biens « attribués à Manus » on peut aussi rapprocher « le lot de Vivasvat » que gagnent les Somas, IX, 10, 5.

D'ailleurs, dans plusieurs des passages cités, l'emploi d'un verbe au passé permet de rapporter directement à Vivasvat le sacrifice dont il s'agit. Cette interprétation paraît nécessaire dans ceux où l'expression « les dix de Vivasvat », VIII, 61, 8, ou « les filles de Vivasvat », IX, 14, 5, désigne les doigts qui ont pressé le Soma. En qualité d'ancien sacrificateur, Vivasvat est un protégé d'Indra qui a déposé chez lui « un trésor », II, 13, 6. Il est nommé à côté de Mâtariçvan, comme le premier auquel le feu soit apparu, I, 31, 3 [1], et de même que Mâtariçvan, il peut être conçu comme opérant dans le ciel [2]. Ainsi au vers IV, 7, 4, le « messager de Vivasvat » est le feu apporté aux différentes races par les Ayus. Ailleurs, c'est Mâtariçvan apportant le feu du ciel qui reçoit lui-même la qualification de messager de Vivasvat, VI, 8, 4. Il n'y a là rien qui doive nous étonner. Agni, qui est le prototype de tous les sacrificateurs mythiques, n'a-t-il pas des formes célestes aussi bien qu'une forme terrestre? En fait, le mot *vivasvat* est devenu dans la littérature postérieure un nom du soleil.

---

1. Voir plus haut, p. 55, note 2, la correction proposée.
2. Au vers X, 12, 7, le séjour de Vivasvat où se réjouissent les dieux paraît être la place du sacrifice céleste. Voir plus bas.

J'admettrai même, si l'on y tient, qu'il a reçu cette application dès l'origine. Je reconnaîtrai que la formule des vers X, 39, 12 « les deux jours (le jour et la nuit) de Vivasvat [1] », suggère assez naturellement l'idée du soleil, et qu'en tout cas Vivasvat figure comme un personnage divin au vers X, 65, 6 à côté de Varuna et des dieux. Il n'en restera pas moins vrai que la conception d'Agni, dont le soleil n'est qu'une des formes, peut seule rendre compte du caractère d'ancien sacrificateur qui est, dans le *R*ig-Veda, le trait dominant du mythe de Vivasvat.

Nous avons eu déjà plus haut l'occasion de comparer Vivasvat à Manu, en montrant que les deux noms peuvent se remplacer dans des formules équivalentes. On les trouve ensemble dans une énumération d'anciens sacrificateurs, Vâl. 4, 1 [2]. dans une invocation aux Açvins : « Vous qui avez séjourné chez Vivasvat, venez comme chez Manus », I, 46, 13, et dans un autre passage où l'origine de la race divine elle-même est rapportée à Vivasvat, comme elle l'est ailleurs à Manu ; les dieux en effet y reçoivent la qualification de « races de Vivasvat » en même temps que celle de « contentés par Manu », X, 63, 1. Manu, considéré plus tard comme le fils de Vivasvat, paraît n'avoir pas différé primitivement de son père, et il n'en différait pas en effet, en tant que tous deux étaient des personnifications d'Agni.

La même observation s'applique du reste à Yama, dont le *R*ig-Veda, ainsi que nous l'avons dit, fait déjà un fils de Vivasvat. Ce dernier a peut-être rempli lui-même les fonctions d'un dieu de la mort. C'est du moins ce que donne à penser le vers VIII, 56, 20 : « Que le trait de Vivasvat, ô *A*dityas !.. ne nous atteigne pas avant la vieillesse ! » En tous cas, comme Vivasvat et Manu, Yama est le père de la race divine elle-même. « Nous honorons par nos sacrifices, » dit un poëte, I, 83, 5, « la race immortelle de Yama [3] ». Au vers X, 21, 5, il est rapproché de Vivasvat, comme ayant eu Agni pour messager. Aux formules déjà citées « le sacri-

---

1. Si le génitif *vivasvatah* n'est pas une épithète du char des Açvins. Voir plus haut, p. 86.
2. Voir plus haut, p. 68, note 3.
3. On pourrait prétendre que cette expression désigne les pitris, les ancêtres tels qu'Atharvan et Uçanas Kâvya nommés dans le même vers ; mais la comparaison des mythes de Manu et de Vivasvat rend mon interprétation plus vraisemblable.

ficateur de Manus, le sacrificateur de Vivasvat », appliquées à Agni, paraît s'être ajoutée celle de « sacrificateur de Yama », X, 52, 3. Son caractère sacerdotal ressort encore des vers VII, 33, 9 et 12, d'après lesquels Vasish*t*ha et les Vasish*t*has ont tissé la trame tendue par Yama. Telle est en effet la figure par laquelle les poëtes védiques expriment ordinairement la succession ininterrompue des sacrifices[1]. Nous verrons plus loin, à propos du sacrifice céleste, que, même revêtu du caractère divin, X, 51, 1 et 2, Yama reste celui qui a trouvé le feu[2], *ibid.* 3, à peu près comme Mâtariçvan et les Bh*r*igus. L'analogie nous permettrait donc déjà de considérer Yama comme une personnification d'Agni lui-même. Le nom de Yama est, d'ailleurs, non-seulement rapproché de ceux d'Agni et de Mâtariçvan dans l'énumération des appellations diverses de l'être unique, I, 164, 46, mais directement appliqué à Agni[3] dans le vers 8 de l'hymne I, 66, tout entier consacré aux louanges du feu : « Yama est ce qui est né[4], Yama est ce qui doit naître ; il est l'amant des filles et le mari des femmes. » On peut soutenir, il est vrai, que le mot *yama* est ici pris dans son sens étymologique ; mais il n'en restera pas moins intéressant de constater que le nom de notre personnage, comme celui de la plupart des anciens sacrificateurs déjà étudiés, se rencontre comme épithète du feu. L'analogie déjà invoquée en devient plus frappante.

Le sens étymologique du mot *yama* le rendait d'ailleurs très-propre à désigner Agni. Ce mot signifie « jumeau[5] » et convenait parfaitement à l'une quelconque des formes du feu

---

1. Au vers I, 116, 2, le combat de Yama (si toutefois le mot est ici nom propre) est aussi vraisemblablement le sacrifice de Yama. Cf. le « combat de Vivasvat », IX, 66, 8.
2. Nous pourrons comparer plus loin le vers I, 163, 2, d'après lequel c'est Yama qui a donné le cheval du sacrifice, représentant Soma, lequel est lui-même essentiellement identique à Agni.
3. Nous verrons aussi que le vers I, 163, 3, identifie à Yama le cheval du sacrifice qui, d'après le vers 2, aurait été donné par lui. Ce mythe est donc exactement parallèle à celui qui, tantôt identifie Yama au feu, tantôt lui attribue la découverte du feu.
4. Littéralement « Yama est né. »
5. Il a été interprété plus tard dans le sens de « dompteur », suggéré par les fonctions de Yama comme dieu des morts. Mais ce sens n'appartient dans le *R*ig-Veda qu'au mot *yama* paroxyton, VIII, 24, 22 ; 92, 10, employé aussi comme abstrait, I, 73, 10 ; II, 5, 1 ; III, 27, 3, cf. V, 61, 2. Le sens de « jumeau » convient à tous les emplois du mot *yama* oxyton comme nom commun.

comparée à ses autres formes. Toutefois dans le mythe de Yama, c'est surtout à une jumelle[1] que le jumeau est opposé, et il nous faut attendre, pour traiter ce point, le chapitre qui doit être consacré aux rapports des éléments mâles et des éléments femelles. Mais nous trouvons un nouvel argument en faveur de l'identification de Yama avec Agni dans les fonctions mêmes par lesquelles il nous intéresse ici, c'est-à-dire dans ses fonctions de roi des morts.

Le vers X, 135, 1, déjà cité, d'après lequel Yama accueille les anciens dans le séjour où il boit avec les dieux sous un arbre aux larges feuilles, lui donne les noms de père et de chef de race. C'est qu'en effet, il a été le premier homme. Sa sœur jumelle Yamî, dans l'hymne où elle l'invite à s'unir à elle, lui dit pour vaincre ses scrupules, X, 10, 3 : « Les immortels le veulent, ils veulent que l'unique mortel (actuellement existant) ait une postérité. »

En qualité de premier homme, il a été aussi le premier mort. Le vers X, 13, 4, porte seulement que Yama « a abandonné son propre corps ». Mais un autre passage dit expressément qu'il est parti le premier pour l'autre monde, X, 14, 1 : « Celui qui a franchi les grandes montagnes, observant le chemin pour un grand nombre d'autres, le fils de Vivasvat qui réunit les hommes, le roi Yama, honore-le d'une offrande. — 2. Yama a le premier trouvé la voie pour nous. On ne peut enlever à nos pères anciens ce domaine où ils sont partis, suivant les chemins qui sont les leurs et qu'ils avaient ainsi appris à connaître. » L'Atharva-Veda, en reproduisant avec une variante le premier de ces deux vers, est plus explicite encore, XVIII, 3, 13 : « Celui qui est mort le premier des mortels, celui qui est parti le premier pour cet autre monde, etc. » Il semble que cette conception de Yama, comme le premier homme et le premier mort, suffirait à la rigueur pour expliquer son élévation à la dignité de roi des morts. Mais qui ne voit combien l'identification de Yama avec Agni facilite l'explication du mythe? Agni a trois formes, sous chacune desquelles il pouvait être appelé à remplir le rôle dévolu à Yama. En qualité d'éclair, il régnait sur ces eaux qui étaient l'un des séjours des morts, sur cette région des nuages avec lesquels était allée se confondre la fumée de leur corps, et des vents auxquels s'était

---

1. A Yamî, dans l'hymne X, 10 ; cf. X, 12, 6.

réunie leur âme. En qualité de soleil, il était lui-même leur demeure et devait, en revêtant une personnalité divine, devenir leur roi. Le soleil aurait pu même, dans la conception très-ancienne qui place à l'occident le séjour des morts, être celui qui, selon l'expression des vers cités tout à l'heure, a traversé les grandes montagnes (du ciel), et trouvé le premier la route (en s'avançant de l'orient à l'occident). Cependant c'est du feu terrestre, c'est du feu du bûcher qu'on pouvait dire le plus justement qu'il avait frayé la route et montré le chemin aux ancêtres. Toutes les fonctions, réelles ou supposées, d'Agni ont dû concourir à la formation du mythe de Yama, aussi bien que l'idée du premier homme, qui d'ailleurs semble être dans le *Rig*-Veda inséparable de celle du feu. Mais c'est sa fonction réelle de conducteur des morts qui paraît être dans la plus étroite relation avec celle de roi des morts, surtout si on la complète par l'idée qu'Agni, en conduisant les morts dans le soleil ou dans les eaux, se réunissait lui-même au soleil ou à l'éclair[1].

Les deux rôles semblent d'ailleurs avoir été primitivement réunis dans le personnage de Yama. Nous venons de rappeler le passage où il est représenté frayant la voie aux ancêtres, et dont on peut rapprocher le vers I, 38, 5 adressé aux Maruts : « Que votre chantre..... ne parte pas par le chemin de Yama! » c'est-à-dire ne meure pas encore. Désormais roi d'un séjour mystérieux, ce qui n'a rien de contradictoire avec la notion d'Agni, si souvent conçu comme retiré dans le monde invisible, Yama n'est plus sans doute le conducteur des morts au sens primitif et naturaliste. Mais il ne se contente pas pourtant de régner paisiblement sur son peuple, il cherche à l'augmenter par des conquêtes ; en d'autres termes, comme son père Vivasvat dans le passage cité plus haut, il est le dieu de la mort. C'est en ce sens que l'auteur du vers X, 135, 2 a pu dire de lui : « J'ai considéré avec colère celui qui accueille les anciens, *et qui agit si méchamment;* mais je lui ai de nouveau adressé mes vœux. » Au vers X, 165, 4 il reçoit même le nom de *mrityu* « la mort ». C'est peut-être dans le même sens, et non pas seulement par

---

[1]. Au vers X, 18, 13, Yama est prié ainsi que les pères de consolider la demeure du mort dans la tombe. Mais il ne faut voir là sans doute qu'un nouvel exemple de la facilité avec laquelle les croyances conformes à des rites nouveaux se généralisent en dépit de la conservation des rites anciens dans certaines tribus ou dans certaines familles.

allusion au chemin parcouru par Yama, le premier mort, qu'il faut entendre le texte cité tout à l'heure : « Que votre chantre ne parte pas par le chemin de Yama ! » La prière pour la longue vie prend un sens tout particulier quand elle est adressée à Yama, dieu de la mort, X, 14, 14.

Dans la mythologie postérieure, Yama vient lui-même chercher les morts, et si ce rôle, analogue à celui du dieu psychopompe dans la mythologie grecque, ne lui est pas expressément attribué dans nos hymnes, ce n'est pas une raison de croire qu'il ait été tardivement introduit dans la conception du roi des morts. C'est au contraire la distinction de Yama et du messager, X, 165, 4, ou des deux messagers, X, 14, 12, de Yama, car l'emploi dont il s'agit n'est pas resté sans titulaire dans le *R*ig-Veda, c'est cette distinction, dis-je, qui, comme nous allons le voir, peut passer pour une forme secondaire du mythe. Or, l'idée d'un être divin qui vient chercher les morts paraît se rattacher étroitement à celle du feu qui les emporte, et qui d'ailleurs est sans cesse sur le chemin du ciel, tantôt pour y monter, tantôt pour en descendre.

Le messager de Yama, dans l'hymne X, 165, qui au vers 1 l'appelle aussi le messager de Nir*r*iti (la destruction), est un oiseau[1] qui annonce la mort et dont on cherche à détourner la fatale influence. Cet oiseau ne diffère pas mythologiquement du trait « ailé » qui représente aux vers 2 et 3 la menace de mort, et dont il est dit, comme de l'oiseau lui-même (vers 4), qu'il descend dans le feu, dans le foyer, (littéralement qu'il le prend pour séjour.) Tous ces détails sont aisés à expliquer. Le feu, et particulièrement le feu venant du ciel, est très-souvent conçu comme un oiseau, aussi bien que comme un trait ailé. En descendant dans le foyer, le trait ailé, qui rappelle le trait de Vivasvat ou l'oiseau messager de Yama, c'est-à-dire le feu céleste qu'ils représentent l'un et l'autre, transforme sans doute le feu domestique en un feu funèbre qui doit par suite retourner au ciel et y porter celui qui l'entretenait. Il se peut d'ailleurs que dès lors le feu descendant du ciel sous forme d'oiseau ait été identifié à un oiseau réel. La formule du vers 4: « Puisse ce que dit le hibou rester sans effet ! », paraît même faire allusion à une superstition qui s'est conservée jusqu'à

---

1. Cf. l'oiseau, messager de Varu*n*a, que le vers X, 123, 6 place dans le séjour de Yama.

nos jours. Mais le sens primitif, ou au moins le sens védique du mythe, n'en est pas moins clairement indiqué par les premiers détails relevés. Aussi bien le hibou est-il dans la mythologie indo-européenne un représentant bien connu du feu descendant du ciel, et sa voix a pu être primitivement la voix du tonnerre.

Les *deux* messagers de Yama, que nous connaissons par les vers X, 14, 10-12, sont, non pas des oiseaux, mais des chiens. Cette forme symbolise naturellement l'idée de « gardien », et en effet ils reçoivent au vers 11 l'épithète *pathirakshî* « gardiens du chemin », le chemin dont il s'agit étant bien entendu celui par lequel les morts arrivent dans leur nouvelle demeure. Mais en qualité de messagers, ils vont trouver les hommes (v. 12), à peu près comme l'oiseau, et porter chez eux la mort, puisque les survivants demandent qu'ils leur rendent la vie, pour voir encore le soleil, *ibid*. Ce sont eux aussi qui conduisent à Yama son nouveau sujet, puisqu'on prie le roi des morts de le confier à eux (v. 11). Le souhait que le vers 10 adresse au mort lui-même : « Echappe aux deux chiens..... en suivant le bon chemin », ne paraîtra pas contradictoire avec cette idée, si l'on se rappelle les formules et les rites destinés à préserver des brûlures du feu le cadavre qu'il emporte dans le ciel. En somme les deux chiens de Yama, auxquels on attribue quatre yeux (v. 10 et 11), comme à Agni, I, 31, 13, qui « fait face de tous côtés », jouent ensemble, tantôt le rôle du feu descendant du ciel, tantôt celui du feu qui y remonte. Selon toute vraisemblance ils représentaient à l'origine ces deux feux, ou encore le feu céleste et le feu terrestre réunis en couple.

Il résulte de ce qui précède que le messager ou les messagers de Yama sont primitivement identiques à Yama lui-même, en tant que représentant comme lui le feu dans sa relation avec les morts, et que les fonctions qui leur sont attribuées ont pu l'être aussi dès l'origine, comme nous voyons qu'elles l'ont été plus tard, à celui qui, d'après le *R*ig-Veda, les envoie à sa place. Nous verrons d'ailleurs plus loin en étudiant le mythe de la naissance des jumeaux dont l'un est Yama, que la filiation de ce couple est mythologiquement identique à celle des deux chiens, messagers de Yama[1]. C'est alors seulement que nous pourrons expliquer

---

1. Et des Açvins que leur nom de Nâsatya rapproche encore des deux chiens, qualifiés au vers 12 de *urûnasau* « au large nez ».

le métronymique *sârameyau* « nés de Sâramâ » appliqué à ces chiens.

Quant à présent, nous en aurons fini avec le roi des morts après une observation importante concernant ses premiers sujets. Déjà nous avons souvent, dans les citations précédentes, rencontré le terme de « pères », sans insister sur une expression qui semblait suffisamment claire par elle-même. Il est utile de remarquer pourtant que si elle s'applique sans contredit aux ascendants immédiats de chaque famille, elle désigne aussi et même principalement dans nos hymnes les anciens ou les premiers pères, X, 15, 8 et 10, ceux qui ont les premiers suivi les sentiers antiques, X, 14, 2, par où les morts des temps nouveaux vont les rejoindre, X, 14, 7 ; cf. 9, les *r*ishis premiers-nés qui ont « fait » les chemins, X, 14, 15, et pour tout dire en deux mots les ancêtres mythiques de la race. Au vers X, 14, 6, ces ancêtres sont nommés par leurs noms dans une énumération des « pères »[1], comprenant avec les Navagvas que nous retrouverons plus tard, les A*n*giras, les Atharvans et les Bh*r*igus dont nous avons déjà reconnu le caractère. Celui des Vasish*th*as au vers X, 15, 8 ne paraît guère moins mythologique. C'est d'ailleurs avec les A*n*giras que Yama semble être dans un rapport particulièrement étroit, X, 14, 2-5. Or nous savons que le chef des A*n*giras, comme de toutes les troupes analogues, est Agni. C'est un rapprochement de plus entre Agni et Yama.

Des pères qui viennent d'être nommés, et qui, non-seulement sont immédiatement rattachés au feu, leur chef et leur père, mais n'ont guère d'autres attributs que ceux qu'ils lui empruntent, on pouvait dire, comme du feu lui-même, que leur arrivée dans le ciel avait été un *retour*. Plus généralement, le départ des morts pour leur nouvelle demeure devait être ainsi conçu en vertu du mythe de l'origine ignée de la race humaine. C'est cette idée qui paraît exprimée dans des formules dont le sens pourrait sembler équivoque, s'il n'était pas éclairci par le rapprochement d'une formule analogue, appliquée à un être qui, comme nous le verrons plus tard, représente soit Agni, soit Soma, et qui en tous cas a trois formes correspondant aux trois mondes, X, 56, 1 : « Voici

---

1. Le vers X, 15, 13 supplée à cette énumération par la formule « ceux que nous connaissons, et ceux que nous ne connaissons pas ».

une de tes splendeurs ; une autre est plus haut ; réunis-toi à la troisième ; en te réunissant à ton corps (à toi-même[1]), sois agréable, sois cher aux dieux dans ta naissance suprême ! » Comme Agni ou Soma, dont nous constaterons l'identité mythologique avec Agni, en se réunissant au soleil ou à l'éclair, se réunissent à eux-mêmes, les morts qu'Agni emporte avec lui vont aussi rejoindre leur principe, ce que les hymnes expriment en disant d'eux pareillement qu'ils se réunissent à eux-mêmes ou à leurs corps, X, 16, 5 : « Rends aux pères, ô Agni, celui qui t'est sacrifié avec les offrandes funéraires ; revêtant la vie (céleste), qu'il aime sa postérité ; qu'il se réunisse à son corps, ô Jâtavedas » ; X, 14, 8 : « Réunis-toi aux pères, réunis-toi à Yama, trouve l'accomplissement de tes désirs dans le ciel suprême ; débarrassé de toute imperfection, retourne dans ta demeure ; plein d'éclat, réunis-toi à ton corps. »

La même formule est appliquée aux pères eux-mêmes : « Ils sont rentrés dans leurs corps », X, 56, 4. Mais pour eux elle peut prendre un sens particulier, quoique étroitement lié au précédent. En effet, bien que le vers X, 88, 15, (cf. le vers 5 de l'hymne X, 130, et l'ensemble de cet hymne), distingue deux sortes de pères ou d'ancêtres, ceux des hommes, et ceux des dieux vraisemblablement identiques aux « anciens » dieux, X, 90, 16, que nous retrouverons plus tard, les ancêtres de la race humaine sont eux-mêmes souvent assimilés aux dieux. Établissons d'abord ce point.

Je n'insisterai pas sur les offrandes qu'on fait aux pères. Ces offrandes, quoique d'après le vers X, 154, 1 elles paraissent comprendre les principaux éléments des sacrifices offerts aux dieux, représentent la nourriture qui de tout temps a été due aux morts, et sont au vers X, 14, 3 expressément distinguées sous le nom de *svadhâ*, cf. X, 15, 12 ; 16, 5, des offrandes aux dieux désignées par le mot *svahâ*. Mais là ne se bornent pas les rapports des pères avec les hommes vivant sur la terre. Non-seulement ceux-ci les nourrissent, non-seulement ils craignent de les irriter, III, 55, 2 ; X, 15, 6, mais ils les invoquent, VI, 75, 9-10, comme des protecteurs, I, 106, 3 ; X, 15, 5 ; cf. 3, ils les prient de donner la richesse à leurs fils, *ibid.* 7, ils souhaitent d'être dans leurs

---

1. Le mot *tanû* « corps », comme le mot *âtman* « âme », tient souvent lieu de pronom réfléchi.

bonnes grâces, X, 14, 6[1]. Les Vasishṭhas sont ainsi dans le vers VII, 33, 1 appelés au secours de leurs descendants, cf. 4 et X, 15, 8, et ce sont peut-être eux encore qui, au vers VII, 7, 6 « exaucent » leur race. A la vérité, on ne pouvait guère considérer les ancêtres comme vivant d'une vie nouvelle, sans les concevoir en même temps comme agissants. Mais cette vie nouvelle qu'ils mènent dans le ciel, n'est-ce pas la vie même des dieux? Nous rencontrerons plus tard un nom des dieux, celui d'*asura*, dérivé d'un mot *asu* signifiant souffle, mais désignant aussi dans le Ṛig-Veda les sources célestes de la vie. Les Asuras sont ceux qui s'abreuvent directement à ces sources. Or, c'est à ces mêmes sources que les morts transportés au ciel puisent leur vie nouvelle. Il est dit en effet des pères qu'ils sont allés dans l'*asu*, X, 15, 1. Cette conception s'est fixée dans un mot composé, *asunîti*, qui paraît signifier « le chemin de la vie [2] », c'est-à-dire le chemin suivi par les morts montant au ciel, et qui est devenu le nom d'un génie funèbre, X, 59, 5-6.

D'ailleurs, les pères ne participent pas seulement à la vie des dieux; les chantres védiques ne se bornent pas non plus à les représenter sur le même char qu'Indra et que les dieux, X, 15, 10 : ils les divinisent formellement. Bien plus, le vers X, 16, 2 souhaite au mort même dont les funérailles s'accomplissent, de devenir, en suivant le chemin de la vie (*asunîti*), le chef des dieux, celui qui les conduit à sa volonté, *devânâm vaçanîh* [3]. Toutefois, c'est avant tout aux premiers ancêtres de la race qu'est attribué le caractère divin. Il faut même remarquer que dans ce lointain mythologique, les pères et les dieux peuvent se confondre. En effet, l'immortalité des dieux mêmes est une immortalité acquise, X, 53, 10; 63, 4. Nous verrons bientôt que c'est par le sacrifice qu'ils ont conquis leur droit au sacrifice, et qu'ils se sont élevés au

---

1. Cf. le vers déjà cité, X, 16, 5, où l'on souhaite que le mort « aime » sa postérité.
2. D'après son accentuation (sur l'*a* initial) le composé est possessif, et, rapproché du texte cité « les pères qui sont allés dans l'*asu* », il ne semble pas pouvoir signifier autre chose que « conduisant à la vie ». Je précise cette interprétation dans le sens de « chemin », pour tenir compte de l'emploi du mot avec les verbes de mouvement: « Quand il suivra ce chemin qui conduit à la vie », X, 16, 2; cf. 12, 4. Du sens étymologique « conduisant à la vie » on a pu passer directement à l'idée d'un génie funèbre.
3. M. Grassmann a très-bien vu le vrai sens du composé *vaçanî*, méconnu par M. Roth.

ciel où d'ailleurs étaient déjà des dieux plus anciens, I, 164, 50 ; X, 90, 16. C'est encore sans doute aux dieux, nommés dans le vers précédent, qu'il faut rapporter ce passage, I, 68, 4 : « Tous reçoivent en partage l'essence divine, en observant toujours la loi immortelle. » L'auteur du vers X, 13, 1 invoque « tous les fils de l'immortalité (les immortels) qui ont pris la nature divine. » Nous avons du reste fait observer que les Bh*r*igus jouent, au moins quelquefois, le rôle d'êtres exclusivement divins, et nous avons vu, ou nous verrons dans la suite de ce livre, que le caractère divin se combine avec celui d'anciens prêtres dans la conception des A*n*giras et de tous les groupes du même genre. Mais le titre de dieux et le nom de pères sont expressément et à la fois attribués aux mêmes personnages, précisément dans le vers où se rencontre la formule citée plus haut, X, 56, 4 : « Les pères sont entrés en possession de leur haute dignité ; dieux, ils ont exécuté leurs desseins parmi les dieux ; ils ont enroulé ce qu'ils avaient développé (*littéralement* mis en mouvement) ; ils sont rentrés dans leurs corps. »

J'ai dit que cette formule pouvait avoir là un sens particulier. Et en effet les pères, en tant qu'assimilés aux dieux, peuvent être considérés comme se manifestant dans l'espace visible, sous la forme des phénomènes célestes qui, ainsi que nous le verrons, forment la base de la conception des dieux védiques, et comme rentrant dans leurs corps quand ces phénomènes disparaissent. Ajoutons qu'ils pourraient l'être par la seule raison qu'ils sont réunis au soleil ou aux eaux du ciel. Ce trait de notre dernière citation : « Ils ont enroulé ce qu'ils avaient développé », s'explique très-bien dans ce sens. Au vers II, 24, 6 il est dit des compagnons de B*r*ihaspati, c'est-à-dire d'un groupe d'anciens prêtres, qu'ils sont remontés au lieu d'où ils étaient venus, après avoir observé les actes contraires à la loi, cf. *ibid.* 7, c'est-à-dire sans doute, après avoir, avec le soleil auquel ils sont réunis, surveillé les œuvres des hommes, (cf. quatrième partie, ch. II, sect. v). On peut leur comparer, dans l'ordre des phénomènes météorologiques, ces oiseaux dont il est dit au vers I, 164, 47, que lorsqu'ils sont revenus du séjour de la loi, c'est-à-dire du lieu mystérieux qu'ils habitent, la terre est arrosée de beurre (de pluie). Cependant, le plus probable est que nos formules font allusion à la fois à l'ascension des pères remontant de la terre au ciel, et à leur disparition après qu'ils ont été momentanément manifestés dans l'espace visible. Il doit au moins en être ainsi dans l'hymne I, 72, où des personnages qui, d'après le vers 9, « se sont incorporés dans une nombreuse postérité [1], en se frayant une voie à l'immortalité », sont représentés au vers 5, à la fois « se faisant leurs corps après avoir abandonné leurs corps », et, de même que ceux qui ont observé les actes contraires à la loi, « veillant à tour de rôle », apparemment dans le soleil auquel ils sont réunis. Les mêmes personnages, d'après le vers 3, ont « après avoir honoré Agni trois saisons, sacrifié leurs corps et pris des formes sacrées ». Remarquons à ce propos qu'on peut citer d'une façon générale comme faisant allusion, soit à l'ascension des anciens prêtres de la terre au ciel, soit aux apparitions et aux disparitions successives des phénomènes célestes, les nombreux emplois des formules telles que : « Ils ont pris dans le mystère leurs formes suprêmes », X, 5, 2, ou « ils ont pris leurs essences sacrées », VI, 1, 4, que nous retrouverons souvent appliquées aux Maruts.

D'ailleurs le vers même qui a donné lieu à toutes ces explications est immédiatement suivi d'un trait qui se rapporte évidemment à l'apparition des pères dans le ciel, à leur manifestation dans les phénomènes célestes, X, 56, 5 : « Par leur puissance, ils ont parcouru tout l'espace, réalisant les antiques essences qui n'existaient pas encore. » Il s'agit du reste, comme on le voit, de la première apparition de ces phénomènes, du branle donné pour la première fois aux révolutions célestes qui constituent l'ordre du monde. La suite du même passage n'est pas moins intéressante. Les pères continuent à y jouer le rôle de véritables puissances cosmogoniques, en tant que premiers auteurs des races humaines, et généralement de tous les êtres, X, 56, 5 : « Tous les êtres ont été contenus en eux (dans leurs corps); ils ont provigné diversement dans les créatures »; et plus loin, X, 56, 6 : « ...Les pères ont placé leur postérité, la force qui leur est propre, dans les (demeures) inférieures [2], comme un tissu

---

1. A *ye viçvâ svapatyâni tasthuh*, littéralement « qui ont pris (pour forme) toutes les belles postérités ». Cf. X, 13, 1 : *â ye dhâmâni divyâni tasthuh* », qui ont revêtu des formes divines. »

2. D'après le vers 7, un personnage désigné par le nom de *brihaduktha*, que l'Anukramanî donne pour l'auteur de l'hymne, cf. X, 54, 6, mais qui paraît être un ancêtre, et dont le nom est peut-être au vers V, 19, 3, appliqué à Agni, a placé sa postérité dans les demeures inférieures et dans les demeures supérieures. Il y a là sans doute une allusion aux deux groupes

tendu¹. » Il ne semble pas toutefois qu'ils représentent là
des pouvoirs aussi primordiaux que ceux dont il est question
au vers I, 164, 36, que ces sept êtres à demi formés², qui
sont la semence du monde, et dont on peut rapprocher l'être
sans os produisant celui qui a des os, I, 164, 4, et le « non né »
auquel se rattache un être unique, Viçvakarman, X, 82, 6.
Les pères dont il s'agit dans notre passage sont eux-
mêmes les fils de l'Asura céleste que « par leur troisième
œuvre » ils ont « séparé en deux », ou « établi en deux
endroits », et qui représente sans doute Agni, partagé entre
le ciel et la terre. Ils n'en sont pas moins, par les traits déjà
cités, et par ce dernier même que nous retrouverons tout à
l'heure, assimilés à des dieux. Mais ils restent pourtant les
ancêtres de la race humaine dans le ciel, et bien que conçus
comme ayant habité le ciel dès l'origine, ils sont identiques
aux pères qui y sont parvenus, ou plutôt qui y sont *retournés*.
Ne dit-on pas en effet du mort même dont le corps est, dans
une cérémonie réelle, actuelle, emporté par le feu du
bûcher, et qui va rejoindre les pères, qu'il se réunit à lui-
même ou à son propre corps ? Il ne faudrait pas croire d'ailleurs que l'attribut de l'humanité fût, dans les idées
védiques, incompatible avec les hautes fonctions cosmogoniques qui sont attribuées aux pères en question dans les
vers X, 56, 4-6, et dans bien d'autres. Nous verrons en
effet plus loin que, par le sacrifice, les anciens prêtres ont
exercé toutes celles qui auraient dû être, à ce qu'il semble,
le privilége des dieux.

On peut résumer les observations qui précèdent, et expliquer d'un mot les confusions et les identifications signalées,
en rappelant que les « pères » participent de la nature d'Agni,
leur prototype, et lui sont mythologiquement assimilés. Ils
ont comme lui leur première origine au ciel, et s'y manifestent sous toutes les formes qu'il y prend lui-même, et
comme ils remontent au ciel avec lui, ils en sont avec lui
descendus.

Sur ce dernier point une remarque est encore nécessaire.

---

des vivants et des morts d'une même famille, ou peut-être de la race entière. — Cf. encore IX, 83, 3.

1. Ce trait marque la succession ininterrompue des générations.
2. *Ardha-garbha*, « demi-fœtus », et non « se trouvant à l'intérieur de la
matrice », comme le veulent MM. Roth et Grassmann.— D'après le second
hémistiche, ces êtres « qui embrassent tout » semblent identifiés aux sept
rishis. Voir plus bas.

Comme il résulte de diverses expressions des textes précédemment cités, le fils n'est en quelque sorte qu'une autre forme du père, et, pour les premiers pères, placer leur postérité sur la terre, c'était, en un certain sens, y descendre eux-mêmes. En ce même sens, les pères continuent à habiter la terre où ils provignent dans leurs arrière-neveux. Il y a plus, et comme le feu redescend sans cesse dans les plantes, rapportant ainsi à la terre le principe de vie qui devient la nourriture du père et est transmis par lui à ses enfants, les pères mythiques qui, en dernière analyse, représentent ce feu lui-même, ont pu être conçus comme redescendant aussi sur la terre, et comme y redescendant dans les plantes. Nous touchons ici à un mythe qui joue un rôle beaucoup plus important dans la mythologie indo-européenne que dans la mythologie védique, et qui a été étudié par M. Kuhn dans son livre sur la descente du feu, celui de l'origine végétale de la race humaine. Ce mythe a pris diverses formes et a pu avoir diverses origines. Je me borne à signaler l'allusion la plus claire qui semble y être faite dans le *R*ig-Veda. Elle se rapporte à la notion que nous venons d'indiquer, celle de la descente des pères dans les plantes. En effet le vers déjà cité, X, 16, 3, outre ces formules : « Que l'œil aille dans le soleil, l'âme dans le vent, » et : « Va dans les eaux, si tu t'y trouves bien, » contient encore les suivantes : « Va, selon la loi, dans le ciel et sur la terre, » et « Prends un corps dans les plantes. » J'avais relevé déjà la mention des pères « inférieurs » et celle plus précise des pères « qui sont établis dans le séjour terrestre, » en annonçant qu'elle pourrait s'expliquer par le mythe de la descente des pères.

Signalons un dernier trait de ressemblance entre les pères et Agni. Si les pères sont immortels et ont souvent le caractère divin, aussi bien qu'Agni lui-même, ce caractère divin et cette immortalité sont quelquefois considérés chez Agni, de même que chez les pères, comme des attributs acquis. Nous avons déjà fait une observation analogue pour les dieux en général. Mais cette idée devait être, dans son application au principe igné lui-même, l'objet d'une remarque spéciale. Nous analyserons avec quelque détail, dans le paragraphe suivant, l'hymne X, 51, où l'immortalité est promise à Agni par les dieux, en récompense des services qu'il est appelé à leur rendre dans le sacrifice. L'analogie avec les pères est donc complète. Dans l'hymne X, 52 dont nous constaterons la ressemblance avec l'hymne X, 51, Agni demande pareillement l'immortalité aux dieux (vers 5). J'interprète dans le même ordre d'idées le vers VIII, 49, 15, d'après lequel Agni porte les offrandes et règne ensuite parmi les dieux, et le vers VIII, 23, 18 portant qu'Agni, pris pour messager par les dieux, est devenu, par son obéissance, le premier de ceux qui ont droit au sacrifice. Ce dernier trait rappelle l'abandon que les dieux font à Agni d'une part de l'offrande, dans l'hymne X, 51. On lit encore, au vers X, 122, 5, qu'Agni est « appelé à l'immortalité » (cf. IX, 108, 3); le vers I, 69, 6 lui souhaite d'acquérir « toutes les essences divines » et le vers I, 72, 1 le représente prenant pour lui toutes les immortalités[1].

§ IV. — LE SACRIFICE CÉLESTE

Après avoir reconnu que, selon les idées védiques, le feu terrestre, et particulièrement le feu du sacrifice, est de même nature que les feux célestes, qu'il est descendu du ciel et qu'il y remonte, enfin que les hommes ont la même patrie que lui et y retournent avec lui, nous devons nous demander comment les auteurs des hymnes expliquaient la manifestation dans le ciel de ce feu qu'ils allumaient eux-mêmes sur la terre. Avec cette question, nous abordons le sujet de l'assimilation des phénomènes célestes au sacrifice terrestre. Nous en traiterons ici, selon le plan que nous nous sommes tracé, la partie qui concerne le sacrifice en général, et le premier élément du sacrifice, c'est-à-dire le feu, en particulier, réservant celles qui concernent les autres éléments pour l'étude spéciale qui sera consacrée à chacun d'eux.

La conception d'un sacrifice célébré dans le ciel trouverait déjà une explication dans l'ordre d'idées qui a fait l'objet du paragraphe précédent. Les Aryas védiques, en confiant leurs morts au feu qui les emportait avec lui dans les régions supé-

---

[1]. Nous renvoyons à la section consacrée aux Asuras dans le chapitre I de la quatrième partie les textes relatifs à l'acquisition par Agni de la dignité d'Asura, V, 10, 2; VII, 5, 6. Il va sans dire que l'immortalité d'Agni n'est pas toujours considérée comme acquise. Le vers X, 45, 8, par exemple, porte qu'il a été immortel dès sa naissance.

rieures, peuplaient le ciel d'habitants qu'on devait supposer adonnés dans leur nouvelle demeure aux mêmes œuvres que sur la terre, et avant tout à l'œuvre par excellence, au sacrifice. C'est probablement en ce sens qu'il faut entendre le vers X, 92, 3 : «... Quand les vénérables eurent atteint l'immortalité, alors ils célébrèrent la race divine. » Le vers V, 15, 2 est plus précis : « Ils ont, selon la loi, observé la loi durable dans l'acte efficace[1] du sacrifice, au plus haut du ciel, eux qui, avec ceux qui sont nés (avec les races humaines), ont atteint les héros qui ne sont pas nés (les dieux), siégeant dans le ciel dont ils maintiennent les lois durables. » La récompense accordée à la piété, d'après les vers VIII, 19, 17 et 18, consiste, indépendamment d'avantages qui peuvent être rapportés à la vie terrestre, dans la célébration de sacrifices célestes : « 17. Ceux-là seuls, ô Agni, les prêtres pieux, ô prêtre divin, ô dieu sage, qui t'ont établi (comme sacrificateur). — 18. Ceux-là seuls, ô bienheureux, ont fait un autel, des offrandes, des libations de Soma dans le ciel, ceux-là seuls ont, dans les combats, conquis une grande richesse, qui ont mis en toi tout leur amour. » Enfin, au vers X, 107, 4, l'offrande que les bienfaiteurs des prêtres, arrivés au ciel, surveillent en même temps que le vent et l'hymne céleste (du vent), est probablement une offrande céleste.

Mais ce ne sont pas seulement les pères parvenus à l'immortalité, ce sont les dieux eux-mêmes qui sont considérés comme célébrant des sacrifices dans le ciel. Nous ne pouvons actuellement que signaler le terme de *rishis* divins appliqué aux sept *rishis*, X, 130, 7, et dont on peut rapprocher celui de prêtres divins : « Avec les prêtres divins, ô Agni, tu es le plus vénérable des sacrificateurs », X, 2, 1, et d' « anciens sacrificateurs divins », X, 128, 3. C'est en effet seulement au chapitre de l'*Arithmétique mythologique*, à la fin de cette première partie, que nous analyserons la notion des sept *rishis*, aussi bien que celle des « cinq adhvaryus, » et des « sept prêtres », « *dieux* qui ont suivi les lois des dieux », III, 7, 7, et des sept hotris auxquels paraît appliqué également, X, 35, 10, ainsi qu'aux sept *rishis*, X, 109, 4, le titre même de dieux. Nous ne pouvons aussi, avant d'avoir consacré au mythe du *purusha* une étude qui sera mieux placée

---

[1]. Le mot *çâka*, oxyton, paraît signifier « force, puissance, » non-seulement dans ce passage, mais aux vers IV, 17, 11 ; V, 30, 10 ; VI, 19, 4.

après celle du personnage de Soma, que mentionner le sacrifice de cette victime par les dieux, sujet de l'hymne X, 90, auquel il est fait allusion également dans les trois premiers vers de l'hymne X, 130. Venons-en donc immédiatement aux textes qni sont ici les plus intéressants pour nous, à ceux qui concernent les rapports des dieux, considérés comme sacrificateurs, avec le feu céleste.

Constatons d'abord qu'on dit des dieux, aussi bien que des hommes, qu'ils produisent, I, 59, 2; III, 2, 3, qu'ils font, III, 11, 4, qu'ils allument, VI, 16, 48; cf. VI, 11, 6; I, 95, 9, Agni, qu'ils l'allument pour en faire un messager, I, 36, 4. Cette notion s'est fixée dans le composé *deveddha* « allumé par les dieux », servant d'épithète à l'Agni invoqué au vers X, 64, 3 dans une énumération de dieux, et aux Agnis, VII, 1, 22, que l'Agni terrestre doit bien disposer en faveur des hommes et qui paraissent se confondre avec les dieux eux-mêmes.

Or, conformément au système de raisonnements analogiques sur lequel repose toute la mythologie védique, le feu devait être considéré comme allumé dans le ciel, et selon l'expression du vers I, 143, 2 dans le ciel suprême, par les mêmes procédés que sur la terre, particulièrement par le frottement de deux ara*n*is. Ce mythe, que M. Kuhn a cru pouvoir rapporter à la période indo-européenne, n'est, il est vrai, expressément formulé dans aucun texte du *R*ig-Veda. En effet, l'ara*n*i d'or dont il est question au vers X, 184, 3 sert aux Açvins, non pas pour allumer le feu céleste, mais pour faire sortir l'enfant du sein de la mère. Toutefois, ce trait que nous avons déjà relevé à propos de l'origine ignée de la race humaine, est évidemment emprunté au rite de la production du feu par le frottement des ara*n*is, et l'ara*n*i « d'or » maniée par les dieux Açvins ne peut être qu'une ara*n*i céleste. On peut donc voir là une allusion indirecte à la production du feu céleste au moyen des ara*n*is.

A la vérité, le feu peut être tiré dans le ciel d'un élément qui ne saurait le produire sur la terre, il y est « allumé dans la demeure des eaux », III, 25, 5. Mais il est tiré des eaux, comme il le serait du bois, par les « dix doigts » d'un opérateur céleste; car on verra par la suite que les « mères » d'Agni sont vraisemblablement les eaux dans le passage suivant, III, 23, 3 : « Les dix doigts l'ont engendré, lui l'antique, le bien né, dans les mères dont il est le fils chéri. » Je montrerai d'ailleurs en temps et lieu que les éléments d'où le feu est tiré sur la terre, c'est-à-dire le bois et la pierre, ont aussi, selon la mythologie védique, leur place dans le ciel. On verra que l'idée de la pierre, en particulier, était naturellement suggérée par l'assimilation des nuages à des montagnes et par la notion de la « voûte » du ciel. Il s'agit donc probablement de la pierre céleste dans le vers II, 24, 7 où les compagnons de Brihaspati dont nous avons parlé déjà, et qui sont rentrés au lieu d'où ils étaient venus après avoir observé les actes contraires à la loi (*ibid.* 6), semblent jouer un rôle analogue à celui des Bhrigus communiquant le feu aux hommes : « Fidèles à la loi, ayant observé les actes contraires à la loi, les sages se sont reposés de ce long voyage ; le feu qu'avec leurs bras ils ont allumé dans la pierre n'est pas éloigné (de nous) ; car ils l'ont lâché (laissé descendre sur la terre). » Comme allusion au rôle rempli par le bois, soit dans la production, soit dans l'alimentation du feu céleste, on peut citer, outre le texte relatif à l'ara*n*i d'or des Açvins, celui où il est question de la « bûche », *samidh*, d'Agni, brillant dans le ciel, V, 6, 4 ; cf. III, 2, 9.

Les dernières citations, d'ailleurs, ne contiennent aucune mention des personnages qui allument le feu céleste, ou, comme le vers II, 24, 7, présentent des traits qui conviennent, au moins en partie, aux pères. Remarquons à ce propos que beaucoup d'autres passages intéressant le mythe du sacrifice céleste, mais ne renfermant, ni le nom des dieux, ni celui des pères, ni aucun trait assez caractéristique pour suppléer à l'un de ces noms, peuvent être rapportés aux pères aussi bien qu'aux dieux. Tels sont les suivants, I, 22, 21 : « Les prêtres vigilants, chantant des hymnes de louanges, allument la forme (littéralement le séjour) suprême de Vish*n*u (le soleil). » — X, 45, 1 : « ... Le pieux ami des hommes chante en allumant dans les eaux la troisième (forme d'Agni) qui est impérissable. » — *Ibid.* 3. Le céleste, l'ami des hommes, t'a allumé, ô Agni, dans la mer, parmi les eaux, dans le sein du ciel ; les taureaux[1] t'ont fortifié[2] dans le troisième monde où tu séjournes, dans le sein des eaux. » — VII, 5, 1 :

---

1. Voir § VI.
2. Terme consacré pour exprimer l'action du sacrifice sur Agni, et plus généralement sur les dieux.

« ... Agni Vaiçvânara, qui, dans le sein de tous les immortels, a été fortifié par les vigilants. »

Mais dans un bon nombre de textes, où la mention du feu allumé dans le ciel est également accompagnée d'allusions plus ou moins directes à un sacrifice, les dieux sont expressément nommés. Le suivant, qui est une formule deux fois employée dans le *R*ig-Veda, III, 9, 9, et X, 52, 6, est d'une clarté qui ne laisse rien à désirer : « Trois mille trois cent trente-neuf dieux ont honoré Agni; ils l'ont nourri de beurre, ils ont répandu pour lui le gazon sacré, et l'ont institué sacrificateur. » En vain objecterait-on que cette formule, tant par le caractère artificiel du nombre de dieux mis en cause, que par la place qu'elle occupe à la fin de deux hymnes, trahit une origine relativement moderne. Les traits essentiels en peuvent être relevés dans d'autres textes dont il n'y a aucune raison de contester l'antiquité. Nous lisons en effet que les dieux ont honoré Agni l'immortel, V, 3, 4, qu'ils ont tous ensemble pris Agni pour messager et qu'ils l'honorent dans les sacrifices, V, 21, 3, qu'ils l'honorent de leurs chants en implorant son secours, I, 128, 8, qu'ils l'ont « oint », c'est-à-dire sans doute arrosé de beurre, en l'instituant sacrificateur, III, 19, 5, qu'ils ont suivi, c'est-à-dire sans doute célébré selon les rites, le sacrifice d'Agni, X, 12, 3.

D'autre part Agni reçoit le titre de *purohita* des dieux, III, 2, 8, et on ne peut guère hésiter à prendre ce terme dans son sens usuel de prêtre domestique, quand on voit ailleurs le même Agni appelé « le sacrificateur établi dans le ciel qui fait réussir toutes les œuvres », I, 70, 8, « le sacrificateur très-expert qui est dans le séjour des eaux », I, 149, 4. Ainsi dans le ciel, comme sur terre, Agni est non-seulement l'instrument, mais l'agent principal d'un sacrifice.

Nous réservons les textes relatifs aux sacrifices célébrés par les différentes divinités, pour les sections consacrées à chacune d'elles. Mais nous pouvons annoncer dès maintenant que le caractère sacerdotal, commun d'ailleurs à la plupart des dieux védiques, paraît avoir été attribué tout spécialement, non-seulement aux trois *R*ibhus et à la troupe des Maruts, mais à Trita, à Vishnu, à Savitri-Tvashtri.

On se demandera quelle pouvait être la signification d'un sacrifice célébré par les dieux eux-mêmes, et la confusion ou l'assimilation des pères et des dieux qui a déjà été signalée comme fréquente, suggérera d'abord l'idée que les attributs sacerdotaux ont été empruntés par les dieux aux pères, ou tout au moins que le mythe des dieux sacrificateurs n'est qu'une imitation du mythe des pères. En fait, nous avons eu l'occasion de citer par avance des passages d'après lesquels les dieux ont gagné par le sacrifice leur droit au sacrifice. Une idée analogue est exprimée dans l'un des textes qui établissent les rapports des dieux avec le feu, VI, 7, 4 : « Tous les dieux, ô immortel, t'acclament à ta naissance comme un enfant; par ta puissance ils sont arrivés à l'immortalité, ô Vaiçvânara, quand tu es sorti brillant de tes parents [1]. »

Il n'est même pas impossible de découvrir des personnages auxquels les dieux auraient réellement offert leur sacrifice. Déjà dans la formule deux fois répétée, I, 164, 49 et X, 90, 16, que nous venons de rappeler, on a vu les dieux qui, par le sacrifice, ont gagné leur droit au sacrifice, parvenir au ciel où sont les anciens dieux. Dans l'hymne X, 151 sur la foi, *çraddhâ*, il est dit au vers 3 des dieux, qui d'après le vers 4 pratiquent cette vertu en sacrifiant, qu'ils ont eu foi dans les puissants Asuras. C'est seulement dans la quatrième partie de ce livre que nous chercherons à déterminer le caractère de ces « Asuras » et de ces « anciens dieux ». Il nous suffit, quant à présent, de les avoir montrés habitant le ciel avant les autres dieux, et recevant leurs hommages.

Mais on ne se ferait encore qu'une idée très incomplète du mythe qui nous occupe si l'on s'en tenait à ces deux idées de l'assimilation des dieux aux pères, et de la situation, primitivement subordonnée, des dieux vis-à-vis d'autres dieux plus anciens. Il faut même remarquer, en ce qui concerne la seconde, que les anciens dieux paraissent avoir été considérés eux-mêmes comme des sacrificateurs. Le sacrifice du *purusha* a été offert à la fois par les dieux et par des rishis qui reçoivent l'épithète, d'ailleurs assez obscure, *sâdhya*, X, 90, 7, appliquée dans le vers 16 du même hymne (= I, 164, 50) aux anciens dieux, premiers habitants du ciel, et sans autre application dans le Rig-Veda. Au vers X, 109, 4, les « anciens dieux » paraissent également identifiés aux « sept rishis ». Or, il semble que, pour eux du moins, toute idée de subordination vis-à-vis d'autres êtres doive

---

1. Ici probablement le ciel et la terre; voir chapitre IV.

être écartée. D'autre part, nous lisons au vers X, 65, 7, que les « habitants du ciel » qui ont « inventé (littéralement engendré) le sacrifice », « se le sont offert à eux-mêmes. » Cette dernière citation nous place à un point de vue nouveau, d'où le mythe du sacrifice des dieux va nous apparaître étroitement lié à la question de l'origine du sacrifice.

Les rites du sacrifice ont été transmis par tradition des premiers ancêtres de la race humaine à leurs derniers descendants. C'est en ce sens que le sacrifice est, comme nous l'avons vu déjà, appelé une chaîne *tántu*, sur laquelle les générations successives tissent une trame continue. Nous avons eu aussi l'occasion, en étudiant divers noms d'ancêtres, de signaler les passages où les sacrifices de ces ancêtres sont présentés comme les modèles des sacrifices actuels. On pourrait y ajouter ceux qui font mention des anciens sacrificateurs en général, V, 3, 8 ; 8, 1 ; 7, des prêtres premiers-nés qui reçoivent au vers III, 29, 15 le nom de Kuçikas et qui ont allumé le feu, chacun dans sa demeure, des mortels, pères des hommes actuels, qui ont eu chacun leur part du feu, VII, 1, 9, des anciens rishis qui ont chanté Agni, X, 98, 9, et auxquels ce dieu a été vénérable comme il l'est aux nouveaux, I, 1, 2, ou encore des prescriptions, *nivid*, anciennes que suit le sacrificateur, II, 36, 6[1]. Dans le même ordre d'idées, Agni est comparé à un héritage ou, pour employer les termes même du poëte védique à « une richesse acquise par les pères, » I, 73, 1, et il est dit au vers I, 70, 10, que les hommes ont honoré Agni en divers lieux et se le sont partagé comme la fortune d'un père âgé. Nous réservons pour la section qui traitera de la prière, les textes relatifs à la prière ancienne, à la prière des pères, dont la prière actuelle n'est que la reproduction.

Mais les premiers ancêtres eux-mêmes, de qui tenaient-ils le sacrifice ? Nous constaterons successivement pour les divers éléments du sacrifice ce que nous avons constaté déjà pour le premier et le plus important d'entre eux, le feu, à savoir qu'on leur attribuait une origine céleste. Or, ce qu'on croyait des éléments du sacrifice, on l'a cru aussi du sacrifice lui-même. Nous lisons aux vers X, 181, 1-3, non-seulement que Vasishtha, que Bharadvâja, qu'une troupe d'anciens sacrifica-

---

1. Dans ce passage d'ailleurs le sacrificateur est sans doute Agni lui-même. Agni, comme nous le verrons, est à la fois ancien, honoré par les anciens, V, 8, 1, et nouveau, honoré par les nouveaux.

teurs non dénommés, ont apporté ou reçu du ciel, du soleil, de l'empire lumineux du créateur, de Savitri, de Vishnu, telle ou telle offrande, telle ou telle prière particulière, mais qu'ils ont « trouvé l'essence suprême du sacrifice qui d'abord était hors de leur portée et cachée » (vers 2), qu'ils ont « trouvé en priant le sacrifice tombé, le premier sacrifice allant vers les dieux. » Le terme est formel; de même que le feu, le sacrifice lui-même est *tombé* du ciel, les hommes ne font donc aussi que l'y renvoyer comme ils y renvoient le feu. Le sacrifice n'a d'ailleurs pu être agencé de toutes pièces dans le ciel, d'où il est tombé, que par les dieux eux-mêmes. C'est ainsi que le mythe du sacrifice des dieux nous apparaît comme la solution la plus naturelle, dans le système de la mythologie védique, du problème de l'origine du sacrifice. Les dieux ont fourni le modèle que les hommes n'ont eu qu'à imiter. Tel est le sens général de l'hymne X, 130 dont nous retrouverons les vers 2 et 3 quand nous nous occuperons du sacrifice du purusha auquel ils paraissent faire allusion, et les vers 4 et 5 quand nous traiterons de la parole sacrée et des mètres qu'on y voit assignés un à un aux différents dieux, non pas seulement à ce qu'il semble comme devant être employés de préférence dans les prières qui leur sont adressées, mais comme ayant été employés par eux-mêmes dans la cérémonie où « tous les dieux ont sacrifié un dieu » (vers 3). Les vers qui nous intéressent particulièrement ici sont le premier : « Ce sacrifice tendu de toutes parts avec sa chaîne, tendu avec cent une œuvres des dieux (composant la chaîne de l'étoffe), les pères qui sont venus le tissent: « Tisse par-ci, tisse par-là; » ainsi disent-ils quand il est tendu » et surtout le sixième et le septième : « 6. C'est sur cela que se sont réglés les rishis humains (cf. 5), nos pères anciens, quand le sacrifice fut né; je pense, en les voyant, avec la pensée comme avec un œil, à ceux qui ont les premiers sacrifié ce sacrifice. — 7. Aux sept rishis divins qui sont retournés dans leur demeure avec les hymnes de louange, avec les vers, avec le type (du sacrifice); parcourant du regard le chemin des anciens, les sages, pareils à des cochers, ont saisi les rênes derrière eux. » Le « retour » des rishis divins peut s'interpréter par leur disparition après une manifestation passagère dans le ciel (cf. I, 164, 47; II, 24, 6), aussi, bien que par une assimilation aux rishis humains. Ils sont d'ailleurs ici nettement opposés à ces derniers, comme ayant donné l'exemple que les hommes n'ont fait que suivre, et ne diffèrent sans doute pas essentiellement des dieux dont il est question au vers 3, ni de ceux qui sont énumérés aux vers 4 et 5. Ce n'est pas tout. De même que les *r*ishis humains ont imité les *r*ishis divins, Agni, le sacrificateur par excellence, qui honore les dieux avant l'homme, II, 3, 3 ; X, 53, 1, suit lui-même dans le sacrifice, en tant que feu terrestre, les lois d'un sacrificateur plus ancien que lui, III, 17, 5; cf. 1, et celui-là doit être l'Agni céleste, si l'on en juge par un vers du même hymne, III, 17, 2, où le poëte réunissant dans une conception unique le feu de la terre et celui du ciel, dit à Agni : « Comme tu as, ô Agni, exercé la charge de sacrificateur (de hot*r*i) de la terre, comme tu as, ô Jâtavedas, exercé celle de sacrificateur du ciel, toi qui sais la remplir ; de même, avec cette offrande, honore les dieux ; fais aujourd'hui réussir ce sacrifice comme tu as fait réussir celui de Manus. » Aussi, voyons-nous au vers X, 57, 2, Agni suffisamment désigné par la qualification de *yajnasya prasâdhana* « qui accomplit le sacrifice », et par l'application du participe *âhuta* « arrosé d'offrandes, » considéré comme « la chaîne du sacrifice tendue *chez les dieux.* » En souhaitant de « l'atteindre » ou de « l'obtenir, » le poëte veut sans doute faire entendre qu'il désire continuer le tissu, ou comme le dit le vers 1, ne pas s'écarter du chemin, accomplir exactement le sacrifice du Soma. Nous retrouvons là l'assimilation ordinaire du sacrifice à une chaîne, ou à un tissu,, mais avec ce détail intéressant que la chaîne est tendue dans le ciel. Citons enfin le vers III, 1, 2, où il est dit en propres termes de personnages qui ne peuvent être que les dieux, et qui reçoivent en effet ce nom au vers suivant, « qu'ils ont du ciel éduqué les assemblées des sages et ouvert la voie, même à l'habile et au puissant. »

L'institution du sacrifice a coïncidé avec la découverte du feu caché que nous avons vue attribuée à des personnages de nature équivoque, tels que Mâtariçvan et les Bh*r*igus, mais qui est aussi expressément rapportée aux dieux eux-mêmes. Dans le passage même auquel nous avons emprunté notre dernière citation, les dieux sont présentés à la fois comme découvrant, et comme honorant le feu, III, 1, 2 : « Nous avons envoyé le sacrifice en avant; que le chant s'accroisse! Ils ont honoré Agni avec des bûches et avec des hommages; ils ont du ciel éduqué les assemblées des sages; ils ont ouvert la voie même à l'habile, même au puissant. — 3. Le sage (Agni) dont la pensée est pure, s'est réjoui, lui qui, par sa naissance, est apparenté au ciel et à la terre. Les dieux ont trouvé le brillant Agni au milieu des eaux, dans l'œuvre des sœurs (des doigts). — 4. Les sept rapides (les eaux) ont fortifié le bienheureux qui naît blanc, et qui devient rouge en grandissant; elles se sont élancées comme des cavales vers leur petit nouveau-né; les dieux ont admiré Agni à sa naissance... — 13..... Les dieux eux-mêmes ont prié[1]; ils ont honoré le puissant, très-digne de louange, quand il fut né. » Aux vers I, 65, 1-4, les « habiles » qui sont allés à la recherche d'Agni, caché comme un voleur avec le bétail qu'il a dérobé, c'est-à-dire sans doute enfermé dans les eaux qui « le fortifient, » reçoivent la qualification de « dignes du sacrifice » et ne doivent pas être distingués des dieux « qui ont suivi les lois de l'ordre »; on peut voir d'ailleurs dans le dernier trait et dans cet autre : « Tous ceux qui sont dignes du sacrifice se sont assis près de toi (près d'Agni) », une allusion à un sacrifice célébré par les dieux dans le feu qu'ils ont découvert. Les héros pieux qui, en chantant des hymnes composés par eux-mêmes, découvrent le feu dont la disparition avait rempli les dieux d'effroi, I, 67, 3, et 4, ne sont probablement autres que les dieux eux-mêmes[2]. Il faut cependant tenir compte, dans les passages de ce genre, de la confusion toujours possible des pères avec les dieux. Ainsi l'hymne I, 72, dont le vers 2 nous montre « tous les immortels » cherchant et trouvant Agni, offre, dans les vers 3 et 5 où les mêmes personnages sont représentés comme honorant Agni, des traits qui, nous l'avons vu plus haut, ne peuvent guère convenir qu'aux pères. Mais c'est bien des dieux qu'il s'agit dans le curieux hymne X, 51, où d'ailleurs la découverte du feu semble être l'occasion d'une restauration plutôt que d'une première institution du sacrifice, puisque Agni y déclare qu'il s'est caché pour n'être pas contraint, comme l'ont été ses premiers frères (v. 6), de remplir le rôle de sacrificateur (v. 4). A la vérité, si c'est la race entière des dieux, au dire de Varuna, portant la parole pour elle (cf. v. 7 et 8), qui a cherché Agni, caché dans les eaux et dans les plantes (v. 3), celui qui l'a découvert,

---

1. Littéralement « ils se sont unis à la pensée », cf. I, 164, 8. Mais la « pensée », quand il s'agit d' « honorer » Agni, ne peut être que la « prière ».

2. Cf. VI, 9, 7 : « Tous les dieux effrayés t'ont rendu hommage, ô Agni, quand tu te tenais dans l'obscurité ».

qui a aperçu « tous ses corps » (v. 1 et 2), « toutes ses bûches » (v. 2), est Yama, c'est-à-dire un personnage de nature équivoque, tantôt dieu, tantôt homme. Mais ici Yama reçoit expressément le nom de dieu (v. 1 et 2), et tous les dieux sont d'ailleurs associés à son œuvre. Une fois maîtres d'Agni, pour le décider à leur porter l'offrande, ils lui abandonnent les libations de beurre qui précèdent et suivent chaque oblation (v. 8 et 9) et lui promettent l'immortalité (v. 7).

Il est vrai que l'institution du sacrifice ne consiste pas seulement dans la célébration par les dieux d'un sacrifice céleste que les hommes doivent imiter sur la terre. Déjà nous avons vu que, comme tous ses éléments, le sacrifice lui-même est tombé du ciel. Dans notre hymne X, 51, on pourrait donc croire que le sacrifice auquel Agni est préposé par les dieux est un sacrifice terrestre. Il faut remarquer pourtant qu'il n'y est question ni de la terre, ni de l'homme, au moins si l'on adopte la traduction déjà proposée plus haut (p. 70) pour le premier pâda du vers 5 : « Viens, en qualité de Manu pieux, désirant accomplir le sacrifice. » La mention des offrandes que doit porter Agni (v. 7) ne paraîtra pas non plus décisive, si l'on se rappelle le vers d'après lequel les dieux ont inventé le sacrifice pour se l'offrir à eux-mêmes. Au contraire, la comparaison de l'hymne X, 52 est tout en faveur de l'interprétation inverse. L'analogie des deux morceaux, qui d'ailleurs se suivent immédiatement dans la collection des hymnes, est frappante : Agni était caché quand les dieux l'ont établi porteur d'offrandes (v. 4) ; il les prie de lui apprendre comment et par quel chemin il doit leur porter l'offrande, quelle part il doit en offrir à chacun d'eux (v. 1) ; il leur demande l'immortalité (v. 5) ; le rôle de Yama, dans le premier hymne, semble même rappelé dans le second par la qualification de « sacrificateur de Yama » appliquée à Agni (v. 3). Or nous y voyons également qu'Agni est excité (v. 2), oint (v. 3) par les dieux, que ces actes assimilent à des sacrificateurs, et que, dans ces conditions, il naît de jour en jour et de mois en mois, probablement sous la forme du soleil et sous celle de la lune [1]. Enfin l'hymne se termine par le vers déjà cité : « Trois mille trois cent trente-neuf dieux ont honoré Agni ; ils l'ont accru avec le beurre, ils ont répandu pour lui le barhis, puis l'ont institué sacrificateur. »

---

1. Nous reviendrons tout à l'heure sur ce point.

Dans beaucoup de passages, il est impossible de décider si c'est d'abord dans le ciel, ou si c'est immédiatement sur la terre, qu'Agni est établi par les dieux porteur d'offrandes, III, 29, 7 ; VII, 11, 4 ; 17, 6 ; VIII, 91, 17, ordonnateur du sacrifice, IV, 1, 1 ; VIII, 19, 1[1], sacrificateur et porteur du sacrifice, VII, 16, 12, qu'il s'établit dans la demeure qu'ils lui ont préparée, VII, 4, 5 ; cf. VIII, 29, 2 ; VII, 1, 2, qu'il est engendré par eux comme étendard du sacrifice, VI, 7, 2. Ceux mêmes où il est dit que les dieux ont pris Agni pour messager, VIII, 19, 21 ; 23, 18, pourraient faire allusion à un sacrifice céleste dans lequel les dieux enverraient Agni à la terre comme les hommes l'envoient au ciel.

Cependant, au vers V, 8, 6, le rapprochement des qualités de « messager » et de « porteur d'offrandes » ne permet guère de songer au feu d'un sacrifice céleste. Au vers VI, 7, 1, l'Agni, dont les dieux ont fait « comme une coupe dans leur bouche », est appelé « l'hôte des races », ce qu'il faut sans doute entendre des races humaines.

Il est dit d'ailleurs, en propres termes, qu'Agni a été établi par les dieux, comme sacrificateur de tous les sacrifices « chez la race humaine », VI, 16, 1. que brillant d'abord chez ceux qui ont une vaste demeure (les dieux), X, 118, 8, il a été « allumé » par eux comme porteur d'offrandes chez la race humaine, *ibid*. 9. Plus généralement, la communication du feu aux hommes que nous avons vue rapportée à des personnages de nature équivoque, tantôt hommes, tantôt dieux, comme Mâtariçvan et les Bhrigus, est aussi directement attribuée aux dieux mêmes. Ils ont déposé Agni chez les mortels, VIII, 73, 2, chez les races humaines, II, 4, 3, ils l'ont déposé ici-bas, III, 3, 5, ils en ont fait le premier *A*yu pour l'*A*yu, I, 31, 11, ils l'ont donné à Manu, I, 36, 10. Les personnages qui, d'après le vers I, 148, 1, ont déposé Agni chez les races humaines, sont sans doute les mêmes que le vers 3 du même hymne désigne par la qualification de *yajniyâsah* « dignes du sacrifice », c'est-à-dire des dieux.

Mais l'acte par lequel les dieux communiquent le feu aux hommes est assimilé à un sacrifice, aussi bien que la manifestation du feu dans le ciel. Dans le dernier hymne cité, les dieux qui, d'après le vers 1, ont déposé Agni chez les races

---

1. D'après le vers II, 2, 3 ; cf. 4, c'est au fond de l'espace que les dieux ont établi Agni comme ordonnateur du sacrifice pour le ciel et la terre.

humaines, l'ont, d'après le vers 3, saisi dans sa demeure éternelle, et l'ont honoré « d'hymnes de louange. » On pourrait, il est vrai, contester la simultanéité de deux actes relatés dans des vers différents. Mais nous lisons aussi dans un seul et même vers, le 10° de l'hymne X, 88, que les dieux ont engendré Agni dans le ciel en chantant un hymne de louange, et qu'ils l'ont partagé en trois. L'attribution de l'un de ces trois feux à la terre, déjà suggérée par la répartition ordinaire des trois formes d'Agni, est formellement indiquée dans un texte analogue où la mention des « dieux » est seulement remplacée par celles des « Uçij (voir p. 57) immortels, » III, 2, 9 : « Les Uçij immortels ont purifié trois bûches d'Agni, du (dieu) rapide qui fait le tour du monde ; ils en ont déposé une chez les mortels pour qu'ils en jouissent ; les deux autres se sont avancées dans l'espace vers leur sœur. » Au vers X, 56, 6 ce sont les « pères » qui sont substitués aux dieux comme ayant divisé « en deux, » c'est-à-dire sans doute fait apparaître sous deux formes dont l'une devait appartenir à la terre, l'Asura céleste dont ils sont les fils et qui ne peut guère représenter qu'Agni. La « troisième œuvre » par laquelle ils ont obtenu ce résultat est vraisemblablement encore un sacrifice. Pour en revenir au vers X, 88, 10, remarquons que l'assimilation à un sacrifice de l'acte, par lequel les dieux ont partagé Agni en trois feux dont l'un devait être le feu terrestre, ne résulte pas seulement de la mention d'un hymne de louange contenu dans le même vers, mais de l'ensemble de l'hymne, consacré presque tout entier à la description du sacrifice des dieux. Il est en effet question dès le premier vers d'une offrande sacrifiée dans le feu céleste. Nous lisons au vers 7 que tous les dieux ont, en récitant un hymne, sacrifié une offrande dans le feu céleste allumé ; au vers 8 qu'ils ont institué (littéralement, engendré) la récitation de l'hymne, puis le feu, puis l'offrande ; au vers 9 que dans le feu ainsi institué ou engendré, ils ont sacrifié tous les êtres. On sait déjà d'ailleurs que le partage du feu en trois est devenu un rite du sacrifice terrestre.

Résumons, avant de l'envisager sous un nouveau jour, ce que nous savons déjà du sacrifice céleste. Nous l'avons vu célébré par les dieux aussi bien que par les pères. Nous l'avons vu offert par les dieux à des dieux plus anciens, comme il l'a été aux dieux par les pères. Mais surtout nous l'avons vu se confondre avec l'institution même du sacrifice, souvent rapportée sans doute aux premiers pères, mais remontant toujours en dernière analyse aux dieux mêmes. Dans ce sacrifice céleste nous nous sommes bornés, selon notre plan, à relever le rôle d'un seul élément, mais du plus important de tous. Nous avons constaté que le feu était allumé dans le ciel par les dieux de la même manière qu'il l'est par les hommes dans le sacrifice terrestre. La découverte du feu céleste et la communication de ce feu aux hommes nous ont paru les moments essentiels du sacrifice des dieux, en tant qu'il représente l'institution du sacrifice dans le ciel, et le transfert sur la terre du sacrifice ainsi institué. Il est temps maintenant de nous demander à quoi le sacrifice des dieux correspond dans l'ordre naturaliste. La réponse à cette question sera la constatation du fait signalé en tête de la présente section comme en formant le vrai sujet, à savoir l'assimilation des phénomènes célestes au sacrifice.

Le feu allumé et honoré par des sacrificateurs célestes, que ce soient les dieux ou les pères, ou considéré lui-même comme un sacrificateur opérant dans le ciel, ne peut être que l'éclair ou le soleil, et la célébration du sacrifice où il joue le principal rôle doit correspondre, dans l'ordre purement naturaliste, à l'orage ou au lever du jour. Quelques traits des citations précédentes ont pu déjà paraître empruntés, soit à l'un, soit à l'autre de ces phénomènes. On aura remarqué particulièrement la mention fréquente des eaux. Il est dit encore des eaux, si souvent appelées les mères du feu, qu'elles ont engendré le sacrifice, X, 121, 8, que le sacrifice a été déposé en elles, VIII, 41, 8. Peut-être faut-il interpréter dans le même ordre d'idées le vers X, 61, 2 d'après lequel Cyavâna[1] a fait l'autel avec de doux liquides. Mais l'allusion à l'éclair et à l'orage est tout à fait claire dans le vers I, 31, 3 : « Les deux mondes ont tremblé au moment où le sacrificateur a été choisi. » Il est dit de même au vers I, 151, 1 que « les deux mondes ont tremblé » quand « les pieux ont dans l'assemblée (du sacrifice) engendré (Agni) en qualité de Mitra[2] au milieu des eaux, » et qu'au même moment une « lumière » a brillé et un « chant », cf. X, 11, 4, s'est fait entendre. Dans l'hymne VII, 33, dont la seconde partie a été traduite plus haut, le *r*ishi Vasish*t*ha est successivement

---

[1]. Voir dans la troisième partie le chapitre consacré aux Açvins.
[2]. Voir quatrième partie, ch. I, sect. IX.

appelé une splendeur sortant de l'éclair (10), une goutte tombée par l'effet de la prière divine, que tous les dieux ont reçue dans la cuillère (11), un prêtre (11) placé dans le ciel puisqu'on l'invoque (14), et qui y parle le premier en portant la pierre (à presser le Soma), *ibid*. On doit voir maintenant que ces traits qui alors étaient restés obscurs, au moins en partie, et qui ne seront d'ailleurs complétement expliqués que par l'identification d'Agni et de Soma, se rapportent à l'orage conçu comme un sacrifice dont les dieux sont les prêtres, et dont l'éclair Vasish*t*ha est le feu et le prêtre à la fois.

Quant au soleil, il est non-seulement comparé à un feu brillant allumé et « honoré d'offrandes », VIII, 25, 19, mais expressément appelé, comme Agni l'était plus haut, le *purohita* des dieux, VIII, 90, 12. D'après cela il semblerait déjà légitime de rapporter aux dieux, ou tout au moins à des sacrificateurs célestes, ce passage : « Ils ont honoré la face de l'Agni sublime, la face brillante et sacrée du soleil dans le ciel », X, 7, 3, lors même que nous ne devrions pas retrouver plus loin, en étudiant les divinités particulières qui y sont mentionnées, ce passage décisif : « Mitra et Varuna, ô puissant Agni, tous les Maruts, t'ont chanté un hymne, lorsque, plein d'éclat, ô fils de la force, tu t'es élevé, soleil, au-dessus des races des hommes », III, 14, 4. Agni est appelé « le sacrificateur aimé » dans deux passages où il paraît encore identifié au soleil, dans l'un, comme s'éveillant du sein des aurores, VII, 9, 1, dans l'autre comme brillant du haut du ciel à la suite des aurores, III, 6, 7 : ce dernier ajoute que les dieux l'ont loué. Nous avons vu que les dieux, en honorant Agni dans des sacrifices, l'ont pris pour messager, V, 21, 3 ; or, la qualification de sacrificateur « chenu », c'est-à-dire antique, paraît désigner le soleil au vers I, 164, 1 où sont décrites les trois formes du feu, de même que celle de messager chenu au vers III, 55, 9, d'après lequel ce messager s'avance plein d'éclat et contemple les hommes.

Dans l'hymne X, 88 qui, comme nous avons eu déjà l'occasion de le dire en en citant plusieurs vers, est consacré presque tout entier au sacrifice des dieux dans le feu céleste, ce feu, plusieurs fois désigné par le nom de Vaiçvânara, paraît représenter principalement le soleil. Sans insister sur différents traits qui pourraient convenir à l'éclair aussi bien qu'au soleil : « Le monde était caché, dévoré par l'obscurité, la lumière est apparue à la naissance d'Agni » (vers 2) ; « Agni a couvert de son éclat le ciel, la terre, les deux mondes et l'atmosphère » (vers 3) ; « .... Tu t'es tenu, ô Agni, au sommet du monde » (vers 5) ; sans décider si le soleil doit être distingué d'Agni ou confondu avec lui au vers 6 ; « Agni est pendant la nuit la tête de la terre, ensuite naît le soleil (ou il naît comme soleil) se levant le matin », nous nous contentons de citer les vers 13 et 14 qui sont décisifs : « 13. Les sages qui ont droit au sacrifice, les dieux ont engendré Agni Vaiçvânara l'immortel, l'astre antique qui ne s'éteint pas et qui marche, puissant et haut, surveillant du Yaksha. — 14. Nous adressons nos prières au sage Agni, à Vaiçvânara qui brille tous les jours. » Ils nous permettent de traduire en le rapportant à Agni le vers 11 : « Quand les dieux qui ont droit au sacrifice l'ont placé dans le ciel comme soleil, fils d'Aditi », et ne laissent aucun doute sur le sens du vers 12 : « Les dieux ont fait d'Agni Vaiçvânara l'étendard des jours pour tous les êtres... »

D'après le vers X, 52, 3, l'Agni, le sacrificateur « oint » par les dieux, naît « de jour en jour », et « de mois en mois. » Ce passage paraît faire allusion à la fois au soleil et à la lune. Enfin l'éclair peut être représenté, aussi bien que le soleil sous la figure de l'oiseau décrit dans l'hymne X, 177, et qui, d'après le vers 1, a été « oint » par la puissance de l'Asura.

La périodicité du sacrifice célébré par les dieux, impliquée par celle des phénomènes qu'il représente, est expressément indiquée dans l'avant-dernière citation. Comme preuve que ce sacrifice, bien que rejeté plus ordinairement dans le passé et confondu, comme nous l'avons vu, avec l'institution même du sacrifice, est quelquefois aussi rapporté au temps présent, on peut citer encore l'hymne X, 101 où les sacrificateurs qui sont invités, au vers 1 à allumer le feu, et au vers 2 à faire des prières, sont d'après le vers 9 des dieux, et semblent invoqués en cette qualité dans le vers 1 lui-même. Remarquons en outre qu'au vers V, 51, 3, les dieux invoqués avec Agni reçoivent la qualification de « prêtres qui se mettent en marche le matin », et enfin que d'après le vers III, 4, 2, les dieux honorent par le sacrifice « trois fois le jour » une forme d'Agni désignée sous le nom de Tanûnapât[1].

---

1. Voir plus loin. Agni est d'ailleurs compté avec Varuna et Mitra parmi les dieux qui honorent Tanûnapât, c'est-à-dire Agni lui-même.

Pour rendre compte de l'assimilation des phénomènes célestes actuels à un sacrifice, l'idée de l'institution du sacrifice par les dieux ne suffit plus. On pourrait supposer, il est vrai, que le fait d'un sacrifice céleste étant admis pour expliquer l'origine du sacrifice, et l'identification de ce sacrifice avec un orage ou un lever de soleil étant d'ailleurs naturellement suggérée par les deux formes principales sous lesquelles se manifeste l'Agni céleste, l'éclair et le soleil, l'interprétation une fois reçue pour ces phénomènes lors de leur première apparition, aurait été appliquée à leur reproduction périodique par une extension analogique. Mais le mythe du sacrifice des dieux est encore susceptible d'une nouvelle explication, qui convient au sacrifice actuel aussi bien qu'au sacrifice ancien, et qui, sans rien ôter de leur valeur aux précédentes, puisqu'un même mythe peut très-bien avoir plusieurs origines, les complète et en quelque sorte les couronne. Cette explication d'ailleurs repose sur une conception qui doit faire l'objet du paragraphe suivant, celle de l'efficacité toute-puissante du sacrifice, qui a fait rapporter à cet acte, comme à son principe, l'ordre entier de l'univers. Avant d'en entreprendre l'étude, nous compléterons les citations relatives au sacrifice des dieux en relevant les textes qui établissent, soit formellement, soit par voie d'allusion plus ou moins directe, un parallèle entre ce sacrifice et celui des hommes.

Remarquons d'abord à ce propos, ce qui du reste est fort naturel, que l'opposition des dieux et des hommes, II, 27, 10; IV, 54, 2; VII, 52, 1; cf. III, 59, 9, ou de la race divine et de la race terrestre, VII, 46, 2, est fréquente dans le Rig-Veda comme celle du ciel et de la terre, que par suite les textes où il est question des deux races, I, 131, 3; 141, 11; 179, 6; cf. I, 122, 14; 124, 6; 190, 7; VIII, 90, 10, peuvent être aisément soupçonnés d'allusion à la même opposition [1], lors même que la mention des deux races ne serait pas, comme au vers II, 24, 10, immédiatement expliquée dans le vers suivant par celles de « la demeure inférieure » d'une part, et des

---

1. Remarquons pourtant que l'opposition des êtres mobiles et des êtres immobiles, IV, 53, 6, celle des bipèdes (hommes) et des quadrupèdes, X, 37, 11, celles des prêtres et de ceux qui les emploient, II, 2, 12, celle enfin des parties adverses dans un combat, II, 27, 15, pourraient peut-être aussi fournir l'explication de certains textes où la mention d'un dualisme est faite, comme dans plusieurs des derniers vers cités, en termes peu précis.

« dieux » de l'autre. Agni, tout particulièrement, est mis en rapport tantôt avec les dieux et les hommes I, 70, 1-2 et 6; 141, 6; III, 1, 17; 3, 6; 16, 4; IV, 1, 20; V, 25, 4; VI, 15, 13; VIII, 39, 6; cf. III, 24, 4; VIII, 39, 10; X, 69, 9, tantôt, ce qu'il faut évidemment entendre de même, avec les deux races, I, 31, 7; 189, 7; II, 2, 4; IV, 4, 14. Sans doute, la mention des deux races avec lesquelles Agni est en relation n'implique pas nécessairement l'idée de deux sacrifices, l'un céleste et l'autre terrestre, puisqu'un seul de ces sacrifices, et en particulier celui des hommes, fait de lui un intermédiaire entre les deux races, II, 6, 7; IV, 2, 2, entre les hommes et les dieux, *ibid.* 3, entre les races divines et humaines, VII, 4, 1. On pourrait expliquer ainsi par les rapports que le sacrifice établit nécessairement entre le ciel et la terre, le terme « d'ordonnateur » (*arati*) « des deux mondes » appliqué à Agni, I, 59, 2; II, 2, 3; VI, 49, 2; VII, 5, 1; X, 3, 7, quoique le vers IV, 2, 1, d'après lequel Agni a été « établi » comme ordonnateur, à la fois chez les mortels et chez les dieux, suggère l'idée de deux œuvres distinctes. Mais le terme de « sacrificateur des deux mondes », IV, 3, 1; VI, 16, 46, est plus significatif, surtout si l'on en rapproche le vers III, 17, 2 déjà cité : « Comme tu as, ô Agni, exercé la charge de sacrificateur de la terre, comme tu as, ô Jâtavedas, exercé celle de sacrificateur du ciel, toi qui en es capable... » Le double titre de messager des dieux et messager des mortels, X, 4, 2, qu'on pourrait être tenté d'interpréter simplement en ce sens qu'Agni, qui porte aux dieux l'offrande, rapporte aux hommes la richesse, VII, 9, 1; cf. I, 26, 8, prend une tout autre importance au vers VI, 15, 8; cf. 9, d'après lequel les dieux et les mortels, qui ont pris Agni pour messager et pour porteur d'offrandes, se sont assis, les uns et les autres, auprès de lui, en lui rendant hommage. L'allusion au double sacrifice, céleste et terrestre, n'est pas moins claire dans plusieurs autres textes.

Passons rapidement sur ceux qui portent simplement qu'Agni a été allumé par les mortels et par les dieux, V, 3, 8, que les deux races favorisent sa naissance (ou le font naître), I, 141, 4, qu'il a été établi comme purohita de Manu et qu'il est mis en mouvement par les dieux, III, 3, 2. N'insistons pas non plus sur ceux d'après lesquels les dieux et les hommes ou les deux races ont établi Agni comme porteur d'offrandes, X, 46, 10, en ont fait celui qui accomplit la cérémonie, X, 92, 2. En effet, il n'est pas certain dans ces derniers qu'il s'agisse de deux sacrifices différents, et aucun trait n'indique dans les premiers que l'opération des dieux soit considérée comme un sacrifice. Mais il ne saurait y avoir de doute sur la portée des passages suivants, X, 150, 4 : « Le dieu Agni a été le purohita des dieux; les *r*ishis humains ont allumé Agni. » — X, 122, 7 : « Les hommes ont sacrifié en te prenant pour messager au lever de cette aurore; les dieux pour t'honorer t'ont accru, ô Agni, en t'arrosant de beurre dans le sacrifice. » — VI, 1, 5 : « Les peuples t'accroissent sur la terre, les deux races t'accroissent pour la richesse. » — V, 21, 3 et 4 : « Tous les dieux réunis t'ont pris pour messager; ils t'invoquent, toi qui es dieu toi-même, ô sage, en t'honorant dans les sacrifices. — 4. Que le mortel invoque votre dieu Agni dans le sacrifice qu'il offre aux dieux !... » — VII, 5, 1 et 2 : ... Vaiçvânara qui, dans le sein de tous les immortels, a été accru par les vigilants. — 2. Agni a été établi et est invoqué dans le ciel et sur la terre [1]. » Il est permis aussi de voir une allusion au double sacrifice, céleste et terrestre, dans le vers I, 60, 2 d'après lequel les deux races suivent l'enseignement d'Agni, cf. V, 43, 15. Le vers VII, 97, 1 oppose formellement « le sacrifice du ciel » à « la demeure de la terre. » Les offrandes de deux sortes que goûtent, d'après le vers VII, 2, 2, les dieux assimilés dans ce passage même à des sacrificateurs par l'épithète *dhiyamdháh*, « pieux, » sont sans doute les offrandes des hommes, et celles du sacrifice qu'ils célèbrent eux-mêmes à leur profit. Je crois comprendre également au vers VII, 39, 5, qu'Agni est prié de porter à différents dieux les chants du ciel et de la terre.

L'opposition des deux races qui sacrifient est en effet quelquefois remplacée par celle du ciel et de la terre remplissant les mêmes fonctions. Le ciel et la terre sont appelés les conducteurs du sacrifice, IV, 56, 2; cf. 6 et 7, et ils l'offrent aux dieux, VI, 70, 5, et reçoivent ensemble le nom de purohita qu'on peut prendre, moitié au sens étymologique, moitié au sens technique, dans cette formule : « Ils ont été mis en avant (c'est-à-dire choisis pour prêtres), quand il s'est agi de choisir le sacrificateur », VI, 70, 4; cf. VII, 53, 1. Or,

---

1. On pourrait entendre aussi « Agni invoqué dans le ciel a été établi sur la terre. » Ce passage devrait alors être ajouté à ceux qui prouvent que la communication du feu aux hommes par les dieux a été assimilée à un sacrifice.

si l'office du ciel et de la terre comme conducteurs du sacrifice paraît se réduire au vers II, 41, 20, à transmettre aux dieux le sacrifice de l'homme, l'origine première de la formule paraît plutôt devoir être cherchée dans la conception des deux sacrifices, céleste et terrestre. A l'appui de cette interprétation, je citerai les vers III, 6, 2 et 3, d'après lesquels Agni, dont les chevaux s'élancent à la fois du ciel et de la terre, a été établi sacrificateur « par le ciel, par la terre » et par ceux qui ont droit au sacrifice (les dieux), et surtout le vers VI, 12, 2, dont le premier hémistiche nous montre « le ciel » sacrifiant dans Agni, tandis que le second mentionne « les offrandes de l'homme ».

L'opposition du sacrifice des hommes et de celui des dieux correspond à celle du feu terrestre et du feu céleste. Mais on compte aussi trois formes d'Agni. Nous pouvons donc nous attendre à rencontrer la mention de trois sacrifices correspondant à ces trois formes. Et en effet je ne doute pas que les trois assemblées fréquentées par Agni, dont il est question au vers VIII, 39, 9; cf. 8, ne soient celles des sacrificateurs des trois mondes, comme les deux assemblées dont parle le vers 1 du même hymne sont évidemment celles des hommes et des dieux. J'interprète de même le triple barhis (gazon du sacrifice) du vers VIII, 91, 14. Le sens de la formule d'après laquelle Agni entoure triplement le sacrifice, IV, 15, 2; cf. IV, 6, 4 et X, 122, 6, est plus douteux. Il ne faut pas oublier en effet qu'Agni a trois places dans le seul sacrifice terrestre, et que ce sacrifice comprend trois cérémonies dans un seul jour. Nous avons vu que ce dernier trait n'était pas étranger à la conception du sacrifice céleste (cf. encore III, 56, 5-8).

Nous verrons que les « cinq races » sont celles des quatre points cardinaux et du ciel. Les textes portant que les cinq races honorent, VI, 11, 4, ou ont honoré, X, 45, 6, Agni, peuvent donc être considérés comme faisant allusion au sacrifice des dieux en même temps qu'à ceux des hommes. Un passage particulièrement intéressant à cet égard est le vers I, 31, 5, d'après lequel Agni était au commencement *ekâyu*, c'est-à-dire sans doute honoré par une seule race, celle des dieux.

§ V. — Action du sacrifice terrestre sur les phénomènes célestes

Les paragraphes précédents nous ont montré dans le sacrifice célébré par les hommes une imitation des phénomènes célestes. Il résulte du dernier que l'imitation ne porte pas seulement sur l'usage d'un élément venant du ciel et y retournant, le feu, auquel nous verrons s'adjoindre, dans les sections suivantes, celui d'autres éléments également communs à la terre et au ciel, et conçus dans le même rapport entre eux et avec le feu, soit dans le sacrifice, soit dans les phénomènes du lever du jour et de l'orage. L'assimilation de ces phénomènes à un sacrifice célébré par les dieux étend l'idée d'imitation, dans l'acte accompli par les hommes, non plus seulement aux détails matériels de cet acte, mais à son caractère général. Il est vrai qu'au point de vue de la formation des idées en question, c'est le sacrifice céleste qui peut passer pour une imitation du terrestre, en ce sens qu'un tel mythe paraît être le produit de spéculations sur l'origine des rites observés par les hommes, et aussi, comme nous l'avons annoncé, sur la toute-puissance du sacrifice, sujet que nous allons aborder dans le présent paragraphe. Il n'en garde pas moins son intérêt comme développement d'un germe évidemment fort ancien, comme forme dernière de l'idée que nous nous sommes jusqu'à présent attaché surtout à établir, celle d'une similitude entière entre le sacrifice et les phénomènes célestes.

Mais le caractère essentiel du sacrifice une fois reconnu, il nous reste à en déterminer le but. Pour rester fidèle à mon plan, je devrai non-seulement renvoyer aux sections suivantes de cette première partie les textes qui concernent les éléments du sacrifice autre que le feu, mais réserver en général, pour les trois dernières parties, ceux qui intéressent les dieux au sacrifice comme destinataires. Je ne les ai en effet introduits dans le paragraphe précédent qu'en qualité de sacrificateurs, toute cette première partie étant consacrée au sacrifice considéré en lui-même et indépendamment de ceux auxquels il peut être offert. Cet ordre, auquel j'ai cru devoir m'arrêter dans l'intérêt de la clarté de l'exposition, ne me paraît d'ailleurs pas nécessairement contraire à l'ordre chronologique des différentes conceptions du sacrifice. Je ne prétends pourtant pas non plus que la notion d'une influence exercée sur les phénomènes célestes par l'intermédiaire du dieu auquel s'adresse le sacrifice, soit postérieure à celle d'une action immédiate et en quelque sorte magique de la cérémonie elle-même. Mais il ne me semble pas impossible que l'une et l'autre se soient développées parallèlement. La seconde en tout cas est susceptible d'une explication directe, et c'est elle qui se rattache le plus naturellement à l'idée d'une imitation des phénomènes célestes dans le sacrifice.

L'imitation est en effet, dans toutes les croyances primitives, conçue comme un moyen d'action sur l'original. Par exemple, l'opération connue au moyen âge sous le nom d'envoûtement était fondée sur ce principe ancien, dont on me signalait récemment une application curieuse dans l'usage, encore existant à Ceylan, de placer un fruit en carton à côté de la plante qu'on souhaite de voir produire un fruit d'égale grosseur. On trouvera, dans le livre déjà souvent cité de M. Kuhn, la description d'une foule de pratiques reposant sur le même principe, et d'autant plus intéressantes pour nous qu'elles se rattachent à ces mythes de la descente du feu, étroitement liés eux-mêmes au sujet qui nous occupe. Je ne fais d'ailleurs qu'indiquer ces rapprochements, entendant me renfermer, comme toujours, dans le domaine du Rig-Veda.

Je me propose de montrer ici, d'une façon générale, que le sacrifice exerce une influence directe sur les phénomènes célestes, et spécialement que le feu de l'autel agit sur les feux du ciel, et, par suite, sur les phénomènes où ceux-ci jouent le principal rôle. Pour mieux faire apprécier la portée des textes qui établissent ce point particulier, je les citerai en dernier lieu, et les ferai précéder de ceux qui attribuent aux prêtres une puissance dont le principe ne peut être que la croyance à l'action infaillible de la cérémonie matérielle du sacrifice, et du feu qui en est le premier élément. Avant même d'aborder ces derniers, j'ajouterai quelques considérations préliminaires à celles qui, dans les paragraphes précédents, ont dû préparer déjà le lecteur à entrer dans l'ordre d'idées qui fait le sujet de celui-ci.

Signalons d'abord comme applications du principe essentiel de l'assimilation du « terrestre » au « céleste » à ajouter à l'identification déjà constatée du feu terrestre aux feux célestes, et à celle des autres éléments du sacrifice aux éléments célestes correspondants que nous étudierons dans les sections suivantes, quelques faits qui ne rentreraient exactement dans aucune de nos subdivisions. Les formules célébrant les dons faits, comme nous le verrons tout à l'heure, aux prêtres par ceux qui les emploient, sont souvent conçues en des termes qui rappellent les dons célestes, et il est même dit au vers VII, 90, 6 que les bienfaiteurs des prêtres leur ont donné « la lumière » *svar*, sans doute par assimilation de ces bienfaiteurs aux dieux. Le mariage terrestre est dans l'hymne X, 85, particulièrement aux vers 36 et 38, assimilé au mariage céleste de Sûryâ et de Soma. Je réserve pour la deuxième partie les textes qui nous montreront dans les combats du ciel, les prototypes des combats de la terre. Mais je citerai encore les vers IV, 57, 5-8 d'après lesquels la charrue, le sillon, tout ce qui concerne le labourage, semble avoir son modèle dans le ciel.

Remarquons aussi qu'en dehors des cérémonies régulières du culte, le *R*ig-Veda fait plus d'une fois allusion à des pratiques qui sont de véritables incantations. On peut citer dans cet ordre d'idées l'hymne X, 97 presque entier, dans lequel un médecin combine la vertu des simples avec la puissance des formules, l'hymne X, 145, incantation dirigée par une femme contre une autre épouse de son mari, les impositions de mains en vue d'une guérison dont il est question au vers X, 137, 7, les formules contre un adversaire, X, 166, contre l'oiseau de mauvais augure, X, 165, contre la fièvre, X, 163 et 161, contre les maladies de la matrice, X, 162, 1 et 2, contre l'insomnie, VII, 55, 5-8, contre les insectes nuisibles, I, 191, 1-7 et contre le poison, *ibid*. 10-16, contre la laideur, X, 155, et même contre le péché, X, 164. Nous reviendrons du reste, en traitant de la parole sacrée, sur la puissance des malédictions constatée dans les vers X, 87, 13 et 15, et sur la prière que l'auteur de l'hymne X, 166 (3-5), adresse à Vâcaspati, le « maître de la parole, » pour obtenir que ses incantations l'emportent sur celles de ses ennemis.

Il est vrai que les pratiques et les formules de ce genre tiennent une place beaucoup plus grande dans l'Atharva-Veda que dans le *R*ig-Veda, recueil d'hymnes presque exclusivement consacrés au culte régulier. Mais ce culte lui-même est assimilable dans une certaine mesure aux incantations, aux pratiques magiques. C'est ce que, sans nous attarder davantage aux préliminaires et aux analogies, nous allons essayer de prouver directement.

Le formalisme tient évidemment, dès la période du *R*ig-Veda, une grande place dans le culte. Les hymnes *A*prî et *A*pra, assemblages de formules toujours reproduites dans le même ordre, et dont chacune est caractérisée, non pas même toujours par le nom d'une divinité spéciale, mais par la présence d'une exclamation sacrée comme *svâhâ* (vers 11 ou 12), par l'emploi de la racine *idh* « allumer », précédée du préfixe *sam*, soit dans une forme participiale, soit dans le substantif *samidh* « bûche » (vers 1), enfin par l'emploi de la racine *id* dans le sens « d'honorer, » ou du substantif *id* « libation, offrande » qui ne présente avec cette racine qu'un simple rapport de son, — ces hymnes, dis-je, ont été souvent cités comme les monuments d'une liturgie déjà très-compliquée. Il est vrai que pour cette raison même on les a considérés comme relativement modernes. On trouvera naturel aussi de rapporter aux derniers temps de la période védique l'allusion aux quatre principaux prêtres du sacrifice que paraît renfermer le vers X, 71, 11, et, sinon la répartition d'offrandes spéciales entre les différents dieux ou groupes de dieux, III, 52, 7; cf. VI, 57, 2, au moins l'attribution à chacun d'eux d'un maître particulier, X, 130, 4 et 5. Quoi qu'il en soit, il est certain que le rituel a dû aller se compliquant toujours davantage, et que nous ne pouvons juger de celui qui était en usage dans la période du *R*ig-Veda par celui dont les sûtras nous ont conservé les innombrables détails. Mais la forme du sacrifice pouvait être plus simple sans que pour cela on attachât à cette forme une importance moindre. En ce sens, ce que j'appelle le formalisme peut être, et est en effet selon moi, aussi ancien que le sacrifice lui-même. Dans le *R*ig-Veda du moins, et dans les parties mêmes de ce recueil que nous n'avons pas de raisons particulières de considérer comme moins anciennes, nous voyons les *r*ishis préoccupés d'une exactitude rigoureuse dans l'observation des rites. C'est ainsi que, même en négligeant les textes appartenant au Xe ma*n*dala, comme celui où le poëte prie les dieux de ne pas permettre qu'il s'écarte du chemin du sacrifice, X, 57, 1, nous constatons au vers I, 140, 11 la croyance à la supériorité de la prière « bien faite » sur la prière « mal faite, » et au vers II, 33, 4 l'idée que la divinité peut être irritée des hommages qui lui sont adressés, par exemple, d'un « éloge mal fait », ou d'invocations portant à la fois de différents côtés, *sahùti*.

Le dernier point est surtout digne de remarque. Dans ces observations destinées seulement à mettre dans leur vrai jour les passages qui seront cités plus loin pour établir l'action immédiate du sacrifice et de son principal élément, le feu, nous ne pouvons toujours, en dépit du plan que nous nous sommes tracé, écarter les textes qui font intervenir les dieux dans le sacrifice comme parties prenantes, et nous y admettons ceux qui, de façon ou d'autre, relèvent l'importance du fait matériel de la cérémonie, sans rentrer exactement dans aucun des différents ordres d'idées qui feront le sujet de la deuxième partie. Or, quoi de plus conforme à l'idée d'une puissance, en quelque sorte magique, du sacrifice, et de plus éloigné de celle d'un hommage dont le principal mérite devrait être la bonne volonté du sacrifiant, que cette préoccupation manifestée par le suppliant au sujet des invocations adressées à tel ou tel dieu en même temps que la sienne? Les rites particuliers dont elle a déterminé l'institution, et qui sont décrits dans les sûtras, peuvent d'ailleurs être relativement récents, mais elle est elle-même très-ancienne comme le prouve la trace qu'en présente le *R*ig-Veda dans le passage déjà cité.

L'importance attachée à la forme matérielle du sacrifice avait fait des connaissances nécessaires au sacrificateur une science véritable, bien avant que cette science comprît les raffinements philosophiques ou théologiques auxquels semblent faire allusion les vers I, 164, 39; VI, 56, 1 et beaucoup d'autres. Cette science avait sa base expérimentale. Quand les chantres védiques se posent, comme il arrive souvent, une question de ce genre: « De qui les dieux (dans ce passage, les Maruts) ont-ils goûté les prières? » I, 165, 2, c'est avec l'intention de reproduire les prières qui ont été efficaces; « Par quelle grande prière les retiendrons-nous? » *ibid.*, et l'intervention des dieux n'enlève pas à une pareille conception de la prière le caractère qui la rapproche d'une incantation véritable. Des traditions pareilles à celle que les vers 4 et 7 de l'hymne VII, 83 résument en ces termes : « Le sacrifice que les T*r*itsus ont accompli comme purohitas a été efficace » ; « L'hymne des prêtres, convives du sacrifice, a été efficace », résolvaient d'ailleurs le plus souvent la question en faveur des formules de telle ou telle famille sacerdotale, et dans l'intérêt du prêtre qui en était membre.

Les fonctions de sacrificateur en effet, et c'est là un point capital dans le sujet qui nous occupe, étaient déjà remplies par des prêtres à l'intention de ceux qui faisaient les frais des sacrifices et devaient en bénéficier. Si l'institution des castes ne se rencontre, en dehors de l'hymne X, 90 sur le sacrifice du Purusha, qu'à l'état de germe dans le *R*ig-Veda[1], l'usage de confier l'œuvre difficile de la célébration du sacrifice selon les rites à ceux qui en ont une connaissance spéciale, de charger une personne compétente de porter la parole au nom des intéressés, V, 65, 1, est déjà parfaitement établi. Le terme de *yajamâna* « sacrifiant », désignant dans les rituels celui qui fait faire le sacrifice à son intention, a déjà ce sens technique dans un grand nombre de passages du *R*ig-Veda, I, 24, 11 ; II, 18, 3 ; III, 3, 3 ; 53, 3 ; V, 45, 5 ; VI, 54, 6 ; VII, 16, 6 ; VIII, 86, 2 ; X, 40, 14 ; 122, 8 ; Vâl. 10, 1, etc. Le même personnage est plus souvent encore désigné par les noms de *maghavan* ou de *sûri*, et les passages où l'un de ces noms est opposé au terme de *jaritar* « chantre » ou à toute autre désignation des prêtres, par exemple par un pronom personnel, sont innombrables.

Le prêtre dont le sacrifiant emprunte le secours devient pour lui le dispensateur de tous les biens, à tel point qu'au vers I, 124, 4, par une comparaison où, selon nos idées, les deux termes paraissent avoir échangé leurs places naturelles, il est dit de l'aurore qu'elle a fait apparaître des trésors comme Nodhas[2]. Aussi le prêtre est-il considéré lui-même comme le plus précieux des dons. On demande à Agni, en même temps que la richesse, le *r*ishi qui conquiert mille biens[3], X, 80, 4 ; cf 1. Au vers X, 47, 3, l'une des épithètes de la richesse demandée à Indra est *çruta-rishi*, « comprenant des *r*ishis illustres[4]. » Les « hôtes » que l'auteur du vers V, 50, 3 implore des dieux, ne peuvent être également que des *r*ishis, des prêtres capables de célébrer exactement le sacrifice.

---

1. Voir sur cette question les *Sanscrits Texts* de M. Muir, vol. I.
2. Nom d'un ancien *r*ishi.
3. Cf. I, 189, 8 : Puissions-nous conquérir mille biens avec les *r*ishis ! Cf. encore I, 27, 9.
4. L'épithète *vipra-vîrâ* aux vers 4 et 5 du même hymne me paraît avoir le même sens. Appliquée à Soma, IX, 4, 45, ou à Agni, X, 188, 2, je la traduirai « qui donne des prêtres » ou « qui a pour fils les prêtres. »

Si le prêtre est un présent du ciel pour le sacrifiant, le sacrifiant en est un pour le prêtre, qui le désire, IX, 112, 1, et qui le demande aux dieux, II, 27, 17 ; V, 6, 2 ; IX, 8, 7 ; car les services qu'il lui rend ne sont pas gratuits. Les panégyriques connus sous le nom de *dânastuti*, qui se rencontrent souvent à la fin des hymnes, et qui remplissent parfois un hymne entier (par exemple I, 126), nous ont gardé le souvenir des libéralités, souvent sans doute exagérées dans les termes, qui étaient le prix du sacrifice. Les chantres du *R*ig-Veda ne se bornent pas d'ailleurs à célébrer ces libéralités : ils les provoquent. Tel paraît être l'objet principal de l'hymne X, 117, sur le devoir de l'aumône, et de l'hymne VI, 53, où le dieu Pûshan est prié de fendre le cœur des avares et de les disposer à la générosité.

Nous ne pouvons relever tous les passages qui se rattachent à cet ordre d'idées. Contentons-nous donc d'ajouter aux citations précédentes une courte étude sur le mot *dakshinâ*, qui a déjà dans le *R*ig-Veda son sens technique, si familier plus tard aux auteurs des Brâhma*n*as et des Sûtras, de « salaire du sacrifice. »

Il ne l'a pas seulement dans un certain nombre d'emplois où MM. Roth et Grassmann admettent cette interprétation, dans des *dânastuti*, VI, 27, 8 ; VIII, 24, 29 ; X, 62, 9 et 11 ; cf. 1, dans le composé *dakshinâvat*, désignant le sacrifiant, VIII, 86, 2 ; X, 18, 10 ; 69, 8, enfin dans les hymnes I, 125 et X, 107, sur lesquels nous allons revenir. Il l'a aussi, selon moi, dans les passages assez nombreux où il désigne le don, II, 11, 21 ; 18, 8 ; VI, 37, 4 ; VII, 27, 4 ; VIII, 24, 21, ou les dons, III, 36, 5, faits par Indra à ceux qui lui offrent des sacrifices. Selon MM. Roth et Grassmann, notre mot est alors un nom de la vache, symbole des libéralités des dieux. Mais ce qui me fait croire que l'emploi du mot *dakshinâ* pour désigner ces libéralités implique une comparaison de la récompense accordée par les dieux au sacrifiant et du salaire que celui-ci donne au prêtre, c'est que la comparaison est effectivement exprimée au vers I, 169, 4, où il s'agit encore des dons d'Indra, et au vers I, 168, 7, où il est question de ceux des Maruts. Je ne conteste pas qu'en réalité, et si l'on remonte à l'origine de la *dakshinâ*, c'est le don du dieu qui a dû servir de prototype à celui du sacrifiant. J'admets aussi que le substantif à sous-entendre avec le mot *dakshinâ*, qui, étymologiquement, est un adjectif féminin, doit être un mot signifiant « vache ». Mais il me paraît peu probable que *dakshinâ* ait été pris jamais comme un nom commun de la vache, en tant que féconde, proprement « bonne, utile ». Je ne connais pas en effet d'exemple védique de l'emploi du mot *dakshina* « droit » dans ce dernier sens. Sans doute le rite qui consiste à placer du côté droit dans le sacrifice la vache destinée au prêtre pour son salaire (Haug, traduction de l'Aitareya — Brâhmana, p. 420, note 18,) réclame lui-même une explication, et c'est, à ce qu'il semble, dans l'emploi de *dakshinâ* pour désigner les dons des dieux, qu'il faut chercher l'étymologie de ce mot. Mais nous voyons précisément dans le vers III, 39, 6, où Indra reçoit comme aux vers VI, 29, 3 ; cf. IX, 98, 10, l'épithète *dakshinâvat* que MM. Roth et Grassmann traduisent, je ne sais pourquoi, « bon, utile », mais qui le représente évidemment comme faisant aux hommes ce don que, dans un bon nombre de passages, nous avons vu appelé sa *dakshinâ* (cf. III, 53, 6, où il fait ce don en détellant ses chevaux), nous voyons, dis-je, dans ce passage où le don d'Indra est d'ailleurs la liqueur précieuse cachée dans les eaux du ciel, qu'il le tient « dans sa main droite ». Je crois donc que la *dakshinâ* des dieux est le don, primitivement la vache, qu'ils offrent de la main droite, et que la *dakshinâ* des hommes est le salaire que, dans le sacrifice, on place du côté droit.

Si au vers VI, 64, 1, notre mot est appliqué à l'aurore, c'est que l'aurore est alors considérée elle-même comme le salaire du sacrifice. Il ne faudrait pas conclure de ce passage qu'il désigne l'aurore en tant que vache[1], et encore moins y chercher un argument pour défendre la correction proposée par M. Grassmann au dernier pâda du vers I, 123, 5, dont le véritable sens est « Puissions-nous le vaincre (l'ennemi) avec la *dakshinâ* comme char, » c'est-à-dire « Que le salaire du sacrifice, pareil à un char de bataille, nous rende victorieux de l'ennemi ! » Nous retrouverons d'ailleurs plus loin le « joug » de la *dakshinâ*, I, 164, 9, et à côté du « char » du sacrifice, le « char » de la *dakshinâ* (voir ci-après le vers 11 de l'hymne X, 107), sur lequel montent tous les dieux, I, 123, 1, c'est-à-dire qui les amène au sacrifice.

Comme on le voit dès maintenant, l'idée de l'efficacité du sacrifice est transportée au salaire moyennant lequel ce

---

1. Voir chapitre III.

sacrifice est accompli. Ce salaire devient ainsi le principe de tous les biens, en sorte qu'il a pu être divinisé et compris dans des énumérations de dieux, I, 18, 55, avec le sacrifice lui-même, X, 103, 8. Nous réservons pour les chapitres III et IV les passages où la *dakshinâ* joue un rôle analogue à celui des éléments femelles du sacrifice en général, III, 62, 3, et est conçue dans les mêmes rapports que ces éléments, soit avec Agni, III, 58, 1; V, 1, 3; VIII, 39, 5; soit avec Soma, IX, 71, 1. Ce que nous savons déjà du double emploi du mot *dakshinâ* pour désigner les dons des dieux, et le salaire du sacrifice qui assure ces dons au sacrifiant, nous suffira pour comprendre les deux hymnes suivants sur l'importance des présents à faire aux prêtres.

X, 107, 1 : « Leur grande bienfaisance s'est manifestée ; tous les êtres vivants ont été délivrés des ténèbres, la grande lumière donnée par les pères est arrivée ; le large chemin de la *dakshinâ*[1] est apparu.

2. « Ceux qui donnent la *dakshinâ* ont un séjour élevé dans le ciel ; ceux qui donnent des chevaux vont dans le soleil ; ceux qui donnent de l'or ont en partage l'immortalité ; ceux qui donnent des vêtements, ô Soma, prolongent leur vie[2].

3. « L'abondance divine, c'est la *dakshinâ*[3], le culte des dieux. Cette abondance n'est pas pour les avares qui ne donnent pas. Aussi sont-ils nombreux les hommes qui, par crainte du péché, offrent et donnent la *dakshinâ*.

4. « Les êtres qui contemplent les hommes surveillent Vâyu qui répand cent torrents, l'hymne céleste et l'offrande[4]. Ceux qui dans l'assemblée offrent et donnent, ceux-là traient une *dakshinâ* équivalente à sept mères[5].

5. « Celui qui donne la *dakshinâ* est invoqué le premier. Celui qui donne la *dakshinâ* marche en avant comme chef du village. Celui-là me paraît vraiment le roi des hommes, qui le premier s'est plu à donner la *dakshinâ*.

---

1. Le chemin de la *dakshinâ* peut être ici, comme le chemin du *rita* (voir quatrième partie, ch. III) au vers I, 136, 2, soit le chemin que suivent les dons célestes, et particulièrement le don de la lumière, rapporté ici aux pères (voir le paragraphe précédent), soit celui que suit le salaire du sacrifice, ou plutôt le sacrifice lui-même, pour procurer ces dons aux hommes.
2. Voir plus haut, p. 75, note 1.
3. La *dakshinâ* procure en abondance les biens célestes.
4. Voir plus haut, p. 102.
5. C'est-à-dire les sept formes de la femelle mythologique. Voir le chapitre de l'*Arithmétique mythologique*.

6. « C'est celui-là qu'on appelle le rishi, le prêtre (*brahman*), le conducteur du sacrifice, le chantre des sâman, le récitateur des hymnes, il connaît les trois corps du brillant (Agni ou Soma), celui qui le premier a reçu la *dakshinâ*.

7. « La *dakshinâ* donne un cheval, la *dakshinâ* donne une vache, la *dakshinâ* donne l'or brillant, la *dakshinâ* procure la nourriture qui est notre vie ; celui qui sait cela se fait une cuirasse de la *dakshinâ*.

8. « Les hommes bienfaisants ne meurent pas, ne périssent pas ; les hommes bienfaisants n'éprouvent pas de dommage, ne sont pas ébranlés ; tout ce monde et le ciel, tout l'univers leur est donné par la *dakshinâ*.

9. « Les hommes bienfaisants conquièrent les premiers une demeure agréable ; les hommes bienfaisants conquièrent une épouse aux riches vêtements ; les hommes bienfaisants conquièrent une rasade de liqueur ; les hommes bienfaisants triomphent de ceux qui viennent sans avoir été appelés.

10. « Pour l'homme bienfaisant est orné le cheval rapide ; pour l'homme bienfaisant la jeune fille est parée ; pour l'homme bienfaisant cette maison est ornée, comme un étang plein de lotus, brillante comme la demeure des dieux.

11. « L'homme bienfaisant est porté par de bons chevaux ; le char de la *dakshinâ* roule bien. O dieux ! aidez l'homme bienfaisant dans les combats. L'homme bienfaisant y est vainqueur de ses ennemis. »

I, 125, 1. « L'hôte qui arrive le matin (le prêtre) donne le matin la richesse. Le sage le reçoit et le garde pour lui. C'est par lui, qu'accroissant sa race et prolongeant sa propre vie, il jouit d'une richesse abondante et d'une nombreuse postérité.

2. « Il aura en abondance des vaches, de l'or, des chevaux, il reçoit d'Indra une longue jeunesse, celui qui, ô hôte qui arrives le matin, prend un homme tel que toi avec les présents, comme on prend un animal dans un filet.

3. « Je suis[1] parti aujourd'hui de bonne heure cherchant un homme pieux, le fils de ma recherche (que ma recherche me fait trouver), avec un char plein de richesses. Fais boire au maître des hommes le suc de la plante enivrante, fortifie-le avec des hymnes de louange.

4. « Les rivières, ces vaches qui apportent la joie, coulent

---

[1]. C'est, à ce qu'il semble, le prêtre qui parle.

pour celui qui a sacrifié et qui veut sacrifier encore ; vers celui qui donne, qui est bienfaisant, les gouttes de beurre précieuses coulent de toutes parts.

5. « Il s'élève au sommet du ciel ; celui qui donne va chez les dieux ; pour lui les eaux, les rivières roulent des flots de beurre ; pour lui cette [1] *dakshinâ* est toujours féconde.

6. « Ces splendeurs appartiennent à ceux qui donnent la *dakshinâ* ; à ceux qui donnent la *dakshinâ* appartiennent les soleils dans le ciel ; ceux qui donnent la *dakshinâ* ont en partage l'immortalité ; ceux qui donnent la *dakshinâ* prolongent leur vie.

7. « Que ceux qui donnent échappent aux dangers, au mal ! Que les bienfaiteurs fidèles à la loi ne vieillissent pas ! Qu'un autre serve à les protéger ! Que les chagrins aillent à celui qui ne donne pas ! »

Aux passages qui promettent une magnifique récompense à ceux qui donnent une riche dakshinâ, on en pourrait ajouter d'autres où le salaire du sacrifice n'est pas désigné par son nom technique : « Celui qui accueille les hymnes avec un présent », dit l'auteur du vers I, 54, 7, « pour celui-là, un torrent se gonfle au-dessous du ciel » ; « Celui-là, » dit à Agni un autre poëte, IV, 4, 6, « celui-là connaît ta bienveillance, ô le plus jeune des dieux, qui a prêté assistance (littéralement, qui a frayé la voie) à un prêtre tel que moi. »

Les textes concernant les rapports des prêtres avec ceux dont ils accomplissent le sacrifice, témoignent déjà de l'extrême importance attachée au fait matériel de la cérémonie. Ils nous ont préparés à comprendre ceux qui attribuent aux prêtres, ou plus généralement à ceux qui accomplissent le sacrifice, une action directe et en quelque sorte magique sur les phénomènes célestes.

Une telle puissance est, il est vrai, célébrée principalement chez les sacrificateurs du passé, et la confusion fréquente de ces sacrificateurs avec les dieux peut sembler au premier abord une explication suffisante des passages qui leur attribuent des œuvres analogues à celles des vrais maîtres du ciel. On ne peut nier en effet le caractère équivoque d'un bon nombre de textes, où les phénomènes célestes sont rapportés à des agents qui semblent participer de la nature des « pères »

---

1. *Celle-ci*, c'est-à-dire, non pas la *dakshinâ* des dieux, mais le salaire du sacrifice qui procure les biens célestes.

et de celle des dieux. Nous ne parlons pas de ceux où les personnages qui ont ouvert les portes (célestes), I, 69, 10, qui ont fait le soleil, VII, 62, 1, où les sages qui l'ont conduit, V, 45, 10, qui l'ont conquis ainsi que les eaux, I, 146, 4, qui ont trouvé (cf. ci-après) le ciel et la terre, III, 54, 4, où les mâles qui portent le fils des eaux, I, 186, 5, ne sont pas même désignés comme des sacrificateurs. Mais dans l'hymne I, 72, par exemple, ceux qui ont fait les deux yeux du ciel (v. 10), c'est-à-dire sans doute le soleil et la lune, qui ont trouvé le ciel et la terre (v. 4) et par l'opération desquels cette dernière a été « étendue » (v. 9), qui ont découvert les sept portes célestes de la richesse (v. 8), sont, comme nous avons eu déjà l'occasion de le remarquer, assimilés tantôt aux dieux par les épithètes *amrítàh*, « immortels » (v. 2, 10), *yajniyàsah*, « dignes du sacrifice » (v. 4[1], 6), tantôt aux pères par celles de *svádhyah*, « pieux » (v. 8), de *dhiyamdháh*, « faisant la prière » (v. 2), par la mention du sacrifice qu'ils accomplissent (v. 3, 5), et surtout par celle de la métamorphose qu'ils ont subie en abandonnant leurs corps (v. 3, 5), (cf. encore v. 9). L'équivoque signalée subsistera donc dans les passages où les fils qui ont engendré leurs parents, c'est-à-dire le ciel et la terre, I, 159, 3 ; cf. 4, où les personnages qui ont ouvert les portes (célestes), VII, 2, 5, sont appelés « les sages aux belles prières » ou « les pieux », avec une allusion d'ailleurs assez claire au sacrifice (cf. encore X, 11, 3; Vâl. 11, 6) [2]. Les dieux ne sont-ils pas sous ce nom même comparés à des ascètes [3] dans un passage, X, 72, 7, où il est dit qu'ils ont rapporté le soleil qui était caché dans la mer? Les sept *rishis* qui ont participé à l'œuvre du créateur Viçvakarman, célébrée dans l'hymne X, 82, ne sont-ils pas aussi vraisemblablement les sept *rishis* divins dont il a été déjà question?

1. Au vers I, 72, 4, le nom de *rudriyàh* paraît même les assimiler particulièrement aux Maruts, tandis qu'au vers 8 la mention de Saramâ suggère plutôt l'idée des Angiras.

2. La teneur générale de l'hymne VIII, 29, composé de vers dont chacun décrit un dieu, ou un groupe de dieux, sans le nommer, est la seule raison que nous ayons de rapporter à des dieux, et de préférence aux Maruts, plutôt qu'aux pères, le vers 10 : « Quelques-uns, en chantant, ont inventé un grand sâman par lequel ils ont fait briller le soleil. »

3. *Yatayah*. Le mot *yati* est considéré comme un nom propre par MM. Roth et Grassmann. Il est vrai qu'il est dans les vers VIII, 3, 9 et 6, 18 construit parallèlement au nom de Bhrigu ou des Bhrigus. Mais le sens étymologique en aurait été en tout cas « ascète. »

Cependant, que les personnages conçus comme ayant exercé une action sur les phénomènes célestes soient des dieux ou des hommes, l'assimilation de ces personnages à des sacrificateurs garde tout son intérêt pour le sujet qui nous occupe. L'idée de la toute-puissance du sacrifice est en effet, comme nous l'avons remarqué d'avance, une de celles qui expliquent le mieux le mythe du sacrifice céleste. Elle peut même seule en rendre compte quand il est présenté, ainsi que nous le verrons plus bas, comme le principe des choses, ou quand le vers X, 88, 8 nous le montre protégeant les dieux qui viennent de l'instituer : « Les dieux ont institué (littéralement, engendré) d'abord la récitation de l'hymne, puis Agni, puis l'offrande ; ce sacrifice est devenu leur protecteur : le ciel en est témoin, et la terre, et les eaux. » Nous continuerons donc à citer les textes relatifs aux résultats atteints par les pères dans leur sacrifice, sans insister davantage sur la confusion possible de ces pères avec les dieux.

Il n'en est pas de plus remarquable qu'un fragment que nous allons emprunter à l'hymne IV, 1. Ce fragment donne aux pères la qualification de *manushyáh*, « humains » (v. 13), et cette mention expresse de leur nature primitive suggère naturellement l'idée qu'ici du moins, le sacrifice dont il s'agit est bien un sacrifice terrestre. Je le traduis en entier bien qu'il renferme des termes mythologiques non encore étudiés. Ces termes s'expliquent d'ailleurs à l'avance par le contexte même qui nous offre le nom vulgaire des aurores à côté de celui des vaches qui les représentent et de la mention de la caverne qui est censée les retenir. — IV, 1, 13 : « Nos pères humains se sont placés ici, empressés à accomplir la loi ; ils ont, en les appelant, fait sortir de la caverne, de l'étable de pierre où elles étaient renfermées, les vaches aurores bonnes laitières. — 14. Ils se sont ornés en fendant la pierre ; que les autres proclament cet exploit qu'ils ont accompli ! Maîtres du bétail, ils ont chanté un hymne, ils ont conquis la lumière, ils ont fait entendre des prières et des supplications. — 15. Désirant les vaches, les héros, les Uçij ont, avec la parole divine, ouvert la pierre solide et bien jointe qui entourait les vaches et les retenait, la caverne solide pleine de vaches. — 16. Ils ont imaginé le premier nom de la vache ; ils ont trouvé les trois fois sept noms suprêmes de la mère ; connaissant cela, les troupes ont fait retentir une acclamation ;

la vache rouge est apparue dans sa gloire [1]. — 17. L'obscurité confuse a disparu; le ciel a brillé; la splendeur de l'aurore divine s'est levée; le soleil s'est étendu dans les champs élevés, distinguant chez les mortels ce qui est droit de ce qui ne l'est pas... »

On aura remarqué que les pères qui, par leur sacrifice, ont fait lever le jour, sont au vers 15 désignés par le nom d'*uçij* dont j'ai cru pouvoir dire, sinon qu'il est toujours nom propre, au moins qu'il est en voie de le devenir. Nous lisons encore aux vers VII, 90, 4 et X, 45, 11, que les Uçij ont ouvert l'étable des vaches. Mais dans le premier, le contexte indique que le résultat de cet exploit a été l'écoulement des eaux aussi bien que l'apparition des aurores, en même temps d'ailleurs que l'épithète *didhyânâh*, « priant » offre une nouvelle allusion au sacrifice. Dans le second, les Uçij accomplissent leur œuvre avec Agni. Ailleurs ce sont les *Ayus* qui fendent l'étable des vaches, X, 74, 4. Mais c'est surtout sous le nom d'Angiras que les pères figurent dans le mythe dont il s'agit. Je réserve les passages qui leur donnent le dieu Indra pour compagnon et pour chef, ainsi que ceux où ils empruntent le secours de Saramâ, personnage qui doit faire le sujet d'une étude particulière. On trouvera dans la section consacrée à Brihaspati ceux qui les associent à ce dieu, nommé lui-même Angiras, et plus souvent Angirasa. Il m'en reste pourtant plusieurs encore à citer ici. I, 71, 2 : « Nos pères Angiras ont avec leurs hymnes brisé les forteresses les plus solides; ils ont avec ce bruit brisé la pierre; ils nous ont ouvert une voie qui part du haut du ciel; ils ont conquis le jour, la lumière, l'étendard (du jour), les vaches. » — IV, 3, 11 : « Ils ont selon la loi fendu et séparé en deux parties la pierre; les Angiras ont uni leurs acclamations au mugissement des vaches; les héros ont heureusement assiégé l'aurore; la lumière a paru quand Agni fut né [2]. » — VI, 65, 5 : « C'est à cette heure, ô aurore! habitante de la montagne de pierre! que les Angiras célèbrent les étables de vaches; ils les ont fendues avec leur hymne, avec leur prière; l'invocation adressée aux dieux par les héros a été efficace. » Dans l'hymne X, 62, sur les Angiras, nous lisons au vers 2

---

1. L'aurore. Voir chapitre III.
2. S'il faut rattacher à ce vers celui qui le suit, le résultat de l'œuvre des Angiras n'a pas été seulement l'apparition de l'aurore, mais encore l'écoulement des eaux.

que ces pères ont fait sortir la richesse composée de vaches et fendu la caverne selon la loi, et au vers 3 qu'ils ont selon la loi fait monter le soleil dans le ciel, et étendu (sous lui, cf. V, 85, 1) la terre mère. D'après le vers I, 83, 4, le bétail, comprenant des chevaux et des vaches, que les A*n*giras ont conquis par leurs œuvres pies, en allumant le feu sacré, a été ravi par eux au Pa*n*i. Nous retrouverons ce détail dans la forme particulière du mythe où figure Sáramâ. C'est sans doute parce qu'ils ont chassé les ténèbres au moyen de leur sacrifice, que l'Aurore est appelée *angirastamâ*, VII, 75, 1 ; 79, 3, « la plus semblable aux A*n*giras, » comme dissipant l'obscurité. Le vers IV, 51, 4, d'après lequel l'aurore a brillé chez (pour) A*n*giras, comme elle a brillé pour Navagva, pour Daçagva, paraît faire encore allusion au même mythe. J'en dirai autant du vers X, 169, 2, portant que les A*n*giras ont « fait » les vaches par leur ascétisme [1].

Il est dit encore au vers VII, 76, 4, que les pères ont trouvé la lumière cachée, et qu'avec leurs formules efficaces ils ont engendré l'aurore. Le vers X, 107, 1, parle de la lumière donnée par les pères. Enfin, d'après le vers X, 68, 11, qui paraît d'ailleurs les associer à Brihaspati, les pères ont orné le ciel d'étoiles, donné l'obscurité à la nuit et la lumière au jour.

L'action exercée par les anciens *r*ishis sur les eaux du ciel est exprimée par une image saisissante au vers I, 88, 4 : « Les Gotamas, faisant la prière, ont avec leurs hymnes renversé le réservoir d'eau pour le boire. » Les vers X, 98, 5 et 6 ne sont pas moins curieux : « 5. Le *r*ishi Devâpi, fils de *R*ish*t*ishena, s'étant chargé des fonctions de sacrificateur et sachant se concilier la bienveillance des dieux, a répandu les eaux divines de la pluie de la mer supérieure dans l'inférieure. — 6. Les eaux étaient retenues par les dieux dans cette mer supérieure ; elles ont coulé, répandues, lancées par Devâpi, fils de *R*ish*t*ishena.... »

Mais ce n'est pas seulement aux anciens *r*ishis qu'est attribuée une action de ce genre sur les phénomènes célestes. Les nouveaux se croient doués de la même puissance, ou au moins capables de l'acquérir. Dans l'hymne IV, 2, qui suit immédiatement celui auquel nous avons emprunté tout à

---

1. D'après le vers I, 139, 7, la vache a été donnée aux A*n*giras par les dieux. Le vers VII, 52, 3 fait peut-être allusion au même don.

l'heure un assez long fragment sur les résultats du sacrifice des pères, nous lisons au vers 15 : « Puissions-nous devenir les sept prêtres de la mère aurore, les premiers pieux [1]... Puissions-nous devenir les Angiras fils du ciel, et briser, resplendissants, la pierre qui renferme des trésors ! » Nous savons déjà que le résultat de cet exploit des Angiras a été le lever du jour, et les vers 16 et 17, outre des détails que nous retrouverons en temps et lieu, renferment des allusions assez claires au même mythe ; nous y lisons que les pères anciens, en observant la loi, en récitant des hymnes, ont délivré les vaches rouges, c'est-à-dire les aurores, dont ils avaient assiégé l'étable. Or le vers 19 constate que leurs descendants ont atteint le même résultat, que par conséquent leur vœu, formulé dans le vers 15, a été rempli : « Nous avons fait pour toi (le sacrifice) », disent-ils à Agni, « nous avons accompli une belle œuvre ; les aurores resplendissantes ont brillé selon la loi ; (c'est ce que nous avons obtenu) en purifiant le bel éclat d'Agni, du dieu sans défaut qui brille en mille lieux. [2] »

Comme les sacrificateurs souhaitaient dans le passage précédent de devenir des Angiras, c'est-à-dire d'exercer sur les phénomènes célestes la même action que ces personnages légendaires, nous les voyons au vers X, 53, 4, exprimer le vœu, encore plus hardi, de devenir des dieux triomphant des Asuras par la puissance de la parole, et sans doute aussi par celle de cette langue du sacrifice dont il est question au vers précédent, et qui n'est autre que le feu sacré : « Nous

---

1. N*r*in paraît inexplicable en ce passage comme en plusieurs autres. Il semble que cette forme se soit souvent introduite abusivement dans le texte de certains hymnes, à la fin d'un pâda, à la suite de mots qui la précédaient ailleurs dans des formules consacrées. C'est ainsi que la formule *sûryo nrin*, explicable au vers III, 14, 4, (où les deux accusatifs sont en apposition), aurait été transportée au vers I, 146, 4 où *nrin* est inexplicable. Même observation sur la formule *tuvirâdhaso nrin* au vers V, 58, 2 d'une part, au vers IV, 21, 2 de l'autre, sur celle de *tvâvato nrin*, explicable au vers II, 20, 1, par la construction du verbe *yaj* avec deux accusatifs, mais non plus au vers X, 29, 4, et surtout sur celle de *divo nrin*, VI, 51, 4 (cf. *divo narah*), reproduite mal à propos au vers VI, 2, 11, et même, je crois, au vers V, 80, 6, imitée enfin dans la formule *divâ nrin* du vers VI, 3, 6, où le second mot n'a pas de sens. Je suppose que *nrin* s'est introduit à la suite de *vedhaso* dans notre passage par l'analogie de la formule *tuvirâdhaso nrin* déjà citée, et des formules du même genre *milhusho nrin*, I, 169, 6, *dâçusho nrin*, VIII, 73, 3, *sedusho nrin*, V, 15, 2.

2. Au vers IV, 5, 13 au contraire, ils attendent avec impatience le même résultat : « Quand les déesses, épouses de l'immortel, quand les aurores nous couvriront-elles de la couleur du soleil ? »

avons trouvé la langue cachée du sacrifice. » Les Asuras sont en cette occasion, de même qu'en quelques autres[1], des adversaires des dieux, comme ces *druhs* ennemies d'Indra, qu'au vers I, 133, 1, un prêtre se vante de brûler lui-même, purifiant ainsi les deux mondes.

Aux vers X, 101, 5 et 6 les mots « Tirez les outres, ramenez les courroies... préparez l'outre » sont peut-être adressés à des dieux, (ainsi que le vers 7 tout entier, cf. 1 ; 2 et 9, voir p. 116) ; mais les sacrificateurs ajoutent, avec une hardiesse qui rappelle le vers cité plus haut sur l'exploit des Gotamas, à cela près que l'image du vase qu'on renverse est remplacée par celle d'un puits qu'on vide : « Vidons le puits plein d'eau, abondant, inépuisable » (vers 5), et ensuite (vers 6) : « Je vide le puits muni de bonnes courroies, plein d'eau, abondant, inépuisable. » Ce puits inépuisable est le réservoir des eaux du ciel.

Mais aucun texte ne témoigne mieux de la croyance à une action magique de l'homme sur les eaux du ciel que le vers X, 32, 7, où cette croyance est exprimée d'ailleurs en termes généraux, applicables à l'homme actuel aussi bien qu'à ses ancêtres réels ou mythologiques : « L'ignorant a interrogé le savant ; instruit par le savant il agit ; et voici le profit de l'instruction ; il obtient (littéralement, il trouve) l'écoulement des « rapides ». Que les « rapides[2] » désignent ici les eaux du ciel, c'est ce qui paraît hors de doute. Le mot *anjasî* que je traduis ainsi ne figure qu'une seule autre fois dans le *Rig-Veda*, au vers I, 104, 4, et il y figure, peut-être même comme nom propre, dans une énumération de rivières célestes. Ajoutons qu'au vers I, 32, 2, l'adverbe *anjas*, de même racine, exprime la rapidité avec laquelle s'écoulent les eaux du ciel délivrées par Indra.

Complétons ces citations par celle d'un texte où il n'est pas question seulement d'une action exercée sur les phénomènes célestes, mais d'une sorte d'apothéose de l'ascète transporté au ciel de son vivant par la puissance de l'ascétisme, X, 136, 3 : « Enivrés par l'ascétisme[3], nous nous sommes élevés sur les vents ; ô mortels ! vous ne voyez que nos corps ! » L'ascète

---

1. Voir quatrième partie, ch. I, sect. VIII.
2. Il m'est impossible de deviner la raison qui a déterminé M. Roth, et après lui M. Grassmann, à supposer pour expliquer la forme *anjasînâm*, un adjectif *anjasîna* dont il n'y a pas d'autre exemple.
3. Proprement, l'état de *muni*.

remplace ici le sacrificateur, comme nous verrons tout à l'heure l'ascétisme substitué dans certaines formules au sacrifice. Ces substitutions trahissent évidemment une phase plus avancée de la religion que nous étudions. Mais le principe, à savoir la croyance à un pouvoir magique résidant désormais dans la pratique de certaines austérités, comme il résidait d'abord dans les cérémonies du sacrifice, reste le même.

Les textes cités jusqu'à présent concernaient les sacrificateurs; avant de passer à ceux qui attribuent au premier élément du sacrifice, à Agni, l'action exercée sur les phénomènes célestes, nous en citerons quelques-uns qui rapportent cette action au sacrifice considéré indépendamment des sacrificateurs, ou qui célèbrent en termes généraux la toute-puissance du sacrifice.

On lit au vers VII, 41, 6, que les aurores ont obéi au sacrifice (littéralement, se sont inclinées devant lui). Nous réservons pour l'étude qui sera consacrée dans la quatrième partie, ch. III, au mot *rita*, les passages tels que les vers 9-12 de l'hymne IV, 3, où ce mot paraît désigner le sacrifice considéré comme cause des phénomènes célestes. Plus généralement le sacrifice est conçu comme le principe des choses. « Le sacrifice est notre père... notre Manu », dit l'auteur du vers X, 100, 5. A la question posée dans l'hymne I, 164, au vers 34 : « Je demande où est le nombril du monde », le vers suivant répond : « Ce sacrifice est le nombril du monde », et nous savons que ce terme de nombril est, dans la langue des rishis védiques, à peu près synonyme de celui de père. Dans la cosmogonie de l'hymne X, 190, le mot *rita* dont il vient d'être question, et qui désigne souvent le sacrifice, est au vers 1 le nom d'un des premiers principes du monde[1]. Ce principe procède toutefois lui-même d'un autre dont le nom est *tapas*. Le mot *tapas* qui désigne aussi l'un des principes du monde dans un autre hymne cosmogonique, X, 129, 3, a pris le sens d'ascétisme; mais il signifie primitivement « chaleur », et le vers X, 190, 1, insiste sur cette signification primitive par l'épithète *abhiddha*, « allumée. » Dans ce même vers, le rapprochement des mots *tapas* et *rita* suggère naturellement l'idée du sacrifice. Le sens postérieur

---

1. Le même vers lui adjoint un principe désigné par le mot *satya*, « vrai » ou « efficace », cf. X, 85, 1.

d'ascétisme trouve d'ailleurs son explication la plus satisfaisante dans un emploi primitif du terme où il aurait désigné l'œuvre du sacrifice à laquelle, selon la remarque faite plus haut, une période plus récente substitua d'autres pratiques[1].

Le sacrifice est si bien le principe par excellence, qu'on lui rapporte non-seulement, comme nous l'avons vu tout à l'heure, l'origine des hommes, mais encore celle des dieux. Nous avons déjà cité, en étudiant le mythe de Manu, les textes qui font de cet ancien sacrificateur le père de la race divine. Dans l'hymne IV, 2, dont un fragment a été cité plus haut, il est dit au vers 17 des anciens pères assiégeant l'aurore, qu'ils ont « forgé les races divines comme le fer. »

Une telle conception peut à bon droit paraître étrange. Elle s'explique cependant comme une des dernières conséquences de l'idée de la toute-puissance du sacrifice. On peut signaler dans le même ordre d'idées le vers X, 129, 5 où la question posée paraît être celle-ci : le sacrifice considéré comme une des causes créatrices du monde a-t-il commencé sur terre ou dans le ciel? (Cf. *Revue critique*, 1875, II, p. 393.)

Nous arrivons aux textes où Agni est particulièrement en cause. Reconnaissons d'abord qu'un grand nombre d'entre eux peuvent prêter à une équivoque, Agni étant un nom de l'éclair et même du soleil aussi bien que du feu du sacrifice terrestre. Nous n'insisterons donc pas sur ceux qui constatent en termes généraux la puissance d'Agni, soit en rappelant ses dons, par exemple le don de la pluie, II, 6, 5; cf. V, 12, 2, soit en célébrant ses exploits, comme l'ouverture de la caverne de pierre, VIII, 49, 16, ou plus généralement ses victoires remportées sur différents démons ou ennemis que nous aurons d'ailleurs une autre occasion de signaler. Cependant le seul emploi du nom d'Agni, de préférence à ceux de l'éclair et du soleil, éveille assez naturellement l'idée du feu du sacrifice, et nous savons que l'idée d'un sacrifice n'est nullement incompatible avec celle d'un feu céleste. Parmi les passages qui lui attribuent, comme à tant d'autres dieux, la séparation et la consolidation du ciel et de la terre, il en est un qui ne peut guère se rapporter qu'au feu d'un sacrifice, puisqu'il y est dit qu'Agni a affermi la terre et soutenu le

---

1. On peut même se demander s'il n'y a pas un rapport entre l'idée de « chaleur », sens primitif du mot qui a désigné plus tard les austérités des ascètes, et celle de la « sueur » des prêtres occupés à l'œuvre du sacrifice, cf I, 86, 8; IV, 2, 6; V, 7, 5.

ciel « avec des formules efficaces », I, 67, 5, et un autre où l'Agni qui soutient le ciel avec une colonne de fumée, IV, 6, 2, doit être le feu du sacrifice *terrestre*. La conception du feu comme principe de toutes choses, présent en tous lieux, peut cependant, en dehors de toute allusion au feu du sacrifice, expliquer les passages qui exaltent la grandeur d'Agni en le montrant, comme plusieurs autres dieux d'ailleurs, plus grand que le ciel, I, 59, 5, que le ciel et la terre, III, 6, 2; X, 88, 14, et tous les mondes, III, 3, 10 qu'il dépasse, embrassant les races, III, 3, 9, embrassant ses propres séjours, III, 55, 15.

Passons rapidement encore sur les passages d'après lesquels Agni est le premier-né, X, 5, 7; cf. X, 11, 2, et le premier invoqué, I, 24, 2; IV, 11, 5; VIII, 23, 22 et *passim*, et sur ceux qui nous le montrent égal à n'importe quel dieu, X, 1, 5, ou plutôt supérieur aux autres dieux, I, 68, 2, qu'il embrasse comme la jante embrasse les rayons, V, 13, 6; cf. I, 141, 9. Il faut cependant remarquer que dans un de ces derniers, VII, 4, 5, il est dit de l'Agni supérieur aux immortels qu'il s'est établi dans la demeure que lui ont faite les dieux. L'allusion à un sacrifice, célébré d'ailleurs dans le ciel, paraît assez claire. Le vers I, 69, 2 portant qu'Agni est devenu le père des dieux, tout en étant leur fils, rappelle celui où l'origine des dieux est rapportée au sacrifice, qui pourtant a été lui-même institué par les dieux. En général les textes qui célèbrent la grandeur d'Agni, s'ils ne témoignent pas par eux-mêmes, et en l'absence de tout détail significatif, en faveur de la toute-puissance du sacrifice, trouvent du moins une explication très-satisfaisante dans cet ordre d'idées. C'est ce qui m'a déterminé à en signaler ici quelques-uns.

Il est temps de citer enfin ceux qui ont été annoncés au début de ce paragraphe, et auxquels les développements qui précèdent, indépendamment de leur intérêt propre, ont eu pour objet d'assigner toute leur portée. Ils concernent l'action du feu du sacrifice sur les phénomènes célestes. S'ils sont peu nombreux, c'est que notre plan nous oblige à réserver les relations de ce feu avec les éléments femelles, particulièrement avec l'aurore, pour n'envisager que l'influence qu'il exerce sur les éléments mâles, c'est-à-dire sur l'éclair ou le soleil.

On connaît déjà le vers III, 2, 9 que j'ai dû citer à propos du sacrifice des dieux : « Les Uçij immortels ont purifié trois bûches d'Agni, (du dieu) qui est sans cesse en mouvement et qui fait le tour du monde ; ils en ont placé une chez les mortels pour qu'ils en jouissent ; les deux autres se sont avancées dans l'espace vers leur sœur. » L'action du feu du sacrifice terrestre sur les deux autres feux, c'est-à-dire sur le soleil et sur l'éclair, ne saurait être plus clairement indiquée. Je crois donc qu'on peut traduire ainsi le vers V, 6, 4 : « Allumons ton (éclat) brillant, impérissable, ô dieu Agni, pour que ta bûche supérieure (littéralement, plus digne d'être admirée) brille dans le ciel » ; cf. *ibid.* 6. La même idée est d'ailleurs exprimée au vers VI, 2, 3, à cela près qu'il n'est pas fait mention de l'Agni terrestre, mais bien du sacrifice qui ne peut se célébrer sans lui, VI, 2, 3 : « Les héros du ciel t'allument, toi l'étendard du sacrifice, en même temps que l'homme pieux sacrifie. » On peut chercher encore une allusion à cette relation du feu céleste avec le feu terrestre dans un vers déjà cité, I, 26, 8 : « Les dieux nous ont donné des biens avec un beau feu ; nous les honorons avec un beau feu. » Au vers I, 79, 3, le feu terrestre paraît opposé sous le nom d' « inférieur » au feu céleste désigné, comme au vers III, 2, 9, par celui de *parijman*, « faisant le tour (du monde) »[1], et ce dernier, en compagnie d'Aryaman, de Mitra et de Varuna, « arrose la peau dans le séjour de l'inférieur, » c'est-à-dire fait couler les eaux du ciel pour l'Agni terrestre.

A la vérité, dans les derniers passages cités, l'intervention des dieux enlève à la conception quelque chose du caractère de simplicité que je crois pouvoir lui attribuer dans l'ordre d'idées qui fait le sujet de toute cette première partie. Mais au vers VI, 2, 2, nous revoyons l'Agni céleste, sous la figure d'un cheval, se diriger lui-même, comme les bûches du vers III, 2, 9, vers le feu du sacrifice : « Les races t'honorent de leurs sacrifices, de leurs chants ; le cheval qui traverse l'espace, l'être propice, commun à toutes les races[2], va vers toi ; » cf. le passage cité, *ibid.* 3.

Enfin, si les textes précédents ne portent pas expressément que le feu céleste, quand il s'allume en même temps que le feu terrestre, ou, ce qui revient au même, quand il vient vers

---

1. Au contraire le feu domestique est appelé *aproshivân*, « qui n'émigre pas », VIII, 49, 19.
2. Cf. Vaiçvânara dans le chapitre de l'*Arithmétique mythologique*.

lui, obéit à son commandement, ou cède à sa puissance, en voici un autre qui ne prête pas à la même objection : « O Agni! » dit l'auteur du vers X, 156, 4, « tu as fait monter dans le ciel l'astre impérissable, le soleil, donnant la lumière aux hommes. » Il est vrai qu'ici, en revanche, rien dans le contexte n'indique qu'il s'agisse du feu du sacrifice. Je me trompe ; l'opposition d'Agni et du soleil ne laisse guère d'autre interprétation possible pour le premier. Il faut d'ailleurs naturellement tenir compte des citations précédentes, qui fournissent une explication si satisfaisante de celle-ci, comme elles peuvent à leur tour être précisées, grâce à elle.

Plus généralement, les textes qui attribuent une action sur les phénomènes célestes, soit au sacrifice considéré en lui-même, soit aux sacrificateurs, et aux prêtres actuels aussi bien qu'aux ancêtres réels ou légendaires, confirment l'interprétation qui attribue une action du même genre au premier élément du sacrifice, c'est-à-dire au feu.

§ VI. — REPRÉSENTATIONS D'AGNI ET DES SACRIFICATEURS

Les principales représentations d'Agni conviennent à la fois aux feux célestes de l'éclair ou du soleil, et au feu terrestre, particulièrement au feu du sacrifice.

Agni reçoit le nom de taureau dans diverses circonstances, I, 58, 5 ; 146, 2 ; X, 140, 6 ; cf., X, 5, 7 ; 187, 1, particulièrement comme mugissant, X, 8, 1, comme abondant en semence, IV, 5, 3, comme armé de cornes, V, 1, 8 ; VI, 16, 39, qu'il aiguise, VIII, 49, 13 ; cf. V, 2, 9, et qui le rendent difficile à saisir, I, 140, 6, ou simplement comme fort, comme ayant « un cou puissant, » V, 2, 12. Or les mugissements rappellent surtout le bruit du tonnerre qui accompagne l'éclair, et la semence, la pluie dont la chute suit ordinairement l'apparition d'Agni sous cette même forme. Les cornes du feu paraissent être ses flammes et conviennent surtout au feu terrestre. Mais comme symbole de la force, et aussi de l'élément mâle, la figure de taureau peut représenter Agni sous toutes ses formes, y compris celle de soleil.

La même observation s'applique à la représentation d'Agni naissant sous la forme d'un veau, I, 72, 2 ; VIII, 61, 5 ; X, 8, 2 ; cf. I, 65, 10 et *passim*.

Agni est souvent comparé à un cheval, I, 58, 2 ; III, 1, 4 ; VI, 2, 8 ; 3, 4 ; 12, 4 ; VII, 3, 2 ; VIII, 43, 25 ; X, 6, 2, ou reçoit directement le nom de cheval, I, 149, 3 ; VI, 12, 6. La queue qu'il agite comme un cheval, II, 4, 4 ; cf. I, 27, 1, n'est sans doute autre que ses flammes. Purifié par les sacrificateurs, il est comparé à un cheval étrillé, I, 60, 5 ; IV, 15, 6 ; VII, 3, 5 ; VIII, 92, 7 ; cf. VIII, 73, 8, il est le cheval qu'ils étrillent, V, 1, 7 ; cf. 8. Les sacrificateurs le conduisent, III, 2, 7 ; cf. IV, 1, 9, l'excitent, le mettent en mouvement, VII, 7, 1 ; X, 156, 1 ; 188, 1, comme un cheval. Il est le cheval qu'ils cherchent à dompter et à diriger, II, 5, 1 ; III, 27, 3. La même représentation semble impliquée par les textes qui nous montrent Agni attaché au joug dans les demeures, II, 2, 1, attaché au joug de la loi (du sacrifice), I, 143, 7. Il va sans dire que si le feu du sacrifice a été ainsi assimilé à un cheval, c'est surtout à cause de ses courses incessantes entre la terre et le ciel. Il est le cheval qui amène au sacrifice les dieux, III, 27, 14, comparés à des roues qu'il traîne, IV, 1, 3, et il est attelé pour leur porter l'offrande, cf. X, 51, 7. Quant aux textes où Agni est comparé à un cheval à cause de ses hennissements, III, 26, 3, ou appelé directement un cheval hennissant, I, 36, 8 ; cf. VII, 5, 7 et I, 173, 3, ils peuvent faire allusion sans doute au crépitement du feu terrestre ; mais il faut reconnaître pourtant qu'en mythologie, les hennissements du cheval, comme les mugissements du taureau, représentent avant tout le bruit du tonnerre. La figure du cheval convient d'ailleurs à Agni sous toutes ses formes, parce que sous toutes ses formes il court comme un cheval dans la carrière, I, 65, 6 ; cf. 146, 5. Nous avons d'ailleurs déjà vu le soleil représenté comme un cheval. Ajoutons qu'Agni est encore comparé à un cheval comme vainqueur ou conquérant, VIII, 91, 12, et comme faisant échapper aux dangers, IV, 2, 8.

Souvent aussi, au lieu de faire d'Agni un cheval, on lui donne un cheval, I, 127, 5 ; II, 1, 15, ou deux, I, 94, 10 ; II, 10, 2 ; IV, 2, 3 ; VII, 16, 2, ou plusieurs chevaux, I, 14, 6 ; 140, 4 et 5 ; IV, 2, 2 ; VI, 6, 4 ; 16, 43 ; X, 79, 7 ; cf. II, 4, 2. Nous avons eu déjà l'occasion de faire une remarque analogue à propos du soleil. Comme les chevaux du soleil sont ses rayons, les chevaux d'Agni sont vraisemblablement ses flammes, quand il s'agit du feu du sacrifice et que ces chevaux amènent les dieux, I, 14, 12. Et en effet, Agni est le dieu aux chevaux rouges, I, 45, 2; IV, 1, 8; X, 98, 9. Certains textes pourtant attribuent à Agni des chevaux de différentes couleurs, VII, 42, 2, et bien que dans l'un d'eux au moins, au vers I, 14, 12 déjà cité, il s'agisse uniquement du feu du sacrifice, il n'est pas impossible qu'à l'origine cette diversité de couleurs ait correspondu à celle des formes d'Agni. Au vers V, 6, 7, les chevaux d'Agni reçoivent le nom d'*arcayah*, mot qui peut désigner les rayons d'un feu céleste aussi bien que les flammes du feu terrestre, cf. VIII, 23, 11.

En même temps que des chevaux, Agni a naturellement un char, IV, 1, 8; 9, 8; cf. X, 3, 6, ou même plusieurs chars, VIII, 92, 10. Quand il s'agit du feu du sacrifice, le char d'Agni peut représenter le sacrifice lui-même; car ce dieu est appelé le cocher du sacrifice, X, 92, 1, ou des sacrifices, VIII, 11, 2 ; 44, 27 ; cf. III, 13, 3 ; cf. aussi III, 2, 8; IV, 10, 2.

De même qu'Agni n'est pas toujours un cocher, mais est souvent considéré lui-même comme un cheval, il peut être aussi comparé, I, 141, 8; II, 2, 3; III, 2, 1 ; 15; VIII, 19, 8; 73, 1, ou assimilé, III, 11, 5, à un char[1]. Nous avions déjà rencontré cette représentation pour le soleil. Elle peut être appliquée à Agni sous ses différentes formes, en tant qu'il apporte la richesse, I, 58, 3; III, 15, 5, et qu'il est redoutable dans les combats, I, 66, 6. Mais elle ne peut bien lui convenir qu'en tant qu'il ne se dirige pas lui-même, mais est conduit par d'autres. Et en effet nous lisons, au vers X, 176, 3, qu'il est conduit comme un char pour l'accomplissement du sacrifice, cf. I, 148, 3.

Nous connaissons déjà l'oiseau soleil : l'oiseau Agni peut être tantôt le soleil, tantôt l'éclair. Sous le nom de Sarasvat, c'est, ainsi que nous le verrons, Agni qui est appelé au vers I, 164, 52, l'oiseau divin, comme il est au vers 46 du même hymne l'une des formes de l'être unique en même temps que l'oiseau Garutmat. Agni est encore appelé l'aigle du ciel, VII, 15, 4. Plusieurs vers le représentent ailé, I, 58, 5; II, 2, 4, ou appellent sa course un vol, I, 141, 7; VI, 3, 7 ; 4, 6; X, 8, 3. Comme séjournant dans les eaux, il est comparé au flamant, I, 65, 9, et cette représentation ne peut évidemment conve-

---

1. Le vers III, 7, 9, sur lequel nous reviendrons à propos des rapports du feu avec les femelles, contient une double représentation d'Agni, sous la forme d'un cheval et sous celle d'un cocher : « De nombreuses femelles désirent le grand cheval, le mâle brillant dirige facilement les rênes. »

nir qu'à un feu céleste, particulièrement à l'éclair. Mais nous lisons aussi au vers X, 6, 4 qu'il s'élance vers les dieux avec des ailes rapides, ce qui doit s'entendre du feu du sacrifice. La comparaison d'Agni avec un oiseau est d'ailleurs suggérée tout particulièrement pour le feu du sacrifice par un curieux trait de ressemblance, plusieurs fois relevé dans les hymnes; ce feu s'empare du bois comme l'oiseau se pose sur l'arbre, VI, 3, 5; I, 66, 2 ; X, 91, 2[1]. Les flammes, IV, 4, 2, ou les rayons (? IV, 6, 10) d'Agni sont aussi comparés à des oiseaux, à des aigles, et le vers V, 6, 7, qui les compare à des chevaux, place des ailes à leurs sabots, V, 6, 7.

Pour en finir avec les représentations animales, constatons encore qu'Agni est comparé à un serpent. Ce ne peut être évidemment que comme éclair ou comme feu terrestre, et c'est cette dernière forme qui paraît désignée aux vers I, 180, 3; V, 9, 4 et même I, 141, 7; cf. II, 2, 4.

L'éclair et le soleil ont été, nous le savons, assimilés à des armes. Au vers VI, 3, 4, l'Agni dont il est dit qu'il est comme une hache « quand il tire la langue » semble suffisamment caractérisé, tant par ce détail que par tout le contexte, comme feu du sacrifice. Agni est encore comparé à une hache aux vers I, 127, 3[2]; III, 2, 10; IV, 6, 8; VII, 3, 9, à une pierre à lancer (la foudre?) au vers VI, 6, 5[3]. Ailleurs, il est comparé non plus à une arme, mais à un guerrier armé, à un archer, I, 70, 11; VI, 3, 5; cf. I, 148, 4, il est appelé lui-même un archer, IV, 4, 1 ; il aiguise sa flamme comme le tranchant du fer, VI, 3, 5; cf. X, 20, 6.

Comme le soleil, Agni est comparé à l'or, II, 2, 4 ; VII, 3, 6. Il est aussi en termes plus généraux comparé à une richesse, I, 58, 6 ; 60, 1, à une richesse acquise par héritage, I, 73, 1; cf. 70, 10.

Conformément à l'ordre suivi dans toute cette section, je vais, après les diverses représentations d'Agni, signaler immédiatement celles des sacrificateurs dont Agni est le prototype mythologique. Les sacrificateurs sont assimilés principalement à des chevaux et à des oiseaux. Commençons par la seconde représentation dont l'étude doit nous offrir le moins de difficultés.

1. Cf. le vers I, 145, 5, où Agni est représenté comme un animal qui reçoit à la fois l'épithète *apya* « aquatique » et celle de *vanargu* « fréquentant le bois. »
2. Cf. le vers suivant : « Agni a taillé le bois avec sa flamme. »
3. Il est aussi comparé à une arme défensive, à une cuirasse, I, 140, 10.

Les prêtres se comparent eux-mêmes à des oiseaux, lorsque assis près du Soma pressé, ils acclament Indra, VIII, 21, 5. La comparaison semble là, suggérée par leur chant. Au vers X, 73, 11, les *r*ishis de la famille de Priyamedha, implorant Indra, reçoivent directement le nom d'oiseaux. Le chant du prêtre paraît avoir été aussi assimilé au bourdonnement d'une mouche, I, 119, 9, et les sacrificateurs ont été encore comparés à des mouches, parce qu'ils se tiennent autour de la liqueur du Soma, VII, 32, 2, qui attire ces insectes, IV, 45, 4 ; cf. encore X, 40, 6. Remarquons en passant qu'ils ont pu être pour la même raison assimilés à des fourmis (X, 99, 12 ? Voir *Revue critique,* 1874, II, p. 35.)

Mais revenons aux oiseaux : les prêtres sont encore comparés à des flamants à cause du bruit qu'ils font avec les pierres à presser, III, 53, 10 ; cf. IX, 97, 8. Il est dit également des personnages légendaires dont les hymnes font des compagnons de Brihaspati, qu'ils ont fait le même bruit que les flamants, X, 67, 3[1].

L'assimilation des sacrificateurs à des oiseaux s'expliquerait d'ailleurs, au moins quand il s'agit de sacrificateurs mythologiques, et particulièrement de ceux dont le sacrifice est célébré dans le ciel, par l'identité essentielle de ces personnages avec Agni. On peut, je crois, reconnaître ces prêtres célestes dans les oiseaux qui, d'après le vers I, 164, 21, « font retentir les assemblées, » et qui, d'après le vers 22 et le vers 47 du même hymne, se manifestent et disparaissent tour à tour, comme au vers II, 24, 6 ces compagnons de Brihaspati dont il vient encore d'être question à l'instant (cf. p. 97). Et en effet nous lisons au vers X, 80, 5, qu'Agni est invoqué par les *r*ishis et « par les oiseaux volant dans l'atmosphère ». Remarquons encore que les oiseaux dont on paraît tirer des présages, d'après les hymnes II, 42 et 43, semblent avoir pour prototypes les prêtres célestes. Ils reçoivent en tout cas le nom de poëtes ou chantres, II, 43, 1 ; l'un d'eux est comparé à l'udgâtri qui chante le sâman, *ibid.* 2 ; on lui attribue à la fois la récitation d'hymnes composés de gâyatrîs et d'hymnes composés de tr*i*sh*t*ubhs, *ibid.* 1 ; enfin le vers II, 42, 2 est adressé à un oiseau qu'on prie de chanter selon la règle établie par les pères.

Les Vasishthas invoquant Indra et Vâyu se comparent

---

1. Au vers X, 67, 7 ces mêmes personnages sont comparés à des sangliers.

eux-mêmes à des chevaux, VII, 70, 7. La même comparaison est au vers VII, 93, 3 appliquée aux prêtres qui invoquent Indra et Agni. La signification en est indiquée au vers VII, 90, 5; car il me paraît évident que ce que « traînent » les Uçij « attelés d'eux-mêmes », cf. Vâl. 10, 1, c'est le char d'Indra et Vâyu, nommé dans le second hémistiche. Les prêtres sont assimilés à des chevaux parce qu'ils amènent les dieux à leur sacrifice. Et, en effet, les deux Açvins reçoivent au vers V, 74, 7 l'épithète *vipravâhasâ* « qui ont pour attelage les prêtres[1]. »

L'assimilation d'Agni à un char explique aussi celle des prêtres qui, comme nous l'avons vu, le mettent en mouvement, à des chevaux qui traînent ce char. Au vers I, 148, 3, les personnages qui conduisent Agni et qui sont comparés à des chevaux attelés à un char, sont des dieux ; mais ces dieux y paraissent conçus comme des sacrificateurs.

Enfin, la figure du cheval, comme celle de l'oiseau, conviendrait aux prêtres mythologiques par cette seule raison qu'Agni est leur prototype. Ils sont plusieurs fois représentés ainsi. Au vers III, 7, 8=III, 4, 7, les sept chevaux qui suivent la loi, et ne disent que ce qui est conforme à la loi, rapprochés des deux sacrificateurs divins, sont évidemment les mêmes que les sept prêtres nommés au vers précédent. Les êtres invoqués dans les vers VII, 38, 7 et 8 ; cf. X, 64, 6, portent à la fois le nom de chevaux et celui de prêtres. Il est possible que ceux qui sont appelés chevaux au vers X, 74, 1 soient les mêmes dont l'invocation est mentionnée au vers suivant. En tout cas, ceux que le vers X, 114, 10 représente attelés au joug du char, paraissent bien être des prêtres célestes, comme les personnages dont il est question dans plusieurs des vers précédents. La même interprétation peut être proposée pour les chevaux de char que le vers III, 6, 8 nomme des « compagnons », qu'il mentionne parallèlement aux dieux de l'atmosphère et à ceux du ciel, et qu'Agni est au vers suivant prié d'amener avec eux sur un même char, ou sur des chars différents. En effet, nous trouvons déjà au vers 1 du même hymne des chantres, qui sont là d'ailleurs les prêtres réels et terrestres, assimilés à des chevaux par l'épithète *vacyamânâh* « caracolant, » cf. 2; l'étrangeté d'une

---

[1]. Ce sens me paraît mis hors de doute par la comparaison du mot *brahmavâhas* « qui a pour véhicule ou pour attelage la prière » dont l'interprétation sera justifiée plus loin.

image qui nous montre des chevaux placés sur un char ne doit pas nous arrêter, non plus que la contradiction consistant en ce que le vers 9 mentionne de nouveau des chevaux, et à ce qu'il semble comme traînant le char. Les *r*ishis se plaisent en effet à ces combinaisons paradoxales, et celle dont il s'agit me paraît avoir été présentée sous forme d'énigme dans l'hymne I, 164 qui en contient tant d'autres, au vers 3 : « Les sept chevaux placés sur ce char à sept roues le traînent. » Cf. encore X, 102, 10 (section VI).

Remarquons en terminant que le mot *vahni*, tiré de la racine *vah* « porter, traîner », et qui signifie à la fois « cheval » et « sacrificateur », est un témoignage de la facilité avec laquelle les *r*ishis védiques pouvaient passer d'une idée à l'autre. La même observation est applicable à l'assimilation d'Agni, le porteur d'offrandes, à un cheval.

SECTION V

SOMA

§ Ier. — DIFFÉRENTES FORMES DE SOMA. — ORIGINE CÉLESTE DU SOMA TERRESTRE.

Le Soma est une liqueur spiritueuse, très-souvent désignée aussi sous le nom d'*indu*, tirée d'une plante ordinairement désignée dans les hymnes par les mots *andhah*, IX, 18, 2; 55, 2; *amçu*, X, 17, 12; I, 91, 17, et croissant sur les montagnes, IX, 18, 1; 46, 1; 71, 4; cf. V, 85, 2, dont elle forme la chevelure, V, 41, 11[1], qu'on presse, IX, 67, 19, ou, selon l'expression du vers I, 137, 3, qu'on trait, avec des pierres, cf. IX, 24, 5, dans un récipient qui, d'après le vers I, 109, 3, paraît avoir été appelé *dhishanâ*. Une fois exprimé, le suc de la plante doit passer à travers un tamis, IX, 51, 1; 67, 19, où il se purifie, IX, 78, 1. Ce tamis est fait de laine de brebis, I, 135, 6; IX, 6, 1; 13, 6; 36, 4; 67, 20, et est quelquefois désigné lui-

---

1. *Girayah virshakeçâh* « les montagnes qui ont pour chevelure le mâle. — Peut-être est-ce au même ordre d'idées qu'il faut rapporter l'épithète *adrivan*, en tant qu'appliquée à Soma, IX, 53, 1.

même par le nom de brebis, IX, 78, 1 ; 8, 5 ; cf. 6, 5. De là le Soma coule dans des vases de bois[1], IX, 6, 5 ; 7, 6 ; 62, 8 ; cf. X, 101, 11, désignés dans les hymnes, tantôt par le nom de *drona*, IX, 3, 1 ; 28, 4, ou par le mot *dru* « bois », IX, 65, 6, qui y fait sans doute allusion, tantôt par celui de *kalaça*, IX, 8, 6 ; 65, 14[2], ou encore par celui de *camû*, IX, 20, 6 ; 62, 16 ; 63, 2 ; cf. 8, 2, et enfin par le terme générique de *koça* « cuve », IX, 36, 2 ; 66, 11. D'un pareil vase, désigné au vers V, 51, 4 par le mot *camû*, il passe dans les coupes désignées au même endroit par le mot *amatra*, mais dont le nom le plus ordinaire est *camasa*, VIII, 71, 7. Dans ces différents transvasements (cf. IX, 65, 6, et *passim*), il est successivement mêlé à l'eau, VIII, 1, 17 ; IX, 20, 6 ; 65, 6, et au lait, VIII, 2, 9, au lait caillé, *ibid.*; I, 137, 2, ordinairement désigné par le terme de « vaches », *ibid.*, 1 ; VIII, 2, 3 ; 71, 5 et 6 ; IX, 46, 4. On y ajoute encore des grains de blé, IV, 29, 4, d'où l'épithète *yavâçir* « mêlé au blé » appliquée au Soma en même temps que celle de *gavâçir* « mêlé aux vaches », I, 187, 9 ; III, 42, 7.

Avant d'étudier le rôle mythologique de la liqueur du Soma, nous devons dire un mot des propriétés réelles par lesquelles elle a été appelée à jouer ce rôle. Elle est l'offrande par excellence, IX, 7, 2 ; 67, 28 ; 107, 1, et, comme disent les poëtes, l'âme, IX, 6, 8, l'âme antique du sacrifice, IX, 2, 10 (cf. l'âme d'Indra, IX, 85, 3), le sacrifice lui-même, IX, 7, 3 ; cf. 101, 3, mais elle n'est pas bue seulement par tous les dieux, IX, 18, 3 ; 109, 15, qui l'ont faite pour eux-mêmes, IX, 78, 4, et dont elle est le breuvage favori, IX, 85, 2, elle est bue aussi par les hommes, VIII, 48, 1 ; cf. IX, 99, 3, et avec le même plaisir, II, 19, 1. Quand les rishis décrivent les effets du Soma, ils parlent en connaissance de cause, car ils le portent, selon l'expression du vers X, 32, 9, dans leur cœur. Le goût en est à la fois doux et fort, VI, 47, 1. Les Somas introduits dans le cœur sont comparés à des hommes ivres de liqueur qui combattent, à des hommes nus qui crient dans le ventre, VIII, 2, 12. On voit que cette comparaison bizarre transporte à la liqueur personnifiée l'état d'ivresse où elle plonge celui qui l'a bue. Inversement les dieux actifs et même

---

1. Le vers I, 135, 8 désigne ces vases par le nom d'Açvattha, indiquant ainsi l'essence du bois dont ils sont faits.
2. Au vers IX, 67, 14 les deux noms sont réunis. En fait nous voyons dans le rituel un composé formé des deux mêmes mots désigner une seule et même cuve.

tumultueux par excellence, c'est-à-dire les Maruts, sont comparés aux Somas introduits dans le cœur, I, 168, 3. Dans l'hymne VIII, 48, qui célèbre les effets du Soma bu par l'homme, et auquel nous emprunterons d'autres citations, on trouve au vers 6 cette expression énergique adressée au Soma : « Fais-moi brûler comme le feu allumé par le frottement. » D'ailleurs ce feu allumé dans le cœur par la liqueur du Soma, cette ivresse, naturellement quand elle ne dépasse pas une certaine mesure, est bienfaisante. Le Soma délie la langue du poëte, laquelle « marche à sa lumière[1] », I, 87, 5, et le poëte parle alors « à la manière du père ancien », *ibid.*; « il fait sortir la voix, il éveille la prière », VI, 47, 3; cf. I, 91, 1; 129, 6; X, 25, 1, Indra fait de celui qui l'a bu « un *r*ishi », III, 43, 5, et les *r*ishis, dans un passage où ce nom est donné d'ailleurs à des personnages mythologiques, aux Angiras, reçoivent l'épithète *somaçitâh* « aiguisés par le Soma », X, 108, 8. Les Ka*n*vas ont chanté, VIII, 32, 1, Medyâtithi est invité à chanter, VIII, 33, 4, Indra dans l'ivresse du Soma. L'auteur du vers III, 32, 14, en disant que la coupe l'a engendré, entend peut-être simplement que le Soma a fait de lui un *r*ishi. Au vers I, 164, 37 : « Quand le premier-né de la loi est venu à moi, j'obtiens ma part de la parole », le premier-né de la loi est peut-être le Soma désigné plus clairement au vers 21 du même hymne par ces mots : « Le sage est entré en moi qui suis simple. » Nous reviendrons plus loin sur la sagesse de Soma.

La liqueur enivrante n'inspire pas seulement à l'homme l'enthousiasme poétique, elle lui donne une force héroïque. « Donne-nous, » dit l'auteur du vers IX, 8, 8, « donne-nous, ô Soma, la force dans les combats[2]. » Les hymnes célèbrent surtout cet effet du Soma sur les dieux et particulièrement sur Indra ; mais l'homme ne le transportait à la divinité que parce qu'il l'avait observé sur lui-même. En attendant d'ailleurs que notre plan amène la citation des passages relatifs à Indra, je crois pouvoir signaler l'hymne X, 119, où le personnage qui décrit les effets du Soma sur

---

1. D'après le vers I, 139, 2 les prêtres ont vu la demeure de Mitra et Varuna en pensée, avec leurs propres yeux (ceux de leur esprit ?) et avec les yeux de Soma.

2. Je ne cite pas le vers IX, 45, 6, qu'il faudrait entendre d'après M. Grassmann en ce sens que le Soma, quand il est bu, donne, ou plutôt *rayonne* au chantre « l'héroïsme » : il ne me paraît pas certain en effet que le mot *survîrya* ait d'autre signification que celle d' « abondance d'enfants mâles. »

lui-même a été identifié à ce dieu par la plupart des interprètes, mais me paraît n'être autre en réalité que l'auteur même du morceau. Les vers 2-5 sont en effet consacrés à la description d'un enthousiasme poétique, et bien qu'Indra soit, comme nous le verrons, assimilé parfois à un chantre, c'est au poëte qu'à défaut d'autre indication il est le plus naturel de les rapporter : « 2. Les breuvages m'ont transporté comme des vents impétueux ; ai-je donc bu du Soma? — 3. Les breuvages m'ont transporté comme des chevaux rapides entraînent un char ; ai-je donc bu du Soma? — 4. La pensée (la prière) s'est offerte à moi comme une vache à son petit bien-aimé (pour se laisser teter)[1] ; ai-je donc bu du Soma? — 5. Je tourne ma pensée (ma prière) dans mon cœur comme un charpentier qui façonne un char[2] ; ai-je donc bu du Soma? »—Il est d'ailleurs impossible de rapporter à Indra le vers 13 et dernier : « Maison ornée (par le Soma qui séjourne en moi), je vais portant l'offrande aux dieux ; ai-je donc bu du Soma? » J'avoue que, dans le milieu de cet hymne curieux dont chaque vers se termine par le même refrain, notre personnage tient un langage qui semblerait mieux convenir à un dieu qu'à un homme. Mais c'est précisément là, si mon interprétation est exacte, ce qui fait mieux ressortir l'exaltation produite par le Soma. N'avons-nous pas vu des rishis à jeun se prétendre transportés dans les airs par la puissance de l'ascétisme, X, 136, 3 ? Ne nous étonnons donc pas d'en entendre un autre nous dire quand il est ivre : « 6. Les cinq races m'ont paru comme rien ; ai-je donc bu du Soma? — 7. Une seule moitié de moi dépasse les deux mondes ; ai-je, etc. — 8. J'ai surpassé en grandeur le ciel et cette grande terre ; ai-je, etc. — 9. Transporterai-je cette terre ici ou là ? ai-je, etc. — 10. Vais-je rapidement heurter cette terre ici ou là ? ai-je, etc. — 11. Une moitié de moi est dans le ciel et j'ai étendu l'autre jusqu'en bas ; ai-je, etc. — 12. Je suis grandissime, je m'élève jusqu'aux nuages; ai-je donc bu du Soma? » — Le vers 1, où il s'agit de conquêtes, est celui qui présente l'allusion la plus claire aux idées belliqueuses inspirées par le Soma : « Je pense ceci : il faut m'emparer de la vache, du cheval; ai-je donc bu du Soma? »

On attribue également au Soma, comme en général aux

---

1. Voir chapitre IV.
2. Voir la deuxième partie.

plantes dont il est le roi, X, 97, 18 ; 19 ; 22 ; cf. 7, des effets curatifs. « J'ai », dit l'auteur du vers VIII, 61, 17, « pris du Soma au lever du soleil ; c'est le remède du malade. » Le Soma éloigne les maladies, III, 62, 14 ; IX, 85, 1 ; 97, 43, il guérit tout ce qui est malade, VIII, 68, 2, et prolonge la vie, *ibid.* 6 ; cf. III, 62, 15 ; X, 57, 3 et 6 ; 59, 4 et 7. Ici d'ailleurs nous touchons au mythe, et le vers VIII, 68, 2 lui fait honneur de guérisons merveilleuses par une formule que nous retrouverons plusieurs fois : « L'aveugle a vu, le paralytique a recouvré le mouvement. » Nous rentrons au contraire, si l'on peut ainsi parler, dans le domaine de la physiologie au vers I, 187, 10, d'après lequel le Soma devient la nourriture du corps (comme une bouillie, *karambha*) et s'y transforme en graisse.

Cependant le Soma, en qualité de liqueur enivrante, est redoutable autant que bienfaisant. C'est ce qu'indique le vers VIII, 68, 8 : « Ne nous fais pas trembler, ô Soma, ne nous inspire pas la crainte, ô roi ; que ta violence ne nous brise pas le cœur ! »

Je terminerai ce que j'avais à dire ici des effets matériels du Soma, en citant une grande partie de l'hymne VIII, 48 auquel j'ai déjà emprunté un ou deux traits.

4[1]. Sois propice à notre cœur (à nos entrailles) quand nous t'avons bu, ô Soma ; sois-nous propice comme un père à son fils ; sois pour nous comme un ami pour son ami, ô toi dont la renommée s'étend au loin ; toi qui es sage, ô Soma, prolonge notre vie.

5. Somas glorieux et secourables, vous m'avez, quand je vous ai bus, attaché solidement dans mes articulations, comme les courroies (littéralement les vaches) attachent le char ; que les Somas empêchent mon pied de glisser ; qu'ils me gardent des entorses !

6. Fais-moi brûler comme un feu allumé par le frottement ; fais-nous briller, rends-nous plus riches ; car je le crois, ô Soma, dans ton ivresse, je marcherai, comme un riche, à la prospérité.

7. Puissions-nous, ô Soma que nous avons pressé avec zèle, te recevoir en partage comme une richesse transmise par héritage ; ô roi Soma, prolonge notre vie comme le soleil renouvelle les jours chaque matin.

---

1. Voir le vers 3 à la page 192.

8. O roi Soma, aie pitié de nous, protége-nous ; nous suivons tes lois, remarque-le bien ; notre volonté, notre intelligence est excitée (par toi) ; ô Soma, ne nous livre pas à l'ennemi.

9. Car tu es le gardien de notre corps ; tu es descendu dans tous nos membres, ô toi qui vois les hommes ; si nous violons tes lois, aie pitié de nous, ô dieu ; favorise-nous, nous qui sommes tes bons amis.

10. Puissé-je trouver en lui un ami miséricordieux, qui ne me fasse pas de mal, ô dieu aux chevaux bais (Indra), quand je l'aurai bu ; en considération de ce Soma qui est descendu en nous, je prie Indra de prolonger notre vie.

11. Les maladies sans force se sont enfuies ; elles ont tremblé, elles ont été effrayées, elles qui troublent ; le Soma puissant est descendu en nous ; nous sommes arrivés au point où la vie se trouve prolongée. »

On aura remarqué le passage où la prolongation de la vie n'est pas attribuée directement à Soma, mais à Indra agissant par considération pour Soma. Au vers X, 25, 4, les hommes, en demandant la vie à Soma, le prient de les conserver « comme ses coupes [1]. » Ils souhaitent qu'il se plaise dans leur cœur comme les vaches dans les pâturages, comme un homme dans sa demeure, I, 91, 13.

Comme on l'a vu d'ailleurs au vers 9, cf. 8, de l'hymne VIII, 48, le Soma est, même sous sa forme terrestre, la seule que nous connaissions jusqu'ici, non-seulement personnifié, mais divinisé. Ajoutons-y le vers 12 : « A ce Soma que nous avons bu et introduit dans nos cœurs, ô pères, qui étant immortel, a pénétré chez des mortels, à ce Soma sacrifions une offrande, puissions-nous éprouver les effets de sa miséricorde et de sa bienveillance ! » cf. 15. Le vers I, 179, 5 est peut-être plus curieux encore : « Je m'adresse de près à ce Soma que j'ai bu et introduit dans mon cœur ; quelques fautes que nous ayons commises, qu'il les pardonne, car le mortel est plein de désirs. » Soma est encore appelé au vers IX, 91, 2 un « immortel » purifié par des « mortels », cf. IX, 3, 1 ; 13, 5 et *passim*.

Mais la liqueur enivrante que les hommes boivent et qu'ils offrent aux dieux dans le sacrifice, n'est qu'une des formes

---

1. Le verbe *dhâraya* me paraît devoir être sous-entendu dans le premier pâda, et construit dans les deux pâdas de deux manières différentes.

de Soma. Comme Agni, il a des formes célestes: là-dessus tout le monde est d'accord. J'ajoute que ses formes principales dans le ciel sont, comme celles d'Agni, le soleil et l'éclair. Sur ces deux points, sur le second surtout, je m'écarte des opinions reçues, et je devrai, en cherchant à les établir, examiner les objections que mon interprétation soulève. Avant tout, il me faut expliquer comment cette identification au soleil et à l'éclair, qui a dû paraître toute naturelle pour le feu, a pu être étendue au Soma.

Le Soma est un liquide, et, naturellement, ce caractère n'a pu être oublié dans les comparaisons dont il est l'objet. Les gouttes de Soma sont comparées aux flots des eaux, IX, 33, 1, à des eaux, IV, 47, 2; IX, 6, 4, à des rivières, V, 51, 7; IX, 17, 1; cf. IX, 69, 7, suivant une pente. Soma lui-même (au singulier) est comparé aux eaux, IX, 88, 7 ; il joue comme le flot des eaux, IX, 108, 5, son flot se gonfle comme celui d'une rivière, IX, 107, 12, il coule comme le flot d'une rivière, IX, 80, 5, comme une rivière suivant sa pente, IX, 97, 45, il rend le même son que le flot d'une rivière, IX, 50, 1. Il entre dans le cœur d'Indra, comme les rivières dans la mer, IX, 108, 16; VIII, 81, 22, ou dans un lac, X, 43, 7.

Mais la nature liquide du Soma n'est pas le seul de ses caractères dont il faille tenir compte pour l'intelligence des mythes où il figure. Il en est deux autres dont l'importance n'est pas moindre. Nous connaissons déjà le premier. Le Soma est un breuvage enivrant qui allume des flammes dans le cœur de l'homme : « Fais-moi brûler, ô Soma, comme un feu allumé par le frottement. » Voilà donc une première propriété qui rapproche Soma d'Agni. L'autre est sa couleur brillante, IX, 105, 4; cf. 65, 8 ; 104, 4, qui l'assimile aux corps et aux phénomènes lumineux, comme la précédente aux corps et aux phénomènes brûlants. Cette couleur, qui paraît avoir été jaune, est désignée par les adjectifs *hari, arusha, aruna, babhru, çona* (voyez Grassmann, s. v.), appliqués dans le *R*ig-Veda aux différents phénomènes lumineux. Le premier, *hari*, est le plus employé. L'éclat du Soma est encore exprimé par les adjectifs *candra, darçata, dyumat, dyumnavat, çubhra, çuci,* et surtout *çukra,* par les formes verbales ou participiales tirées des racines *dyut,* IX, 64, 15; *râj,* IX, 61, 18, *çubh,* IX, 2, 7, par les substantifs *dyut,* IX, 54, 1, *ruc,* IX, 64, 13 et 28 ; 96, 24. Le vers IX, 66, 27 lui attribue des rayons, *raçmi.* Les indications relatives à la couleur brillante du breuvage du sacrifice sont accumulées particulièrement dans l'hymne IX, 111, aux vers 1, 2, 3 ; cf. IX, 65, 4 ; 66, 25 et *passim*. Au vers IX, 107, 4, nous trouvons les allusions à la nature liquide et à l'éclat du Soma combinées dans l'expression pittoresque de « source d'or. »

D'ailleurs la nature liquide du Soma était d'autant moins un obstacle à son assimilation avec les corps ou les phénomènes brûlants ou lumineux, que le feu et la lumière sont souvent eux-mêmes dans les hymnes comparés à des torrents. L'aurore reçoit au vers I, 48, 6, l'épithète *odatî*, « jaillissante. » Elle a brillé comme le torrent d'une rivière, I, 92, 12. Ses splendeurs sont comparées aux flots brillants des eaux, VI, 64, 1. L'éclat répandu par Savitri reçoit la qualification de *drapsa*, « goutte », IV, 13, 2, et n'est autre que l'éclat du soleil appelé aussi un flot bouillonnant, *arnava*, VII, 63, 2. Ces deux expressions sont également appliquées à l'éclat d'Agni, la première au vers VIII, 19, 31 (cf. X, 11, 4 ?), la seconde au vers III, 22, 2. Agni est aussi appelé un flot de lumière, X, 8, 3. Il est comparé au courant d'une rivière, I, 65, 6, et ses flammes sont comparées aux flots d'une rivière, I, 44, 12 ; cf. VIII, 92, 11, à des rivières brillantes, I, 143, 3. Lorsque le feu, dévorant le bois, est activé par l'offrande du beurre, il ressemble à des eaux brillantes qui suivent leur pente, III, 5, 8, et l'offrande qu'on y sacrifie est elle-même comparée à une île entourée par les eaux, I, 169, 3. Enfin, de même que le suc du Soma a été considéré comme un lait, IX, 62, 20, trait avec les pierres, IX, 34, 3 ; cf. 65, 15 ; 97, 11 ; X, 76, 7 ; cf. encore IX, 42, 4 ; 54, 1, comme le lait de la plante qui le produit, assimilée elle-même à une vache, V, 43, 4 ; VIII, 9, 19 ; cf. X, 94, 9 ; cf. encore X, 17, 14, comme le lait de vaches célestes (voir chapitre IV, l'explication des formules telles que celles des vers II, 13, 1 ; IV, 1, 19 ; VIII, 58, 6), de même Agni a été comparé au beurre brûlant de la vache, IV, 1, 6.

On comprend déjà par ce qui précède que le soleil ait pu être considéré comme une des formes célestes de Soma. Cependant cette assimilation semble au premier abord souffrir une difficulté. Soma a été en effet identifié dans la mythologie brahmanique avec un astre auquel il a même donné son nom : mais cet astre est la lune, dont les phases ont été expliquées par les repas que les dieux et les pères font successivement aux dépens de sa substance, l'ambroisie, originairement identique au Soma céleste. Nous verrons même tout à l'heure que les germes de ce mythe se rencontrent déjà dans le *Rig*-Veda. Toutefois l'identification du Soma à la lune n'exclut pas son identification au soleil, et celle-ci a une toute autre importance dans le système général de la mythologie védique. La lune n'y joue en effet, aussi bien que les étoiles, qu'un rôle très-restreint, du moins si nous en jugeons, comme nous sommes nécessairement conduits à le faire, par les textes où ces astres figurent sous leur nom vulgaire. C'est ce qu'une digression, dont l'occasion s'offre ici naturellement, va nous permettre de constater.

Les étoiles, dont Agni a orné le ciel[1], I, 68, 10, sont invoquées comme le soleil et avec lui, III, 54, 19, dans une énumération qui comprend en même temps la terre, le ciel, les eaux, l'atmosphère. On pose pour elles, comme pour la plupart des corps ou phénomènes célestes, la question de savoir ce qu'elles deviennent quand elles disparaissent, I, 24, 10 : « Ces ours (les étoiles de la Grande Ourse), qu'on voit placés là-haut pendant la nuit, où sont-ils allés pendant le jour ? Les lois de Varu*n*a sont immuables ; la lune s'avance brillante pendant la nuit. » Nous venons de voir les étoiles de la Grande Ourse déjà désignées par le nom d'ours. Il est possible que les étoiles en général aient été assimilées à des taureaux : c'est du moins l'idée que suggère la comparaison inverse des taureaux donnés aux prêtres, comme salaire du sacrifice, à des étoiles Vâl. 7, 2. Elles ont été certainement, de même que le soleil, considérées comme des yeux : les mille yeux par lesquels Agni regarde, X, 79, 5, peuvent donc être les étoiles, aussi bien que les yeux que le vers X, 127, 1 attribue à la nuit.

Les espions dont il est dit au vers I, 33, 8 qu'Indra les a entourés, c'est-à-dire a triomphé d'eux, avec le soleil, sont susceptibles de la même interprétation. De ce dernier passage, en effet, on peut rapprocher celui qui représente les étoiles s'enfuyant comme des voleurs à l'approche du soleil, I, 50, 2. Est-ce encore du soleil effaçant l'éclat des étoiles, ou est-ce de la lune brillant au milieu d'elles qu'il est question dans ce vers adressé à Mitra et Varuna, V, 62, 1 : « Votre loi immuable a été tenue secrète selon la loi, là où on dételle les

---

1. Au vers I, 87, 1, où les Maruts sont comparés à des vaches ornées d'étoiles, je crois que ces vaches représentent les nuits (cf. chap. III).

chevaux du soleil ; mille autres étaient là, et je n'ai vu que cette forme, la plus belle des formes divines. » Quoi qu'il en soit, voilà à peu près tous les textes d'où il nous faudrait tirer l'explication des mythes stellaires, si le *R*ig-Veda en contenait. La suite de cette exposition montrera qu'en dehors du mythe de Varu*n*a et des *A*dityas, dont les espions peuvent, comme ceux dont il a été question plus haut, représenter les étoiles, on n'a guère l'occasion d'en faire usage. En général, la mythologie stellaire paraît être de formation secondaire. Ainsi l'on ne saurait considérer comme un mythe primitif l'application au couple formé d'Agni et Soma du nom de *punarvasû*, X, 19, 1, désignation de l'une de ces constellations qui ont formé plus tard les mansions lunaires, et dont une autre, *tishya*, est nommée au vers V, 54, 13 et invoquée au vers X, 64, 8. Nous en retrouverons tout à l'heure deux autres encore, *aghấh* et *arjunyau*.

Quant à la lune, si on laisse de côté le nom de Soma, dont l'application à cet astre, dans la langue des hymnes, est précisément le point en question, pour s'en tenir au nom de *mâs*, identique au nom des mois dont elle détermine la durée[1], X, 138, 6, et à celui de *candra-mas* dont le second élément appartient à la même racine, *mâ* « mesurer », on trouve qu'elle ne tient guère plus de place que les étoiles dans les préoccupations ordinaires des *r*ishis. Nous l'avons déjà vue plus haut mentionnée avec les étoiles. Elle forme avec le soleil un couple, cf. X, 138, 4, ordinairement désigné par un composé duel *sûryâ-mâsâ*, VIII, 83, 2, ou *sûryâ-candramasau*, V, 51, 15. Des textes qui nous montrent les deux astres se levant l'un après l'autre, I, 102, 2, et par l'opération de Brihaspati, X, 68, 10, on rapprochera le vers II, 24, 5 où les deux qui suivent sans effort, l'un après l'autre, les règles qu'a tracées Brahma*n*aspati, dieu identique à Brihaspati, doivent être également le soleil et la lune. Ils sont nommés aux vers X, 190, 3 parmi les premiers objets créés, et d'après le vers X, 12, 7, les dieux ont mis dans le soleil une lumière appelée *jyot*i*h*, tandis que celle dont ils ont doté la lune est appelée *aktu*, nom qui

---

1. On a selon moi accepté beaucoup trop vite l'interprétation du vers I, 25, 8 d'après laquelle Varu*n*a connaîtrait, outre les douze mois, un mois intercalaire. « Celui qui naît ensuite » peut être tout autre chose qu'une division du temps, par exemple le Soma céleste qui tombe mêlé aux eaux du ciel (cf. p 165) quand revient la saison des pluies, *les douze mois étant écoulés*, cf. VII, 103, 9.

désigne souvent la nuit claire. Quoique la vraie étymologie des mots *mâs* et *candra-mas* n'échappe pas aux *r*ishis védiques, c'est sans doute par une sorte de jeu de mots, dont il y a d'autres exemples, que dans le vers X, 90, 13 où le soleil et la lune sont représentés naissant du corps du Purusha, tandis que le premier est, en vertu du rapport connu entre le soleil et l'œil, tiré de l'œil de cette victime mystique, la lune est, à cause d'un simple rapport de son entre la racine *man* « penser » et la racine *mâ* « mesurer », tirée de son intelligence, *manas*. Enfin le soleil et la lune sont invoqués ensemble dans des énumérations de dieux, X, 64, 3 ; 92, 12; 93, 5. Tels sont, sauf un petit nombre de textes que je réserve pour les développements qui vont suivre immédiatement, les seuls exemples que présentent les hymnes d'une mention de la lune sous l'un de ses noms vulgaires.

En contestant d'ailleurs que le nom de Soma soit déjà dans le *R*ig-Veda un nom vulgaire de la lune, je n'entends pas nier que Soma ne soit quelquefois déjà identifié à cet astre. Remarquons tout d'abord qu'au vers VIII, 71, 8, le Soma dans les cuves est comparé à la lune dans les eaux, cf. I, 105, 1. J'entends le vers VI, 34, 4 en ce sens que le Soma a pénétré dans Indra comme il pénètre dans le ciel uni à l'éclat de la lune. La lune serait donc comme le réceptacle du Soma. Nous verrons plus tard que le Soma paraît représenté au vers I, 84, 15 par cette « essence cachée de Tvash*t*ri » que le poëte place dans la demeure de la lune. Enfin Soma est identifié à la lune dans l'hymne X, 85, probablement déjà au vers 2 qui le place au milieu des étoiles, et certainement au vers 5 qui fait même allusion au mythe brahmanique des phases de la lune : « Quand les dieux te boivent, ô dieu, tu te gonfles ensuite de nouveau. » Comme pour écarter toute possibilité de doute, le même vers fait mention des mois qui sont « la forme des années ». Ajoutons que deux des constellations qui sont devenues des mansions lunaires, celles qu'on appelle *aghâh* et *arjunyau*, sont placées au vers 13 sur le chemin par lequel Sûryâ est menée à son époux Soma. Enfin les vers 18 et 19 sont consacrés au soleil et à la lune ; ces deux vers, en relevant la propriété qu'a la lune de renaître sans cesse, rappellent le vers 5 où nous avons vu la même propriété attribuée à Soma. Nous verrons plus tard que le mythe du fils de la vierge mangé par les fourmis, IV, 19, 9, peut s'expliquer par la combinaison des deux idées du suc du Soma et de la lune [1].

Mais ce n'est pas seulement Soma que les hymnes identifient, d'ailleurs passagèrement, à la lune. Nous avons déjà eu l'occasion de relever le vers X, 52, 3 où il est dit d'Agni qu'il naît de jour en jour et de mois en mois, et de l'interpréter en ce sens qu'Agni y est identifié successivement au soleil et à la lune. On peut se demander si l'auteur du vers I, 72, 10, en disant que les immortels ont donné à Agni un éclat brillant quand ils ont fait les deux yeux du ciel, c'est-à-dire apparemment le soleil et la lune, n'entend pas l'identifier à ces deux astres. En tout cas, l'assimilation d'Agni à la lune est probable au vers I, 144, 4 portant qu'il naît la nuit comme le jour, et lui donnant en même temps la qualification de « jeune homme chenu. » Ce dernier trait s'explique par deux autres passages qui montrent qu'il convient très-bien à la lune et qui peuvent d'ailleurs être rapportés, soit directement à l'astre, soit plutôt à Soma ou à Agni identifiés avec lui. Je veux parler du vers X, 32, 8 : « Il respirait aujourd'hui..., la vieillesse l'a atteint alors qu'il était jeune encore... » et du vers X, 55, 5 : « Courant veuf [2] (seul de son espèce) au milieu d'un grand nombre de mariés [3] (d'étoiles semblables), il a été, jeune encore, dévoré par le chenu (la vieillesse personnifiée?). Vois la grande sagesse du dieu, (qui détermine ses phases) ; il est mort aujourd'hui, il respirait hier. » De notre vers I, 144, 4 d'après lequel Agni naît la nuit comme le jour, on peut rapprocher le vers I, 95, 1 qui lui attribue deux couleurs différentes désignées par les mots *hari* et *çukra*, l'une pour le jour, l'autre pour la nuit. La même attribution est faite à Soma, à cela près que la couleur nocturne est désignée par le mot *rijra*, IX, 97, 9. Cette distinction ne correspondrait-

---

1. Faut-il voir encore une allusion à la lune dans ce passage, IX, 74, 2, « La plante (du Soma) *pleine* fait le tour de l'univers ? » Enfin l'expression *viçvebhih somaparvabhih* au vers I, 9, 1 peut-elle s'interpréter « à chaque phase de la lune » ?

2. Le mot *vidhu*, devenu d'ailleurs un nom de la lune et qui est employé cette seule fois dans son sens étymologique, ou au moins avec allusion à ce sens, me paraît trouver son explication la plus satisfaisante dans le rapprochement du mot *vidhavâ* « veuve » qui n'est que le féminin de son dérivé. L'opposition du mot *samana* (voir la note suivante) semble décisive.

3. Littéralement au milieu du « mariage » d'un grand nombre. Ce sens est bien établi pour le mot *samana* par le vers VI, 60, 2 de l'Atharva-Veda, cf. *ibid*. II, 36, 1, et R. V. VII, 2, 5 ; cf. aussi IV, 58, 8 ; VI, 75, 4.

elle pas, pour l'un comme pour l'autre, à celle du soleil et de la lune ? On pourrait interpréter dans le même sens le vers I, 127, 5 portant que le coursier d'Agni est plus beau la nuit que le jour[1]. Nous aurions là un premier témoignage de la prédilection bien connue des Hindous pour la lune.

Ainsi Agni, comme Soma, paraît quelquefois identifié à la lune dans les hymnes. Plus généralement Agni et Soma représentent, comme nous le verrons tout à l'heure, un principe identique qui est celui de tous les corps ou phénomènes ignés ou lumineux. C'est à cette large conception qu'il faut avoir recours pour expliquer les différentes formes célestes de Soma aussi bien que celles d'Agni. L'une de ces formes sera la lune, je n'y ai pas contredit, mais l'identification particulière et définitive de Soma à la lune appartient, selon moi, à une formation mythologique secondaire, à peu près comme les mythes stellaires. Pour Soma, comme pour Agni, les mythes les plus anciens, et en tout cas les plus importants, sont ceux du lever du jour et de l'orage, reflétés dans le culte. Je reviens donc, après cette digression nécessaire, à mon premier point, c'est-à-dire à l'assimilation de Soma et du soleil.

Soma est d'abord simplement comparé au soleil, comme brillant, IX, 111, 1, comme visible à tous, IX, 66, 22, comme l'objet des désirs des hommes, IX, 94, 1 ; cf. IX, 98, 8. Il est dit également des Somas au pluriel qu'ils sont brillants comme des soleils, IX, 101, 12, qu'ils courent comme les rayons du soleil, IX, 69, 6. Quand Indra boit le Soma, la force remplit ce dieu comme le soleil remplit l'atmosphère de ses rayons, I, 84, 1.

Une remarque que nous avons faite pour Agni est applicable ici, il est telle formule de comparaison qu'on est tenté d'interpréter comme une identification : Soma se tient au-dessus de tous les êtres comme le dieu soleil, IX, 54, 3, il court dans le ciel comme le soleil, IX, 54, 2, quand il brille du haut du ciel, ses flots se répandent comme les rayons du soleil, IX, 64, 7 et 8, il court à travers la grande mer (céleste?) comme le soleil brillant, IX, 86, 34, il est invité à remplir les deux mondes comme le soleil les remplit de ses rayons,

---

[1]. Une plus grande diversité de couleurs est d'ailleurs attribuée à Agni par d'autres passages, par exemple X, 20, 9 ; cf. 21, 3. Le vers III, 1, 4 lui en donne deux désignées par les adjectifs çveta et arusha, mais il les distribue entre le moment de sa naissance et le temps de son âge adulte.

IX, 41, 5, il hennit comme le soleil (substitué à l'éclair dans l'orage), IX, 64, 9, il est porté comme le soleil par les harits, X, 31, 8, enfin, le vers I, 135, 9, qualifie les Somas, au pluriel, de « difficiles à arrêter comme les rayons du soleil », après nous les avoir montrés volant entre les deux rivières, c'est-à-dire sans doute entre les eaux célestes et les eaux terrestres. Pour quelques-uns au moins de ces passages dont nous aurons l'occasion de citer de nouveau et plus complètement la plupart, on pourrait être tenté dans la traduction de substituer au mot « comme » les mots « en qualité de ». La même observation est applicable au vers IX, 97, 38 où Soma serait identifié, non plus au soleil, mais à un créateur, *dhâtri*, placé dans le soleil[1].

De quelque façon d'ailleurs qu'on interprète ces derniers textes, il en est d'autres où la particule comparative est supprimée. Le nom de soleil (*sûra*) est appliqué directement à Soma, IX, 65, 1 ; 67, 9 ; 91, 3 ; cf. 66, 18, et aux Somas, IX, 10, 5. Mais voici qui est plus décisif. Nous lisons au vers IX, 86, 32 que Soma s'est revêtu des rayons du soleil, au vers IX, 86, 29, qu'il dépasse le ciel et la terre et que son éclat est le soleil. De ce dernier trait on peut rapprocher la formule suivante dont il fournit l'explication, I, 46, 10 : « L'éclat est venu à la plante, un soleil pareil à l'or. » D'après le vers I, 135, 3, les rayons de Soma lui sont communs avec le soleil (cf. IX, 111, 3 ?), et il faut sans doute interpréter de même au vers IX, 2, 6 l'expression *sam sûryena rocate* « il brille avec le soleil ». Je n'entends pas autrement non plus le vers IX, 27, 5 : « Il court[2] dans le ciel avec le soleil. »

Dans les passages où Soma est représenté voyant ces demeures inférieures, IX, 96, 7, regardant (ou éclairant?) le ciel et la terre, IX, 101, 7, et d'en haut les regardant, IX, 32, 4, contemplant enfin toutes choses, IX, 57, 2, il est déjà vraisemblable que le poëte l'identifie au soleil, œil du monde. La vraisemblance augmente dans les vers IX, 70, 3-5 dont l'auteur, en disant que Soma s'avance entre les deux mondes et contemple les

---

[1] Remarquons à ce propos qu'au vers I, 191, 10, c'est le soleil, nommé dans le pâda précédent, qui paraît désigné comme le réceptacle, sinon du Soma, au moins de la liqueur enivrante appelée *surâ*.

[2] Le sens de « rivaliser », adopté par MM. R. et Gr., ne me paraît pas suffisamment établi pour la racine *hâs*, simple développement de la racine *hâ* « aller », dont les emplois sont d'ailleurs très-peu nombreux.

deux races, ajoute que ses rayons immortels se répandent chez l'une et chez l'autre. L'identification de Soma au soleil est peut-être expresse dans l'hymne IX, 10 ; après le vers 8 que nous retrouverons plus loin, et où le soleil auquel Soma réunit l'œil de l'homme comme le nombril (du fils) au nombril (du père, cf. p. 35), paraît déjà considéré comme une forme de Soma lui-même, on lit au vers 9 : « Il coule (sous-entendu, cf. IX, 12, 8) dans le séjour aimé du ciel.... Soleil, il voit avec son œil. » Telle est, du moins, la traduction à laquelle on arrive en prenant *sûrah* pour le nominatif du thème *sûra*, et qui est suggérée par la comparaison du vers IX, 89, 3 : « Il surveille avec son (propre) œil. » Il est vrai que *sûrah* peut être aussi le génitif du thème *svar*, et nous verrons se reproduire plus d'une fois l'équivoque à laquelle cette forme peut donner lieu. Mais dans le cas présent la formule ainsi interprétée « Il voit par l'œil du soleil » garderait à peu près la même portée. Il me reste d'ailleurs à citer un texte qui ne laisse plus place à aucun doute, IX, 71, 8 : « Sa couleur devient brillante..... 9. Il a mugi comme un taureau en passant autour des troupeaux ; *il a revêtu l'éclat du soleil* ; l'oiseau divin contemple d'en haut la terre ; Soma surveille les races avec intelligence. »

On aura remarqué dans cette dernière citation une allusion à la course circulaire de Soma identifié au soleil. Un mouvement analogue est attribué à Soma autour de l'espace, IX, 68, 2 ; cf. 6 et 8, des deux mondes, IX, 18, 6, de la terre, IX, 72, 8, de la terre et du ciel, IX, 107, 24, de toutes choses, IX, 74, 2, ou, comme dans le passage ci-dessus, autour des vaches, IX, 87, 9, des femelles divines, IX, 103, 5, et il est permis de croire que dans ces textes encore, et surtout dans un autre qui le montre portant circulairement sa couleur brillante, IX, 97, 15 ; cf. IX, 86, 5 et 6, c'est le soleil qui est désigné sous son nom. Dans un vers que nous retrouverons plus loin, Soma, en même temps qu'il est représenté coulant autour de tous les êtres, est comparé au soleil poursuivant l'aurore, IX, 84, 2, et cette comparaison est de celles qui paraissent, selon la remarque faite plus haut, équivaloir à une identification pure et simple.

L'ascension de Soma dans le ciel, IX, 36, 6 ; 85, 9, est encore un mouvement qui suggère naturellement l'idée du soleil. Il est vrai qu'au vers IX, 17, 5, Soma montant dans le ciel est expressément distingué du soleil comme le mettant en marche ; mais nous savons que le soleil peut être lui-même, sous son nom vulgaire de *sûrya*, distingué de l'astre, en tant que personnifié en un dieu qui le dirige. Il est plus difficile de préciser le corps ou le phénomène lumineux représenté par Soma dans les passages qui nous le montrent s'élançant du ciel dans l'espace, IX, 68, 9, traversant le ciel, IX, 3, 7 ; 8 ; 12, 8 ; 37, 3 ; cf. IX, 62, 14 ; 68, 4 ; 8, ou suivant son chemin dans l'espace, IX, 22, 4 ; 63, 6, sans indiquer la direction du mouvement, ou encore s'étendant en tous sens, IX, 80, 3, à moins que ces passages ne renferment quelque autre détail caractéristique, comme le vers IX, 86, 37 par exemple, d'après lequel le Soma traverse en maître les mondes, avec un attelage composé des harits ailées : les harits sont en effet les chevaux du soleil.

L'identification de Soma au soleil résulte encore de bien d'autres textes que nous aurons l'occasion de citer dans la suite de notre exposition.

Après avoir vu Soma représenté, sous la forme du soleil, dans les phénomènes qu'on peut rapporter au ciel, en prenant ce mot au sens le plus étroit, nous devons nous attendre à lui voir jouer aussi un rôle dans les phénomènes de l'atmosphère. J'ai annoncé déjà qu'il avait été, selon moi, identifié à l'éclair, mais en ajoutant que sur ce point, plus encore que sur celui de l'identification au soleil, ma théorie heurtait des opinions reçues. Ce n'est pas que mes devanciers aient refusé un rôle à Soma dans l'orage, mais il y représenterait selon eux les eaux du nuage, et non l'éclair qui brille au milieu d'elles. On entrevoit déjà le principe du différend. Ce principe n'est autre que la nature complexe de Soma que nous avons vu, en tant que liquide, comparé aux eaux, mais qui est aussi, à cause de sa couleur brillante et de ses effets comme breuvage enivrant, comparé et même identifié au soleil. Or il est clair que si, par ses deux dernières propriétés, il était appelé dans les phénomènes de l'orage à représenter l'éclair, la première semblait le destiner plutôt à représenter les eaux. Reste à savoir, de ces germes préexistants du mythe, lequel a fructifié et étouffé, ou du moins arrêté l'autre dans son développement. La question n'a pas même été posée, que je sache, par les mythologues, qui, depuis M. Kuhn dans son livre sur la descente du feu, ont tous identifié le Soma céleste à la pluie, en négligeant du reste le Soma-soleil aussi bien que le Soma-éclair. C'est cependant, dussé-je être taxé de présomption, avec une entière confiance que je la résous dans un sens contraire à l'opinion reçue. Les préoccupations étrangères que la mythologie comparée a introduites dans l'étude du *R*ig-Veda ont seules pu, selon moi, obscurcir un point qui me paraît ressortir avec une clarté absolue d'un travail d'ensemble sur la religion védique, comme celui que j'ai entrepris dans ce livre.

Ce n'est pas que le Soma, déjà comparé, comme nous l'avons vu, aux eaux et aux rivières en général, ne le soit aussi particulièrement à une rivière céleste, la Rasâ, IX, 41, 6, aux pluies du ciel, IX, 57, 1 ; 62, 28 ; 89, 1, ou, ce qui revient au même, au nuage pluvieux, IX, 2, 9, et aux outres célestes, IX, 88, 6. Le bruit qu'il fait en coulant est aussi comparé à celui de la pluie, IX, 41, 3. Les Somas bus par Indra coulent en lui comme les pluies sur la terre, IX, 17, 2, et font sur lui l'effet de la pluie sur un champ de blé, X, 43, 7. D'un autre côté, la racine *pû*, qui exprime ordinairement la clarification du Soma, est au vers VII, 49, 1 employée à propos des eaux divines qui, d'après le vers VII, 47, 3, coulent par cent tamis.

L'opération même de la clarification du Soma, coulant par gouttes des trous d'un tamis, semble bien, étant donné l'esprit général du culte védique, tel que je m'attache à le faire ressortir dans cette première partie, une imitation de la chute de la pluie.

Mais le Soma terrestre, quand il passe à travers le tamis, est déjà mélangé à l'eau dont la plante a été arrosée dans l'opération du pressurage. C'est l'écoulement de ce mélange qui imite la chute de la pluie, et on comprend très-bien que le Soma céleste ait pu être distingué de la pluie à laquelle il aurait été uni, comme le Soma terrestre reste distinct par sa nature de l'eau dans laquelle il est contenu, ou, car cette manière de voir peut se justifier aussi bien que l'autre, qu'il contient lui-même. Il est peut-être permis d'expliquer dans ce dernier sens les passages où le Soma, qu'il s'agisse d'ailleurs du Soma terrestre ou du Soma céleste, est appelé une mer, IX, 101, 6 ; 109, 4, une mer qui se purifie dans son union avec les eaux, IX, 2, 5, un réservoir qui plaît aux déesses (aux eaux), IX, 9, 6. Nous retrouverons plus loin plusieurs passages, IX, 64, 8 ; cf. 19 ; 86, 29 ; 97, 40, où Soma reçoit encore le nom de mer, et qui, comme le dernier cité, doivent être certainement rapportés au Soma céleste.

Un premier argument qui, selon moi, serait à lui seul décisif en faveur d'une distinction du Soma céleste et des eaux de la pluie, c'est le sexe régulièrement attribué dans la mythologie védique à chacun de ces éléments. Nous verrons en effet que les eaux sont toujours femelles, et qu'au contraire, le Soma, soit céleste, soit terrestre, est essentiellement mâle. Car il n'y a pas d'importance à attacher aux passages où les Somas, en tant qu'abreuvant Indra, sont, comme les offrandes en général, comparés à des vaches, IX, 24, 2 ; 68, 1 ; cf. IX, 66, 12,[1] qui s'offrent d'elles-mêmes à leur veau, IX, 86, 2 ; cf. 13, 7 (cf. encore VI, 41, 1 ; IV, 34, 5). J'en dirai autant de celui qui nous montre les Somas, répandus pour Vâyu, ornés comme une épouse possédant un riche patrimoine, IX, 46, 2 ; cf. 82, 4. En revanche nous verrons, en étudiant les représentations ordinaires de Soma, qu'il est régulièrement considéré comme un élément mâle, et qu'il s'unit en cette qualité aux éléments femelles, soit dans le sacrifice, soit dans les phénomènes célestes, et en particulier aux eaux, non-seulement aux eaux terrestres, mais à ces eaux de la pluie auxquelles on veut, bien à tort, l'identifier.

L'idée d'un élément igné et lumineux, mêlé aux eaux de la pluie sans se confondre avec elles, et leur donnant, en même temps que la vertu enivrante propre à en faire le breuvage des dieux dans le ciel (cf. II, 24, 4 ; cf. aussi VII, 85, 3), le pouvoir fécondant qui leur est attribué dans leur chute sur la terre, n'est d'ailleurs pas nouvelle pour nous. Le mythe de la descente d'Agni, auquel nous aurons à comparer bientôt celui de la descente de Soma, nous l'a présentée une première fois. C'est qu'en effet Agni et Soma jouent un rôle essentiellement identique dans toute la mythologie védique, et cette identité, qu'on a déjà pu constater dans l'assimilation de l'un et de l'autre au soleil, et qu'on trouvera confirmée pour ainsi dire à chaque pas dans la suite de ce livre, est un second argument, non moins décisif que le premier, contre une assimilation pure et simple de Soma aux eaux de la pluie. Sans doute le feu et le breuvage ont sur la terre des attributs différents, et le vers IX, 88, 5, tout en les comparant l'un à l'autre, les distingue en ces termes : « Il (Soma) brille dans les rivières

---

1. Le mot *samudra* « mer » me paraît désigner là Indra, cf. IX, 108, 16.

(les eaux), comme Agni quand il s'élance sur le bois. » Mais ce texte même nous montre que c'est Soma qui représente le plus exactement sur la terre le feu de l'atmosphère, celui qui s'unit aux eaux, et que par conséquent il ne peut dans l'atmosphère être distinct d'Agni.

D'ailleurs le fait seul de la comparaison nous prépare à admettre l'identification. J'ajouterai donc à la dernière citation celle du vers IX, 22, 2, où les Somas sont comparés à la fois aux pluies du nuage à cause de leur nature liquide, et aux flammes d'Agni à cause de leur éclat. Inversement on trouve aux vers I, 65, 10 ; X, 115, 3, la comparaison d'Agni à Soma, et au vers X, 46, 7, celle des Agnis aux Somas.

Les personnages d'Agni et de Soma semblent se confondre dans les divinités célébrées aux vers 1, 2 et 3 de l'hymne Aprî, IX, 5, que l'épithète *samiddha* « allumé », le nom de Tanûnapât, et l'emploi de la racine *id* dans l'épithète *îlenya* « digne d'être invoqué », non moins que la comparaison des autres hymnes Aprî, identifient à Agni, tandis que l'épithète *pavamâna* suggère l'idée du Soma qui se clarifie, désigné en effet par elle aux vers suivants. Une observation analogue est applicable aux vers IX, 66, 19 ; 20 ; 21 ; X, 3, 5, dans lesquels la même épithète *pavamâna* ou d'autres formes de la racine *pû* sont appliquées à Agni.

Du reste, nous voyons le vers VII, 6, 2 appliquer à l'Agni céleste la qualification de breuvage, *dhâsi*, en même temps que celle de splendeur de la montagne (du nuage), et au vers I, 96, 1, la « coupe » est nommée comme un de ses lieux d'origine. Rappelons à ce propos qu'Agni a été comparé au beurre de la vache, IV, 1, 6, et ajoutons qu'au vers III, 26, 7, un même être mythique s'identifie lui-même à la fois à Agni et à l'offrande.

Dans le vers VIII, 3, 20 : « Les feux sont sortis brillants ; le soleil, le Soma breuvage d'Indra sont sortis brillants, » il semble bien que le Soma soit, comme le soleil, l'un de ces feux nommés d'abord au pluriel.

Ce ne peut être, à ce qu'il me semble, que comme identifié à Agni, que Soma est appelé la hache du bois, IX, 96, 6. On peut encore chercher au moins une allusion à cette assimilation dans le vers IX, 98, 3, qui le montre, non-seulement brillant, mais debout, *ûrdhva*, dans le sacrifice[1].

---

1. Cf. encore le vers 12 du même hymne où l'épithète *puroruc* « qui brille

Les meilleurs arguments en faveur de l'identification du Soma et d'Agni ne sont pas d'ailleurs les quelques textes isolés que je cite ici, uniquement parce que je n'aurai pas d'autre occasion de les produire, mais bien les applications innombrables de ce principe qui seront, comme je l'ai annoncé déjà, répandues à travers le livre entier. Je dois cependant signaler tout particulièrement l'identité des rapports conçus entre l'un et l'autre personnage et les eaux du ciel; ce fait auquel il a déjà été fait allusion plus haut, et sur lequel nous aurons plusieurs fois à revenir, ressortira surtout avec une entière évidence de l'étude que nous consacrerons à Apâm Napât, le fils des eaux, identifié tour à tour à Agni et à Soma. Nous verrons du reste que ce fils des eaux peut représenter le soleil, dans lequel nous avons reconnu déjà une forme commune d'Agni et de Soma, mais qu'il représente surtout l'éclair dont l'identité avec Agni n'est contestée par personne, et dont les observations précédentes ont dû déjà nous préparer à admettre l'assimilation à Soma. C'est ce dernier point que je vais chercher à établir directement, après deux dernières remarques sur l'assimilation de Soma et d'Agni. L'une est que l'existence d'un couple Agni et Soma, désigné par le composé duel *agnishomâ*, X, 19, 1; 66, 7, et auquel est consacré un hymne entier, I, 93, ne prouve rien contre cette assimilation, non plus que les vers V, 44, 14 et 15 par exemple, qui présentent les deux personnages comme des amis, cf. VIII, 61, 2. Le feu et le breuvage étaient en effet nécessairement distingués sur la terre, et il était inévitable que cette distinction fût quelquefois étendue à leurs formes célestes, par exemple dans le mythe du sacrifice des dieux, cf. X, 88, 1. D'ailleurs, si au vers 6 de l'hymne I, 93, que nous retrouverons plus loin, la descente d'Agni et celle de Soma sont présentées comme deux mythes distincts, l'analyse que nous donnerons du second prouvera qu'il est en réalité équivalent au premier. Mon autre remarque est que si dans l'hymne II, 1, où Agni est successivement identifié à tous les dieux, Soma n'est pas nommé, la seule conclusion qu'on puisse tirer de cette omission est que l'identité du feu sous ses deux formes principales n'avait pas même besoin d'être indiquée. Soma en effet, et c'est

---

en avant » est donnée à Soma, et l'expression *yajnasya ketuh*, « étendard du sacrifice, » qui lui est appliquée, IX, 86, 7, comme elle l'est si souvent à Agni.

ainsi que je résumerai toute cette digression, n'est autre chose que *le feu à l'état liquide*.

L'assimilation du Soma à l'éclair peut seule expliquer, selon moi, le vers VII, 69, 6, adressé aux Açvins : « Vers l'éclair, comme deux bœufs altérés, vers nos libations, venez ô héros ! » Il me semble en effet également impossible d'introduire l'idée de l'éclair dans la comparaison, comme si les deux bœufs prévoyaient en effet que la chute de la pluie doit suivre l'apparition de l'éclair, ou d'attribuer pour ce seul passage au mot *vidyut*, comme le font MM. Roth et Grassmann, le sens « d'eau étincelante. » D'ailleurs, indépendamment des textes où le Soma est comparé à un serpent, IX, 77, 3; 86, 44, et qui suggèrent encore assez naturellement l'idée d'une assimilation à l'éclair, nous avons à citer ceux où il est comparé directement à ce phénomène, et où cette comparaison, comme tant d'autres qu'on peut relever dans le *R*ig-Veda, équivaut peut-être à une identification pure et simple. Je veux parler du vers IX, 76, 3, où le Soma est invité à faire gonfler (à remplir de richesses) les deux mondes comme l'éclair fait gonfler les nuages, et surtout du vers IX, 87, 8, où le Soma sortant de la montagne suprême est comparé à l'éclair du ciel tonnant dans les nuages. Au vers I, 187, 7, le Soma paraît être appelé « la lueur » ou « le lumineux des montagnes », apparemment des montagnes célestes ou nuages, ce qui équivaudrait à une assimilation à l'éclair.

En traitant de l'identification du Soma au soleil, j'ai eu l'occasion d'indiquer quelques textes où la marche du Soma dans le ciel est décrite en des termes qui ne permettent pas de préciser la forme sous laquelle il y est représenté. Je puis ajouter maintenant qu'il n'y a guère, selon moi, de choix à faire qu'entre le soleil et l'éclair. Celui-ci d'ailleurs me paraît désigné dans d'autres passages où le Soma, s'avançant entre les deux mondes, est qualifié de retentissant, IX, 70, 5 et 6; 97, 13. Il est vrai qu'un texte déjà cité nous montre le Soma « hennissant comme le dieu soleil », IX, 64, 9. Mais nous ne devons pas oublier pour cela que le bruit du tonnerre, que ce texte paraît rapporter accidentellement au soleil, est un attribut essentiel de l'éclair, auquel d'ailleurs les rayons du soleil sont peut-être identifiés dans une conception de ce genre. Il serait même possible que le Soma, *comparé* dans ce vers au soleil, cf. *ibid.* 7, et nommé une « mer » (cf. p. 164) au vers 8 qui le représente brillant du haut du ciel, fût l'éclair lui-même. Quoi qu'il en soit, le vers IX, 68, 8 insiste encore sur le son rendu par le Soma céleste, et les vers IX, 12, 6 et 14, 1, sur le son rendu par le Soma dans la mer. Ces derniers, lors même que la « mer » n'y serait autre que la cuve où coule le Soma terrestre, garderaient leur intérêt, comme allusion au bruit du Soma dans la mer céleste. Nous retrouverons plus loin le vers IX, 72, 6 où des sages qui paraissent être des sacrificateurs célestes « traient » la plante « tonnante » et inépuisable.

Personne ne conteste que la foudre d'Indra représente l'éclair. Or, Soma est appelé la foudre d'Indra, IX, 77, 1; 72, 7 (cf. IX, 111, 3 ?). Il est vrai qu'il a pu, ainsi que nous le verrons, recevoir cette appellation en qualité de breuvage du sacrifice, comme donnant à Indra un pouvoir équivalent à celui que ce dieu tient de la foudre, cf. I, 121, 12. On doit remarquer pourtant que, comme le même nom donné à l'hymne X, 153, 4 éveille naturellement l'idée du bruit du tonnerre dont nous constaterons l'assimilation à la prière, de même, appliqué à Soma, il paraît faire allusion à sa forme céleste d'éclair. L'allusion est surtout transparente au vers IX, 47, 3, où précisément l'« hymne » représente la voix du tonnerre : « Soma, le breuvage d'Indra, est devenu la foudre qui conquiert mille biens, quand son hymne retentit. » D'ailleurs, au vers V, 48, 3, c'est, à ce qu'il semble, du dieu même porteur de la foudre, qu'il est dit : « Il a, *avec les pierres..., fait couler* la foudre sur le rusé (le démon). » Ajoutons que les allusions au Soma sont peut-être combinées avec les allusions à la foudre dans la description de cette flèche qui reçoit au vers VI, 75, 15 les épithètes de « divine » et « faisant couler la semence du nuage », et qui est décrite en ces termes au vers 11 du même hymne : « Elle se revêt de l'oiseau ; un animal sauvage est sa dent ; unie aux vaches, elle vole en avant. » L'oiseau, qui rappelle les barbes de la flèche, est une représentation commune du Soma et de l'éclair ; on en peut dire autant de l'animal sauvage ; les « vaches » auxquelles la flèche est unie, et qui représentent la corde de l'arc, suggèrent surtout, comme on le verra, l'idée des femelles du Soma.

Dans l'hymne IX, 41 où le Soma céleste remplissant les deux mondes (vers 5) est comparé successivement au soleil (*ibid.*) et à la rivière céleste nommée Rasâ (vers 6), on lit au vers 3 après la comparaison déjà citée « On entend son bruit pareil à celui de la pluie », ces mots : « Les éclairs courent dans le ciel. » La manifestation de Soma a évidemment lieu ici dans le phénomène de l'orage, et, d'après ce que nous avons dit plus haut, ce sont les éclairs qui doivent le représenter. Au vers IX, 84, 3, je crois que la phrase *à vidyutâ pavate dhârayâ sutah* peut être traduite hardiment : « Il se clarifie, exprimé en un torrent qui est l'éclair. »

Rappelons enfin qu'au vers 11 de l'hymne VII, 33, le *r*ishi Vasish*t*ha, personnification du feu identifiée d'après le vers 10 à l'éclair, est appelé une goutte tombée par l'effet de la prière divine que les dieux ont reçue dans la cuiller. L'identité d'Agni et de Soma, sous la forme de l'éclair, ressort avec évidence de ce passage[1].

En dehors des textes où les formes célestes de Soma sont déterminées par leur assimilation au soleil ou à l'éclair, il en est qui constatent en termes généraux l'existence d'un Soma céleste. J'ai déjà eu l'occasion de citer ceux où il est question d'un mouvement du Soma dans le ciel. Je n'insisterai pas sur le nom de « breuvage du ciel », IX, 51, 2 ; 110, 8, ou « breuvage céleste », IX, 109, 3, qui peut désigner le Soma terrestre, bien qu'il ne lui ait été en tout cas attribué qu'à cause de son identité avec un Soma céleste. Le nom de vase (*dhishanâ*) divin donné à la cuve où l'on presse le Soma, I, 109, 4 ; cf. IV, 34, 1, s'explique de la même manière. L'épithète *dyuksha*, « habitant le ciel » (ou simplement céleste?), III, 40, 5 ; IX, 52, 1, et surtout celle de *rajastur*, « traversant l'espace, » IX, 108, 7 (cf. *aptur*, « traversant les eaux, » *ibid.*), semblent devoir se rapporter plus directement au Soma céleste. Au vers IX, 48, 1, Soma est formellement placé dans les demeures du grand ciel, cf. X, 85, 1. Le vers I, 187, 4, nous montre ses sucs répandus dans les espaces et séjournant dans le ciel comme les vents, et d'après le vers IX, 108, 11, il a été « trait » du ciel. Nous aurons à signaler dans les paragaphes suivants un grand nombre d'autres passages relatifs au Soma céleste, parmi lesquels l'hymne IX, 26 mérite une mention particulière. Remarquons encore que l'épithète *vâtâpi*, I, 187, 8-10, dont l'inter-

---

1. Au vers I, 161, 9 où la fabrication des coupes par les *R*ibhus suggère assez naturellement l'idée du Soma, n'est-ce pas ce dernier qui serait désigné par un nom (*vadharyanti* « celle qui frappe, blesse ») qui paraît être une épithète de l'éclair (féminin, *vidyut*) ? L'un des trois frères préfère les eaux et le second le feu ; le troisième préférerait le feu dans les eaux, c'est-à-dire l'éclair, pour le verser dans les coupes sous forme de Soma.

prétation me paraît tout à fait arbitraire chez MM. Roth et Grassmann, et que je traduis « ami du vent » (littéralement « qui a pour ami le vent[1] »), peut sans doute s'expliquer par l'oblation fréquente du Soma terrestre à Vâyu, qui, d'après les vers I, 134, 6 ; IV, 46, 1 ; VII, 92, 1 ; cf. VIII, 27, 25, le boit le premier, mais peut tout aussi bien rappeler les relations entre le Soma céleste et le vent, auxquelles paraissent faire allusion le vers I, 135, 9, et les vers VI, 37, 3 ; X, 186, 3, où d'ailleurs ce Soma serait désigné par le mot *amrita*, « ambroisie. » Et en effet le vers 4 du même hymne I, 187 nous montre les sucs du Soma répandus dans le ciel comme les vents, cf. IX, 22, 2. Enfin nous pourrions ajouter aux textes déjà cités sur le Soma céleste, ceux où il est désigné par ce nom d'*amrita* qui vient d'être mentionné pour la première fois. Mais ils seront mieux à leur place dans le paragraphe où nous traiterons du Soma comme breuvage donnant l'immortalité.

J'ai parlé jusqu'à présent d'une identité du Soma terrestre et des corps ou phénomènes célestes qu'on rencontre dans les hymnes désignés par le même nom, particulièrement du soleil et de l'éclair. Pour prouver qu'il s'agit bien d'une identité de nature, et non pas seulement de nom, il me reste à montrer que le Soma terrestre est descendu du ciel. Je cite d'abord les textes formels. On lit au vers IX, 66, 30 que le « lait » du Soma a été apporté du ciel, au vers IX, 61, 10, que le Soma, né là-haut d'une plante, et habitant le ciel, a été reçu par la terre, au vers IX, 63, 27, que les Somas ont été répandus du ciel et de l'atmosphère sur la surface de la terre (cf. I, 91, 19 ; IX, 68, 9 ?). C'est évidemment Soma qui est appelé à la fois dans les vers X, 17, 11-13 une plante et une « goutte tombée ». Nous verrons plus loin que les vers IX, 12, 7 et 8 peuvent s'entendre de telle sorte que le premier fasse allusion à la descente de Soma, et le second à son

---

1. Ce sens convient au mot dans son application aux dieux T. S. 3, 5, 8, 1, et surtout à Indra *Çânkh. Br.* 27, 4. Quant au mot *vâtâpya*, je le prendrais aux vers IX, 93, 5 et X, 26, 2 aussi bien qu'au vers X, 105, 1 comme substantif, et les trois fois dans le sens d' « amitié du vent ». On comprend très-bien, d'une part, que le Soma, ami du vent, procure l'amitié du vent, IX, 93, 5 ; X, 105, 1, et par suite les dons célestes que le vent distribue, de l'autre que l'amitié du vent soit appelée « la grandeur de Púshan », X, 26, 2, ce dieu étant dans cet hymne même clairement assimilé à Soma. Au vers I, 121, 8, il semble bien que le même mot est appliqué comme adjectif à Soma, dans le même sens que *vâtâpi*.

retour dans le ciel. C'est encore la chute du Soma céleste qui semble décrite dans le vers IX, 89, 1 : « Le rapide a coulé par ses chemins ; il a coulé en se clarifiant comme la pluie du ciel ; Soma, en milliers de gouttes, s'est arrêté chez nous, dans le sein de la mère (la terre) et dans le bois (la cuve ou la plante). » Nous retrouvons ici, comme plus haut, la comparaison du Soma avec la pluie. Mais c'est le cas de nous rappeler ce qui a été dit de la chute d'Agni mêlé aux eaux du ciel. Aux textes qui ont été cités pour Agni, nous pouvons d'ailleurs en ajouter un autre non moins clair pour Soma, IX, 84, 3 : « Lui qui est répandu avec les vaches dans les plantes ..... se clarifie, exprimé en un torrent qui est l'éclair. » La seconde partie de cette citation avait déjà été relevée plus haut. La traduction que j'en avais proposée me paraît maintenant justifiée par la première partie ; dans celle-ci en tout cas, il ne semble pas douteux que les vaches, avec lesquelles Soma est répandu dans les plantes, représentent les eaux de la pluie auxquelles il est mêlé en qualité d'élément igné.

Ces plantes dans lesquelles entre le Soma céleste sont avant tout celles dont les hommes le tirent ensuite sous forme de breuvage enivrant, comme ils tirent le feu céleste des plantes où il s'est également introduit ; ou plutôt, un élément unique, contenu dans les eaux de la pluie et pénétrant avec elles dans les plantes, est extrait de certaines d'entre elles sous forme de feu, et d'une autre sous forme de breuvage. Soma, fils de Parjanya ou du nuage[1], IX, 82, 3, et, ce qui revient au même dans le langage mythologique, semence du cheval mâle, I, 164, 34 et 35, ou lait du taureau[2], X, 100, 2, est évidemment au vers VII, 101, 1, le veau dont le taureau Parjanya fait un fœtus des plantes, et au vers V, 83, 1, la semence qu'il dépose comme un fœtus dans les plantes, cf. *ibid.*, 7 ; VI, 52, 16. Si l'on se rappelle qu'Agni est aussi appelé le fœtus des plantes, III, 1, 13, on constatera une fois de plus l'identité fondamentale des mythes d'Agni et de Soma, et on verra dans l'application de cette formule au Soma tombé du ciel, l'indication que les plantes où il entre sont bien celles d'où il doit être extrait.

1. Voir la quatrième partie, ch. I, sect. IV.
2. Du taureau-vache, cf. *ibid.* Il n'y a aucune raison de s'écarter ici avec MM. R. et Gr. du sens que le mot *gaura* a partout ailleurs dans le *Rig-Veda*.

Au vers IX, 82, 3, qui donne Parjanya pour père à Soma, l'allusion à la plante du Soma est dans le trait « Il a pris pour séjour les montagnes ». C'est en effet, comme nous l'avons dit, sur les montagnes que croît ordinairement cette plante.

Cependant le Soma doit entrer avec la pluie dans toutes les plantes, sinon pour y prendre lui-même une forme nouvelle, au moins pour les féconder. C'est en ce sens que peuvent s'entendre le vers IX, 55, 1, qui lui demande de faire prospérer les blés, et le vers I, 23, 15, d'après lequel les Somas tiennent lieu de six bœufs attelés pour labourer le champ de blé. On peut expliquer ainsi la qualification de « maître (époux?) des plantes » qui lui est donnée au vers IX, 114, 2, et celle de « mâle des plantes » par laquelle il me paraît désigné au vers X, 51, 8.

Le Soma, fils de Parjanya, que nous avons vu prendre pour séjour les montagnes, IX, 82, 3, est dans le même texte appelé un animal ailé. Nous verrons en effet, en étudiant les représentations de Soma, qu'il est souvent comparé ou assimilé à un oiseau. Sans sortir ici de notre sujet nous pouvons citer encore le vers IX, 38, 4, disant, avec une allusion évidente à la descente de Soma, que, pareil à un aigle, il se pose chez les races humaines. Il nous fournit une transition naturelle au mythe de Soma apporté du ciel par un oiseau, IX, 86, 24, ordinairement appelé *çyena* « aigle ».

Ce mythe s'est fixé dans les épithètes *çyenabhrita* « apporté par l'aigle », I, 80, 2 ; VIII, 84, 3 ; IX, 87, 6, et *çyenajûta* « mis en mouvement par l'aigle », IX, 89, 2, appliquées à Soma. Il est parallèle à celui d'Agni apporté par Mâtariçvan, et ce parallélisme est même expressément indiqué au vers 6 de l'hymne I, 93 à Agni et Soma : « Mâtariçvan a apporté l'un du ciel, l'aigle a fait sortir l'autre de la montagne (céleste, par une sorte de barattage, *amathnât*). » D'ailleurs, de même que Mâtariçvan ne diffère pas primitivement du feu qu'il apporte, il est vraisemblable que l'aigle qui apporte le Soma n'est autre que le Soma lui-même que nous venons de voir, dans sa descente sur la terre, comparé à cet oiseau. Nous verrons bientôt que le Soma a été, comme Agni, assimilé à un sacrificateur, et nous savons déjà que les sacrificateurs ont été quelquefois représentés comme des oiseaux ; notre mythe pourrait donc s'expliquer par un dédoublement de la conception de Soma, analogue à celui que nous avons constaté pour celle d'Agni dans le mythe de Mâtariçvan.

Dans un vers qui semble encore faire allusion au premier, V, 45, 9, l'aigle paraît être le soleil; mais le soleil n'est autre lui-même qu'une forme de Soma.

Selon M. Kuhn, dans le livre sur la descente du feu, l'aigle porteur du Soma représenterait le dieu Indra. Nous verrons qu'en effet ce dieu a été comparé à un aigle, I, 32, 14, et j'admettrai même qu'il est désigné au vers X, 99, 8, sous la figure de l'aigle aux griffes de fer qui s'empare du Soma et tue les démons, cf. 7 et 9. Mais c'est là, selon moi, une identification purement accidentelle. Il faut bien en tout cas distinguer l'aigle d'Indra, quand c'est à Indra lui-même, car le mythe, comme nous le verrons, revêt aussi cette forme, que le Soma est apporté par l'oiseau, IV, 18, 13 (cf. I, 80, 2, cité plus haut). Au moins n'aurions-nous à invoquer à l'appui d'un dédoublement du personnage d'Indra en un buveur du Soma et un messager qui apporte le Soma à ce buveur, aucune analogie aussi concluante que celle qui milite en faveur du dédoublement de Soma. Les deux passages les plus étendus du *R*ig-Veda où il soit question de notre mythe, se rencontrent dans les hymnes IV, 26 et 27. Ils présentent malheureusement, le second surtout, des obscurités, et nous aurons d'ailleurs plus d'une occasion d'y revenir, particulièrement à propos du mythe de l'archer dont la flèche atteint l'oiseau, IV, 27, 3 et 4, et à propos du mythe de Bhujyu, *ibid*. 4. Bornons-nous à en signaler ici quelques traits. L'aigle a ravi la plante au plus haut du ciel, IV, 26, 6, et a apporté « lui-même et sans roue » à Manu, IV, 26, 4, cette offrande agréable aux dieux, *ibid.*, cf. IV, 27, 5. Dans son vol il a « traversé les vents », IV, 27, 2, et il a « crié du haut du ciel », IV, 27, 3. Ce dernier trait l'assimile évidemment à l'éclair, soit, dans notre interprétation, au Soma-éclair. Remarquons encore sur le vers IV, 27, 1, que M. Kuhn met dans la bouche d'Indra, qu'un être qui, avant de s'envoler sous forme d'aigle, était retenu par cent forteresses d'airain, représente plutôt le Soma délivré, comme nous le verrons, par Indra, que le libérateur lui-même. Cet autre trait « Étant dans la matrice, j'ai connu toutes les races des dieux », convient aussi parfaitement à Soma qui, ainsi que nous le verrons bientôt, est, comme Agni, le théologien par excellence.

Nous passons maintenant, selon l'ordre déjà suivi pour Agni, aux textes qui mentionnent en termes plus ou moins généraux les formes diverses, les différents lieux d'origine de Soma. Il est parlé au vers X, 25, 2 de « toutes les essences (*dhâman*) de Soma », objets des désirs de l'homme, au vers I, 91, 19 de toutes ses essences qui doivent entourer (protéger) le sacrifice, cf. encore IX, 69, 6 (et 66, 5?). Les passages où il est question des Somas exprimés pour Indra dans les lieux voisins et dans les lieux éloignés, IX, 39, 5; Vâl. 5, 3; cf. IX, 44, 2, peuvent sans doute faire allusion à divers sacrifices terrestres. Mais l'opposition pourrait s'entendre aussi des Somas terrestres et des Somas célestes. Le mot *janeshu* « chez les races », au vers Vâl. 5, 3, ne serait pas un obstacle à cette interprétation. Il fait songer en effet à l'expression « Somas (littéralement ivresses) de toutes les races », VI, 36, 1; celle-ci suggère elle-même l'idée des cinq races (cf. ci-après IX, 65, 23), et par suite des cinq régions dont l'une, comme nous le verrons, est le ciel; en fait elle semble opposée dans le passage dont il s'agit à celle de richesses terrestres. Quoi qu'il en soit, les quatre points cardinaux d'où Indra est appelé, sont, dans les vers VIII, 54, 1 et 2, opposés au torrent du ciel dont on suppose qu'il s'enivre chez *Svarnara*.

En général, le mythe du sacrifice céleste qui, ainsi que nous le prouverons bientôt, comprend le pressurage du Soma, comme l'allumage du feu, démontre la possibilité de rapporter au ciel aussi bien qu'à la terre les Somas pressés en divers lieux pour Indra. Et en effet, nous verrons en temps et lieu qu'Indra boit le Soma chez différents personnages divins, chez Vish*n*u, chez Trita *A*ptya, chez les Maruts, VIII, 12, 16, pour ne rien dire d'Aditi, *ibid.* 14, et que Trita est dans les vers Vâl. 4, 1 et 2 mentionné dans les mêmes conditions avec plusieurs sacrificateurs dont quelques-uns au moins, ainsi que Tugrya (Bhujyu) nommé au vers VIII, 32, 20, ont un caractère mi-partie humain, mi-partie divin. Au vers VIII, 3, 8, le pressurage du Soma, exécuté autrefois pour Indra par Vish*n*u, est opposé à la cérémonie que les hommes célèbrent aujourd'hui en son honneur.

L'opposition des Somas pressés dans les lieux voisins et dans les lieux éloignés se retrouve encore au vers IX, 65, 22; le même vers et le suivant énumèrent parmi les préparateurs divers du Soma, outre les cinq races, des personnages désignés, l'un au singulier par le nom de *Çaryanâvat*, les autres au pluriel par celui d'*Arjîka*. Ce dernier nom, au singulier, est encore rapproché du premier dans les mêmes conditions aux vers IX, 113, 1 et 2. Il a donné un dérivé qui est au masculin *ârjîkîya* et au féminin *ârjîkîyâ*. La seconde forme est un nom de rivière compris au vers X, 75, 5 dans une énumération de rivières terrestres, mais qui a pu être à l'origine comme ceux de Sarasvatî, Rasâ, etc., celui d'une rivière céleste. La même observation s'applique au nom de *sushomâ* compris dans la même énumération, et rapproché au vers VIII, 53, 11 du nom d'*Arjîkîya* (masculin) et de celui de *Çaryanâvat* dans une énumération de préparateurs et de lieux d'origine du Soma qui comprend aussi, au vers précédent, la race humaine. Il a aussi une forme masculine correspondante, *sushoma*, rapprochée au vers VIII, 7, 29 du nom d'*Arjîka* et de celui de Çaryanâvat, lequel est encore au vers VIII, 6, 39, rapproché de Svarnara, toujours comme préparant le Soma pour Indra. C'est seulement plus loin, en traitant de la préparation du Soma par des sacrificateurs célestes, que je pourrai déterminer le sens de ces différents mots qui me paraissent désigner, les uns des préparateurs, les autres des récipients célestes du Soma. Les textes où ils sont rapprochés et dont quelques-uns auraient pu être réservés aussi pour figurer parmi ceux qui opposent le Soma terrestre au Soma céleste, m'ont paru néanmoins devoir figurer ici, comme étant au nombre des plus caractéristiques parmi les énumérations de formes ou d'origines diverses du Soma.

Toutes les essences de Soma ne composent d'ailleurs ensemble qu'une seule nature, à la fois élevée et profonde, I, 91, 3; cf. 4. C'est un seul et même être qui prend tantôt une forme, tantôt une autre (cf. IX, 71, 8; 74, 7; 92, 2; 86, 22?), sauf à atteindre sa plus grande gloire dans le ciel, I, 91, 18. Quand on dit qu'il entre dans toutes les formes, IX, 25, 4, dans toutes les essences, IX, 28, 2, il faut entendre qu'il les prend lui-même, cf. IX, 34, 4; cf. encore IX, 64, 8. Les formes qu'il entoure toutes, IX, 86, 5; 111, 1, sont, comme le prouve le vers IX, 66, 3; cf. 2, ses propres formes, ses manifestations diverses auxquelles il est supérieur, qui sont renfermées en lui comme en leur principe. Nous verrons que c'est lui encore qui est représenté au vers IX, 85, 12, sous le nom de Gandharva, comme contemplant lui-même toutes ses formes. Au vers IX, 71, 2, il manifeste, il délivre lui-même son essence d'Asura, celle apparemment qui habite le séjour attribué à Soma dans le ciel suprême, IX, 86, 15.

Les différents séjours ou lieux d'origine de Soma sont désignés d'une façon plus précise dans les passages suivants, I, 91, 4 : « Avec celles de tes essences qui sont dans le ciel, avec celles qui sont sur la terre, avec celles qui sont sur les montagnes, dans les plantes, dans les eaux, avec elles toutes sois-nous favorable, etc. » IX, 59, 2 : « Clarifie-toi en coulant des eaux, ô toi qui ne peux être trompé, en coulant des plantes, en coulant des cuves. » Les eaux, en tant que séjour de Soma opposé à d'autres, et surtout les eaux d'où il coule, ne peuvent être simplement celles auxquelles il est mêlé dans sa préparation sur la terre. Elles sont le séjour atmosphérique de Soma, en sorte que le vers I, 91, 4 se trouve contenir la mention de ses séjours dans les trois mondes. Celle des montagnes et des plantes qui peuvent d'ailleurs, les premières surtout, être placées dans le ciel (comme nuages) aussi bien que sur la terre, n'ajoute rien à l'énumération qui ne soit déjà compris dans ces divisions générales. Des citations analogues sur Agni ont donné lieu plus haut à des observations du même genre.

Le chiffre trois joue du reste dans le mythe de Soma un rôle analogue à celui que nous avons constaté dans le mythe d'Agni. Je ne prétends pas pourtant qu'il n'y puisse faire allusion qu'aux trois mondes. Dans le sacrifice du Soma, ce breuvage est exprimé trois fois dans la même journée, et c'est certainement la cérémonie du soir qui est désignée par le terme de « troisième pressurage, » au vers 5 de l'hymne III, 28, à Agni, où ce terme est opposé à celui de « pressurage de midi », *ibid.* 4. Il n'y a aucune raison d'interpréter autrement le troisième pressurage auquel on invite Indra, III, 52, 6, les Açvins, Vâl. 9, 1, les *R*ibhus, I, 161, 8 ; IV, 33, 11 ; 34, 4 ; 35, 9 ; cf. IV, 37, 3. On pourrait voir une allusion à ces trois cérémonies dans la mention des trois étangs de Soma bus par Indra, V, 29, 8, qui sont appelés une fois tous ensemble les étangs de Manus, *ibid.* 7, tandis qu'ailleurs ce sont les dieux Maruts, soit seuls, VIII, 7, 10, soit avec les dieux Pûshan et Vish*n*u, VI, 17, 11, qui en tirent la liqueur. Dans ces derniers cas, un rite du sacrifice terrestre aurait été transporté à la préparation du Soma dans le ciel, d'autant plus facilement d'ailleurs qu'il était lui-même emprunté aux trois divisions de la journée réglées sur les trois étapes de la course diurne du soleil. Il faut remarquer pourtant, d'une part, que le personnage de Manus a un caractère mythologique assez accusé pour que ses trois étangs de Soma ne doivent pas de toute nécessité être rapportés à la terre seule, de l'autre que des nombres correspondant primitivement à des divisions épuisant l'univers ont été souvent, en vertu d'une loi que nous étudierons au chapitre de l'*Arithmétique mythologique*, et dont nous trouvons une application dans le triple ciel, séjour de Soma, IX, 113, 9, attribués tout entiers aux espaces supraterrestres.

En fait l'intervention de Vishnu, dans un texte relatif aux trois étangs de Soma, suggère naturellement l'idée des trois pas de ce dieu, « pleins d'une douce liqueur, » I, 154, 4, lesquels, ainsi qu'on le verra, correspondent ordinairement aux trois mondes. La même idée se retrouve au vers II, 22, 1, dans la mention du Soma exprimé par lui pour Indra dans les trois coupes (*trikadrukeshu*). Il n'y a pas de conclusion particulière à tirer des textes portant simplement qu'Indra a bu le Soma dans ces trois coupes, I, 32, 3 ; II, 11, 17 ; 15, 1. Mais les trois coupes à travers lesquelles vole Yama, X, 14, 16, ne peuvent guère être que des divisions de l'univers, comme les « six larges » et « l'unique élevé » mentionnés dans ce même vers sur lequel nous reviendrons d'ailleurs. J'en dirai autant des trois tonnes, sinon de celles dont il est question au vers VII, 2, 8, en même temps que de trois cuves pleines, et dans lesquelles trois Somas sont pressés pour Indra dans sa demeure, *ibid.* 7, au moins des trois tonnes pleines de liqueur nommées avec les trois cieux, les triples eaux et tous les êtres, comme comprises en Parjanya, VII, 101, 4. Remarquons encore à propos des tonnes, *koça* (cf. IX, 75, 3 ; IX, 103, 3), que Soma est prié d'ouvrir la tonne « intermédiaire », IX, 108, 9, apparemment pour en sortir lui-même : la tonne intermédiaire sera celle de l'atmosphère. Au vers VI, 47, 4, les trois penchants de montagnes où Soma entretient la liqueur, sont évidemment aussi identiques aux trois mondes nommés dans le même vers. Citons encore le vers X, 27, 23, où les trois étangs qui « échauffent » la terre doivent être des étangs renfermant un élément igné, en d'autres termes des réservoirs de Soma : deux de ces étangs, mentionnés ensuite séparément, rappellent les deux bûches d'Agni qui vont vers leur sœur, cf. p. 140, et par conséquent les deux mondes supérieurs opposés à la terre.

Mais revenons à des textes et à des termes plus clairs. Soma reçoit l'épithe *triprishtha* « qui a trois plateaux », c'est-à-dire « qui coule de trois plateaux », VII, 37, 1 ; IX, 71, 7 ; 75, 3 ; 90, 2 ; 106, 11 (cf. IX, 62, 17), et il faut entendre par là les trois mondes comme le prouve le vers IX, 86, 27, qui place le troisième plateau de Soma en haut du ciel. On l'appelle aussi *trishadhastha* « qui a trois demeures », VIII, 83, 5, comme Agni, et on dit qu'il prend trois demeures en se clarifiant, IX, 103, 2, ou, ce qui revient sans doute au même, qu'il passe par trois tamis, IX, 97, 55. Au vers IX, 73, 8, je crois comprendre que ces trois tamis sont renfermés en lui, c'est-à-dire les trois mondes dans l'élément divin qui les dépasse[1]. Soma reçoit encore l'épithète *tridhâtu* « triple », IX, 1, 8 ; 70, 8, et cette expression est en quelque sorte commentée dans le vers IX, 86, 46, où nous lisons que Soma coule triple « autour des mondes ».

Quant à l'épithète *tryâçir*, V, 27, 5, je ne crois pas qu'on doive l'interpréter, comme le fait M. Roth, après Sâyana, dans le sens de « qui est mêlé à trois produits différents du lait », ni, comme on pourrait y songer aussi, par le rapprochement des épithètes *gavâçir* « mêlé aux vaches » (au lait), *yavâçir* « mêlé au froment », en ajoutant, je suppose, les eaux au froment et au lait. Je l'expliquerais plutôt dans le même ordre d'idées que les épithètes *tridhâtu*, *trishadhastha* et *triprishtha*, « qui se mêle à trois sortes de lait ou d'eaux dans les trois mondes. » On en peut rapprocher cette expression du vers IX, 108, 12, « Il prend un vêtement triplement (ou trois fois) », le liquide auquel Soma s'unit étant souvent, comme nous le verrons, appelé son vêtement[2].

Trois essences, *dhâman*, sont au vers IX, 67, 26, attribuées à Soma en même temps qu'à Agni et à Savitri, et nous retrouverons les vers IX, 96, 18 et 19, qui à la troisième essence de Soma en ajoutent encore une quatrième. Au vers IX, 73, 1,

---

1. Cette interprétation, en dépit du vers suivant, me semble convenir mieux au contexte que cette autre : « Il prend (passe par) trois tamis dans le cœur de l'homme. » — De même, bien que le terme *tryavi* signifie « âgé d'un an et demi », il me semble difficile de ne pas reconnaître un jeu de mots dans l'application de cette épithète au veau que lèche la vache céleste, III, 55, 14, et, si on la traduit alors « qui a trois tamis, » de ne pas identifier le veau à Soma.

2. Ce serait peut-être aller trop loin que de chercher une allusion à la même idée dans cette autre expression : « Il se revêt d'une triple protection dans les eaux, » IX, 97, 47.

Soma prend, pour se laisser saisir, trois têtes qui correspondent probablement aux trois mondes. Notons aussi, quoique nous n'ayons pas encore traité du Soma sous le nom d'*amrita*, que d'après le vers VI, 44, 23, Indra a trouvé la triple ambroisie cachée dans les espaces du ciel (sans doute pour la répandre dans les deux autres mondes). Enfin nous verrons en étudiant le mythe du cheval du sacrifice, que ce cheval, symbole de Soma, a pareillement trois formes, ou selon l'expression du vers X, 56, 1, trois « splendeurs, celle qui est ici, la supérieure, et la troisième. »

J'ai donné, en traitant une première fois des nombres mythologiques à propos des différentes formes d'Agni, les raisons qui m'ont déterminé à étudier d'ordinaire le nombre trois avant le nombre deux. Celui-ci n'a pas une moindre importance dans le mythe de Soma que dans celui d'Agni. On se rappelle que l'opposition du Soma terrestre et d'un Soma céleste ressortait déjà de quelques-uns des textes cités pour établir, d'une façon générale, la diversité des formes de Soma. Elle est plus nette dans celui-ci, X, 116, 3 : « Enivre-toi, ô Indra, du Soma divin ; enivre-toi de celui qui est exprimé chez les habitants de la terre. » « Tu règnes sur l'univers, » dit le vers IX, 66, 2 à Soma, « avec tes deux formes (*dhâman*) qui se font face l'une à l'autre. » C'est encore une allusion aux deux mondes qu'il faut voir dans le vers IX, 86, 6, d'après lequel les rayons de Soma partent de deux côtés. Au vers IX, 65, 27, le pronom *anayâ* désigne une splendeur « éloignée » de Soma qui se trouve implicitement opposée à sa forme terrestre[1]. Les deux Somas sont opposés au vers IX, 85, 11, sous la forme de deux oiseaux dont il est dit expressément que l'un vole dans le ciel et que l'autre est arrêté sur la terre.

D'après le vers IX, 38, 5, le suc enivrant, le fils du ciel, regarde d'en haut le Soma qui a pénétré par le tamis. Ici, le Soma céleste paraît être soleil. Le vers IX, 79, 4 oppose encore, quoiqu'en termes assez obscurs, le séjour céleste de Soma à son séjour terrestre. Les trois coupes et les trois tonnes de Soma ont été plus haut identifiées aux trois mondes. Les deux cuves, *camû*, sont certainement le ciel et la terre aux vers IX, 69, 5 et 71, 1 qui représentent le Soma prenant

---

[1]. L'opposition est mieux marquée au vers IX, 65, 12, seulement elle ne porte plus sur les formes de Soma lui-même, mais sur celles de la prière qui l'accompagne.

entre elles un vêtement ou une chevelure de nuages. On peut voir au moins une allusion aux deux mondes dans les autres mentions de ces deux cuves, IX, 36, 1 ; 72, 5. Le duel du mot *oni* qui, quel que soit son sens précis, désigne deux ustensiles servant à la préparation du Soma, IX, 16, 1, suggère inévitablement l'idée du ciel et de la terre dans la formule *dhartâram onyoh*, IX, 65, 11, appliquée à Soma qui est si souvent appelé « celui qui soutient les deux mondes[1]. »

Nous retrouverons sous d'autres chefs le vers IX, 70, 2, opposant le Soma (terrestre) qui mendie la précieuse ambroisie et le Soma (céleste) qui se revêt des eaux brillantes quand on a trouvé sa demeure ; le vers IX, 12, 5, d'après lequel le Soma (céleste) qualifié ailleurs de *parisrut* « coulant tout autour », IX, 1, 6 (cf. IX, 68, 1 ; cf. aussi l'épithète *parijman* appliquée à Agni), « embrasse » le Soma (terrestre) qui a coulé dans les cuves ; enfin ce vers si curieux, IX, 64, 30 : « Que tu sois séparé de lui, ô Soma, ou que tu lui sois réuni, sage du ciel, clarifie-toi, pareil au soleil, pour notre salut. » Nous verrons aussi qu'on peut identifier au Soma aussi bien qu'à l'Agni terrestre le personnage qui semble appelé au vers V, 44, 6 le reflet du soleil (cf. 7) dans les eaux, et qui est dans le même hymne opposé sous le nom d'inférieur (vers 2), à « l'aîné » (vers 1). La mention de « l'aîné » se retrouve dans un hymne à Soma, IX, 97, 22, et il y semble implicitement opposé au Soma terrestre. Citons encore dans le même ordre d'idées le « nombril céleste » de Soma, VI, 39, 4, expression qui d'ailleurs éveille l'idée de père plutôt que celle de frère aîné.

L'assimilation de Soma à la foudre permet de lui rapporter encore le vers X, 27, 21, qui oppose à la foudre répandue en divers lieux au-dessous des eaux du soleil (au Soma terrestre) une forme glorieuse (littéralement une gloire) supérieure. Enfin l'opposition du Soma terrestre et du Soma céleste n'est nulle part relevée avec plus de force que dans le vers X, 85, 3 : « On croit avoir bu le Soma quand la plante a été exprimée ; mais le Soma que connaissent les prêtres, personne ne l'atteint, » cf. 4. Ce vers fait d'ailleurs partie d'un texte où,

---

1. Je mentionne ici seulement pour mémoire les textes d'après lesquels Soma donne les richesses des deux mondes, IX, 14, 8 ; 19, 1 ; 29, 6 ; 63, 30 ; 97, 51 ; 100, 3, la double richesse, IX, 4, 7 ; 40, 6 ; 100, 2. Ils rappellent pourtant la double nature de Soma quand celui-ci est représenté comme apportant lui-même ces biens du ciel et de la terre, IX, 57, 4 ; cf. 31, 2. Nous aurions pu citer plus haut d'autres passages d'après lesquels Soma procure les richesses du ciel, de la terre et de l'atmosphère, IX, 36, 5 ; 64, 6.

comme nous l'avons reconnu, le Soma céleste est identifié à la lune.

Remarquons pour Soma, comme nous l'avons fait pour Agni, que la croyance à une forme céleste de cet élément a dû singulièrement favoriser la distinction du breuvage sacré et d'un dieu qui y préside. Cette distinction est devenue assez complète pour que le dieu Soma, non-seulement soit invité au sacrifice[1], I, 91, 10 ; cf. IX, 65, 5 et *passim*, pour y goûter les offrandes, I, 91, 4 ; cf. IX, 77, 3 ; 114, 4, qui le fortifient comme les autres dieux (*âhutivridh*, IX, 67, 29 ; cf. IX, 4, 9 ; 47, 1 et tout l'hymne 47), mais encore soit compris dans l'énumération des dieux qu'Agni est prié d'amener au sacrifice pour y boire le Soma, V, 51, 9.

En attendant que nous puissions continuer au chapitre de l'*Arithmétique mythologique* l'étude des nombres qui figurent dans le mythe de Soma, remarquons encore qu'il est, par son titre de *diçâm pati* « maître des régions », IX, 113, 2, mis en relation avec les quatre points cardinaux, lesquels paraissent bien être représentés au vers V, 47, 4 par les quatre personnages (masculins !) qui le portent et l'hébergent, et au vers IX, 74, 6 par les quatre ouvertures ou sources (*nábh*), situées au bas du ciel, qui portent l'offrande immortelle[2].

§ II. — SUITE DU PRÉCÉDENT

Il a été prouvé dans le paragraphe précédent que le breuvage du sacrifice est de même nature que le soleil et l'éclair. Ainsi se poursuit la démonstration d'un des points principaux que nous avons en vue dans cette première partie ; c'est à savoir que le sacrifice est une imitation des phénomènes célestes. Ajoutons ici, comme nous l'avons fait au début du paragraphe correspondant de la section consacrée à Agni, quelques remarques qui se rattachent au même ordre d'idées. J'ai déjà constaté que les trois pressurages du Soma exécutés dans une même journée correspondent aux trois positions que prend successivement le soleil le matin, à midi et le soir. Il n'est

---

1. Il faut peut-être interpréter dans le même sens les passages où Soma est invité à s'asseoir sur le barhis, IX, 55, 2 *et passim*.
2. Cf. encore les quatre mers de la richesse procurées par Soma, IX, 33, 6.

pas impossible qu'une allusion à la course circulaire du soleil soit également renfermée dans l'emploi fréquent de verbes signifiant courir, IX, 24, 5, couler, IX, 68, 10, tout autour, cf. IX, 63, 10, pour exprimer l'écoulement du Soma terrestre. Enfin le choix que les Aryas védiques faisaient d'une plante croissant sur les montagnes pour en tirer le breuvage du sacrifice, ne leur avait-il pas été suggéré par le mythe du Soma, venu de la montagne suprême, IX, 87, 8, c'est-à-dire du ciel et particulièrement des nuages du ciel, I, 187, 7? Nous nous en tenons pour le moment à ces observations qui n'auraient pas facilement trouvé place ailleurs. Mais c'est dans les relations que le Soma entretient, en tant qu'élément mâle, avec les éléments femelles du sacrifice, que l'imitation des phénomènes célestes apparaîtra dans toute son évidence.

Nous passons aux rapports de Soma avec les sacrificateurs. Comme Agni, il est à la fois leur père et leur prototype. Le premier caractère s'explique par le fait même de l'assimilation de Soma à Agni, particulièrement dans le mythe où il est conçu comme descendant du ciel mêlé aux eaux de la pluie. Je ne répéterai pas ici ce que j'ai dit d'Agni à ce sujet. Remarquons seulement encore que Soma entre dans le corps du père, non pas seulement transformé en nourriture comme Agni, mais sous sa forme visible, et venons immédiatement aux textes. Ces paroles d'un rishi « Vous êtes mes pères, ô Somas, » IX, 69, 8, pourraient se prendre simplement au sens moral. Mais il en est autrement du vers IX, 97, 40, d'après lequel Soma, roi du monde et assimilé à une mer (voir p. 164), a fait entendre un grand bruit, lors de la première organisation du monde, en engendrant les créatures. Cet acte, d'ailleurs, n'a pas été accompli par lui une fois pour toutes. On lui demande la semence d'où sort la postérité, IX, 60, 4. Il est le donneur de semence répandu dans les mondes (ou dans les êtres?), IX, 86, 39. Il est lui-même la semence, et c'est en cela, conformément à l'interprétation donnée plus haut du mythe pour Agni, que consiste sa paternité, IX, 86, 28: « Voici ta postérité, ô toi, semence divine ; tu règnes sur l'univers entier. » On lui applique l'épithète *jâvant*, VIII, 83, 5, qui peut s'interpréter dans deux sens : « ayant » ou « donnant une postérité » ; ces deux sens reviennent d'ailleurs essentiellement au même. Il semble identifié à son propre père (cf. p. 100) dans le vers IX, 74, 5,

portant qu'il dépose dans le sein d'Aditi un fœtus qui ne paraît être autre que lui-même, puisque c'est par ce fœtus que les hommes deviennent pères d'une nombreuse postérité. C'est peut-être ce père qui se désigne lui-même au vers X, 183, 3, comme déposant un fœtus dans les plantes (cf. Parjanya, p. 172) et comme engendrant une postérité sur la terre. En tant que procédant directement de lui, les anciens sacrificateurs ont pu être appelés les frères de Soma, *somajâmayah*, X, 92, 10. Ils sont au contraire appelés ses fils au vers X, 56, 6, si l'Asura dont il est là question est le même que le cheval, évidemment identique à Soma (cf. p. 222) célébré dans les trois premiers vers de l'hymne (cf. p. 221). Je suis porté à identifier aussi à Soma le personnage accomplissant le sacrifice comme un sage (voir ci-après), qui a engendré les sept poëtes, IV, 16, 3; cf. 1 et 2. Une allusion au même mythe pourrait être cherchée dans le vers I, 121, 2. Mais n'insistons pas sur ces textes obscurs et terminons par deux citations qui vont nous montrer dans Soma, père des hommes, le lien qui rattache la terre au ciel. La première nous a déjà servi à reconnaître le sens du mot « nombril » dans les textes qui établissent une filiation, IX, 10, 8 : « Il (Soma) a réuni notre nombril à son nombril, et notre œil au soleil ; il a tiré du sage une postérité. » Voici l'autre qui rappelle la précédente, en même temps que la qualification de « tête du ciel » appliquée à Soma, I, 43, 9 : « Ta descendance, ô immortel, selon l'institution suprême de la loi, reçois-la avec amour sur ton nombril, ô Soma, toi qui es la tête (du ciel) ; sois attentif aux hommages qu'elle te rend. »

L'assimilation à un sacrificateur paraît au premier abord beaucoup plus étrange pour Soma que pour Agni. C'est en effet par Agni que se consomme le sacrifice, c'est lui qui porte l'offrande à sa destination ; mais Soma est l'offrande même. Si nous nous rappelons pourtant la confusion si fréquente dans un même personnage mythologique des attributs du feu et des fonctions d'allumeur ou de porteur du feu, nous nous étonnerons moins que dans certains mythes dont l'un, du reste, celui de la descente du ciel, nous est déjà connu, le préparateur ou le porteur du Soma ne soit autre originairement que le Soma lui-même. Il suffisait pour que la conception du Soma se dédoublât ainsi en celles d'un breuvage et d'un préparateur du breuvage, qu'il pût être par quelque côté considéré comme un prêtre. Or indépendamment de son identité essentielle avec Agni qui pouvait lui faire attribuer toutes les fonctions mythologiques de ce dernier, il était particulièrement appelé à remplir ses fonctions sacerdotales par un attribut qui lui appartient en propre et qu'Agni lui a peut-être même emprunté : la sagesse.

Les textes qui rapportent l'inspiration des poëtes à l'ivresse du Soma ont été déjà cités. On dit encore qu'il remplit l'intelligence, IX, 72, 5, donne l'activité à la pensée, IX, 21, 7, ouvre la voie à l'hymne nouveau comme il l'a ouverte à l'ancien, IX, 91, 5 ; cf. 9, 8, qu'il conduit les pensées ou les prières par le plus droit chemin, I, 91, 1, qu'il est le premier inventeur de la prière, IX, 91, 1, le cocher de l'intelligence, IX, 16, 2, qu'en coulant et en se clarifiant il donne toutes les sagesses, IX, 57, 2 ; 62, 25 ; 63, 25 ; 66, 1. C'est lui qui, connaissant les régions (*diçah*, cf. *diçâm pati*), les indique à celui qui l'interroge, IX, 70, 9, qui a appris au poëte que tous les remèdes sont dans les eaux, I, 23, 20. Dans l'hymne X, 94, sur les pierres qui pressent le Soma, la prière suivante du vers 14 est sans doute adressée au Soma lui-même : « Délie la pensée de celui qui t'a exprimé. »

Maître de l'esprit, IX, 11, 8 ; 28, 1, gardien de la prière, VI, 52, 3, et de la sagesse antique, IX, 6, 8, Soma doit nécessairement puiser en lui-même la science qu'il communique aux autres. Faisant les *r*ishis, IX, 96, 18, il a lui-même l'esprit d'un *r*ishi, *ibid*. Il n'est pas seulement appelé un sage, IX, 84, 5 ; cf. IX, 7, 4 ; cf. encore I, 91, 2 ; IX, 15, 2, un *r*ishi, VIII, 68, 1 ; cf. 4 ; IX, 35, 4 ; 87, 3 ; 96, 6 ; cf. 18, le sage du ciel, IX, 64, 30. Les textes qui lui donnent ces qualifications rappellent quelquefois en même temps sa nature de liquide, IX, 18, 2 ; 54, 1, et de breuvage, IX, 65, 29, c'est-à-dire l'origine même du mythe. On lui attribue aussi à lui-même l'éloquence, VI, 39, 1, qu'il communique à ceux qui le boivent. Il est comparé à un chantre, IX, 71, 7, ou reçoit directement le nom de chantre, IX, 7, 6 ; 66, 9. Ici, du reste, le mythe trouve un nouveau point d'appui dans le fait matériel du son que rend le Soma en coulant par le tamis, IX, 96, 17 ; 106, 14, pour ne rien dire du bruit qui l'accompagne dans le ciel sous forme d'éclair ; c'est peut-être à ce dernier qu'il est fait allusion au vers IX, 97, 7 où Soma est représenté comme un sanglier.

Les chants de Soma sont naturellement des hymnes ; sa science est avant tout la science sacrée, la science du sacrifice. Gardien de la loi, IX, 48, 4, connaissant la première loi, la loi céleste, IX, 70, 6, sur laquelle ont été réglés, comme nous le verrons en étudiant l'idée de loi, les rites du sacrifice, il découvre les noms ou les essences secrètes des dieux pour qu'on les proclame sur le gazon du sacrifice, IX, 95, 2 ; il les proclame lui-même, IX, 97, 7 ; il dit où sont les dieux, IX, 39, 1, il nomme Indra, IX, 63, 9. En cette qualité déjà il a droit au titre de *hotri* qui, dans le *R*ig-Veda, désigne ordinairement le sacrificateur en général, mais qui le désigne surtout en tant qu'invoquant (*hû*) les dieux et les invitant au sacrifice. Il est seulement comparé à un hotri aux vers IX, 92, 2 et 6, ainsi qu'aux vers IX, 97, 1 et 47, dans ces derniers d'ailleurs avec mention de ses chants. Mais on dit de lui, avec une allusion évidente au titre de *hotri* dans le choix de la racine employée (*hû*), qu'il invoque, cf. IX, 84, 1, et fait descendre du ciel les dieux, IX, 80, 1, et particulièrement Indra, IX, 96, 1. Nous retrouverons plus loin le passage où les Somas sont comparés à des hotri sacrifiant dans le ciel, IX, 97, 26.

Ajoutons que comme Agni auquel il est assimilé, non-seulement d'une façon générale en tant qu'élément igné et dans ses formes célestes, mais dans le culte même en tant qu'étendard du sacrifice, IX, 86, 7, il sert de messager, IX, 45, 2 ; cf. 99, 5, et plus généralement d'intermédiaire entre l'homme et les dieux, cf. IX, 94, 3. Il est en effet comme Agni un dieu descendu sur la terre, à la fois ami d'Indra, par exemple, et des hommes, IX, 97, 43.

Pour toutes ces raisons, Soma a été considéré aussi bien qu'Agni comme le véritable sacrificateur. Il partage avec lui la qualification de *yajna-sâdhana* « qui accomplit le sacrifice », IX, 72, 4, et celle de *svadhvara* à laquelle on s'accorde à donner le même sens dans son application si fréquente à Agni (voir Gr. s. v.), et qu'il n'y a aucune raison[1] d'interpréter autrement dans son application à Soma, IX, 86, 7 ; IX, 3, 8. Il est expressément prié au vers IX, 44, 4, de faire en se clarifiant un sacrifice agréable, et au vers IX, 74, 2, d'honorer par le sacrifice les deux mondes. On va jusqu'à dire qu'il répand le gazon, IX, 5, 4, probablement celui du sacrifice céleste. Nous l'avons déjà vu comparé à un hotri. Il reçoit aussi

---

1. L'expression *svadhvaram janam* désigne au vers VIII, 5, 33 les sacrifiants terrestres, et au vers I, 45, 1 les ancêtres divinisés. Il n'y a donc pas lieu non plus d'attribuer au mot le sens de « qui reçoit bien les sacrifices ».

le nom de *potri*, IX, 67, 22, et celui de *brahman* parmi les dieux, IX, 96, 6. Je ne parle pas du nom de *vipra* (cf. Gr. s. v.) qui désigne ordinairement les prêtres, mais dont l'application est beaucoup plus large que celle des mots précédents. L'un des textes les plus intéressants pour le sujet qui nous occupe est celui où Soma reçoit à la fois les noms d'offrande, *havih*, et de sacrificateur, *havishmat* (qui fait l'offrande), IX, 83, 5, (cf. 96, 12), rapprochés avec une intention évidente. Il montre que la contradiction signalée par nous dès le début n'échappait pas aux rishis védiques, mais qu'elle ne les arrêtait pas non plus. Elle flattait plutôt leur goût pour ces paradoxes qu'ils présentent si souvent sous forme d'énigmes.

Aux mythes d'Agni prêtre et d'Agni père des hommes, nous avons rattaché ceux d'Agni maître de maison et d'Agni chef de tribu. Soma est aussi le chef des tribus, IX, 108, 10, le pasteur des hommes, IX, 35, 5, le roi de la demeure, IX, 97, 10 ; 23 ; cf. 18, celui qui veille sur elle, IX, 82, 4, et fait prospérer le domaine, IX, 104, 2 ; cf. VII, 54, 2. Il est invoqué sous le nom de *Vâstosh pati* « maître de la demeure » dans l'hymne VII, 54, où il reçoit en outre au vers 2 l'un de ses noms vulgaires (*indu*), et en outre au premier vers de l'hymne VII, 55.

Pour que notre étude du personnage de Soma reste dans toutes ses parties parallèle à celle que nous avons consacrée à Agni, c'est encore ici que nous devons citer les textes relatifs à son antiquité. Et en effet cette antiquité intéresse, au moins par un côté, le mythe de Soma père des hommes, et celui de Soma sacrificateur et prototype des sacrificateurs. Or Soma est, il est vrai, souvent comparé, comme l'est aussi Agni, à un petit qui vient de naître, IX, 74, 1 ; 105, 1 ; 109, 12, et représenté pour cette raison jouant dans la cuve, IX, 6, 5 ; 45, 5, jouant comme un petit, IX, 110, 10. Nous le verrons léché comme un veau par ses mères, IX, 100, 1 et 7 ; cf. 85, 11. On le compare aussi à un beau jeune homme, IX, 14, 5, et il est appelé lui-même un jeune homme, IX, 9, 5 ; 67, 29, car il est devenu grand en naissant, IX, 59, 4.

Mais sa naissance dans chaque cérémonie nouvelle n'est qu'une renaissance. Il a coulé autrefois pour Manu, IX, 96, 12, et généralement pour les anciens sacrificateurs, IX, 67, 31 ; 97, 51, comme il coule pour les nouveaux. Le récipient où il s'arrête est sa demeure ancienne, IX, 107, 5, et les chemins qu'il suit à travers le tamis sont ses anciens chemins, IX, 52, 2. Aussi lui donne-t-on à lui-même la qualification d' « antique » en même temps que celle de « naissant », IX, 96, 10. Il est le breuvage antique, IX, 6, 3 ; cf. 36, 3, et le premier-né de deux jeunes parents qui, comme nous le verrons, sont le ciel et la terre, IX, 68, 5. Nous savons déjà qu'il est le premier inventeur de la prière. Il est aussi appelé le premier législateur *dhâmadhâ,* IX, 86, 28. C'est donc lui qui a établi cette loi ancienne que suivent ceux qui l'honorent, IX, 97, 5 ; cf. 3, 9 ; 42, 2, et qu'il suit lui-même, IX, 111, 3 ; cf. encore IX, 23, 2 ; 54, 1.

Il me resterait à montrer que Soma l'ancien, Soma le maître de la demeure, Soma le prêtre, Soma l'ancêtre des hommes, est, comme Agni, représenté dans la mythologie védique par divers personnages légendaires de sacrificateurs. Mais tandis que dans le chapitre consacré à Agni, tout en réservant ceux des personnages de ce genre dont la légende est dans une relation particulièrement étroite avec les mythes d'Indra et des Açvins, j'en ai trouvé encore un certain nombre qui ont pu dès lors faire l'objet d'une étude spéciale; en ce qui concerne Soma au contraire, j'en suis à peu près réduit, pour ne pas anticiper sur les sujets de la seconde et de la troisième partie de ce livre, à prier le lecteur d'attendre jusque-là la confirmation d'un fait que je ne pouvais me dispenser de signaler ici. Cependant on a vu déjà que le *r*ishi Vasish*t*ha, dans l'hymne VII, 33, où il est assimilé à l'éclair (vers 10), paraît être assimilé aussi à Soma dont l'une des formes est d'ailleurs l'éclair : « Tous les dieux t'ont reçu dans la cuiller, goutte tombée par l'effet de la prière divine » (vers 11). La vérité est que l'idée du feu et celle du Soma, confondues, comme nous l'avons vu, dans les formes célestes de ces éléments, se retrouvent souvent aussi confondues dans la conception des sacrificateurs mythologiques. C'est ainsi encore que Soma est appelé comme Agni « le plus A*n*giras », IX, 107, 6, ce qui revient à faire de lui le chef de la troupe des A*n*giras, le premier A*n*giras.

Remarquons aussi que le mot *peru*, désignant au vers IX, 74, 4, les préparateurs du Soma, peut passer pour un nom du Soma lui-même (voir p. 191).

§ III. — RETOUR DU SOMA AU CIEL. — MYTHES DE L'AUTRE VIE

Descendu du ciel avec les eaux de la pluie auxquelles il est mêlé, Soma y remonte par le sacrifice. Il faut se rappeler ici d'abord les deux modes de participation des dieux au sacrifice qui ont été décrits à propos de l'ascension d'Agni au ciel. Souvent les dieux sont conçus comme venant s'asseoir sur le gazon du sacrifice. On peut interpréter en ce sens les textes qui les invitent à se diriger vers le Soma pour le boire, IX, 97, 20, qui constatent qu'ils sont en effet venus vers lui, IX, 61, 13, qui invitent Soma à exciter le cœur d'Indra pour qu'il vienne s'asseoir dans le séjour de la loi, IX, 8, 3. Mais en revanche on dit aussi que Soma va, IX, 71, 8 ; IX, 101, 4, coule, IX, 44, 1, s'élance vers les dieux, IX, 11, 1, particulièrement vers Indra, Vâyu, les Açvins, IX, 7, 7 ; 8, 2 ; 25, 5 ; 96, 16, qu'il va vers les dieux comme un cheval, IX, 71, 6, qu'il va tout autour d'eux en les enivrant, IX, 98, 7, qu'il monte dans Vâyu, IX, 63, 22, enfin qu'il va au rendez-vous d'Indra, IX, 15, 1 ; 61, 25, d'Indra et de Vâyu, IX, 13, 1, des dieux, III, 62, 13 ; IX, 78, 1. Sans doute le lieu de ce rendez-vous peut être la place même du sacrifice, et le mouvement de Soma peut n'être autre que celui qui lui est imprimé dans les différentes manipulations dont il est l'objet et auxquelles font d'ailleurs allusion plusieurs des passages cités. Cependant puisqu'il est, de même que les autres offrandes, sacrifié dans le feu, et puisque le feu, souvent conçu, il est vrai, comme amenant les dieux au sacrifice, est tout aussi souvent et beaucoup plus naturellement supposé porter les offrandes au ciel, on doit reconnaître que les formules en question peuvent faire allusion à un transport analogue du Soma sacrifié. En fait, les Somas offerts à Vâyu reçoivent au vers I, 134, 2, l'épithète *abhidyavah* « dirigés vers le ciel », dont on peut rapprocher l'épithète *ûrdhva* « dressé », donnée au Soma brillant dans le sacrifice, IX, 98, 3. D'ailleurs le Soma, même lorsqu'il est bu par les dieux sur l'autel même, n'en remonte pas moins au ciel. Il y remonte avec les dieux eux-mêmes, et c'est peut-être à une conception de ce genre que font allusion certains textes qui le représentent monté sur le char d'Indra, IX, 96, 2 ; 87, 9 ; 103, 5. Sans doute le Soma dont il s'agit dans les passages de ce genre pourrait être le Soma céleste. Mais il n'y a, ce me semble, aucune raison de ne pas s'en tenir à l'idée du Soma terrestre dans le vers IX, 97, 6, où le parallélisme de la formule « Que ton suc enivrant aille trouver Indra » semble éclairer suffisamment celle qui nous intéresse ici : « Va sur le même char que les dieux pour nous faire des dons. »

Du reste ces observations, qu'en raison de l'intervention des dieux auxquels est offert le sacrifice, je n'ai pu présenter dans cette première partie que par une légère dérogation à mon plan, n'avaient d'autre objet que de préparer le lecteur à mieux apprécier la portée des textes relatifs au retour direct de Soma dans le ciel. Certaines citations qui ont été faites plus haut à propos de l'identification de Soma au soleil pourraient déjà contenir des allusions à ce mythe. Je veux parler de celles qui nous ont représenté Soma montant dans le ciel, et des formules constatant son union, nous dirions dans ce cas, sa réunion au soleil. Mais rien n'y indiquait qu'il partît en effet de la terre. Le vers IX, 64, 30 déjà cité « Que tu sois séparé de lui, ô Soma, ou que tu lui sois réuni, sage du ciel, clarifie-toi, pareil au soleil, pour notre salut », est déjà plus significatif, cf. encore IX, 65, 27. Mais voici les textes décisifs. IX, 65, 16 : « Le roi s'avance avec les prières, se clarifiant chez Manu, pour aller dans l'atmosphère. » IX, 63, 8 : « Il a attelé l'Etaça[1] du soleil, se clarifiant chez Manu, pour aller dans l'atmosphère. » *Ibid.* 9 : « Et il a attelé les dix harits du soleil pour aller (dans l'atmosphère), lui, Indu, en prononçant le nom d'Indra. » Laissons de côté le dernier trait où nous avons déjà relevé plus haut une allusion aux fonctions de Soma comme hotri. Remarquons qu'en dépit du caractère mythologique de Manu, son séjour, dans la pensée du poëte, ne peut être ici que la terre. Rappelons-nous enfin le vers IX, 86, 37, déjà cité, d'après lequel Soma attelle les harits (chevaux) du soleil auquel il est identifié, et parcourt avec elles les mondes. Nous verrons alors dans les trois vers qui viennent d'être rapprochés, les traces évidentes d'un mythe qui représentait le Soma terrestre s'élevant dans les airs, comme le feu lui-même, pour y prendre la forme du

1. Cheval du soleil.

soleil. La réunion du Soma terrestre au soleil est encore indiquée dans le vers IX, 97, 33 qui, après avoir montré Soma, d'abord sous la forme d'un oiseau divin regardant du haut du ciel, puis sous celle du breuvage coulant dans la cuve, ajoute : « Marche en hennissant vers le rayon du soleil. » Il faut en rapprocher un vers où interviennent de nouveau la mention d'Indra et celle de Vâyu, mais qui montre précisément l'opportunité des citations faites en tête de cette section et leur intérêt pour le sujet que nous y traitons, IX, 61, 8 : « Une fois exprimé, il passe à travers le tamis et se réunit à Indra, à Vâyu, aux rayons du soleil. » Nous lisons encore qu'il se rend au lieu où se tiennent les immortels « en prenant toutes les formes », IX, 25, 4, et il se pourrait que tel passage où nous voyons le breuvage du Soma se transformer en foudre (IX, 47, 3 ; cf. p. 169) dût être pris en ce sens que le Soma terrestre va se réunir à l'éclair comme il se réunit au soleil. Quoi qu'il en soit, je crois que l'élément désigné par le mot *peru*, que la terre lance comme un cheval hennissant, V, 84, 2, est encore le Soma. (Voir *Revue critique*, 1875, II, p. 390.) Ajoutons que la réunion de la forme terrestre du Soma à l'une de ses formes célestes est exprimée en termes formels, ainsi que nous le verrons plus loin, sous la figure du cheval du sacrifice.

Au mythe de l'ascension d'Agni au ciel a été rattachée plus haut la croyance des Aryas à une vie future dans les mondes supérieurs. Soma joue aussi son rôle dans cette croyance, non pas sans doute un rôle identique à celui du feu, transportant effectivement les morts dans leur nouvelle demeure, mais le rôle qui pouvait être naturellement assigné à un breuvage déjà considéré comme préservant des maladies sur la terre, celui d'assurer l'immortalité. On peut même, comme nous le verrons, préciser davantage et dire que le Soma, qui s'assimilait au corps de l'homme, I, 187, 10, en constituait l'essence immortelle. En ce sens c'était le Soma qui remontait au ciel dans la personne des morts. C'eût été pour nous une raison, indépendamment du parallélisme que nous désirons maintenir entre les différents paragraphes des deux sections consacrées à Agni et à Soma, de rapprocher, dans la seconde comme dans la première, le retour de l'élément en question dans le ciel et son rôle dans les mythes de la vie future.

Soma donne aux chantres la force et la beauté, et revêtus

de cette beauté, ils sont allés à l'immortalité, IX, 94, 4. Dans l'hymne VIII, 48 auquel nous avons déjà emprunté un long fragment, on lit au vers 3 : « Nous avons bu le Soma, nous sommes devenus immortels, nous sommes arrivés à la lumière, nous avons atteint les dieux ; que pourrait maintenant sur nous la malveillance ? Que pourrait sur nous, ô immortel, la perfidie d'un mortel ? » Il ne paraît pas douteux que ce vers ne soit mis par le poëte, comme les suivants, dans la bouche des hommes. Immédiatement après, il est vrai, les mêmes suppliants demandent seulement à Soma la prolongation de la vie (vers 4), en sorte qu'on pourrait croire que l'immortalité n'est là rien de plus que l'éloignement de la mort naturelle. C'est sans doute en ce sens qu'il faut interpréter le vers 18 de l'hymne VI, 75 sur les armes : « Je couvre tes membres d'une cuirasse ; que le roi Soma te revête d'immortalité[1]. » Toutefois, dans la citation précédente, ce trait « nous avons atteint les dieux », qui est d'ailleurs une anticipation à mettre sur le compte de l'ivresse produite par le Soma, éveille bien l'idée de la vie future. Il ne peut en tout cas y avoir de doute sur la portée du vers 6 de l'hymne funéraire X, 16 où Soma, le Soma « qui a pénétré dans les brâhmanes », est prié, en même temps que le feu du bûcher, de réparer le dommage causé au corps du trépassé par différents animaux qui représentent peut-être les messagers de la mort[2]. Enfin nous devons citer tout un fragment de l'hymne IX, 113, où la croyance à l'immortalité, et à l'immortalité obtenue par Soma, est exprimée dans les termes les plus clairs. Nous supprimerons seulement dans la traduction le refrain commun à tous les vers de l'hymne, « Coule, ô Indu (Soma), pour Indra. »

6. « Là où le prêtre (céleste, Brahmâ ?), ô toi qui te clarifies, prononçant des paroles rhythmées, presse magnifiquement le Soma avec la pierre, répandant la joie avec ce Soma.

7. « Là où est la clarté impérissable, dans le monde où est déposée la lumière, dans ce monde immortel et indestructible, ô toi qui te clarifies, place-moi.

8. Là où est le roi fils de Vivasvat (Yama), là où est la partie la plus reculée du ciel, là où sont ces eaux lointaines toujours jaillissantes, en ce lieu rends-moi immortel.

---

1. La cuirasse pourrait être le Soma lui-même. Au vers 19, c'est la prière qui est considérée comme une cuirasse. Cf. encore *ibid*. 8.
2. Sur « l'oiseau » en particulier, voir p. 92.

9. « Là où l'on se meut à son gré, dans le triple firmament, dans le triple ciel du ciel, là où sont les mondes resplendissants, en ce lieu rends-moi immortel.

10. « Là où sont les objets de tous les désirs, là où est le séjour élevé du brillant, là où l'on se rassasie de la *svadhá* (offrande aux mânes), en ce lieu rends-moi immortel.

11. « Là où sont les joies, les plaisirs, les satisfactions, là où le désir atteint ses objets, en ce lieu rends-moi immortel. »

Le « séjour du brillant » est aussi mentionné au vers VIII, 58, 7, et c'est là, ou, comme le porte encore le même vers, dans les trois fois sept séjours de son ami[1], que l'homme espère aller avec Indra, après avoir bu comme lui le Soma. L' « ami », peut-être aussi le « brillant », n'est autre que Soma lui-même. Remarquons encore à ce propos que le séjour céleste où l'on n'arrive, ainsi que nous l'avons vu plus haut, qu'après avoir été brûlé, renferme un « tamis », IX, 83, 1, le tamis « du brûlant », *ibid.* 2, qui éveille encore naturellement l'idée de Soma. Le ciel où Soma fait arriver les morts est en effet son propre séjour. Il y a une allusion à ce mythe en même temps qu'à celui de Soma père des hommes, dans le vers déjà cité, IX, 10, 8 : « Il a réuni notre nombril à son nombril, et notre œil au soleil. »

D'après ce qui précède, Soma avait à peu près les mêmes titres qu'Agni à la dignité de roi des morts. Il figure en effet au vers VIII, 48, 13, en compagnie des pères, et il ne serait pas impossible que l'idée de Soma se fût confondue avec celle d'Agni dans le personnage de Yama.

J'ai dit en commençant que le Soma bu par l'homme constituait l'essence immortelle de son corps. Cette idée me paraît se rattacher au mythe de l'*amrita* qu'on a rapproché de celui de l'ambroisie chez les Grecs, et dont j'ai différé l'étude jusqu'ici. Ce mythe, qui tient une beaucoup plus grande place dans la mythologie brahmanique proprement dite que dans la mythologie védique, se confond en somme avec celui de Soma. Dans ces recherches limitées aux hymnes du *R*ig-Veda, nous n'avons à lui consacrer une étude particulière que pour chercher à déterminer la signification primitive du terme *amrita* lui-même.

Ce mot est d'abord un adjectif signifiant « immortel » et

---

1. *Triḥ sapta pade* pour *padeshu*.

appliqué aux éléments naturels tels que le feu, la lumière et les eaux, aux dieux qui les représentent ou qui y président, enfin aux hommes parvenus dans le séjour des dieux. Il est aussi pris substantivement, non-seulement au masculin pour désigner les dieux en tant qu'immortels, mais au neutre : c'est ce dernier emploi qui nous intéresse ici. Dans beaucoup de cas, le neutre *amrita* peut se prendre au sens d' « immortalité » comme l'abstrait *amritatva*. Dans un certain nombre d'autres, il paraît désigner une substance identique au Soma. Il n'a pas, quoi qu'on en ait dit[1], d'autres significations, ou plutôt les deux sens qui viennent d'être indiqués se ramènent eux-mêmes à une acception primitive unique, celle d'essence, de principe immortel.

Les dieux, comme procédant de ce principe, sont appelés les fils de l'amrita, VI, 52, 9 ; X, 13, 1, et ce sont eux encore qui sont désignés dans cette prière adressée aux Maruts « Donnez-nous à la descendance de l'amrita », VII, 57, 6, c'est-à-dire « faites-nous arriver chez les dieux[2]. » L'épithète *amritabandhavah* que les dieux reçoivent au vers X, 72, 5, fait allusion à la même filiation, si l'on admet le sens que j'ai déjà donné à *bandhu* dans l'épithète correspondante des

---

1. MM. R. et Gr. veulent qu'il désigne en outre « l'ensemble des immortels » et « le monde de l'immortalité ou des dieux ». Mais dans les vers I, 35, 2 ; — III, 25, 2 ; 34, 2 ; VIII, 31, 9 ; — I, 13, 5 ; 170, 4, où ils croient trouver le premier de ces deux sens, le mot *amrita* peut être masculin et désigner au singulier les immortels, comme en français « l'homme » pris absolument signifie « les hommes. » Au vers I, 35, 2 en particulier, il est difficile de comprendre pourquoi MM. R. et Gr. expliquent l'accusatif singulier *amritam* autrement que l'accusatif singulier *martyam* « le mortel » qui lui est opposé. Dans tel autre des passages cités, par exemple au vers III, 34, 2, il est même possible que notre mot désigne une seule divinité, soit Indra. Dans ceux pour lesquels M. R. a imaginé le sens de « monde des dieux » adopté par M. Gr., le mot *amrita* est bien neutre, mais il s'y explique très bien dans le sens d'immortalité ou d'essence, de principe immortel. Au vers I, 125, 6, il est dit que ceux qui donnent la dakshinâ ont en partage l'immortalité. L'erreur est ici évidente et peut être considérée comme un simple *lapsus* de M. Gr. dans son lexique. Au vers I, 91, 18 où Soma est invité à prendre ses formes glorieuses et suprêmes dans le ciel, on peut comprendre qu'il se gonfle « pour l'immortel », c'est-à-dire pour le dieu auquel il est offert, ou « pour l'immortalité », c'est-à-dire pour prendre sa forme immortelle, divine. Nous retrouverons le vers X, 53, 10 où la mention des couteaux avec lesquels les sages « façonnent pour l'immortalité » rappelle le mythe du cheval du sacrifice. L'expression *amritasya lokah*, X, 85, 20, où l'idée de monde est exprimée par un mot particulier *loka*, ne peut servir à prouver que le mot *amrita* signifie à lui seul « le monde de l'immortalité. » Les autres expressions où M. Gr. croit encore trouver ce sens sont discutées dans le texte.

2. Cf. la prière également adressée aux Maruts : « Placez-nous dans l'immortalité, *amritatve*, » V, 55, 4.

hommes, *mrityubandhavah* « fils de la mort ». Le principe immortel ou l'immortalité réside avant tout dans Agni, dans Soma, dans le beurre, identifié peut-être à Soma, que nous avons vu déjà assimilé au lait de la vache céleste, dans Aditi qui est cette vache elle-même ; c'est pourquoi Agni, III, 17, 4, Soma (et Pûshan), II, 40, 1, le beurre, IV, 58, 1, Aditi, VIII, 90, 15, reçoivent la qualification de « nombril » de l'amrita : cette expression signifie que l'amrita tire d'eux son origine (voir p. 35). Le « nombril de l'amrita » sur lequel reposent les chemins qu'embrassent la terre et le ciel, V, 47, 2, est également le lieu d'origine du principe immortel, la patrie de l'immortalité. L'aurore est l'étendard, la manifestation de ce principe, III, 61, 3 ; cf. VI, 7, 6[1]. Les rois de l'amrita, comme les vers I, 122, 11 ; X, 93, 4, nomment les Adityas, les maîtresses de l'amrita[2] qui sont les aurores IV, 5, 13, et plus généralement ceux qui règnent sur l'amrita, qui en sont les maîtres, comme Agni, V, 28, 2, les Açvins, I, 112, 3, les Maruts, V, 58, 1, sont ceux qui disposent du principe immortel, et qui avant tout jouissent eux-mêmes de l'immortalité. On lit en effet au vers I, 71, 9, que Mitra et Varuna, au vers I, 72, 6, que les anciens sacrificateurs, dieux ou ancêtres, célébrés dans l'hymne entier, gardent pour eux-mêmes l'amrita, c'est-à-dire l'immortalité, en d'autres termes se conservent immortels[3]. Le terme de gardien (*rakshitri*, VI, 7, 7, *gopâ*, VI, 9, 3 ; VIII, 42, 2) de l'amrita, appliqué à Agni et à Varuna, peut s'expliquer dans le même ordre d'idées.

La convenance de notre interprétation du mot *amrita* comme signifiant « essence immortelle » apparaît surtout dans les emplois qui en sont faits au pluriel dans les vers I, 35, 6 et III, 38, 4. Ces emplois rappellent les formules, si fréquentes

---

1. Il se pourrait aussi qu'au vers VI, 7, 6, le mot *amritasya* fût, non pas un substantif dépendant de *ketunâ*, mais un adjectif se rapportant à *vaiçvânarasya*.

2. Si l'expression ne signifie pas « épouses de l'immortel (du soleil) ».

3. L'exactitude de cette interprétation me paraît prouvée : 1° par la comparaison du vers I, 96, 6 où la racine *raksh* est employée pareillement au moyen, et où l'abstrait *amritatva* remplace le mot *amrita* ; 2° par le rapprochement des trois fois sept places cachées au moyen desquelles les héros de l'hymne I, 72 gardent pour eux *l'amrita*, et des places cachées au moyen desquelles (*yena* pour *yebhih*) les dieux ont atteint l'immortalité, *amritatva*, X, 53, 10. Au vers I, 71, 9 le mot *goshu* ne dépend pas de *rakshamânâh*, mais exprime la situation de Mitra et Varuna au milieu des vaches (voir quatrième partie, ch. I, sect. IX). Cf. encore l'expression *rakshamânâ asuryan*, II, 27, 4.

dans le *R*ig-Veda, où les dieux et les personnages mythologiques qu'on leur assimile sont représentés prenant leurs essences, leurs formes (*nâma, dhâmâni*, etc.) sacrées, *yajniyâni*, cachées, *guhyâ*, etc. Le neutre de l'adjectif *amrita* lui-même est ainsi employé dans les locutions *amritâni nâma,* X, 123, 4, *dhâmâny amritâ*, III, 55, 10, « essences immortelles. » Au vers III, 38, 4, le pluriel du mot *nâman* pourrait même être facilement sous-entendu, puisque le singulier du même mot est exprimé dans le pâda précédent. Je n'hésite donc pas à traduire « L'essence du mâle, de l'Asura, est grande ; celui qui a toutes les formes a pris[1] ses essences (ses formes) immortelles », et au vers I, 35, 6, « Ils se sont emparés des essences immortelles, s'en servant comme de l'essieu d'un char » (pour apparaître dans le ciel? cf. p. 97). On dit à peu près de même d'Agni qu'il est maître de mainte essence immortelle, *amritasya bhûre*h, VII, 4, 6, c'est-à-dire qu'il peut la prendre, et qu'il a fait pour lui-même, qu'il a pris, toutes les essences, les formes immortelles, *cakrâno amritâni viçvâ*, I, 72, 1. Le Gandharva a proclamé, annoncé les essences immortelles, *amritâni*, des rivières, X, 139, 6.

En résumé le mot *amrita*, employé substantivement au neutre, s'explique dans un grand nombre de passages, pour la plupart desquels MM. Roth et Grassmann ont proposé d'autres sens, comme se rapportant à un mot *nâman, dhâman*, etc. sous-entendu, ou mieux à l'idée d'essence, de nature, de forme, exprimée par ces mots. Cette signification d' « essence, nature, forme immortelle » est en même temps la transition naturelle à celle d' « immortalité[2] » avec laquelle elle se confond du reste dans la plupart des cas. Je crois qu'elle rend compte aussi du sens, d'ailleurs relativement rare[3] dans le

---

1. Cf. l'emploi de la racine *sthâ* accompagnée du préfixe *â* avec le mot *dhâman* (essence, et non demeure, voir quatrième partie, ch. III, sect. ı) pour régime direct, X, 13, 1. C'est probablement dans la même combinaison de *â sthâ* avec le mot *amrita* qu'il faut chercher le sens du vers VAl. 4, 7, dont la construction me paraît d'ailleurs difficile.

2. Voir dans le lexique de M. Gr. s. v. les autres passages où le mot prend ce sens.

3. Plus rare, selon moi, que n'en ferait juger le lexique de M. Gr. Au vers X, 122, 3, l'expression *hûyamâno amritâya* paraît signifier « appelé à l'immortalité », cf. IX, 108, 3. Les vers V, 3, 4 ; X, 11, 9, où le mot paraît signifier « l'immortel », les vers III, 23, 1 ; VI, 75, 18, où il signifie certainement « l'immortalité », semblent cités par erreur. (Voir pour le premier et les deux derniers la traduction de M. Gr. lui-même.) Je réserve l'inter-

*R*ig-Veda, qu'on rend d'ordinaire par le terme, emprunté à la mythologie grecque, d' « ambroisie ».

Remarquons d'abord qu'en dépit de la parenté certaine des noms et de la ressemblance évidente des mythes, nous avons le droit, en cherchant à préciser le sens du sanskrit *amrita*, de négliger le grec ἀμϐροσία, qui, renfermant un suffixe dérivatif, ne lui correspond pas exactement. Ajoutons que nous ne songeons pas à donner pour base au mythe de l'amrita l'idée vague et abstraite d'essence, de principe immortel, mais l'idée beaucoup plus précise et plus concrète d'essence, de nature immortelle de tel ou tel élément particulier à déterminer. Tout le monde a admis depuis M. Kuhn que cet élément était l'eau du ciel, l'eau immortelle, c'est-à-dire toujours jaillissante. Nous avons en effet rencontré plus haut une application aux eaux du pluriel neutre *amritâni* dans le sens d' « essences immortelles », X, 139, 6, et la qualification d'immortelles leur est donnée aux vers I, 62, 10 ; IV, 3, 12 (cf. X, 95, 9 ?). Mais les *r*ishis attribuent la même épithète à la lumière, VII, 76, 1, et particulièrement à l'aurore, I, 113, 13 ; VII, 75, 3. D'autre part, on est d'accord pour identifier l'am*r*ita au Soma, qui est appelé en effet l'offrande immortelle, IX, 74, 6, la liqueur immortelle, X, 123, 3, et qui, sous la figure du Purusha (voir chap. III), a quatre pieds dont l'un est tous les êtres, et dont les trois autres sont l'amrita dans le ciel, X, 90, 3. L'am*r*ita, « nombril (principe) de la loi, » qui naît lorsque le nuage donne son lait, IX, 74, 4, semble être le Soma, célébré dans l'hymne entier. Un passage concernant les relations du Soma avec le vent, I, 135, 9, a déjà été rapproché des vers VI, 37, 3 ; X, 186, 3, où le nom d'*amrita* paraît substitué à celui de Soma. Enfin l'am*r*ita, mis au vers III, 26, 7 dans la bouche d'Agni, paraît bien être le breuvage sacré versé dans le feu[1]. Soma est, il est vrai, distingué de l'*amrita* au vers VI, 44, 23, d'après lequel il a trouvé cette substance « cachée dans les espaces du ciel », jouant ainsi le rôle attribué ailleurs aux flammes d'Agni, III, 1, 14. Mais ce vers fait peut-être allusion à l'action du Soma terrestre sur le Soma céleste, comme un

---

prétation des vers I, 164, 21 ; V, 2, 3 ; X, 12, 3, qui me semblent obscurs. Une dizaine d'autres passages où M. Gr. croit encore, à tort selon moi, devoir donner au mot *amrita* le sens d' « ambroisie » sont interprétés dans le texte.

1. La coupe de Soma offerte à Indra reçoit elle-même l'épithète *amrita* « immortelle ».

autre vers déjà cité, IX, 70, 2, où le Soma « mendiant le précieux amrita [1] » est opposé à celui qui « se revêt des eaux brillantes, quand on a trouvé sa demeure », c'est-à-dire au Soma céleste identique à ce même *amrita*. Nous savons d'ailleurs que le personnage de Soma est sujet à un dédoublement dont nous avons eu un exemple dans le mythe du Soma apporté sur la terre par un aigle. Or, j'ai montré que le Soma n'est pas identifié à la pluie elle-même, mais bien à l'élément igné contenu dans les eaux de la pluie, et cette observation me paraît applicable à l'amrita. C'est en ce sens que j'interprète le vers I, 23, 19, qui place l'amrita dans les eaux, et le vers X, 30, 12, d'après lequel les eaux portent l'amrita.

En somme, je crois que l'*amrita*, en tant qu'élément matériel, est l'essence immortelle du Soma contenue dans les eaux du ciel, à laquelle le breuvage du sacrifice est identique, tant par son origine que par ses effets. C'est cette essence immortelle qui, lorsque le corps mortel de l'homme se l'assimile, le transforme et le rend lui-même immortel. L'immortalité des dieux eux-mêmes n'a pas d'autre principe d'après les vers IX, 106, 8 et 108, 3, dont l'un porte que les dieux ont bu le Soma pour l'immortalité, l'autre que Soma a appelé à l'immortalité les races divines.

§ IV. — LE SACRIFICE CÉLESTE

On attribue au Soma céleste la même origine qu'au Soma terrestre. Nous avons déjà remarqué qu'il vient aussi d'une montagne, seulement cette montagne est la montagne suprême, IX, 87, 8, c'est-à-dire le ciel même ou le nuage. Il est la « lueur des montagnes (célestes) », I, 187, 7. C'est également d'une plante qu'il est tiré, IX, 61, 10 : « Celle de tes formes qui est née là-haut d'une plante et qui séjournait dans le ciel a été reçue par la terre. » Il sort des plantes pour parcourir le vaste espace[2] (en passant à travers un tamis, voir ci-après),

---

1. *Amritasya cấrunah*. Cette formule désigne probablement aussi dans ses autres emplois, IX, 70, 4; 108, 4; 110, 4, le Soma céleste. Les « lois de l'amrita » que suit Soma, IX, 70, 4; 110, 4, seront ses propres lois. Peut-être faut-il entendre de même l'expression *amritasya dhâma*, IX, 94, 2; 97, 32.

2. Le terme de « vaste espace » en supposant qu'il ait pu désigner la

IX, 68, 2. C'est une plante qui paraît donner la liqueur mêlée aux eaux dont les Maruts inondent la terre, V, 54, 8. Le Soma céleste est, comme il arrive souvent pour le Soma terrestre, désigné lui-même par le terme de plante. Il est la plante qui fait le tour de toutes choses, IX, 74, 2 ; cf. 68, 6 et 2, la plante « tonnante », IX, 72, 6. C'est sous la forme d'une plante qu'il a été apporté à la terre par l'aigle, IV, 26, 6. Le vers où la plante prend la forme du soleil a été déjà cité, I, 46, 10 : « Un éclat est venu à la plante, le soleil brillant comme l'or. » La plante que Varu*n*a paraît conduire à l'homme pour qu'il voie la lumière, VII, 88, 2, est sans doute aussi le Soma-soleil. Au vers X, 94, 3, les pierres du pressoir dévorent « la branche de l'arbre brillant ». Qu'il s'agisse là du Soma céleste ou du Soma terrestre, il est certain que le mythe de l'arbre céleste, dont M. Kuhn a longuement traité dans son livre sur la descente du feu et du breuvage des dieux, se rattache à celui du Soma. Il tient d'ailleurs fort peu de place dans le *R*ig-Veda. On peut cependant citer entre autres le vers X, 135, 1 qui représente Yama sous un arbre aux larges feuilles, le vers I, 164, 20 ; cf. 22, sur lequel nous reviendrons, et ceux où les dieux Maruts sont représentés « pillant l'arbre », V, 54, 6, et « secouant le fruit brillant », *ibid.* 12.

Dans le ciel, comme sur la terre, le suc de la plante est exprimé avec des pierres. Quelques traits au moins de l'hymne X, 94, consacré tout entier aux pierres du pressoir (rapprochées au vers 1 des montagnes, c'est-à-dire sans doute des nuages), ne peuvent convenir qu'à des pierres célestes. Ces pierres dont le bruit sort de bouches « brillantes » (vers 2), ne font pas seulement retentir la terre (vers 4), mais ceux qui les mettent en mouvement font retentir la terre et le ciel (vers 12), et ce qui est plus caractéristique encore, elles font pousser les blés comme si elles en semaient la graine (vers 13, cf. I, 23, 15 ; 117, 21 ; 176, 2, quatrième partie, chap. I, sect. II, *R*ijrâçva). Les pierres que Savit*ri* est prié de mettre en mouvement, X, 175, 1 et 4 ; cf. X, 100, 8 ; 9, lors même que le poëte entendrait par là les pierres du sacrifice

---

cuve où coule le Soma terrestre, ne l'aurait désigné en tout cas que par allusion aux espaces célestes qu'elle représente. Toutes les objections du même genre que soulèveraient mes interprétations donneraient lieu à une réponse analogue. La description de la préparation du Soma terrestre en des termes qui feraient allusion à celle du Soma céleste pourrait, au point de vue où nous nous plaçons, c'est-à-dire au point de vue de l'analyse mythologique, remplacer la description de la préparation céleste elle-même.

terrestre, ne seraient sans doute que la représentation de celles que le même dieu devait employer en qualité de préparateur du Soma céleste (voir quatrième partie, ch. I, sect. VI). C'est en ce sens que j'interprète le vers 3 du même hymne X, 175 ; les pierres terrestres y sont désignées comme étant placées « chez les inférieurs », c'est-à-dire chez les hommes.

Nous avons vu déjà à propos des trois formes de Soma, qu'il passe par trois tamis correspondant aux trois mondes. C'est ici le lieu de développer cette idée qu'il est clarifié dans les mondes supérieurs de la même manière que sur la terre. Je n'insisterai pas sur l'emploi de la racine *pû* et particulièrement du participe *pavamâna* « se clarifiant » dans les textes concernant le Soma céleste. Mais à ces indications se joint la mention formelle du tamis, *pavitra*, dans le vers IX, 86, 30 : « O Soma qui te clarifies, tu es clarifié pour les dieux sur le tamis, lors de l'organisation du monde (*littéralement* de l'espace, cf. IX, 97, 40). » Le tamis céleste est même désigné comme le terrestre par le terme de « laine de brebis », aux vers IX, 12, 4, « Soma se réjouit sur le nombril du ciel, sur la laine de brebis, » et IX, 37, 3 : « Il traverse en se clarifiant les espaces du ciel, la peau de brebis [1]. » Le tamis avec lequel, comme nous le verrons plus tard, le Soma est purifié par la « fille du soleil », est appelé « la laine éternelle », IX, 1, 6. L'expression « les *grandes* brebis », IX, 109, 7, s'applique peut-être également au tamis céleste. On dit au vers X, 31, 8 d'un personnage représentant évidemment Soma, qu'il prend la peau (le ciel ou le nuage), pour tamis, quand les harits le portent comme le soleil, ou plutôt en qualité de soleil. C'est encore au soleil que Soma paraît identifié quand « ses rayons brillants » traversent le tamis au haut du ciel, IX, 66, 5. Aux vers IX, 10, 5 ; 91, 3, les Somas traversent le tamis sous le nom même de soleils. Le Soma « allant avec le soleil », c'est-à-dire réuni à cet astre (voir p. 161 [2]), se clarifie sur le tamis dans le ciel, IX, 27, 5.

---

1. Je ne vois aucune raison de croire qu'il s'agisse là de deux séjours différents de Soma.

2. Si la racine *hâs* est, comme le croit M. Grassmann, un simple développement de *hâ*, il me semble inutile de lui attribuer avec MM. Roth et Grassmann le sens de « rivaliser », celui d' « aller » convenant parfaitement à tous ses emplois. Voyez surtout A. V. IV, 36, 5.

Dans un vers déjà cité où Soma paraît, non pas identifié au soleil, mais placé dans le soleil, IX, 97, 38, en qualité de créateur[1], il reçoit également l'épithète *punâna*, « qui se clarifie. » Il semble que le soleil ait été lui-même considéré comme le tamis par lequel passe le Soma, identifié alors à la lumière du soleil. Ainsi s'expliqueraient les fils « brillants » de ce tamis « du brûlant », tendu dans l'espace du ciel, IX, 83, 2, et qui ne peut être atteint, comme nous l'avons vu, que par ceux qui ont été « cuits », c'est-à-dire par les morts incinérés dont l'un des principaux séjours dans l'autre vie est en effet le soleil. Remarquons à ce propos qu'un tamis est parallèlement tendu dans les flammes d'Agni, IX, 67, 23 ; 24.

Un mythe plus curieux encore que celui qui fait des rayons du soleil les fils d'un tamis, serait celui qui en ferait des doigts occupés à faire couler le Soma céleste. Les doigts jouent, comme nous le verrons, un grand rôle dans les formules relatives à la préparation du Soma, et il est naturel qu'ils ne soient pas oubliés dans celles qui concernent le Soma céleste. En fait, ils sont suffisamment désignés par le nombre dix au vers IX, 92, 4, où ils interviennent dans la préparation d'un Soma que la mention des « sept rivières », où il se purifie, nous oblige à placer dans le ciel, et il est dit expressément au vers IX, 86, 27, que les doigts purifient Soma sur le troisième plateau, dans l'espace brillant du ciel. Or nous lisons au vers IX, 38, 3, que les dix harits actives purifient le Soma et le font briller. Dans cette formule le nombre « dix », non moins que l'acte de « purifier », éveille nécessairement l'idée des doigts ; quant au nom de « harits », c'est celui des chevaux du soleil qui, comme nous l'avons vu, représentent ses rayons. Le Soma céleste figurant presque à chaque vers de l'hymne IX, 38, c'est probablement de lui qu'il est aussi question au vers 3. Il y serait représenté, sous la forme du soleil, purifié par ses propres rayons assimilés à des doigts. Cette conception est d'autant plus facile à admettre qu'au vers VIII, 61, 16, les sept rayons du soleil servent à exprimer un liquide qui paraît être également le Soma céleste. Le doute n'est pas possible au vers 4 de l'hymne IX,

---

1. Cf. le vers IX, 97, 40 où Soma, appelé « la mer qui a mugi lors de la première organisation (du monde) » et passant à travers le tamis, est considéré comme engendrant les créatures.

76, à Soma. On y voit celui-ci, appelé le roi de l'univers, « purifié par le trait du soleil. » Les rayons du soleil sont ici désignés par le terme de « trait, flèche » comme ils l'étaient tout à l'heure par le nom de harits. Ils sont en même temps assimilés à des doigts par l'acte de « purifier le Soma » qui leur est attribué. L'image des doigts du soleil n'est d'ailleurs pas plus étrange que celle des mains du soleil admise par tous les mythologues.

Quant à notre première formule, celle où l'idée des doigts est encore plus directement suggérée par le nombre dix, lors même qu'elle devrait être appliquée au Soma terrestre, nous pourrions toujours y voir une trace, non plus, il est vrai, de l'assimilation des rayons du soleil à des doigts, mais bien de l'assimilation inverse, et en somme équivalente, des doigts aux rayons. Les doigts auraient, dans la préparation du Soma terrestre, *représenté* les rayons du soleil[1]. On peut, je crois, trouver une autre trace de cette conception dans le nom de *kship* ou *kshipâ* donné aux doigts, IX, 14, 7; 79, 4; 86, 27, aux dix doigts, V, 43, 4; IX, 8, 4; 15, 8; 46, 6; 61, 7; 80, 4; 5; 85, 7; 97, 12; 57, en tant qu'ils sont occupés à la préparation du Soma (ou du feu, III, 23, 3, qui, au point de vue mythologique, et en ce qui concerne les allusions aux phénomènes célestes, ne diffère pas du Soma). Ce mot auquel M. Grassmann attribue la signification étymologique vague, et mal justifiée par le sens de la racine *kship*, de « mobile », est susceptible d'une explication très-précise dans l'ordre d'idées qui nous occupe. La racine *kship* signifie lancer, particulièrement lancer une arme de jet; des mots *kshipanu* et *kshipra* qui en sont formés, l'un paraît désigner la flèche ou l'archer, l'autre est une épithète de l'arc et de la flèche (voir Gr. *s. v.*). Je crois donc que le mot *kship*, *kshipâ* a signifié primitivement « flèche » et qu'il n'a désigné les doigts occupés à préparer le Soma que par allusion aux flèches, c'est-à-dire aux rayons du soleil, que nous avons tout à l'heure vus désignés par un terme équivalent dans l'opération ana-

---

1. Nous verrons que les doigts sont aussi assimilés à des chevaux portant le Soma, comme les harits qui le traînent dans le ciel sous sa forme de soleil, X, 31, 8. Ce qui m'engage, dans notre exemple, à ne pas m'arrêter à l'idée des harits cavales, et à remonter jusqu'à celle des rayons qu'elles représentent, c'est qu'il n'y est pas question de traîner, mais de purifier le Soma. Les *hari* purifiant le Soma, qui paraissent également désigner les doigts au vers IX, 96, 2, peuvent suggérer aussi, par l'intermédiaire de l'idée de cheval céleste, celle des rayons du soleil.

logue qui leur est attribuée, IX, 76, 4. M. Grassmann a reconnu lui-même l'assimilation des doigts à des flèches dans certains emplois des mots *çarya, çaryâ* qui n'ont certainement par eux-mêmes que le second sens [1]. Mais il en a cherché l'explication dans l'assimilation du bras lui-même à un carquois dont les doigts seraient les flèches. Cette explication qui n'est nullement suggérée par les textes où les bras sont nommés en même temps que les flèches représentant les doigts, IX, 110, 5; X, 61, 3, a en outre le défaut de ne se rattacher à rien dans l'ensemble des mythes du Soma. Au contraire, l'assimilation des doigts et des rayons du soleil nous a paru déjà résulter d'autres formules, et n'est d'ailleurs qu'un trait de plus de l'assimilation générale des cérémonies du sacrifice aux phénomènes célestes. Les flèches désignées par le mot *çaryâ* ne figurent encore que comme terme de comparaison au vers IX, 110, 5, où le Soma est représenté « porté dans les bras comme par des flèches ». La particule comparative est supprimée au vers X, 61, 3, où les flèches semblent appelées ses propres flèches, *çaryâbhis... asya*. En tout cas, je crois qu'on ne peut interpréter autrement l'expression *çaryâni tânvâ*[2] du vers IX, 14, 4; ce sont bien là ses propres flèches que le Soma « abandonne » pour couler. Or que peuvent représenter les flèches de Soma, si ce n'est les rayons du soleil, soit que nos deux dernières citations se rapportent en effet au Soma-soleil, soit que des formules qui ne conviendraient bien qu'au Soma céleste y aient été appliquées au Soma terrestre, par allusion au premier? Primitivement au moins, le Soma qui « abandonne ses

---

1. M. R. avait proposé le sens de « natte de roseaux » pour les passages où j'admets avec M. Gr. le sens métaphorique de flèches et le sens réel de doigts. Le primitif *çara* signifie en effet roseau, d'où flèche de roseau. Mais on ne trouverait pas d'autre mention dans le *Rig*-Veda d'une natte de roseaux servant à tamiser le Soma.

2. M. R. explique le mot *tânva*, ici et au vers IX, 78, 1, comme résultant de l'allongement métrique de l'*a* radical d'un mot *tanva* « tissé » dont il n'y a pas d'ailleurs d'autre exemple. M. Gr. admet cette interprétation en ajoutant au sens de « tissé » celui de « tendu, » mais sans chercher, à ce qu'il semble, à la faire concorder avec celle qu'il avait, dans son Lexique, adoptée pour le mot *çarya*, pris par M. Roth dans le sens de « natte de roseau », et qu'il a abandonnée dans sa traduction de ce passage. Je crois qu'ici, comme en beaucoup d'autres cas, on peut se dispenser de l'hypothèse d'une homonymie. Le mot *tânva* dérivé de *tanû*, qu'on rencontre au vers III, 31, 2, s'explique au vers IX, 14, 4 comme nous l'indiquons dans le texte. Au vers IX, 78, 1, la « brebis propre » de Soma suggère pareillement l'idée des rayons du soleil considérés, non plus comme des flèches, mais comme les fils d'un tamis. (Voir plus haut, p. 201.)

propres flèches » ne peut être que le Soma qui, au lieu de couler des doigts représentant sur la terre les flèches, c'est-à-dire les rayons du soleil auquel il est identifié, coule en flots de lumière de ces rayons mêmes. Remarquons d'ailleurs à ce propos que les flèches de Soma l'assimilent, toujours sans doute en qualité de soleil, à un archer « frappant avec des flèches », *çaryahan*, IX, 70, 5; cf. 68, 2.

Nous avons vu déjà que les divers récipients du Soma, cuves, coupes, etc., se retrouvent dans les mondes supérieurs comme sur la terre, ou plutôt que les différents mondes sont assimilés à ces récipients. La cuve appelée *kalaça* figure au vers IX, 86, 22 avec le tamis dans la préparation du Soma sous ses formes divines, *divyeshu dhâmasu*. Ajoutons que dans cette préparation, comme dans celle qui a lieu sur la terre, il est mêlé aux eaux : « Il a coulé du ciel sur le tamis dans les flots de la mer, » IX, 39, 4 ; cf. 85, 10. C'est une nouvelle preuve qu'il n'est pas identifié purement et simplement aux eaux du ciel. Les « vaches » dont Soma est enveloppé quand les doigts le purifient sur le troisième plateau, dans l'espace brillant du ciel, IX, 86, 27, peuvent représenter, comme nous le verrons, soit les eaux, soit le lait auquel le suc de la plante est mêlé dans le sacrifice. Le même texte fait mention des acclamations, représentant les prières, qui accompagnent cette préparation du Soma céleste.

Ainsi tous les détails de la préparation du Soma sont les mêmes dans le ciel que sur la terre. Les phénomènes célestes où intervient le Soma sont déjà par là matériellement assimilés au sacrifice. Le dernier trait surtout est caractéristique à ce point de vue. L'assimilation du reste va paraître plus complète encore dans les textes concernant les préparateurs célestes du Soma. Faisons seulement avant de les aborder une dernière remarque : l'image de la « chaîne » du tisserand, consacrée pour représenter le sacrifice, est appliquée à la manifestation de Soma dans le ciel, de Soma « tendant la chaîne suprême », IX, 22, 6, et la faisant retentir, *ibid.* 7 ; cf. encore IX, 69, 6.

Les préparateurs du Soma dans le ciel sont évidemment considérés comme des sacrificateurs dans l'hymne IX, 26, dont les trois premiers vers au moins leur sont consacrés : « 1. Les prêtres ont purifié le cheval (Soma) sur le sein d'Aditi (du ciel ou de la femelle céleste, voir quatrième partie, ch. I, sect. IX), avec leurs doigts, avec leurs prières. —

2. Les vaches (les prières) ont acclamé l'inépuisable aux mille gouttes, Soma qui supporte le ciel. — 3. Ils ont avec sagesse mis en mouvement le pieux (Soma), se clarifiant dans le ciel, puissant, nourricier. » Dans l'hymne VII, 103, les préparateurs célestes du Soma sont représentés par des grenouilles (*Revue critique*, 1875, II, p. 393); mais ces grenouilles elles-mêmes sont, au vers 7, comparées à des brâhmanes chantant auprès du Soma pressé la veille, et au vers 8 appelées directement des brâhmanes : « Les brâhmanes, qui ont pressé le Soma, ont élevé la voix. » La voix des grenouilles qui accomplissent le sacrifice céleste est naturellement le tonnerre.

La similitude des formules concernant les préparateurs célestes ou terrestres du Soma en rend souvent très-difficile ou même impossible l'attribution exclusive aux uns ou aux autres. Cependant la représentation de Soma comme « lumière digne de louange » au vers IX, 29, 2, et surtout comme « plante tonnante », au vers IX, 72, 6 (voir plus haut), l'épithète *dyuksha* « habitant le ciel » qui lui est donnée au vers IX, 71, 4 ; cf. 5), permettent de rapporter ces textes aux premiers.

Mais qui sont ces sacrificateurs célestes? La réponse à cette question a été donnée d'avance dans le chapitre consacré à Agni. Elle va être confirmée par les textes concernant particulièrement Soma.

Tout d'abord les préparateurs célestes du Soma peuvent être les ancêtres des hommes continuant dans le ciel l'œuvre qu'ils ont accomplie autrefois sur la terre. Nous avons déjà cru trouver dans la grenouille, dont nous venons de constater le rôle dans le sacrifice du Soma céleste, une représentation des morts parvenus au ciel. Les pierres à presser, déjà citées comme celles avec lesquelles on fait retentir « le ciel et la terre », sont mises en mouvement par les pères « qui ne vieillissent pas », X, 94, 12. Enfin ceux qui, d'après le vers 1 de l'hymne IX, 83, ont atteint le « tamis » céleste (cf. 2), après avoir été brûlés, et qui sont nommés les « pères » au vers 3 du même hymne, sont représentés au vers 2 montés, grâce à leur sagesse, sur le sommet du ciel et « aidant » celui qui clarifie le Soma sur le tamis en question, c'est-à-dire Brahma*n*as pati (cf. 1).

La dernière citation nous a montré un dieu véritable clarifiant le Soma dans le ciel. Outre ce personnage divin dont les fonctions sont, comme nous le verrons, purement sacerdotales, la plupart des dieux ont été aussi considérés, chacun en particulier, comme des préparateurs du Soma céleste. C'est ce que prouvera l'étude que nous consacrerons à chacun d'eux. On verra le même rôle joué par un personnage femelle, Sûryâ, la fille du soleil, IX, 1, 6. Mais ici je n'ai à relever que les textes concernant les dieux en général. Je ferai une seule exception pour ceux qui présentent les noms déjà cités de Çaryanâvat, d'Arjîka et de Svarnara, afin de ne pas retarder plus longtemps l'explication de ces noms, et bien que les personnages qu'ils désignent aient été peut-être assimilés à Rudra et aux Maruts. Il n'est pas douteux que le second ne désigne en effet des êtres animés au vers IX, 65, 23 où il est accompagné de l'épithète *kritvan* « actif », et la même interprétation peut être étendue au mot *çaryanâvat* qui, de même qu'*arjîka*, s'emploie au pluriel, X, 35, 2, aussi bien qu'au singulier. Je crois donc que dans les passages cités plus haut (p. 176), l'un et l'autre sont les noms de préparateurs célestes du Soma, et que le sens de « récipient du Soma céleste » doit être réservé pour le dérivé d'*ârjîka*, *ârjîkîya*. Le mot *çaryana* dont *çaryanâvat* est formé par l'addition du suffixe *vat*, et que nous ne trouvons pas employé à l'état isolé [1], a pu signifier « flèche » comme les mots *çarya, çaryâ*, dérivés du même primitif, *çara*, que nous avons vus figurer déjà dans les mythes du Soma. Çaryanâvat serait donc l' « archer ». Le mot Arjîka, dont le primitif *rijîka* ne se rencontre qu'en composition, peut s'expliquer de même. Ce primitif, de même racine que le mot *riju* « droit, qui va droit, » aurait comme *çaryana* signifié « flèche », sens qui convient très-bien au composé *bhârijîka* « qui a pour flèche son éclat » appliqué à Agni, I, 44, 3 ; III, 1, 12 et 14 ; X, 11, 2, dont l'éclat est au vers I, 148, 4, comparé à une flèche, *çaryâ*, et non moins bien, malgré l'incohérence toute védique des métaphores, au composé *gorijîka* « qui a pour flèche la vache » appliqué à Soma. Nous verrons que cette flèche ou vache est la prière, considérée, tantôt comme une vache, tantôt comme une flèche

---

1. Les sens donnés au mot *çaryana* dans le commentaire de Sâyana sur le vers VIII, 6, 39, et dans un des *gana* annexés à la grammaire de Pânini, où il figure sous la forme, probablement fautive, *çaryâna*, ont été vraisemblablement tirés du mot *çaryanâvat* lui-même par les interprètes du *Rig-Veda*.

sur l'arc, IX, 69, 1, et le mot *rijîka* fait, dans le composé en question, exactement pendant au mot *çarya* « flèche » dans *goçarya*, employé d'ailleurs uniquement comme nom propre, VIII, 8, 20; Vâl. I, 10; 2, 10. Le troisième emploi du même mot dans le composé *âvirrijîka* « dont les flèches apparaissent », appliqué au cheval Dadhikrâvan, IV, 38, 4, donne lieu à un troisième rapprochement avec le mot *çarya, çaryà*. Nous constaterons en effet, dans le chapitre de la troisième partie consacré aux Açvins, que ce cheval représente le Soma-soleil, dont les flèches, *çarya*, sont les rayons, et qui, sous la forme du cheval de Pedu, est lancé au ciel par les mêmes flèches, I, 119, 10. On pourrait par suite identifier Çaryanâvat et Arjîka au soleil, si l'emploi de l'un et l'autre nom au pluriel ne nous engageait plutôt à les rapporter, dans ce dernier cas, aux archers Maruts, et quand ils sont employés au singulier, à l'archer Rudra, père des Maruts. Quant à Svarnara, chez lequel, ainsi que nous l'avons vu, Indra s'enivre, cf. VIII, 54, 2, au torrent du ciel, et chez lequel Agni est aussi invité à s'enivrer, VIII, 92, 14, il porte un nom qui est plusieurs fois appliqué à Agni lui-même, II, 2, 1; VI, 15, 4; VIII, 19, 1, mais qui, au pluriel, est aussi expressément appliqué aux Maruts, V, 54, 10 [1]. Ce nom qui, au singulier, désigne dans les passages cités un préparateur céleste du Soma [2], paraît signifier « le héros du ciel. »

Les dieux semblent figurer comme préparateurs du Soma dans la formule où le Soma exprimé, et se clarifiant, est appelé un dieu venant des dieux, *devo devebhyas pari*, IX, 42, 2; cf. 65, 2. Ce sont encore les dieux qui paraissent l'engendrer au vers IX, 102, 6; cf. 5; cf. VIII, 58, 3. L'allusion au sacrifice est plus claire au vers IX, 110, 6, où des personnages « divins » ont « acclamé » Soma.

Il y a mieux : d'après le vers IX, 62, 20, les dieux préparent le Soma pour les dieux. On peut songer à expliquer

---

1. Dans le texte, sous la forme *svarnarah*. Mais c'est là sans doute, comme le suppose M. Roth, une fausse leçon pour *svarnarâh*. La fin du pâda suivant, *divo narah*, explique cette erreur.
2. Voir encore plus loin, IX, 70, 6; cf. V, 18, 2? Une formule comme celle du vers IV, 21, 3, où l'ablatif *svarnarât* « de chez Svarnara » est rapproché des noms des différents mondes d'où le prêtre évoque Indra, explique peut-être l'emploi qui en est fait au vers X, 65, 4; cf. V, 64, 1, où il paraît désigner un monde. Svarnara figure aussi, comme tant d'autres préparateurs mythiques du Soma, parmi les protégés d'Indra, VIII, 3, 12; 12, 2.

ce passage par l'opposition déjà signalée des dieux nouveaux et des anciens dieux. Ailleurs, et surtout dans les textes réservés qui concernent les Maruts ou d'autres préparateurs spéciaux du Soma céleste, c'est à Indra que le breuvage est destiné. Le vers IX, 101, 5 « Le Soma se clarifie pour Indra, ainsi ont parlé les dieux » fait sans doute allusion à cette forme du mythe.

Mais d'un autre côté Indra lui-même est peut-être celui qui presse le Soma au vers V, 48, 3, où ce Soma est d'ailleurs appelé une foudre que le personnage en question « fait jaillir à l'aide des pierres sur le rusé (le démon) ». Plus généralement on peut dire que la notion du sacrifice céleste n'implique pas nécessairement l'intervention d'un personnage auquel il soit adressé. Ce sacrifice, selon la remarque déjà faite dans la section consacrée à Agni, est avant tout le prototype indispensable du sacrifice terrestre. Nous avons vu les hommes suivre en préparant le Soma, et celui-ci observer lui-même la loi ancienne (p. 188). Or la première loi qu'ait connue Soma, c'est celle qu'il a suivie quand il a « choisi » (pour son prêtre) Svarnara, IX, 70, 6, l'un des préparateurs célestes du breuvage.

L'institution du sacrifice paraît se confondre avec la découverte de Soma comme avec celle d'Agni. Soma s'est revêtu des eaux très-brillantes quand on a découvert sa demeure, IX, 70, 2, et les sages se sont alors emparés de lui, *ibid.* 3. Il est souvent bien difficile dans les formules de ce genre de décider si ceux qui prennent possession du Soma sont des dieux ou des hommes, ou encore ces ancêtres mythologiques de la race humaine dont le caractère est mi-parti humain, mi-parti divin[1]. Au vers IX, 68, 6, on pourrait induire, — sinon de la mention des « rivières » où le Soma est purifié par les sages qui l'ont trouvé quand l'aigle l'a apporté de loin, — peut-être de l'épithète *pariyantam*, « allant tout autour », appliquée à la plante, — qu'il s'agit du Soma céleste, bien que l'épithète puisse, comme le terme de rivières, renfermer une simple allusion aux formes supérieures du Soma. Mais il resterait encore à savoir si les personnages qui découvrent le Soma

---

1. Nous laissons naturellement de côté les passages où ce sont des dieux particuliers, Pûshan, I, 23, 13-15, ou les Maruts, I, 87, 2; cf. 62, 6, qui paraissent découvrir le Soma.

céleste sont placés dans le ciel ou sur la terre. Leur succès s'expliquerait dans le second cas par l'action du sacrifice terrestre sur les phénomènes célestes. Ce genre d'équivoque s'attache encore à un texte tel que le vers IX, 108, 11, d'après lequel des personnages innommés ont tiré Soma du ciel[1]. Cependant si ceux dont il est question dans les vers 7 et 8 de l'hymne IX, 110 sont, comme il est vraisemblable, les mêmes qui figurent au vers 6, nous pouvons dire que là du moins, les « premiers sacrificateurs (7) » qui ont « tiré Soma du ciel (8) » sont des personnages divins (6). Le caractère équivoque des sacrificateurs nommés Uçij (voir p. 57) paraît se déterminer aussi dans le sens divin au vers IX, 86, 30, déjà cité, où le Soma qu'ils ont saisi les premiers est représenté coulant « lors de l'organisation du monde » et « pour les dieux ».

Ce dernier trait nous engage à nous poser une autre question qui reste insoluble dans un bon nombre de textes : le Soma découvert ou préparé dans les espaces célestes, coule-t-il pour les dieux ou pour les hommes? Nous venons pourtant d'en voir un s'ajouter à ceux, déjà cités, qui la tranchent dans le premier sens, et on en peut trouver aussi où les préparateurs célestes du Soma paraissent travailler pour la terre, par exemple le vers IX, 79, 1 « Que les gouttes brillantes pressées chez ceux qui habitent le haut du ciel, coulent d'elles-mêmes pour nous », et le vers IX, 74, 4, où le Soma, désigné par le nom d'*amrita* et assimilé au lait du nuage, est honoré (proprement réjoui) par des personnages qui le font couler en bas, *ava mehanti*.

Le Soma des sacrificateurs célestes, quand il tombe sur la terre, est naturellement l'élément igné mêlé aux eaux de la pluie. Quand il se manifeste dans le ciel, il peut représenter, soit le soleil ou sa lumière, comme au vers IX, 83, 2; cf. 3, où il passe par un tamis qui n'est autre que le soleil lui-même, soit l'éclair comme au vers IX, 72, 6, où il est appelé la plante tonnante.

Les textes relatifs aux rapports de Soma avec les **deux** races des hommes et des dieux sont de portée très-inégale. Certaines formules le représentent contemplant les deux races, IX, 70, 4, distillant l'héroïsme humain et la force di-

---

1. Si, comme le donne à penser la leçon correspondante du Sâma-Veda, *divoduham,* la forme *divo*, d'ailleurs mal accentuée dans le texte, est un ablatif dépendant de *duhuh*.

vine avec ses rayons immortels qui s'étendent sur les deux races, *ibib.* 3, ou le proclament roi des hommes et des dieux, IX, 97, 24 ; elles ne font que célébrer sa grandeur, avec ou sans allusion à ses formes célestes d'éclair ou de soleil, sous lesquelles il séjourne entre les deux mondes, IX, 70, 5, et les contemple, *ibid.* 6. Le rôle de messager, qu'il remplit comme Agni, IX, 45, 2 ; 99, 5, explique les passages d'après lesquels il atteint les deux races, IX, 81, 2, s'avance entre les deux races, celle des hommes et celle des dieux, IX, 86, 42. Mais il en est d'autres qui semblent faire allusion au double sacrifice céleste et terrestre, comme celui qui le prie de donner son enseignement à ceux des deux races, I, 91, 3, et celui qui le montre attaché à deux jougs, X, 101, 10 et 11 (cf. VIII, 33, 18 ; X, 28, 6, le joug supérieur) ; cf. encore VIII, 48, 1 ; IX, 72, 2. Enfin le rapprochement et l'opposition de préparateurs célestes et de préparateurs terrestres du Soma sont quelquefois formels. Au vers IV, 37, 3, les *R*ibhus divinisés sont opposés sous le nom d' « habitants du haut du ciel » aux « races inférieures » chez lesquelles le prêtre sacrifie le Soma en même temps qu'eux. Les *A*yus, dont nous avons constaté le caractère équivoque, semblent au contraire représenter les hommes par opposition aux dieux dans le vers I, 135, 2, d'après lequel le Soma est sacrifié pour Vâyu chez les uns et chez les autres ; cf. IX, 62, 20. Les deux sortes de sacrificateurs dont Vâyu est prié de boire le Soma au vers VIII, 90, 10, sont peut-être aussi les hommes et les dieux, et on peut interpréter de même l'expression *mithunâsah adhvaryavah* au vers IX, 97, 37, où les sacrificateurs ainsi désignés honorent Soma. On lit au vers IX, 79, 4 : « Pour toi qui y as été reçu sous ta forme suprême, les doigts (par conséquent les sacrificateurs) sont montés (se sont placés) sur le ciel ton nombril (ta patrie) ; pour toi ils sont montés (se sont placés) sur la surface de la terre. » Mais les deux passages où l'opposition dont il s'agit est le mieux marquée sont les vers 9-11 de l'hymne IX, 85 et l'hymne IX, 73 presque entier.

Voici la traduction du premier : « 9. Le taureau brillant (Soma) est monté dans le ciel, le sage a fait briller les espaces du ciel ; le roi traverse le tamis en mugissant ; ceux qui voient les hommes font couler (comme le lait) le breuvage du ciel. — 10. Les amantes incomparables qui ont la liqueur sur la langue (les prières), traient le taureau montagnard dans l'espace du ciel ; (elles font couler) la goutte savoureuse qui s'est accrue au sein des eaux, dans la mer, dans la vague du fleuve, sur le tamis. — 11. Les voix nombreuses des amantes ont imploré l'oiseau qui s'est envolé dans le ciel ; les prières lèchent le petit merveilleux, l'oiseau d'or qui se tient sur la terre.» Nous nous contenterons de résumer l'hymne IX, 73. Le second et le troisième vers paraissent être consacrés aux sacrificateurs célestes. Le doute n'est pas possible pour le quatrième où le ciel est expressément désigné comme le lieu où des personnages, qui semblent d'ailleurs identifiés aux espions de Varuna, ont fait retentir les prières devant le Soma aux mille gouttes. Enfin le vers 5, en nous entretenant des exploits accomplis par ceux qui ont fait retentir un son partant « du père » et « de la mère », c'est-à-dire du ciel et de la terre, fait évidemment allusion à des sacrificateurs placés, les uns dans le ciel, les autres sur la terre. Le vers 7 confirme cette interprétation en opposant aux sages qui purifient la voix, c'est-à-dire qui chantent (sur la terre), les espions célestes de ces mêmes sages, identifiés d'ailleurs aux Rudras ou Maruts. Ainsi s'explique aussi le vers 1, d'après lequel les « nombrils » se sont réunis dans le séjour de la loi (la place du sacrifice). Si l'on se rappelle le vers IX, 10, 8, portant que Soma réunit le nombril des hommes à son nombril, et leur œil au soleil, on ne doutera guère que la liaison des nombrils ne représente, ici aussi, l'union des sacrificateurs terrestres avec les sacrificateurs célestes, ancêtres ou dieux. La mention dans le même vers des trois têtes que le Soma prend pour se laisser saisir, jointe à l'emploi du pluriel du mot *nâbhi*, peut d'ailleurs donner à penser qu'il s'agit là de trois troupes de sacrificateurs correspondant aux trois mondes.

On peut trouver des allusions à trois sacrifices du Soma correspondant aux trois mondes dans le vers IX, 86, 32, d'après lequel il tend la triple chaîne, et dans l'épithète *tritantu* « ayant, tissant une triple chaîne », qui lui est donnée au vers X, 30, 9. Nous verrons que le char à trois fonds, auquel il est attelé par les sept prières des rishis, IX, 62, 17, est vraisemblablement aussi le sacrifice, cf. IX, 89, 4, soit le triple sacrifice des trois mondes.

Soma est aussi pressé chez les cinq races, IX, 65, 23, honoré par les cinq races, IX, 14, 2, vers lesquelles il se dirige, IX, 92, 3, et qui sont sous sa loi, IX, 86, 29.

§ V. — ACTION DU SACRIFICE TERRESTRE SUR LES PHÉNOMÈNES CÉLESTES

Les formules diverses qui célèbrent la grandeur et la puissance de Soma peuvent faire allusion à ses formes célestes d'éclair et de soleil, ou reposer en partie sur la conception qui fait de lui, comme d'Agni à qui il est essentiellement identique en mythologie, l'élément principal de l'univers. Cependant il n'en reste pas moins en même temps, et même avant tout, le breuvage du sacrifice, soit terrestre, soit céleste. La forme terrestre de Soma participe nécessairement aux louanges dont le personnage complet est l'objet. Par cette seule raison, les textes en question auraient déjà leur intérêt pour le sujet qui va nous occuper, à savoir la puissance du sacrifice, et du sacrifice terrestre, en tant qu'elle est rapportée particulièrement à Soma. Mais ce que nous savons déjà de cette puissance du sacrifice nous permettrait de croire qu'elle est l'un des principes mêmes, que dis-je, le premier principe de la grandeur et de la puissance de Soma, lors même que les formules qui les célèbrent ne seraient pas conçues parfois, ainsi que nous allons le constater, dans des termes qui ne peuvent s'appliquer qu'au Soma terrestre. N'oublions pas d'ailleurs en les appréciant dans leur ensemble un terme qui semble les résumer, celui de « sacrifice efficace » appliqué à Soma, IX, 7, 3.

Je ne puis songer à relever tous les textes qui attribuent à Soma des bienfaits analogues à ceux des autres dieux : ils sont innombrables. Tous ses dons, dons de vaches, IX, 20, 2 ; 49, 2, de vaches, de chevaux, d'enfants mâles, IX, 2, 10 ; 9, 9, de gloire, de sagesse, de lumière, *ibid.*, ses bienfaits qui se répandent à la fois sur les hommes, sur les vaches, sur les chevaux, sur les plantes, IX, 11, 3, se résument en cette formule : « Il porte dans ses mains tous les biens désirables », IX, 18, 4.

On dit de Somâ comme de beaucoup d'autres dieux qu'il a séparé et soutenu les deux mondes, IX, 101, 15, qu'il a soutenu le ciel avec un grand étai, VI, 47, 5, on le prie de faire que les deux mondes tiennent solidement, IX, 97, 27, on l'appelle celui qui soutient le ciel, IX, 26, 2, les deux coupes (? *onyoh,*

IX, 65, 11, voir p. 181), c'est-à-dire encore les deux mondes. Il est lui-même l'étai solide, IX, 2, 5 ; 74, 2, l'étai suprême, IX, 86, 35 ; 108, 16, du ciel, l'étai solide du ciel et de la terre, IX, 87, 2 ; 89, 6. Les formules de ce genre rappellent quelquefois en même temps sa nature de breuvage, IX, 86, 46 ; 109, 6, de suc, IX, 76, 1, coulant à travers un tamis, IX, 2, 5. Mais les plus caractéristiques sont celles qui représentent Soma, non-seulement sur un tamis de laine de brebis, IX, 86, 8, qui pourrait être, comme nous l'avons vu, un tamis céleste, mais sur le nombril de la terre, *ibid.* et IX, 72, 7, placé là comme l'étai du ciel. Ces formules ne peuvent s'appliquer qu'au Soma du sacrifice terrestre.

« Séparer et étayer » les mondes, c'est souvent dans le langage mythologique une expression équivalente à « créer » les mondes. Et en effet, non-seulement c'est par Soma que la terre est grande, X, 85, 2, mais c'est lui-même qui a « fait » l'espace de la terre et celui du ciel, VI, 47, 4, soutenant en même temps l'atmosphère, *ibid.;* cf. I, 91, 22, qui a « engendré » les espaces brillants du ciel, IX, 42, 1. Il est appelé le « père » du ciel et de la terre, IX, 96, 5, des deux mondes, IX, 90, 1, quoique ailleurs, ainsi que nous le verrons, il soit considéré comme leur fils. Enfin au vers IX, 98, 9, et c'est ce passage qui est le plus intéressant pour nous, il est dit que Soma a engendré les deux mondes « dans les sacrifices ».

Nous lisons encore que Soma a mesuré les « six larges » (les six mondes, voir le chapitre de l'*Arithmétique mythologique*), qui comprennent tous les êtres, VI, 47, 3, mesuré et conquis les deux mondes, IX, 68, 3, conquis l'espace, IX, 68, 9. Il est le maître du ciel, IX, 86, 11 ; 33 ; 89, 3, le maître, V, 51, 12 ; IX, 31, 6, le roi, IX, 97, 56, du monde, le maître des régions, IX, 113, 2. Le ciel et la terre sont sous ses lois, IX, 86, 9, lois inviolables, IX, 53, 3, et identifiées à celles de Varuṇa, I, 91, 3, auxquelles sont soumises toutes les races, IX, 35, 6, les cinq points cardinaux, IX, 86, 29. Tous les mondes, ou tous les êtres (*bhuvanâni*) lui sont soumis, IX, 86, 30.

La grandeur de Soma est quelquefois décrite en termes encore plus magnifiques. Il dépasse le ciel et la terre, IX, 86, 29 ; 100, 9 ; 110, 9, et tous les êtres, au milieu desquels il est comme le taureau dans le troupeau, IX, 110. 9. Toutes les races sont dans sa main, IX, 89, 6. Non-seulement Soma, grand dès sa naissance, dépasse tous les êtres en général, IX, 59, 4, mais les dieux eux-mêmes sont sous sa loi, IX, 102, 5. Il est même le père des dieux, IX, 87, 2 ; 109, 4[1], qu'il a engendrés en hennissant, IX, 42, 4, et il reçoit ce titre dans un vers, IX, 86, 10, où il est appelé d'ailleurs la liqueur qui se clarifie et la splendeur du sacrifice.

De toutes les manifestations de la puissance de Soma, son rôle lumineux et son action sur les eaux du ciel sont celles qu'il paraîtra le plus naturel de rapporter directement au soleil et à l'éclair, sous la réserve toutefois des allusions au breuvage sacré que le nom seul de Soma semble nécessairement impliquer. En ce qui concerne par exemple le rôle lumineux de Soma, les passages qui le représentent faisant briller les deux mondes ses parents, IX, 85, 12 ; cf. 9, 3, conquérant, IX, 4, 2 ; 7, 4 ; 9, 9 ; 35, 1 ; 59, 4 ; 74, 1, et donnant, IX, 97, 39, la lumière, la faisant resplendir, IX, 36, 3, aujourd'hui comme autrefois, IX, 9, 8 ; 49, 5, faisant le jour, IX, 92, 5, chassant l'obscurité, IX, 100, 8, et engendrant en même temps la lumière, IX, 66, 24, brûlant l'obscurité avec la lumière, IX, 108, 12, faisant briller les aurores, IX, 83, 3, moins brillantes que lui-même, IX, 75, 3, ne donnent lieu à aucune observation spéciale, si ce n'est que la plupart renferment, ne fût-ce que dans l'épithète *pavamâna* « se clarifiant », une allusion expresse au breuvage. D'ailleurs dans ceux mêmes où nous voyons le Soma qui fait briller les deux mondes pressé par les pierres, IX, 75, 4, celui qui brille lui-même et fait briller passant par un tamis, IX, 39, 3, celui enfin qui engendre la lumière mis en mouvement par des pressureurs, IX, 107, 26, le mythe du sacrifice céleste laisse subsister la possibilité d'une assimilation directe au soleil. Cette assimilation paraît certaine au vers IX, 85, 9, déjà cité, où Soma est représenté montant au haut du ciel dont il fait resplendir les espaces. Au vers IX, 10, 5, les Somas traversant le tamis, qui paraissent engendrer l'aurore, sont expressément appelés des soleils.

De même quand Soma est appelé celui qui conquiert les eaux, IX, 65, 20, qui met en mouvement la mer (céleste), IX, 35, 2, qu'ailleurs il est prié d'« accroître », IX, 29, 3 ; 61, 15, quand les rivières coulent, IX, 62, 27, en même

---

1. Le « frère » d'Indra dont les dieux sont fils d'après le vers X, 55, 1 ; cf. 7, est sans doute aussi Soma.

temps que les vents soufflent, pour lui, IX, 31, 3, quand les eaux suivent sa loi, IX, 82, 5, quand on le prie de faire couler la pluie du haut du ciel, IX, 49, 1, la pluie du ciel, IX, 8, 8 ; 39, 2 ; 108, 10, la pluie divine, IX, 97, 17 ; cf. *ibid.*, 21, nous pouvons croire, soit qu'il est identifié à l'éclair, soit tout au moins qu'il lui emprunte ces fonctions. Les Somas qui au vers IX, 65, 24, sont priés de faire couler la pluie du ciel, et que les vers précédents placent en différents lieux, particulièrement chez les Arjîkas et chez Çaryanâvat, sont en tout cas des Somas célestes, en tant du moins qu'ils séjournent chez ces personnages. L'allusion, sinon l'identification à l'éclair, paraît certaine au vers IX, 74, 7, qui représente Soma prenant une forme brillante et fendant la tonne d'eau du ciel, et surtout au vers IX, 62, 26, d'après lequel il a mis en mouvement les eaux de la mer, et fait retentir, en les précédant lui-même, les voix (du tonnerre). Le vers IX, 52, 3, n'est pas moins significatif ; nous y voyons Soma invité à employer ses traits, ses armes pour faire couler les dons renfermés dans une sorte de vase qui n'est autre que le nuage, cf. IX, 97, 15.

Mais dans d'autres textes, Soma est distingué, soit de l'éclair, soit du soleil, comme exerçant une action sur l'un ou sur l'autre. On lui demande le soleil, IX, 4, 5, il l'a fait briller, IX, 28, 5 ; cf. 23, 2, il l'a en naissant, orné d'une multitude de rayons, IX, 97, 31. De même il paraît engendrer l'éclair dans le vers suivant, IX, 61, 16 : « Il a, en se clarifiant, engendré la haute lumière commune à tous les hommes, comme un tonnerre brillant du ciel. »

A la vérité nous avons vu déjà que le personnage de Soma pouvait se dédoubler comme celui d'Agni, et plus généralement comme tous ceux qui représentent un élément, un phénomène naturel, un corps céleste, le dieu étant distingué de l'élément, du phénomène, du corps auquel il préside. C'est ainsi que la forme céleste du Soma primitivement identique au soleil, aurait pu être distinguée de cet astre. En fait nous avons déjà eu l'occasion de citer un passage où le Soma qui met en mouvement le soleil, est en même temps représenté comme montant lui-même dans le ciel, IX, 17, 5. Les vers IX, 37, 4 ; et 42, 1 et 2, d'après lesquels Soma a fait briller le soleil, a engendré le soleil dans les eaux, en ajoutant qu'il se clarifie sur le plateau de Trita, qu'il coule clarifié de

chez les dieux, font allusion au breuvage, mais au breuvage céleste.

D'ailleurs il est une observation que je dois faire ici, et que je prie le lecteur de se rappeler toujours dans les analyses pareilles à celle qui précède, lors même que je ne la renouvelle pas expressément. En mettant à contribution dans ce livre une multitude de formules pour en tirer en somme un petit nombre d'idées simples, non-seulement je ne prétends pas qu'une de ces idées simples puisse être retrouvée dans les termes mêmes de chaque formule, mais j'admets parfaitement que l'indétermination de la formule ait correspondu souvent à l'indétermination de la pensée chez celui qui l'employait, ou même qui faisait œuvre d'auteur en la modifiant. Soma par exemple, j'espère l'avoir démontré, est tantôt le breuvage du sacrifice, tantôt le soleil, tantôt l'éclair ; mais il peut être aussi tout cela à la fois, ou plutôt le personnage divin de Soma, tout en empruntant ses attributs mythologiques aux formes diverses qu'on lui assigne, peut devenir dans une certaine mesure une conception abstraite, où les attributs de ces diverses formes soient confondus. Je n'ai pas ici particulièrement en vue les textes qui célèbrent à la fois sa double action sur la lumière du jour et sur les eaux, I, 91, 22 ; IX, 86, 21 ; 90, 4, le rôle météorologique qui appartient en propre à l'éclair étant quelquefois attribué au soleil lui-même. J'ai d'ailleurs entrepris de démontrer que cette double action peut être attribuée au Soma du sacrifice terrestre. Les allusions au breuvage sacré et à sa préparation, quand elles accompagnent une représentation du Soma comme soleil ou comme éclair, peuvent s'expliquer, non par une confusion proprement dite, mais par un mythe particulier, celui du sacrifice céleste. Si donc j'admets le fait de la confusion, c'est moins que j'y sois contraint par quelque texte non susceptible d'une autre explication, que pour obéir, si je puis ainsi parler, aux suggestions du bon sens, lequel m'interdit de croire que des formules susceptibles de plusieurs applications aient toujours eu dans chacun de leurs emplois un sens unique et précis.

Ces réserves faites sur la portée à attribuer à certaines de mes interprétations, je ferai remarquer que les formules vagues et indéterminées n'en ont pas moins leur intérêt pour nous, comme ayant leur origine première dans une ou plusieurs idées précises, et peuvent à ce titre figurer dans notre étude à côté des autres formules qui nous fournissent ces idées précises et qui nous font ainsi connaître les applications possibles des premières. En ce qui concerne l'action du Soma sur les phénomènes célestes, nous savons déjà que les formules qui la constatent ont été quelquefois réellement appliquées au Soma représentant le soleil ou l'éclair. Je vais montrer qu'elles l'ont été aussi au breuvage du sacrifice, et du sacrifice terrestre.

Nous avons vu plus haut dans deux des textes où Soma est considéré comme le support du ciel, qu'il remplit cette fonction « sur le nombril de la terre ». Le vers IX, 74, 3, en appelant Soma le conducteur des eaux ajoute qu'il commande « d'ici » à la pluie. Il paraît résulter également du rapprochement des vers IX, 110, 3 ; 4 et 5, que Soma a engendré le soleil, lui mortel, chez les mortels, et, toujours sans doute du même lieu, a fait couler comme une source le breuvage des hommes (les eaux célestes). Rappelons à ce propos un vers déjà cité, IX, 63, 8, d'après lequel c'est Soma lui-même, se « clarifiant chez Manu », qui paraît s'être transformé en soleil, puisqu'il a attelé pour courir dans l'atmosphère l'Etaça (cheval), ou selon le vers suivant, les dix harits (cavales) du soleil. Nous avons reconnu là le mythe du retour de Soma au ciel où il s'unit au soleil. Mais le vers précédent où il est dit simplement que Soma a fait briller le soleil, montre l'étroite liaison de ce mythe avec celui de l'action exercée sur le soleil par le Soma terrestre.

Dans le vers IX, 63, 9, que j'ai traduit « Et il a attelé les dix harits du soleil, pour aller (dans l'atmosphère), lui Indu, en prononçant le nom d'Indra », l'intervention d'Indra, quoiqu'il soit difficile d'en préciser l'objet, nous fait songer à un mythe dont l'étude est, dans notre plan, renvoyée à la seconde partie, et qui semble pourtant l'explication la plus simple de l'action du Soma terrestre sur les phénomènes célestes. Je veux parler de l'ivresse héroïque qu'Indra doit au breuvage du sacrifice, et qui fait rapporter à ce breuvage, comme à leur agent *médiat*, toutes les œuvres du dieu. C'est là en effet, non pas, comme je le montrerai bientôt, la seule, mais l'une des deux explications possibles des œuvres du Soma terrestre. Il n'en reste pas moins intéressant, dans les formules où Indra intervient effectivement comme buveur du Soma, de voir ses œuvres attribuées directement au Soma lui-même. Soma a donné la force à Indra et a fait briller le soleil, IX, 97, 41, ce qui a pu le faire appeler à la fois le père d'Indra et le père du soleil (en même temps d'ailleurs que d'Agni, de Vishṇu), IX, 96, 5. Les Somas se sont réfugiés dans Indra comme des oiseaux dans un arbre feuillu, et alors leur armée a conquis la lumière, X, 43, 4. De même Soma, en se clarifiant pour Indra, conquiert les eaux, IX, 85, 4 ; cf. 109, 22 ; cf. encore 97, 44 ; il entre dans le cœur d'Indra et soulève la mer (céleste) avec les vents, IX, 84, 4 ; il est la boisson d'Indra qui fait les eaux, qui fait pleuvoir le ciel, IX, 96, 3. Une action sur la lumière du jour et sur les eaux est attribuée à Soma dans des conditions semblables aux vers VI, 47, 5 (cf. les vers précédents) et IX, 86, 19 ; cf. IX, 69, 9. Il va sans dire que le breuvage sacré a pu être offert à Indra dans le ciel aussi bien que sur la terre ; dans le vers IX, 86, 22, rappelant que le Soma, entré dans le ventre d'Indra, a fait monter le soleil dans le ciel, le breuvage est invité à couler sous ses formes divines, *divyeshu dhâmasu*.

Ailleurs la mention particulière d'Indra est remplacée par la mention générale des dieux, tout à fait équivalente au point de vue où nous nous plaçons ici. Ainsi c'est comme étant « très-agréable aux dieux » que Soma fait monter le soleil dans le ciel, IX, 107, 7, et qu'il fait couler la pluie, IX, 49, 3. L'épithète est précisée dans le second vers cité, qui l'appelle très-agréable aux dieux « dans les sacrifices ». Il est encore au vers IX, 96, 14, invité à faire couler la pluie lors du festin des dieux.

Remarquons aussi que Soma peut avoir emprunté aux dieux qui le boivent, et particulièrement à Indra, le caractère belliqueux qui lui est assigné dans les vers où il figure comme tueur d'ennemis ou de démons, I, 91, 5 ; IX, 17, 1 ; 41, 2 ; 47, 2 ; 53, 1 ; 61, 20 ; comme héros, IX, 89, 3 ; 96, 1, armé, IX, 57, 2, et vainqueur de l'ennemi, IX, 7, 5 ; 55, 4 ; cf. VIII, 68, 1 ; IX, 66, 16, comme conquérant du trésor des Paṇis, IX, 111, 2, c'est-à-dire des vaches cachées, IX, 87, 3, qu'il a enlevées, IX, 22, 7, et fait sortir de la caverne de pierre, IX, 108, 6, comme brisant les forteresses, IX, 34, 1, les quatre-vingt-dix-neuf forteresses de Çambara, VI, 47, 2. Et en effet, il reçoit au vers IX, 48, 2, la qualification de breuvage en même temps que celle de briseur des cent forteresses, et il est au vers IX, 88, 4, comparé à Indra[1] comme briseur de forteresses et tueur d'ennemis ou de démons. Le vers IX, 109, 14 semble plus significatif encore : il y est dit que Soma porte (prend lui-même, ou entretient?) la forme d'Indra sous laquelle ce dieu tue les démons. Dans les formules qui représentent les ancêtres des hommes accomplissant leurs œuvres par Soma, IX, 96, 11, et particulièrement conquérant grâce à lui les vaches, IX, 97, 39 ; X, 25, 5 ; cf. IX, 108, 4, ou ce qui revient au même, Soma ouvrant l'étable aux A*n*giras, IX, 86, 23 ; cf. 62, 9, il ne peut être en tout cas question que du Soma du sacrifice. Cependant un rôle guerrier aurait pu être également attribué à Soma directement sous ses formes de soleil ou d'éclair, et dans le vers IX, 87, 8, où il est représenté conquérant les vaches cachées en venant de la montagne suprême, en dépit du dernier pâda portant qu'il coule pour Indra, la comparaison que le troisième fait de lui avec l'éclair tonnant dans les nuages paraît être de celles qui ne diffèrent guère d'une identification pure et simple.

D'ailleurs l'action du Soma terrestre lui-même sur les phénomènes célestes peut se concevoir également sans l'intervention d'Indra. C'est même seulement sous cette forme indépendante qu'elle rentre dans le sujet propre de cette première partie ; aussi le but principal que j'ai poursuivi dans les observations qui précèdent a-t-il été, tout en signalant un bon nombre de textes susceptibles de la même interprétation que ceux qui me restent à citer, de bien préciser le point à établir par l'opposition même des autres interprétations qui pouvaient également leur convenir, et d'expliquer en même temps par la fréquence de l'équivoque la rareté des textes qui me semblent fournir des arguments plus sûrs. Ajoutons que nous pouvons d'autant plus facilement nous contenter d'un petit nombre de textes que le mythe à constater est plus conforme au système général de la mythologie, à l'esprit du culte védique, et particulièrement à tout ce que nous savons déjà et à ce que nous avons encore à apprendre de Soma. Quand l'étude des rapports de celui-ci avec les éléments femelles aura complété l'idée qu'on peut déjà se faire de l'assimilation établie entre la préparation du Soma sur la terre, et sa manifestation dans le ciel sous forme d'é-

---

1. Inversement, au vers VIII, 85, 21, c'est Indra qui est comparé à Soma.

clair ou de soleil, on comprendra qu'en vertu des idées déjà exposées à propos d'Agni, le second de ces faits pouvait, et devait quelquefois être conçu comme la conséquence directe du premier. C'est aussi dans les formules qui établissent des rapports, non plus entre le Soma terrestre et le soleil ou l'éclair sous leur nom vulgaire, mais entre une forme terrestre et une forme céleste de cet élément unique, le Soma, que je crois trouver les plus sûrs témoignages d'une action directe exercée sur celle-ci par celle-là.

J'ai déjà eu l'occasion de citer le vers IX, 70, 2, disant de Soma que, mendiant le précieux amrita (le Soma céleste), il a par sa sagesse (en qualité de Soma terrestre) fait couler le suc des deux mondes, et qu'il s'est revêtu des eaux très-brillantes (en qualité de Soma céleste) quand sa demeure a été trouvée (par les sacrificateurs). Le rapprochement des vers IX, 74, 3 et 4, qui ont été cités séparément, indique à peu près de même, mais en termes plus formels, la correspondance des deux sacrifices, terrestre et céleste; en effet tandis que le Soma céleste paraît clairement désigné dans le second par les termes d'amrita, de lait du nuage, et comme versé d'en haut, le Soma terrestre ne semble pas moins bien représenté dans le premier sous la figure du taureau, conducteur des eaux, qui commande à la pluie « d'ici ».

La formule également citée déjà : « Trois étangs échauffent la terre, deux portent l'humidité, » X, 27, 23, est sans doute bien obscure. Je crois néanmoins devoir la rappeler ici à cause de sa ressemblance, déjà signalée, avec celle qui nous a paru le plus sûr témoignage de la croyance à une action exercée par le feu du sacrifice sur les formes célestes d'Agni, et qui mentionne trois bûches du feu dont deux vont vers leur sœur.

Le vers IX, 12, 5, si je le comprends bien, oppose l'un à l'autre deux Somas, dont l'un coule à travers le tamis dans la cuve, et dont l'autre « embrasse » le premier. Cet autre serait le Soma céleste qui coule tout autour du ciel à l'appel du terrestre. L'interprétation que je propose pour ce passage me paraît confirmée par le vers IX, 1, 6 : « La fille du soleil purifie pour toi (pour Soma) avec le tamis éternel le Soma qui coule tout autour, *parisrut*. » J'ai déjà fait observer que si la combinaison de la racine *sru* avec le préfixe *pari* est appliquée au Soma terrestre, IX, 107, 2 (cf. 68, 1?), c'est peut-être par allusion au Soma qui coule autour du ciel.

En tout cas celui que presse la fille du soleil est certainement un Soma céleste, et celui pour lequel il coule ne peut-être, à ce qu'il semble, que le Soma terrestre. On rapprochera encore le vers IX, 38, 5, d'après lequel le suc enivrant, fils du ciel, regarde d'en haut (sous forme de soleil) le Soma qui passe par le tamis.

Quoi qu'on pense des textes précédents, aucun doute ne me semble plus possible sur la portée du vers X, 94, 5. Dans ce vers, qui appartient à un hymne consacré tout entier aux pierres du pressoir, et en partie au moins aux pierres du pressoir céleste (voir p. 199), les oiseaux qui font entendre leur voix dans le ciel ne peuvent être que les Somas, à moins que par l'attribution bizarre d'une des figures familières du Soma (voir p. 225) aux pierres qui le pressent, ils ne représentent ces pierres elles-mêmes. Dans l'une et l'autre interprétation l'intérêt du texte reste pour nous le même. Il nous montre soit les Somas célestes, soit les pierres qui pressent le Soma dans le ciel, « descendant au rendez-vous de l'inférieur, » c'est-à-dire du Soma terrestre. On se rappellera à ce propos le mythe du Soma apporté du ciel par un oiseau.

Mais le texte, selon moi, le plus décisif est celui que nous retrouverons en étudiant le mythe du cheval du sacrifice, essentiellement identique à celui de Soma. Nous avons déjà cité à propos du retour de Soma au ciel le vers X, 56, 1, qui énumère les trois splendeurs, c'est-à-dire les trois formes brillantes du cheval, en l'engageant à se réunir à la troisième. Au vers suivant ces mots « Que ton corps, ô cheval, conduisant ton corps, donne, à nous richesse, et à toi, protection, » me paraissent s'appliquer à la forme terrestre du Soma qui conduit sa forme céleste, et en assure la durée par la fonction essentielle qu'elle remplit dans l'ordre général du monde.

§ VI. — REPRÉSENTATIONS DE SOMA ET DES SACRIFICATEURS

Soma est, comme Agni, comparé ou assimilé à différents animaux. On le compare à un lion terrible, IX, 97, 28, et il reçoit aussi directement le nom de lion, IX, 89, 3, et celui de sanglier, IX, 97, 7. Mais ses principales formes animales sont le taureau ou le veau, le cheval et l'oiseau.

Soma et les Somas sont, non-seulement comparés à des taureaux, IX, 33, 1; 92, 6; 95, 4, mais appelés eux-mêmes taureaux ou buffles, IX, 73, 2; 74, 3; 96, 19; 97, 41. Les cornes qu'on leur attribue en pareil cas, IX, 15, 4; 70, 7; 87, 7; cf. 97, 9, ne paraissent répondre à aucun phénomène nettement défini, à moins qu'aux rayons du Soma-soleil. Il n'en est pas de même des mugissements, IX, 70, 6 et 7; 71, 9, qui représentent, soit le bruit du Soma coulant dans la cuve, soit le bruit du tonnerre qui accompagne le Soma-éclair. La figure du taureau symbolise d'ailleurs la force[1] de Soma, IX, 69, 3, qui porte les mondes (ou les êtres), IX, 83, 3, sa domination pareille à celle du chef du troupeau, IX, 110, 9; cf. 76, 5; 96, 20, ou plus généralement du taureau ou du buffle parmi les autres animaux, IX, 96, 6, mais surtout sa virilité, IX, 19, 4. Nous la retrouverons plus loin à propos des rapports de Soma avec ses femelles, IX, 34, 6; 69, 4; 96, 7, etc., comme dans ses rapports avec ses mères nous le verrons représenté sous la forme d'un veau.

La course du Soma, s'élançant à travers le tamis dans la cuve, a été comparée à celle du cheval qui, en mythologie, est le principal symbole du mouvement. Mais c'est surtout comme soleil et comme éclair que Soma a des droits à cette représentation, et ce n'est pas sans doute sans allusion à ses formes célestes qu'elle est si souvent appliquée à sa forme terrestre, au breuvage du sacrifice. Soma ou les Somas sont donc, soit comparés à des chevaux, IX, 97, 45; 101, 2, soit directement appelés des chevaux, qui s'élancent, IX, 46, 1; 66, 10; 87, 7; cf. 16, 1, parcourent une carrière, IX, 21, 7, atteignent un but, IX, 36, 1; 74, 8, lequel est la cuve, *ibid.*; cf. 93, 1; 106, 12, ou vont vers les dieux, IX, 71, 6, dont le tamis est le joug, IX, 45, 4, qui font le chemin en un instant, IX, 96, 9, qui sont lancés et stimulés, IX, 65, 26; 62, 18. Ceux qui les stimulent, IX, 13, 6; 64, 29, sont naturellement les sacrificateurs (terrestres ou célestes), dont on dit aussi qu'ils nettoient le Soma, I, 135, 5; IX, 17, 7; 29, 2; 66, 23; 85, 5; cf. 7; 6, 5; 43, 1, et le rendent luisant, IX, 62, 6; cf. 109, 10, comme un cheval, soit en le faisant passer par le tamis assimilé à une étrille (?), soit en le baignant dans l'eau, cf. VIII, 2, 2. Soma est encore comparé à un cheval qui traîne (un char), IX, 81, 2; 96, 15.

---

1. Au vers I, 187, 5, les sucs du Soma sont comparés à « ceux qui ont le cou fort », c'est-à-dire, sans doute, encore à des taureaux.

C'est qu'en effet les mêmes personnages l'attellent comme un cheval, IX, 97, 28; cf. 72, 1, à un char aux larges roues, IX, 89, 4, qui n'est autre que le sacrifice, et qui au vers IX, 62, 17, où on lui attribue un triple fond, paraît représenter le sacrifice des trois mondes. On dit aussi qu'ils le conduisent par la bride, IX, 87, 1; cf. X, 36, 8, ou en termes plus généraux qu'ils le dirigent, IX, 64, 29 ; cf. 24, 3 ; 28, 4 ; 34, 3. Les doigts qui saisissent le dos du cheval Soma, IX, 14, 7, sont au vers X, 101, 10, représentés par dix sangles qui le serrent. Les Somas sont encore comparés à des chevaux traînant un char, comme atteignant (allant chercher) toutes les richesses, IX, 21, 4. Ailleurs, au contraire, on les compare à des chevaux qui s'élancent sans être attelés, sans traîner de char, sans brides, IX, 97, 20.

Soma est encore assimilé à un cheval de guerre, IX, 87, 5; cf. 76, 1, échappant aux ennemis, IX, 96, 15, et conquérant des richesses, IX, 96, 20; cf. 97, 25; 100, 4, du butin, IX, 64, 29; 70, 10; 82, 2; 86, 3; 96, 16; 103, 6. Aux mugissements du taureau Soma, correspondent les hennissements du cheval Soma, IX, 43, 5 ; 64, 3; 77, 5 ; 97, 18 et 28. La comparaison de Soma à un cheval peut aussi servir à figurer son union avec les femelles, IX, 77, 5. C'est sans doute à un jeune cheval, à un poulain qu'il est comparé comme « jouant » dans la cuve, IX, 86, 44; cf. 80, 3. La représentation de Soma par un cheval est de la plus grande importance dans la mythologie védique. Elle nous fournira l'explication d'une foule de mythes, avant tout de celui du cheval du sacrifice. Nous retrouverons aussi plusieurs fois le cheval Soma dans la légende des Açvins. Enfin nous verrons les chevaux d'Indra, dont le nom ordinaire est *hari*, « jaune, bai, » identifiés parfois au Soma dont le mot *hari* est l'une des épithètes les plus fréquentes, et qui la reçoit particulièrement dans des passages où il est comparé à un cheval, IX, 76, 1; 97, 18; cf. 72, 1.

Quelquefois Soma, au lieu d'être assimilé à un cheval, est considéré comme porté sur un char, IX, 3, 5; cf. 98, 2, et lançant un cheval à la manière d'un cocher, IX, 64, 10 ; cf. 66, 26 ; 76, 2. Les chevaux de Soma peuvent être ses flots, comme ceux d'Agni sont ses flammes, IX, 78, 2 : « Tu as pour courir des flots innombrables, mille chevaux bais qui ont pour écurie la cuve, » cf. IX, 107, 8; cf. encore IX, 96, 2 ; 105, 5. Il reçoit au vers IX, 86, 45, l'épithète *jyotiratha*, « qui a pour char son éclat. » Mais cette épithète est remplacée au vers IX, 83, 5, par celle de *pavitraratha,* « qui a pour char le tamis. » Les chars de Soma peuvent être aussi les doigts qui le font couler, et même les prières auxquelles est attribuée la même action sur lui, IX, 15, 1. Les doigts sont également considérés comme des chevaux qui traînent Soma. Nous avons déjà relevé l'assimilation des doigts aux harits ou chevaux du Soma-soleil, IX, 38, 3, cf. VIII, 90, 14. Enfin les pierres mêmes du pressoir sont comparées à des chevaux que les mains dirigent, X, 76, 2; cf. VII, 22, 1, d'où l'expression « atteler les pierres », III, 1, 1; 4, 9; VII, 42, 1 (cf. le pilon, I, 28, 4 et 5). Aux vers 6 et 7, cf. 8, de l'hymne X, 94, les pierres sont représentées attelées, soufflant comme des chevaux, portant dix jougs, serrées dans dix sangles, conduites par dix rênes, etc., qui sont les dix doigts. Les chevaux qui traînent Soma peuvent donc encore représenter les pierres. Ajoutons que, traîné ou non sur un char et par des chevaux, Soma est, comme nous l'avons déjà vu du reste, un héros, IX, 3, 4; 16, 6, un héros armé, IX, 76, 2; cf. IX, 35, 4; 57, 2; 61, 30; 90, 1; 3; 96, 19, combattant, IX, 70, 10; 88, 5; 89, 3, et conquérant, IX, 62, 19; 87, 7, un chef d'armée, IX, 96, 1, le plus fort d'entre les forts et le plus héroïque des héros, IX, 66, 17. On l'appelle encore un brillant jeune homme, IX, 67, 29; 96, 20. Il entre dans les cuves comme un homme dans une ville, IX, 107, 10. Enfin nul personnage mythologique n'est plus souvent que lui comparé à un roi ou honoré directement de ce titre, I, 91, 4; 5; 8; VI, 75, 18; VIII, 48, 7 et 8; IX, 7, 5; 10, 3; 20, 5; 48, 3; 57, 3; 61, 17; 65, 16; 70, 3; 76, 4; 78, 1; 82, 1; 83, 5; 85, 3; 114, 2; X, 97, 22; 141, 3, qui le désigne suffisamment au vers I; 23, 14; cf. 15.

Soma traîné par des chevaux n'est pas toujours le cocher qui les conduit, mais il est quelquefois aussi, de même qu'Agni, le char même auquel ils sont attelés. La comparaison de Soma à un char se rencontre aux vers IX, 88, 2; 90, 1; 92, 1, celle des Somas à des chars aux vers IX, 10, 1; 22, 1; 67, 17; 69, 9. Soma reçoit aussi lui-même le nom de char, IX, 38, 1; 111, 3. Les chevaux qui le traînent, sous la forme d'un char comme sous celle d'un cocher, peuvent être les doigts qui le lancent, IX, 71, 5, les doigts des deux mains entre lesquelles il court comme un char, IX, 10, 2; cf. 107, 13. Il est possible pourtant que ces doigts aient été considérés aussi comme les cochers du char. En effet, les pierres du pressoir elles-mêmes sont comparées à des cochers, VII, 39, 1 ; X, 76, 7.

Plus encore que la figure du cheval, celle de l'oiseau et particulièrement de l'aigle, quoiqu'on la rencontre souvent dans la description du pressurage et du tamisage du breuvage sacré (IX, 86, 13, et voir ci-après), paraît faire allusion aux formes célestes du Soma. Elle sert d'ailleurs aussi à exprimer la rapidité avec laquelle le suc coule dans la cuve. Soma s'élance comme un aigle, IX, 67, 15. Comme un oiseau, IX, 62, 15, comme un aigle, IX, 61, 21; 62, 4; 65, 19; 71, 6; 82, 1, il s'arrête dans sa demeure qui est la cuve, IX, 96, 19. Cette cuve étant de « bois », la comparaison trouve dans ce détail un point d'appui, comme la comparaison semblable appliquée à Agni, dans le bois du bûcher : Soma se pose dans les cuves de bois, IX, 67, 14; 65, 19, sur le bois, IX, 57, 3 ; 86, 35, comme un aigle, comme un oiseau, IX, 96, 23 ; il se pose dans les cuves comme un oiseau qui se pose sur le bois, IX, 72, 5; cf. X, 115, 3. On connaît déjà le vers X, 43, 4, où les Somas bus par Indra sont comparés à des oiseaux qui se réfugient dans un arbre feuillu. Le mélange du suc de la plante avec l'eau devait aussi suggérer la comparaison de Soma à un oiseau d'eau, IX, 32, 3. Mais il est l'aigle avant tout, l'aigle, c'est-à-dire le premier parmi les oiseaux de proie, IX, 96, 6. Nous avons vu qu'il descend comme un aigle chez les races humaines, IX, 38, 4, et reconnu l'identité de l'aigle qui apporte le Soma avec le Soma lui-même. Les Somas sont encore appelés au vers IX, 86, 1, des oiseaux divins. Le vers IX, 85, 11, qui oppose l'un à l'autre les deux Somas, céleste et terrestre, l'un sous la forme d'un oiseau qui vole dans le ciel, l'autre sous celle d'un oiseau qui se tient sur la terre, a été déjà cité, ainsi que le vers IX, 71, 9, où l'oiseau divin qui regarde d'en haut la terre, cf. IX, 97, 33, est le Soma-soleil. C'est sans doute encore Soma qui est désigné au vers V, 44, 11, par le double nom de breuvage et d'aigle. La figure de l'oiseau peut d'ailleurs se combiner avec quelque autre des représentations de Soma pour former des monstres mythologiques. Ainsi au vers IX, 86, 43, Soma est appelé le taureau qui vole.

SECTION VI

LE PERSONNAGE MYTHIQUE DU MALE

De l'étude poursuivie dans les précédentes sections de ce chapitre, il résulte que le personnage du mâle, sous les différentes formes, animales ou humaines, qu'il prend dans la mythologie védique, c'est-à-dire comme taureau, comme cheval ou comme oiseau, comme héros ou comme prêtre, peut représenter des éléments divers. Il peut en représenter plusieurs sous une seule de ces formes dont nous avons constaté les applications multiples, et il peut les représenter, non-seulement tour à tour, mais à la fois. En effet, le soleil dans le ciel, l'éclair dans l'atmosphère, et, sur la terre, le feu et le breuvage du sacrifice, ne sont pas seulement figurés par les mêmes images et quelquefois désignés par le même nom : ils sont effectivement identifiés, comme n'étant que les manifestations diverses d'un même élément dont les deux formes principales, feu et breuvage, distinctes sur la terre, se confondent dans un même phénomène atmosphérique, l'éclair, et dans un même corps céleste, le soleil.

La querelle qui s'est élevée dans les études de mythologie comparée entre les partisans de l'interprétation *solaire* et ceux de l'interprétation *météorologique* des mythes paraît donc sans objet sur le domaine de la mythologie védique[1]. Les mythes de l'orage se confondent avec ceux du lever du jour, non-seulement parce que les éléments de ces deux ordres de phénomènes, et, ainsi que nous le verrons, les éléments femelles, comme les éléments mâles, ont été représentés par les mêmes figures, non-seulement parce que, dans l'un et dans l'autre, les relations des éléments mâles et des éléments femelles ont été conçues de la même manière, mais parce que les éléments d'un même sexe sont réellement identifiés. Et cette identification des éléments des

---

[1]. Je crois qu'elle l'est également, et pour les mêmes raisons, sur le domaine de la mythologie indo-européenne.

phénomènes solaires et des phénomènes météorologiques entre eux a peut-être son principe, et en tout cas trouve sa consécration dans l'identification des uns et des autres à des éléments qui sont à la disposition de l'homme sur la terre, et dont celui-ci a composé un sacrifice, assimilé lui-même à l'un et à l'autre ordre de phénomènes.

Je dis que cette dernière identification est la consécration, et peut-être le principe de l'autre. Celle-là, en effet, n'aurait eu qu'un intérêt purement spéculatif. Celle-ci a un intérêt pratique parce qu'elle met les forces de la nature aux ordres de l'homme, qui les combine, sous la forme qu'elles ont prise dans les éléments du sacrifice, comme il veut qu'elles se combinent dans le ciel. Ce ne sont donc pas seulement les phénomènes de l'orage et du lever du jour qui peuvent être confondus dans un même mythe ; c'est encore, et surtout, le sacrifice qui peut être représenté par ce mythe en même temps que les uns et les autres. Pour ne parler que des éléments auxquels nous avons consacré déjà une étude particulière, le soleil et l'éclair ne sont pas les seuls, je ne dis pas entre qui nous puissions hésiter, mais bien que nous ayons le droit de confondre souvent dans l'interprétation du personnage mythique du mâle. Nous pourrons et nous devrons dans bien des cas leur adjoindre l'élément mâle du sacrifice, sous sa double forme de feu et de breuvage, soit que le personnage en question paraisse en effet conçu comme ayant trois séjours distincts dans les trois mondes, soit que, confiné dans le ciel, il y garde néanmoins les attributs du feu ou du breuvage du sacrifice, attributs qui, dans le mythe du sacrifice céleste, appartiennent sans doute au soleil et à l'éclair, mais qui, en dernière analyse, n'en sont pas moins empruntés au feu et au breuvage du sacrifice terrestre. Nous aurons dans le cours de ce livre bien des occasions d'employer ce système d'interprétation, de l'étendre au personnage mythique de la femelle, et de le justifier ainsi par le nombre même des applications qui peuvent en être faites. Il suffira de donner ici quelques-unes de ces applications qui ne rentreraient dans aucun des sujets particuliers que nous aurons à traiter.

Avant cela pourtant, nous devons rappeler encore que le ciel lui-même, et, sinon le monde même de l'atmosphère [1],

---

1. Il est cependant au vers X, 149, 1, comparé à un cheval.

du moins le nuage, sont quelquefois aussi considérés comme des animaux mâles. Le mâle mythique pourra donc quelquefois représenter le nuage ou le ciel. Nous verrons même plus tard que le personnage du ciel ou du nuage mâle, quoiqu'il puisse se distinguer par divers attributs, et particulièrement par celui de la paternité, du personnage qui représente le feu ou le Soma sous ses différentes formes, se confond souvent avec celui-ci, d'autant plus facilement que le feu ou le Soma, en tant que caché, est considéré aussi comme le père du feu ou du Soma visible. Il y a lieu de tenir compte de ces observations dans l'interprétation d'un bon nombre de formules dont la signification peut être plus complexe qu'on ne serait au premier abord tenté de le croire. Ainsi le « taureau noir qui mugit », I, 79, 2, pourrait être le feu caché, éclair ou soleil, comme le taureau dont la demeure mystérieuse est mentionnée au vers IV, 21, 8 (cf. la forme noire du soleil, p. 7), aussi bien que le nuage sombre. Le cheval mâle dont le Soma est la semence, I, 164, 34 et 35, semble bien être le nuage, mais pourrait être aussi le Soma céleste auquel serait ainsi rapportée l'origine du Soma terrestre. Une équivoque du même genre s'attache aux formules équivalentes « Ils ont fait mugir, ils ont fait uriner le taureau », X, 102, 5, et « Le taureau a vomi le beurre », IV, 58, 2.

Nous avons déjà cité (p. 161), le vers IX, 64, 9, où Soma « hennit comme le soleil ». Le soleil y reçoit un attribut qui n'appartiendrait naturellement qu'à l'éclair puisqu'il représente le bruit du tonnerre. Voilà un exemple de la manière dont l'assimilation du soleil à l'éclair, justifiée par l'identité de quelques-uns de leurs attributs, se complétait par la confusion des autres. Nous devrons donc réserver toujours la possibilité d'une confusion de ce genre quand nous relèverons les traits qui, dans la description du mâle, semblent s'appliquer exclusivement soit au soleil, soit à l'éclair, et particulièrement ce « hennissement » que nous voyons au vers I, 152, 5, attribué au cheval mythique, c'est-à-dire à une forme du mâle qui, par elle-même, peut représenter le soleil aussi bien que l'éclair. Sous cette réserve, nous remarquerons que « la course circulaire », I, 6, 1, et le regard qui « contemple les assemblées », IV, 38, 4, déterminent plutôt la figure du cheval dans le sens d'une représentation du soleil.

L'oiseau qui, comme le cheval, est une représentation commune du soleil et de l'éclair, donnerait lieu à des observations analogues, et c'est sous la même réserve que nous attribuerons aux poëtes qui le mentionnent dans leurs hymnes l'intention de l'assimiler à l'éclair quand ils parlent de sa voix, II, 42, 1-3, et au soleil quand ils parlent de son regard.

Souvent d'ailleurs, la figure du cheval et celle de l'oiseau restent complétement indéterminées. Il en est ainsi par exemple, pour la première au vers V, 54, 5, où la montagne « qui ne livre pas le cheval », qui le retient, peut, comme nous le verrons, représenter, soit la voûte du ciel, soit le nuage, et pour la seconde, dans la formule plusieurs fois répétée *padam veh* « le séjour », III, 5, 5 et 6 ; IV, 5, 8, « le séjour caché » *nihitam*, I, 164, 6 et 7 ; III, 7, 7 ; X, 5, 1, « de l'oiseau », désignant la retraite mystérieuse d'où le soleil sort comme l'éclair, et où il rentre comme lui, c'est-à-dire encore, soit le nuage, soit plutôt la partie la plus reculée du ciel [1].

Sous la figure même du taureau peuvent se confondre, non-seulement peut-être l'éclair et le nuage (p. 5), mais aussi l'éclair et le soleil. Du moins l'Anukramanî, et M. Grassmann après elle, croient-ils pouvoir identifier au soleil le taureau célébré dans l'hymne X, 189 (vers 1 et 2). Remarquons, à ce propos, que le même taureau est au vers 3 appelé un oiseau. Nous avons déjà donné des exemples de cette confusion des représentations mythiques (p. 145 et 225). Citons encore le vers X, 114, 4, où il est dit de l'oiseau, comme en maint passage du veau, qu'il est « léché » par sa mère, et qu'il la « lèche » lui-même. Nous aurons à signaler plus tard la confusion du mâle et de la femelle même. C'est ainsi que les poëtes védiques non-seulement réunissent des éléments différents dans une représentation unique, mais confondent les représentations diverses de façon à produire quelqu'une de ces combinaisons monstrueuses dont la plupart se retrouvent d'ailleurs dans les monstres ailés ou dans les hermaphrodites des autres mythologies indo-européennes, et qui sont présentées souvent dans les hymnes sous forme d'énigmes. Une des plus curieuses est celle des vers X, 102, 10, qui, confondant le cheval et le cocher en tant que représentations équivalentes du mâle, nous montre le cheval placé *au-dessus* du joug, comme le vers I, 164, 3 nous montre les sept chevaux du char à sept roues placés eux-mêmes sur le char qu'ils traînent (voir p. 148).

[1]. Nous comparerons plus loin cette formule à la formule *padam goh* « le séjour de la vache ».

Il est à peine nécessaire de montrer que le soleil et l'éclair, confondus sous la figure du cheval, de l'oiseau et peut-être même du taureau, peuvent l'être aussi sous toute autre forme plus ou moins indéterminée du mâle. L'aveugle qui recouvre la vue, I, 164, 16, fait songer surtout à l'œil du soleil tantôt fermé, tantôt ouvert (cf. p. 7). Mais la forme invisible du feu que représente le « noir » (cf. *Çyâva* dans la légende des Açvins), peut être l'éclair comme nous l'avons fait remarquer à propos du vers I, 79, 2 (p. 228), aussi bien que le soleil. Même observation sur le mâle dont il est dit simplement qu'il va et vient par les chemins, I, 164, 31 ; X, 177, 3.

La dernière formule peut s'entendre aussi du feu ou du breuvage du sacrifice, parcourant les chemins qui vont de la terre au ciel. Plus généralement un grand nombre de formules relatives au mâle mythique peuvent s'appliquer non-seulement au soleil et à l'éclair, mais à l'élément qui les représente sur la terre, et qui prend souvent, lui aussi, la forme d'un taureau, d'un cheval ou d'un oiseau ; soit qu'en effet, elles le désignent seul ; soit qu'elles désignent le soleil ou l'éclair revêtus d'attributs empruntés au feu ou au breuvage du sacrifice ; soit enfin qu'elles désignent le mâle à la fois sous trois formes correspondant aux trois mondes.

Nous réservons le cheval du sacrifice pour l'étude spéciale à laquelle donneront lieu les offrandes, renvoyant ainsi par exception au chapitre consacré aux éléments femelles l'une des formes du mâle mythique.

Mais l'élément mâle du sacrifice est aussi représenté sous la forme d'un oiseau au vers III, 7, 7, où les sept prêtres et les cinq adhvaryus qui gardent la place cachée de cet oiseau sont d'ailleurs des sacrificateurs divins. Au vers X, 177, 1, cet oiseau est « oint », c'est-à-dire sans doute arrosé de beurre, par l'opération de l'Asura. Il représenterait donc plutôt, au moins dans ce passage, le feu, tandis que le cheval représente surtout, comme nous le verrons, le breuvage du sacrifice. Mais souvent les deux formes de l'élément mâle, comme feu et comme breuvage du sacrifice, se confondent aussi bien que ses formes correspondant aux différents mondes.

Une énumération curieuse des séjours et des formes de l'être mythique dans lequel se confondent le feu et le breuvage du sacrifice se rencontre au vers IV, 40, 5 : « Oiseau aquatique habitant un séjour brillant, dieu habitant l'atmosphère, sacrificateur habitant sur l'autel, hôte habitant la demeure ; habitant chez les hommes, habitant l'espace, habitant le séjour de la loi, habitant le ciel ; né des eaux, né selon la loi, né des pierres selon la loi. »

Le nombre trois, pour commencer ainsi que nous l'avons fait jusqu'à présent par celui qui comprend toutes les formes essentielles, soit d'Agni, soit de Soma, joue un rôle identique dans les mythes du feu et du breuvage, et ne peut par conséquent déterminer l'application exclusive d'une formule à l'un ou à l'autre. Nous retrouverons dans la légende des Açvins Çyâva, le noir, partagé en trois, I, 117, 24, et dans le mythe du cheval du sacrifice, les trois liens, I, 163, 3 et 4, du cheval. Le taureau mythique, qui a trois ventres, trois faces, et en tant que confondu avec la femelle, trois mamelles, III, 56, 3, est aussi attaché à trois endroits, IV, 58, 3, ce qui revient à dire qu'il a trois séjours, cf. III, 56, 5, et il a pénétré chez les mortels, IV, 58, 3. Ce dernier trait, comme la triplicité des formes, convient également au feu et au breuvage du sacrifice. La qualification de *çukra* « brillant », très-souvent donnée à Soma, mais non moins souvent donnée à Agni, ne permet pas non plus de préciser le sens de la formule « Il connaît les trois corps du brillant », X, 107, 6.

C'est par allusion au double séjour de l'oiseau, sur terre et au ciel, qu'il est dit au vers III, 54, 6 de ces deux mondes : « Ils ont leurs places distinctes, comme l'oiseau. » Cet oiseau ne peut représenter que l'élément mâle commun aux deux mondes. Il le représente d'ailleurs sans distinction du feu et du breuvage. On peut au moins hésiter entre ces deux formes au vers V, 44, 12, où il est question de celui qui brille et qui s'avance vers les deux troupes (des hommes et des dieux). Au vers X, 61, 20, au contraire, la qualification d'*arati* « ordonnateur du sacrifice », qui n'est d'ailleurs donnée qu'à Agni, semble déterminer suffisamment la nature du personnage brillant, et régnant sur le bois[1], qui suit pareillement un double chemin.

Le vers IV, 58, 3, en même temps que trois pieds et deux têtes, rappelant la division de l'univers en deux et en trois parties, attribue au taureau quatre cornes correspondant aux quatre points cardinaux, et « sept mains ». Nous verrons au

---

1. Cette épithète, appliquée à Soma, eût signifié « régnant dans le bois », c'est-à-dire dans la cuve.

chapitre de l'*Arithmétique mythologique*, que ce dernier chiffre s'explique par une autre division de l'univers en sept mondes. Tous servent à exprimer une même idée, à savoir que le mâle, représentant Agni ou Soma, est présent dans tous les mondes.

D'autres formules remplaçant l'être à deux, à trois, à plusieurs formes, par deux, trois ou plusieurs êtres qui se correspondent dans les différents mondes, s'expliquent également par le mythe des différentes formes d'Agni et de Soma, sans que souvent il y ait lieu de distinguer entre le feu et le breuvage.

Telles sont, pour le nombre trois, celles des vers VII, 33, 7 et V, 69, 2 : « Il y en a trois qui répandent leur semence dans les mondes » ; — « Trois taureaux brillants se sont séparés, répandant leur semence dans les trois cuves (les trois mondes). »

Comme nous en avons fait la remarque à propos des différentes formes d'Agni, c'est tout à fait par exception que les deux formes célestes de l'élément mâle, feu ou breuvage, sont réunies en couple. Ce sont elles pourtant qui paraissent représentées au vers I, 164, 20, sous la forme de deux oiseaux perchés sur le même arbre, dont l'un (l'éclair) mange les douces figues (cf. *Ibid.*, I), tandis que l'autre (le soleil) ne mange pas, mais contemple. L'auteur de l'hymne X, 114, après avoir fait au vers 3 mention de deux oiseaux, ajoute au vers 4 : « Il n'y a qu'un oiseau ; il pénètre dans la mer (céleste, comme éclair) et il contemple tout l'Univers (comme soleil). » Au vers 5, il insiste encore en ces termes sur l'identité des différentes formes de l'oiseau, c'est-à-dire d'Agni ou de Soma : « L'oiseau est unique ; ce sont les sages, les prêtres qui, de cet oiseau unique, en font plusieurs par les noms qu'ils lui donnent. » Cf. I, 164, 46 ; cf. aussi Vâl. 10, 1 et 2.

Ordinairement, dans les textes où il est question, soit expressément, soit par voie d'allusion, de deux formes de l'élément mâle, c'est la forme terrestre qui est opposée à une forme céleste. Nous avons cité déjà, dans la section consacrée à Agni (p. 29 et 141), plusieurs passages où le feu terrestre nous a paru désigné par le nom d' « Ayu inférieur ». C'est encore l'élément mâle du sacrifice qui paraît être opposé avec la même qualification d' « inférieur » à son « aîné », c'est-à-dire à l'une de ses formes célestes, dans les deux premiers vers de l'hymne V, 44, sans que là il paraisse possible d'en déterminer avec plus de précision la nature, comme feu ou comme breuvage. De même l'opposition déjà signalée (p. 30), entre le feu terrestre, toujours visible, et le feu céleste qui paraît et disparaît tour à tour, semble nous donner la clef de la formule « L'immortel a la même origine que le mortel », I, 164, 38; cf. 30. De « ces deux êtres séparés, dont l'un est visible et l'autre invisible », *ibid.*, l'immortel serait le feu du sacrifice, tandis que le mortel serait un élément céleste, comme celui dont il est dit au vers X, 55, 5 « Il est mort aujourd'hui, il vivait hier », la disparition de cet élément étant là considérée comme une destruction (cf. I, 164, 32), en sorte que, lorsqu'il reparaît, c'est un « vivant qui marche à la manière du mort », I, 164, 30 (allusion assez claire à la reproduction régulière des phénomènes célestes). Mais la formule s'appliquerait tout aussi bien à une opposition de la forme terrestre et de la forme céleste de Soma[1].

C'est aussi l'opposition du sacrificateur terrestre, représentant surtout le feu, mais pouvant représenter aussi le breuvage du sacrifice[2], et d'une forme céleste d'Agni ou de Soma, qui paraît avoir donné naissance au mythe des deux sacrificateurs divins. Ici aussi des formules applicables, soit à Agni, soit à Soma, s'éclairent par la comparaison d'autres formules expressément appliquées à Agni et précédemment citées (p. 109, cf. p. 105 et 114-116). Relevons encore à ce propos dans les vers I, 149, 4 et 5, l'épithète *dvijanman* « qui a deux naissances » donnée à Agni, en même temps que la qualification de sacrificateur. Les formules concernant les « deux sacrificateurs » s'expliquent d'ailleurs quelquefois par elles-mêmes, comme celle du vers X, 88, 17, où les « deux conducteurs du sacrifice » sont distingués comme « supérieur », et « inférieur[3] »,

---

1. Si même, ainsi que nous l'avons supposé (p. 159), c'est de la lune qu'il s'agit au vers X, 55, 5, le rapprochement indiqué dans le texte suggérerait précisément une application particulière de notre formule aux deux formes de Soma, comme breuvage du sacrifice terrestre et comme lune (voir p. 158).

2. Remarquons pourtant qu'au vers VII, 2, 7, les deux sacrificateurs divins reçoivent ensemble le nom de *jâtavedas*, qui peut être considéré comme un autre nom d'Agni.

3. Je ne nie pas que les deux sacrificateurs, quand ils ne reçoivent pas la qualification de « divins », ne puissent quelquefois être deux sacrificateurs réels, humains, comme les deux *adhvaryu* du vers II, 16, 5. Dans notre passage même, c'est l'un de ces deux sacrificateurs humains qui parle

et celle du vers III, 31, 2, où il est dit des deux pieux (sacrificateurs) que l'un (le sacrificateur terrestre) opère, tandis que l'autre (le sacrificateur céleste) fait réussir (cf. X, 110, 2) le sacrifice. La formule « les deux sacrificateurs divins », *daivyâ hotârâ*, se rencontre aux vers X, 65, 10 ; 66, 13, et dans les hymnes *Aprî* ou *Apra* [1], au vers 7 ou au vers 8. Le vers 7 de l'hymne *Aprî*, III, 4, est répété dans l'hymne III, 7 (vers 8), où il fait suite à un vers (7) concernant les cinq *adhvaryu* et les sept *vipra* (cf. au vers X, 128, 3, la formule *daivyâ hotàrah* au pluriel), ce qui confirme notre interprétation, ces derniers nombres correspondant, comme nous le verrons, à une quintuple et à une septuple division du monde. Il renferme lui-même la mention des sept chevaux, qui, ainsi que nous l'avons remarqué (p. 147), ne diffèrent pas des sept prêtres. Enfin, le vers 4 du même hymne *Aprî* III, 4, adressé à deux personnages qui peuvent être aussi les deux sacrificateurs divins, mentionne un seul sacrificateur « établi sur le nombril du ciel » (cf. le sacrificateur immortel, IV, 41, 1), ce qui suggère naturellement l'idée que l'autre est *établi sur la terre*. Au vers II, 3, 7, où les deux sacrificateurs divins sont appelés les premiers sacrificateurs (comme ils le sont aussi du reste au vers III, 4, 7 = III, 7, 8, et aux vers I, 188, 7 ; X, 66, 13), c'est au contraire le « nombril de la terre » qui est donné avec les « trois plateaux » pour le séjour de ces deux personnages. Ce vers, comme le vers I, 149, 4, par exemple, qui donne pour séjour à Agni trois ciels, puis tous les mondes, en ne lui attribuant pourtant que « deux naissances », est un exemple de la confusion, fréquente dans les formules védiques, des nombres empruntés à différents systèmes de division de l'U-

mais il se distingue expressément, ainsi que son compagnon, du sacrificateur supérieur et du sacrificateur inférieur en disant : « Quand le sacrificateur inférieur et le supérieur parlent, qui de nous deux sait (ce qu'ils disent) ? Les amis (les prêtres en général) ne peuvent que préparer le festin du sacrifice, etc. » Le sacrificateur inférieur est évidemment Agni ou Soma, et le supérieur est une forme céleste d'Agni ou de Soma. Il n'est pas non plus sans intérêt, pour l'interprétation de ce passage, de remarquer que l'hymne entier est consacré à la description du sacrifice des dieux (voir p. 113 et 115), qu'il y est question au vers 15 des deux catégories d'ancêtres, humains et divins, et enfin qu'il renferme au vers 18 des questions laissées sans réponse, comme au vers 17, ce qui doit nous disposer encore à prendre celui-ci dans un sens mystique.

1. Il n'y a d'exception que pour les hymnes VII, 2, et X, 70, où les deux sacrificateurs sont désignés, dans le premier par le mot *kârû* « chantres », dans le second par le mot *ritvijâ* « prêtres ». Cf. encore X, 27, 17.

nivers, ou plutôt un témoignage en faveur de l'équivalence essentielle de ces nombres. Le dernier point fera l'objet d'une étude spéciale au chapitre de l'*Arithmétique mythologique*, ainsi que le phénomène par lequel deux ou plusieurs formes d'un élément mythique, correspondant primitivement aux différents mondes, sont ensuite placées ensemble dans le ciel, comme paraissent l'être en effet nos deux sacrificateurs divins au vers IX, 5, 7, où ils reçoivent ensemble non-seulement le nom de dieux, mais la qualification de *nricakshasâ* « contemplant les hommes ».

CHAPITRE III

LES ÉLÉMENTS FEMELLES

SECTION PREMIÈRE

LA TERRE — LE CIEL ET LA TERRE

Au premier rang des éléments femelles, comme au premier rang des éléments mâles, il en faut placer un qui n'est autre que l'un des mondes, non plus simplement conçu comme un séjour des divers éléments, mâles ou femelles, mais lui-même animé. Nous avons annoncé déjà, en traitant du ciel considéré comme mâle, que la terre est toujours femelle. Ajoutons que la terre, en tant qu'animée, est, sous le nom de *prithivî*, distinguée de la surface terrestre, désignée par le nom de *bhûmi*, au vers V, 84, 1, à peu près comme le dieu du soleil peut être distingué de l'astre (voir p. 8).

Mais le ciel lui-même n'est pas toujours considéré comme mâle. La pluie, au lieu d'être représentée comme le sperme d'un mâle, pouvait l'être aussi comme le lait d'une femelle, et une formule telle que « le lait du ciel », X, 114, 1, entraînait l'attribution au ciel d'un nouveau sexe. Et, en effet, le nom ordinaire du ciel, *div*, au nominatif singulier *dyaus*, est souvent féminin (voir Grassmann, *s. v.*). On comprend d'ailleurs que le ciel, considéré tantôt comme mâle, tantôt comme femelle, ait pu prendre à la fois l'un et l'autre sexe, en sorte que l'idée du ciel est une de celles qu'on peut avoir à retrouver sous le mythe de l'hermaphrodite.

Quand le ciel est considéré comme mâle, il forme avec la terre un couple auquel est rapportée l'origine de tous les êtres. La transition de l'idée de séjour, de lieu d'origine, à celle de paternité, est visible au vers I, 185, 2, qui nous montre « les deux qui ne marchent pas, qui n'ont pas de pieds », portant « de nombreux fruits qui marchent, qui ont des pieds ». Et, en effet, le ciel et la terre sont appelés le père et la mère, et invoqués sous ce titre par les hommes, I, 185, 10 et 11 ; V, 43, 2, et *passim*. L'auteur du vers I, 164, 33, dit expressément « Le ciel est mon père, ma mère est cette grande terre », en donnant en outre au ciel le nom de « nombril » et à la terre celui de « cordon » : nous avons cherché à expliquer ces figures bizarres (p. 36).

Le ciel et la terre sont aussi appelés les parents des dieux, en même temps que les deux vastes séjours, I, 185, 6, et reçoivent en cette qualité l'épithète *devapu:re*, « qui ont les dieux pour fils », I, 106, 3 ; 159, 1 ; 185, 4 ; IV, 56, 2 ; VI, 17, 7 ; VII, 53, 1 ; X, 11, 9. Après avoir constaté, d'une part, qu'une origine céleste était attribuée à la race humaine (p. 32 et suiv.), et de l'autre, que l'origine des dieux a été rapportée au sacrifice célébré par les ancêtres (p. 139), si bien que la même épithète *devaputra* « ayant pour fils les dieux », au pluriel *devaputrâh*, a été appliquée aux A*n*giras, X, 62, 4, nous ne pouvons nous étonner d'un mythe qui, en rapportant au ciel et à la terre l'origine de tous les êtres (cf. I, 160, 2 ; 191, 6), dieux ou hommes, fait du ciel le père des hommes, et de la terre la mère des dieux. Cependant ce mythe s'explique surtout par les formules qui nous montrent le ciel et la terre « enveloppant » toutes les races, y compris celles des dieux, III, 54, 8, et leur sein recevant les dieux, II, 41, 21, ainsi que l'homme, qui y repose comme un fils, I, 185, 2. Tout ce qui se voit dans l'espace ouvert entre le ciel et la terre, les êtres qui en habitent la limite inférieure, comme les phénomènes qui ont pour théâtre cet espace entier, cf. I, 124, 5, et que les personnages divins représentent plus ou moins directement, ont pour *parents* le couple de la terre et du ciel.

Mais les dieux, fils du ciel et de la terre, sont aussi ceux qui ont étayé les deux mondes, X, 65, 4 et 7, que dis-je ? qui les ont eux-mêmes engendrés, X, 66, 9 ; cf. I, 160, 4. C'est qu'en effet les phénomènes lumineux qui apparaissent, qui « naissent » entre le ciel et la terre, font en même temps apparaître, « naître », la terre et le ciel. Voilà donc une solution toute prête pour l'énigme des fils engendrant, ou rajeunissant leurs parents, que nous rencontrerons plus d'une fois dans la suite de ce livre. « Connaître la naissance » du ciel et de la terre, VII, 34, 2, n'est pas d'ailleurs, pour les chantres védiques, une moindre merveille qu' « engendrer le ciel et la terre », une telle connaissance impliquant à leurs yeux l'existence au moment de l'enfantement de ce père et de cette mère de toutes choses.

Selon un usage védique sur lequel nous reviendrons, et qui consiste à donner pour nom à deux objets ou à deux êtres formant un couple, le duel du nom d'un seul d'entre eux, le ciel et la terre, désignés quelquefois par un seul des duels *dyâvâ* ou *prithivî*, aussi bien que par la réunion des deux (cf. p. 1), ont pu l'être aussi, en qualité de parents de tous les êtres, par le duel des mots *mâtri*, I, 155, 3 ; IX, 85, 12 ; X, 1, 7 ; 35, 3 ; 64, 14 ; ou *janitrî*, VII, 97, 8 ; X, 110, 9, « mère », aussi bien que par celui du mot *pitri* « père » (voir Grassmann, *s. v.*). Plus généralement on peut expliquer de la même manière l'attribution ordinaire du genre féminin aux épithètes du ciel et de la terre, par exemple à cette épithète *devaputre* « ayant pour fils les dieux », déjà citée, d'autant plus qu'au vers VII, 53, 2, une épithète également féminine, *pûrvaje* « nés les premiers » (cf. *jyeshthe* « aînés », IV, 56, 1), est accolée au duel du nom *pitri* « père ».

Cependant nous ne devons pas oublier que le ciel lui-même a été aussi considéré comme femelle, ce qui laisse subsister la possibilité d'une autre explication pour les formules où le ciel et la terre sont désignés par le duel d'un nom signifiant « mère », ou reçoivent une épithète du genre féminin. On sera tenté aussi d'expliquer dans ce nouvel ordre d'idées celles où il est parlé du beurre ou du lait, VI, 70, 2 ; X, 65, 8, du ciel et de la terre, lait que les prêtres (font couler) avec des prières, I, 22, 14. Remarquons en passant que ce lait du ciel et de la terre paraît n'être autre chose que la pluie. La terre, il est vrai, est nourricière par ses sucs, comme le ciel l'est par la pluie. Mais c'est à la pluie que les sucs de la terre sont empruntés. Or, la pluie, qui mouille le ciel aussi bien que la terre, V, 85, 4, paraît avoir été considérée comme le lait de la terre en même temps que du ciel (cf. II, 27, 15 ; cf. encore I, 185, 5), de même que dans la conception précédemment étudiée, le ciel et la terre sont le père et la mère de toutes choses. Il faut remarquer d'ailleurs à propos du « lait » du ciel et de la terre, que d'autres formules attribuent au contraire au ciel et à la terre une « semence » abondante, I, 159, 2 ; VI, 70, 1 ; X, 92, 11, sans qu'il puisse être question en aucun cas de l'assimilation de la terre à un mâle. Il faut plutôt voir là un exemple de la facilité avec laquelle les chantres védiques étendent à un couple les attributs propres de l'un des personnages dont il est formé, à peu près de la même manière qu'ils désignent le couple lui-même par le nom d'un seul de ces personnages sous la forme du duel. Le mythe du « lait » du ciel et de la terre ne serait donc pas suffisamment caractéristique par lui-même, et il le serait d'autant moins que le nom de « lait » est aussi donné à la semence du mâle, I, 105, 2. En somme la meilleure raison que nous ayons de croire que le couple du ciel et de la terre est quelquefois considéré comme un couple de femelles, est encore le genre féminin souvent attribué au mot *dyaus* lui-même.

Le ciel et la terre, comparés à deux femmes au vers X, 93, 1, reçoivent aux vers I, 185, 5 ; III, 54, 7, le nom de « sœurs », et au vers X, 13, 2, celui de « jumelles[1] ».

Ils sont aussi représentés comme deux vaches, IV, 28, 10 ; cf. V, 30, 9. Puis, comme nous avons vu Agni, par exemple, tour à tour cheval et conducteur de chevaux, de même l'auteur du vers VII, 99, 3, au lieu de représenter le ciel et la terre comme des vaches, leur applique l'épithète *dhenumati* « ayant des vaches ».

Une représentation beaucoup plus bizarre serait celle qui ferait de la terre une cavale. Le nom de « cavales » est pourtant, au vers III, 56, 2, donné aux « trois terres », formule dont le sens sera expliqué plus tard. L'assimilation du ciel à un cheval ou à une cavale aurait pu s'expliquer peut-être par le mouvement apparent du ciel nocturne (VII, 86, 1?). Mais d'où a pu venir l'idée d'un mouvement de la terre ? Il n'en est pas moins certain que la terre reçoit au vers V, 84, 2, l'épithète *vicārini*, qui implique un mouvement (cf. *Revue critique*, 1875, II, p. 390), et qu'au vers X, 149, 1, Savitri est représenté retenant la terre avec des rênes. On peut citer encore comme des témoignages confirmant l'existence du

---

1. Au vers IX, 68, 5, le nom de « jumeaux » (frère et sœur) paraît désigner également le ciel et la terre.

mythe qui attribuait un mouvement à la terre en même temps qu'au ciel, non pas sans doute les formules qui, sous le nom de Ciel et Terre, appellent au sacrifice, en même temps que les autres dieux, des personnages divins évidemment distingués du ciel et de la terre matériels, VII, 53, 2; cf. III, 7, 9, mais peut-être cette prière adressée au ciel et à la terre, X, 178, 2 : « Puissions-nous n'éprouver de dommage, ni à votre arrivée, ni à votre départ! » En effet, le ciel et la terre, réunis chaque nuit, comme ils le sont passagèrement pendant les ténèbres de l'orage (par les Maruts, VIII, 20, 4) ou, car les mêmes phénomènes sont aussi interprétés de cette manière, disparus, ou même partis, sont de nouveau séparés, ou, selon l'autre conception, reparaissent, reviennent au lever du jour et à la fin de l'orage. Ainsi peuvent s'expliquer, dans la formule précédemment citée, l'arrivée et le départ du ciel et de la terre [1]. Ainsi doivent s'expliquer en tout cas celles qui nous montrent les anciens sacrificateurs, III, 54, 4 (et les Maruts, I, 72, 4; cf. 6), « trouvant » le ciel et la terre, comme ils « trouvent » la lumière, IV, 1, 14, la lumière « cachée », VII, 76, 4, et celles qui attribuent aux mêmes personnages, III, 31, 12, à Agni (p. 139), à Soma (p. 212), aux différents dieux, une œuvre qui consiste à séparer les deux mondes en les étayant. Cette idée que le ciel et la terre sont « fixés » à leur place par les dieux ou les sacrificateurs en suggérait assez naturellement une autre, celle d'un « mouvement » antérieur de l'un et de l'autre monde. L'idée du mouvement semble combinée avec celle de la stabilité au vers X, 89, 4, où les deux mondes étayés et séparés par Indra sont comparés à deux roues à la fois séparées et retenues par l'essieu, cf. VI, 24, 3. Au vers I, 121, 11, l'épithète *acakre* « sans roues », donnée au ciel et à la terre, peut suggérer l'idée d'un mouvement « propre » aussi bien que celle de l'immobilité.

Passons maintenant aux représentations non animées du ciel et de la terre. Nous avons vu (p. 180) qu'ils sont appelés les deux cuves, *camû*, cf. *oni*, du Soma. Ajoutons aux passages déjà cités les vers I, 164, 33; III, 55, 20, où le duel *camû* désigne certainement le ciel et la terre; cf. IV, 18, 3. Les deux mondes reçoivent aussi le nom de *dhishane* « les

---

[1]. Et peut-être aussi, au vers III, 7, 1, l'opposition des verbes *sam car* et *pra sri*.

deux coupes », ou plutôt encore « les deux cuves » (voir p. 148), I, 160, 1; III, 49, 1; VI, 8, 3; 50, 3; 70, 3; VIII, 50, 2; X, 44, 8.

Le même nom, au pluriel, V, 69, 2, cf. IV, 36, 8; IX, 59, 2, et d'autres noms équivalents (p. 178) sont d'ailleurs donnés aux trois mondes du ciel, de l'atmosphère et de la terre.

Le ciel est peut-être désigné au vers X, 101, 8, par le nom de *camasa* « coupe ».

Dans l'un des passages où les deux mondes reçoivent le nom de cuves, *dhishane*, VI, 8, 3, ils sont en même temps comparés à deux « peaux », *carmani*, cf. VIII, 6, 5, apparemment comme « tendus, étendus » par Agni Vaiçvânara. La surface de la terre est appelée une peau au vers X, 68, 4, « Brihaspati a fendu avec l'eau (de la pluie) la peau de la terre », cf. I, 85, 5; V, 85, 1.

Le ciel a pu être en outre, aussi bien que le nuage (voir section III), désigné par le nom de montagne, de montagne « suprême », IX, 87, 8, et par celui de « pierre », *açman*, VII, 88, 2.

SECTION II

L'AURORE — L'AURORE ET LA NUIT

L'élément femelle du ciel, si l'on prend ce dernier mot au sens restreint et en l'opposant au terme d'atmosphère, le phénomène dont nous constaterons plus loin les relations dans le monde de la lumière avec le soleil, est l'aurore, née dans le ciel, VII, 75, 1, fille née dans le ciel, VI, 65, 1, ou plus simplement fille du ciel (Voir Grassmann, s. v. *duhitri*).

Comme le soleil lui-même, l'aurore est l'un des premiers objets de l'amour et des vœux des Aryas védiques. Outre plusieurs fragments et beaucoup de vers isolés, une vingtaine d'hymnes lui sont exclusivement consacrés, et elle y est invoquée sous son nom vulgaire *ushas*, pris d'ailleurs, tantôt au singulier, tantôt au pluriel, dans ce dernier cas par allusion à la succession des jours qui ont chacun leur aurore.

Ces hymnes sont presque tous au nombre des plus poétiques que renferme le *R*ig-Veda. Ce sont même eux qui paraissent avoir le plus contribué à répandre dans le public les idées fausses qu'on y nourrit sur le caractère général du recueil. Nous n'y chercherons que des indications précieuses sur l'un des types principaux de la femelle mythique, et ne nous laisserons pas induire par leur charme décevant à ne plus chercher dans les formules ordinaires de la pensée védique que de simples descriptions du lever du jour.

Tout d'abord, comme je l'ai fait pour le soleil, j'indiquerai brièvement en quels termes les rishis célèbrent l'importance du rôle joué par l'aurore dans l'ordre des phénomènes naturels. L'aurore fait la lumière, VII, 77, 1, et chasse les ténèbres, *ibid.*; VI, 65, 2, elle chasse les ténèbres avec la lumière, IV, 52, 6; VII, 78, 2, et du même coup elle chasse aussi l'ennemi, V, 80, 5, les tromperies ou les démons trompeurs, VII, 75, 1, les mauvais rêves, VIII, 47, 18. On dit aussi qu'elle « cache » l'obscurité, IV, 51, 9, qu'elle la cache avec la lumière, VII, 80, 2. Elle sépare les deux mondes, VII, 80, 1, qui étaient confondus pendant la nuit, elle éclaire les chemins, VII, 79, 1, et les rend aisés à suivre, V, 80, 2; VI, 64, 1, elle les ouvre, V, 80, 3, ou, selon l'expression hardie du vers VII, 75, 1, elle les éveille; elle ouvre la voie à l'homme, IV, 51, 1. En ramenant le jour, l'aurore prolonge la vie, VII, 77, 5; en le ramenant sans cesse elle « fait vieillir la vie », I, 92, 10, c'est-à-dire la prolonge jusqu'à la vieillesse [1]. De là, cette prière d'un poëte à l'aurore « Rayonne-nous la vie (avec une nombreuse descendance) », I, 113, 17, cette affirmation d'un autre « Le souffle, la vie de l'univers, réside en toi quand tu brilles », I, 48, 10, et enfin ce vers, l'un des plus frappants du *R*ig-Veda par le tour et le mouvement lyrique de la pensée et de l'expression, I, 113, 16 : « Levez-vous ! Notre souffle vital est venu vers nous. L'obscurité s'est enfuie. La lumière arrive. Elle (l'aurore) a laissé la route libre au soleil pour qu'il la suive. Nous sommes parvenus au moment où les hommes voient leur vie prolongée. »

En dissipant l'obscurité, les aurores font apparaître tous les biens qu'elle avait dérobés au regard, I, 123, 6. Cette idée suffirait au besoin à rendre compte des libéralités attribuées

---

1. Il me paraît évident que l'expression ne doit pas être prise en mauvaise part, comme elle semble l'être par MM. R. et Gr.

à l'aurore, qui en font le modèle des bienfaiteurs célestes, VI, 50, 8, et dont l'une des formules les plus curieuses parce qu'elle fait songer à la Fortune classique est la suivante : « Tu portes de grands biens au mortel qui n'a pas quitté sa demeure », I, 124, 12; VI, 64, 6. Mais il ne faut pas oublier que l'heure du lever de l'aurore est aussi celle du sacrifice, en sorte que les biens qu'elle est censée apporter peuvent être ceux que l'homme croit obtenir par le sacrifice, cf. IV, 51, 7. Il est vrai que le jour et l'aurore elle-même sont compris au nombre de ces biens. Mais une telle conception ne nous éloigne pas moins du naturalisme pur. En général, il faut reconnaître que les hymnes à l'aurore, en dépit de leur caractère plus simple et plus poétique, ne sont pas plus que les autres exempts d'allusions à la toute-puissance du sacrifice et des sacrificateurs.

La chose va jusque-là qu'au vers I, 124, 4, par une comparaison inverse de celle qu'eût pu nous suggérer notre propre façon de penser, il est dit que l'aurore a fait apparaître des biens comme Nodhas, c'est-à-dire comme un personnage, probablement mythologique, mais jouant dans le Rig-Veda le rôle d'un prêtre, I, 61, 14; 62, 13; 64, 1; nous lisons du reste dans le même vers qu'elle a réveillé ceux qui dorment, comme le prêtre (qui appelle l'homme au sacrifice, voir *Revue critique*, 1875, II, p. 371). Dans ces mêmes hymnes où l'on ne veut voir que l'expression d'un sentiment religieux tout naïf et tout spontané, se confondant presque avec le pur amour de la nature et la reconnaissance pour ses dons, les prêtres n'oublient pas leurs intérêts, I, 48, 4 : « O aurore ! Kanva, le premier des Kanvas, célèbre ici les noms des riches sacrificateurs qui, à ton arrivée, se préparent à répandre leurs dons. » Nous avons déjà constaté du reste, en parlant de la dakshinâ, la relation qui s'est établie naturellement dans l'esprit des rishis védiques entre l'aurore et le salaire du sacrifice. En ce qui les concerne personnellement, on peut donc dire que les dons de l'aurore consistent avant tout dans ce salaire même.

Bien que les aurores successives soient quelquefois distinguées et représentées comme se suivant en effet les unes les autres, I, 113, 8; 124, 2, d'autres textes nous les montrent partant et revenant, I, 123, 12. Selon cette conception, il n'y a en réalité qu'une seule et même aurore, se manifestant de nouveau chaque jour, I, 123, 4, et qui à chacune de ses apparitions est une « revenante », I, 123, 2. Cette aurore unique et persistante doit avoir en dehors des limites du monde visible une demeure où elle rentre quand elle disparaît aux regards des hommes. C'est de cette même demeure qu'elle vient lorsqu'elle se montre à l'orient, VII, 76, 2. Si j'entends bien le vers I, 48, 6, elle n'aime pas ce séjour, *padam na veti*, et en effet nous verrons que selon certains mythes elle y est prisonnière. L'homme est impatient de l'en voir sortir et inquiet de savoir comment il pourra hâter sa venue, I, 30, 20 : « Comment peux-tu être contentée, O Aurore? Quel est, ô immortelle, le mortel que tu aimes? Qui vas-tu trouver, ô brillante? »

Avant d'en venir aux diverses représentations de l'Aurore, qui sont ici pour nous le point le plus intéressant, j'ouvre une parenthèse pour faire observer qu'en dépit de la distinction généralement maintenue dans la mythologie védique entre les éléments mâles et les éléments femelles, il n'est pas impossible que l'aurore ait été quelquefois assimilée à l'Agni céleste, ou distinguée de lui seulement comme le fait même de la manifestation de l'élément manifesté. Le nom féminin de l'éclair, *vidyut*, a déjà donné lieu à une observation analogue. Les splendeurs d'Agni sont en effet comparées, en même temps qu'aux éclairs du nuage pluvieux, aux aurores, ou pour traduire exactement l'expression employée, aux étendards des aurores, X, 91,5. Le terme d'étendard, *ketu*, désigne plusieurs fois l'éclat de l'aurore, 1,92,I; VII, 76,2, qui est appelée aussi l'étendard de l'immortalité, III, 61,3, et, ce qui nous importe davantage ici, l'étendard du sacrifice, I, 113,19. Cette dernière qualification étant ordinairement donnée à Agni, V, 11,2; III, 3,3; 10,4, appelé aussi l'étendard divin, I, 27,12, on peut se demander si l'aurore, quand elle la reçoit, n'est pas assimilée au feu du sacrifice céleste. Au vers III, 8,8, les dieux sont priés de favoriser le sacrifice (des hommes) et de dresser l'étendard du sacrifice, sans doute de leur propre sacrifice, c'est-à-dire d'allumer le feu céleste, comme les hommes ont allumé le feu terrestre. Or, cet étendard du sacrifice céleste paraît être encore l'aurore. Il ne diffère pas vraisemblablement des poteaux brillants qui, d'après le vers suivant, sont venus vers les hommes comme des oiseaux, et qui ne peuvent être que les aurores, expressément comparées dans un autre passage aux poteaux des sacrifices, IV, 51,2, cf. I, 92, 5, comme Agni du reste est assimilé lui-même à une colonne,

IV, 5, 1. Une allusion à la correspondance des deux étendards du sacrifice, céleste et terrestre, est peut-être encore renfermée dans le vers IV, 51,11, où le prêtre qui invoque les aurores reçoit l'épithète *yajnaketu* « qui a en sa possession l'étendard du sacrifice, c'est-à-dire Agni ». N'est-ce pas encore dans le ciel qu'il faut placer ce sacrifice élevé, *brihat*, dont les aurores « conduisent le commencement », VI,65,2 ? Sans doute l'aurore aurait pu être aussi conçue comme dirigeant le sacrifice terrestre, qui commence lorsqu'elle apparaît, et où elle amène les dieux, I, 48, 12, et on pourrait interpréter ainsi les formules d'après lesquelles elle a « engendré », VII, 78, 3, ou « fait briller », VII, 80, 2, le sacrifice, d'autant plus qu'avec le sacrifice, ces formules nomment encore, non-seulement le soleil, mais Agni lui-même auquel elle ne saurait donc être assimilée en ce cas. Toutefois on comprendrait aussi, selon la remarque déjà faite, qu'elle n'eût là été distinguée de lui, soit de l'Agni céleste, que comme l'éclair femelle peut l'être de l'éclair mâle. Quoi qu'il en soit, nous lisons encore au vers VII, 75, 3, que les rayons de l'aurore « engendrent » les *vrata* divins, cf. I, 123, 13, ce qui peut s'entendre de l'ordre naturel du monde, mais aussi, comme nous le verrons, du sacrifice céleste. Enfin, d'après le vers I, 113, 12, l'aurore porte le festin des dieux.

L'aurore est comparée quelquefois à une cavale brillante, I, 30,21 ; IV, 52, 2. Mais la représentation des aurores sous forme de vaches est plus fréquente. Elles sont comparées à des troupeaux de vaches, IV, 51, 8 ; l'aurore a ouvert l'obscurité (pour en sortir), comme les vaches de leur étable, I, 92, 4. Les aurores sont appelées elles-mêmes des vaches brillantes, et des vaches-mères, I, 92, 1, et l'obscurité dont elles ont ouvert les portes est directement assimilée à une étable, IV, 51, 2. Nous verrons plus tard quel peut être le veau « brillant », I, 113, 2, de l'aurore. Son lait, cf. VII, 41, 7, est la lumière qu'elle porte dans son sein, III, 30, 13 et 14.

Vache elle-même, l'aurore est aussi mère de vaches, I, 124, 5 ; IV, 52, 2 ; VII, 77, 2 ; cf. V, 45, 2. Ces vaches dont elle est mère et qui l'accompagnent, X, 172, 1, cf. I, 92, 12 ; II, 28, 2 ; VII, 79, 2, sont ses propres rayons, comparés à des troupeaux de vaches au vers IV, 52, 5, et appelés comme nous le verrons plus loin, les vaches rouges qui s'attellent elles-mêmes, I, 92, 2. Elles ne diffèrent en réalité pas plus de l'aurore elle-même que les flammes d'Agni ne diffèrent du feu. Il faut remarquer à ce propos que la notion des rayons de l'aurore, identiques à l'aurore elle-même, peut souvent servir, aussi bien que celle de ses apparitions successives, à expliquer les formules où figurent plusieurs aurores. Ajoutons que les vaches peuvent aussi symboliser en général les présents de l'aurore, comme ceux des différents dieux.

Comme l'a prouvé le vers I, 92, 4, l'acte d'ouvrir l'étable n'était pas incompatible avec la comparaison de l'aurore à une vache ou sa représentation sous cette forme. Il est certain pourtant qu'il convenait mieux encore à un personnage de forme humaine. La même observation s'applique à plus forte raison aux formules portant, sans allusion directe aux vaches et à l'étable, que l'aurore a ouvert les portes de la caverne solide, VII, 79, 4, les portes, I, 48, 15, ou, selon l'expression moins figurée du vers I, 92, 11, les extrémités du ciel. Il y a mieux : au vers VII, 75, 7, l'aurore brisant les forteresses, paraît délivrer les vaches. Ailleurs elle est appelée la maîtresse de l'étable, III, 61, 4, et le vers VI, 65, 5 paraît également lui attribuer la propriété des étables de vaches ouvertes par les A*n*giras. On se la représenterait donc volontiers, dans les deux dernières citations, comme une bergère, dans la précédente comme une guerrière. Elle est en effet comparée à un héros, à un archer, quand elle chasse l'obscurité, VI, 64, 3; elle est qualifiée de victorieuse, I, 123, 2. Mais au vers I, 92, 1, les aurores comparées à des guerriers qui brandissent leurs armes, sont en même temps appelées les vaches rouges, les vaches-mères. On voit par là que les représentations fondées sur la distinction de l'aurore et de ses rayons sont aussi mal fixées que cette distinction elle-même.

Cependant l'aurore est souvent comparée à une jeune femme, I, 48, 5; VII, 77, 1, ou appelée de ce nom, I, 123, 2 et 9 ; IV, 52, 1 ; VII, 80, 2. Elle est ainsi représentée parée de vêtements, I, 113, 7 ; 124, 3 ; VII, 77, 2, et d'ornements, VII, 78, 1, cf. 79, 2, brillants, qui la font ressembler aux invités d'une noce, I, 124, 8, et qui resplendissent lorsqu'elle a écarté le vêtement noir (de la nuit), I, 113, 14. Mais en même temps elle découvre son corps, V, 80, 4, cf. 6, comme une brillante jeune fille lavée par sa mère, I, 123, 11 ; elle montre son sein, VI, 64, 2, cf. I, 124, 4, en souriant, I, 123, 10; cf. I, 92, 6 ; elle est alors comparée tantôt à une baigneuse, V, 80, 5, cf. VIII, 64, 8, tantôt à une danseuse, I, 92, 4, ou encore à une épouse richement vêtue qui se dévoile en souriant aux yeux de son époux, I, 124, 7, ou même à une femme sans frère qui va elle-même chercher les hommes, *ibid.*

Du reste si l'aurore est représentée sous les traits d'une jeune fille, ce n'est pas qu'elle ne soit pourtant très-ancienne. Les anciens *r*ishis l'ont invoquée déjà avant les nouveaux, I, 48, 14, qui la prient de venir et de répandre ses dons comme autrefois, VI, 65, 6; cf. 1, 124. 9; IV, 51, 4; V, 79, 1-3. Mais l'aurore antique, quand elle n'est pas distinguée expressément des nouvelles, IV, 51, 6, est considérée comme renaissant sans cesse, I, 92, 10, et prenant une nouvelle vie, VII, 80, 2. Aussi l'aurore est-elle appelée à la fois vieille et jeune, III, 61, 1, cf. 3 ; elle est la jeune revenante, I, 123, 2.

Comparée parfois, comme nous l'avons constaté, à une cavale, l'aurore est plus souvent représentée sur un char, I, 48, 10, et *passim*, et portée elle-même par des chevaux brillants, I, 49, 1 et 2 ; III, 61, 2 ; VI, 65, 2 ; VII, 75, 6; 78, 4 ; dans ce char, VII, 78, 1, et avec ces chevaux, I, 92, 15, elle charrie tous les biens qu'elle destine aux hommes; cf. I, 48, 3; 7; 10. Les chevaux de l'aurore représentent vraisemblablement ses rayons, comme les vaches dont elle est mère, et qui semblent remplacer ses chevaux dans le vers I, 92, 2, où il est dit qu'elles s'attellent elles-mêmes. Ailleurs, l'attelage de l'aurore se compose de bœufs, I, 124, 11 ; V, 80, 3 ; VI, 64, 3 ; cf. 5 ; mais la base naturaliste du mythe reste vraisemblablement la même. Le sexe des animaux ne peut être déterminé dans la formule *gavâm netrî* « conductrice de bœufs ou de vaches », appliquée également à l'aurore, VII, 76, 6.

L'aurore n'est pas seulement la mère des vaches, c'est-à-dire de ses propres rayons. Les hommes la comparent à une mère dont ils seraient les fils, VII, 81, 4, et elle est la mère des dieux mêmes, I, 113, 19. Ajoutons que l'aurore qui fait apparaître tous les mondes ou tous les êtres, VII, 80, 1, qui s'étend du ciel à la terre, III, 61, 4, remplit l'atmosphère, VII, 75, 3, le sein des deux mondes, I, 124, 5, fait le tour des cinq races, VII, 75, 4, et les éveille, VII, 79, 1, qui ne néglige ni ses parents, ni les étrangers, ni les grands, ni les petits, I, 124, 6, c'est-à-dire ni les dieux, ni les hommes, que l'aurore, dis-je, est appelée la maîtresse du monde, VII, 75, 4, lequel s'incline tout entier devant sa splendeur, I, 48, 8.

L'aurore, dans les hymnes védiques, forme souvent un

couple avec la nuit. Il semble, à la vérité, que les rapports de l'aurore et de la nuit doivent se réduire à un état d'opposition et d'hostilité réciproque. En effet, les ténèbres, comparées tantôt implicitement à une mer dont les hommes ont atteint l'autre rive quand brille le jour, I, 183, 6; VII, 73, 1, tantôt explicitement à une peau que les rayons de soleil roulent (et cachent) dans les eaux (célestes), IV, 13, 4, cf. VII, 63, 1, ou encore à un vêtement que la nuit « tisse » sur toute chose, I, 115, 4, et que détisse Agni sous sa forme de soleil, IV, 13, 4, les ténèbres, comme les poëtes védiques ont pris la peine de le constater expressément (voir ci-dessus), sont aussi chassées par l'aurore. Le vêtement noir de la nuit est également écarté par elle, I, 113, 14. Cependant, cette vache noire qui vient s'introduire parmi les vaches brillantes, X, 61, 4, est considérée comme la sœur de l'aurore, sœur que celle-ci écarte, I, 92, 11, et dont elle s'éloigne, X, 172, 4; cf. IV, 52, 1, mais qui s'éloigne aussi de sa sœur, VII, 71, 1, en lui cédant volontairement la place, I, 124, 8; cf. 113, 1 et 2. Ces deux sœurs, *samânabandhû*, I, 113, 2, quoiqu'elles effacent réciproquement leur couleur, *ibid.*, ne se querellent pas plus qu'elles ne s'arrêtent dans le chemin commun qu'elles suivent l'une après l'autre, *ibid.* 3, et quoique de formes opposées, elles n'ont qu'une même pensée, *ibid.* Ce sont certainement encore l'aurore et la nuit qui sont désignées au vers III, 55, 11, comme celles qui prennent diversement leurs formes de jumelles dont l'une est éclatante et l'autre noire, et qui étant, l'une sombre et l'autre brillante, cf. I, 71, 1, sont néanmoins sœurs.

L'aurore et la nuit sont invoquées ensemble en mainte occasion, I, 186, 4; II, 31, 5; VII, 42, 5, et *passim*, mais particulièrement dans les hymnes Aprî ou Aprâ, au vers 7 de ceux qui portent les numéros 13 et 142 dans le premier mandala, et au vers 6 de tous les autres. Elles sont le plus souvent désignées, selon un usage védique sur lequel nous reviendrons, par les duels de chacun de leurs noms, séparés ou réunis en un composé impropre *uhâsâ-naktâ*, ou par le duel d'un seul des deux noms, celui de l'aurore, *ushâsau*, I, 188, 6, ou *ushasâ*, III, 14, 3[1]. Remarquons, à ce propos, que le jour

---

[1]. Le duel *ushâsâ*, au vers VIII, 27, 2, ne signifie pas comme le veut M. Gr. (Voir pourtant sa traduction) « les deux crépuscules ». C'est par un véritable pléonasme que le singulier *naktam* y est ajouté comme pourrait l'être le duel *naktâ*. Nous reviendrons sur cet usage de la langue.

et la nuit sont également désignés par le duel du nom du jour, *ahanî*, avec, I, 123, 7; VI, 58, 1, ou sans, I, 185, 1; IV, 55, 3; V, 82, 8; X, 39, 12; 76, 1, l'épithète *vishurûpe* qui permet de traduire l'expression littéralement sans en compromettre le sens : « Les deux jours de forme différente ». On doit entendre de même le jour noir et le jour blanc, VI, 9, I, et les deux sortes de jours dont il est question au vers I, 185, 4, cf. I. Il est clair d'ailleurs que le couple du jour et de la nuit, ou, selon l'expression védique, des deux jours, est essentiellement identique à celui de l'aurore et de la nuit ou des deux aurores, des deux aurores de forme différente, III, 4, 6; V, 1, 4, cf. V, 62, 8. Les deux couples sont, il est vrai, passagèrement distingués au vers IV, 55, 3, mais ils semblent confondus au vers 7 de l'hymne I, 123 à l'aurore : « L'un s'éloigne, l'autre arrive, les deux jours de forme différente suivent leur cours ; l'*une* a caché l'obscurité des deux mondes ; l'aurore a resplendi avec son char brillant ». Le féminin, rappelant l' « aurore » et la nuit, précède la mention des deux jours (au neutre) au vers I, 185, 1, qui offre d'ailleurs un intérêt particulier comme posant le problème éternel des origines : « Quelle est la première, quelle est la seconde d'elles deux ? Comment sont-elles nées ? Qui le sait, ô sages ? Elles portent tout ce qui existe ; les deux jours font leur révolution comme avec une roue. » Il semble évident, d'ailleurs, que dans le couple, l'aurore, en tant qu'opposée à la nuit, n'est plus seulement le crépuscule du matin, mais le jour même, cf. X, 127, 3.

Mais le mot *ushas* « aurore » ne désigne pas seulement au duel la nuit en même temps que l'aurore ; il semble dans l'hymne X, 127, désigner au singulier la nuit elle-même (*Revue critique*, 1875, II, p. 390), dont l'apparition est, du reste, exprimée par la même racine (*vas*, avec, V, 30, 13, ou sans le préfixe *vi*, *ibid.*, 14), que celle de l'aurore. Nous reviendrons sur ce sujet à propos du combat d'Indra contre l'aurore.

La nuit désignée isolément par le mot *ushas* est naturellement, comme il résulte de la dernière observation, ainsi que des descriptions de l'hymne X, 127, la nuit brillante, la nuit éclairée par la lune ou par les étoiles. La clarté de la nuit est opposée à celle du jour dans le vers VI, 49, 3, où il est dit des deux filles du brillant (voir chap. IV), qui triomphent tour à tour l'une de l'autre, que l'une est ornée d'étoiles, et que l'autre tire son éclat de la lumière (du soleil). Les vaches ornées d'étoiles, auxquelles le vers I, 87, 1 compare les Maruts, sont également les nuits; cf. I, 166, 11. Il ne sera pas inutile de remarquer ici qu'un mot désignant souvent le temps de la nuit, le mot *aktu* (voir Grassmann, s. v.), n'implique par son étymologie d'autre idée que celle de lumière.

On ne devra pas pourtant conclure des observations précédentes que la nuit formant avec l'aurore un couple désigné par le seul duel *ushasâ* soit nécessairement la nuit brillante. Cette désignation du couple par le nom d'un seul des deux objets dont il est formé, est, je le répète, un usage de la langue védique, et il n'est pas impossible qu'inversement, le jour et la nuit soient désignés aux vers III, 31, 17; IV, 48, 3, par le duel *krishne vasudhitî* « les deux bienfaitrices noires », pour « la noire et la brillante [1] ».

Les différentes représentations de l'aurore sont étendues à la nuit et au couple de la nuit et de l'aurore. Nous avons déjà remarqué que les vaches ornées d'étoiles du vers I, 87, 1, sont les nuits, et nous avons vu l'auteur du vers X, 61, 4, opposer aux vaches rouges la « noire ». L'aurore et la nuit sont ensemble comparées à une vache bonne laitière, VII, 2, 6, (cf. I, 186, 4 ?). Elles reçoivent elles-mêmes la qualification de bonnes laitières, II, 3, 6. Les vaches « crues » (froides, fraîches), dans lesquelles Indra a déposé un lait brillant et cuit (chaud, la lumière du soleil), et dont les unes sont noires et les autres rouges, I, 62, 9, représentent évidemment les nuits et les aurores.

L'aurore et la nuit sont aussi des jeunes femmes divines, VII, 2, 6; X, 110, 6, et souriantes, III, 4, 6, les filles divines du ciel, X, 70, 6, comparées au vers I, 122, 2, à deux épouses. Ces jeunes femmes, dont l'une a une forme noire, tandis que l'autre, l'aurore, a une forme brillante, et qui marchent l'une après l'autre, sont d'ailleurs des « revenantes », I, 62, 8. Elles sont aussi appelées les mères de la loi, I, 142, 7; V, 5, 6, et la chaîne tendue qu'elles tissent, II, 3, 6, peut faire songer au sacrifice céleste.

---

1. Cf. VII, 90, 3, le « bienfaiteur brillant ».

SECTION III

L'EAU DE LA NUÉE — LES EAUX EN GÉNÉRAL

En passant au monde de l'atmosphère, rappelons d'abord que le nom vulgaire de l'éclair est féminin, et ajoutons que le phénomène lui-même a été quelquefois représenté comme un être femelle. L'éclair mugissant est comparé à une vache, I, 38, 8 [1], et au vers I, 164, 29, l'être mythique qui devient un éclair en sortant de son enveloppe, est appelé une vache qui mugit. Le sourire de l'éclair, I, 23, 12; 168, 8; V, 52, 6, rapproché de celui de l'aurore, éveille naturellement l'idée d'une jeune femme souriante. Nous verrons des personnages célestes féminins, Urvaçî, X, 95, 10, Rodasî, I, 64, 9, comparés à l'éclair, qui semble d'ailleurs avoir fourni quelques traits à ces figures, à la seconde surtout. Au vers I, 161, 9, celle qui frappe avec un trait, *vadharyantî,* paraît être également l'éclair. Mais, en citant ces faits pour prévenir toute objection, je dois recommander au lecteur de ne pas oublier que l'éclair, dans la mythologie védique, est avant tout un personnage mâle, dont le nom ordinaire est Agni, comme celui du feu terrestre. C'est ailleurs qu'il faut chercher les véritables femelles de l'atmosphère, celles auxquelles l'Agni-éclair est précisément opposé comme élément mâle.

Le phénomène de l'éclair est immédiatement suivi d'un autre dont le sexe ordinaire, en mythologie, contredit, comme celui de l'éclair, le genre de son nom vulgaire. Je veux parler du tonnerre, dont le nom, *tanyatu*, est masculin, mais qui est régulièrement représenté comme femelle. C'est ce qu'il me sera plus aisé de montrer en traitant de la parole en général, de la prière, dont le prototype céleste est la voix du tonnerre. Je différerai donc l'étude mythologique du tonnerre, ainsi que j'ai fait précédemment pour celle de l'éclair, considéré comme mâle, que j'ai pareillement renvoyé à la section consacrée à son représentant sur la terre, le feu du

---

1. Mais la mère qui suit son veau quand la pluie coule (*ibid.*) me paraît être là la pluie elle-même, de sorte que le veau représenterait alors l'éclair.

sacrifice. Je ferai seulement remarquer que la comparaison ou l'assimilation, qui viennent d'être constatées, de l'éclair femelle à une vache « mugissante », s'applique au tonnerre en même temps qu'à l'éclair. Disons mieux : l'éclair et le tonnerre sont en pareil cas confondus en une seule et même représentation. C'est ainsi encore que les deux phénomènes peuvent être représentés à la fois par un personnage dont il ne faut pas serrer de trop près le nom, celui de *pâviravî kanyâ*, « la fille de la foudre », VI, 49, 7 ; X, 65, 13, quoique le rapprochement du mot *tanyatu*, dans le second exemple, puisse faire croire que ce personnage est avant tout le tonnerre.

Enfin, l'atmosphère renferme un élément femelle dont la voix du tonnerre, quoique susceptible d'être personnifiée par elle-même, peut n'être aussi qu'un attribut. Cet élément est l'eau de la nuée, de la nuée qui paraît, comme nous l'avons dit, avoir été assimilée, elle aussi, à un être femelle. Du moins conviendrons-nous, pour plus de simplicité, de rapporter en général à la nuée les représentations de l'eau sous la forme d'un personnage unique. Mais les *r*ishis védiques célèbrent ordinairement les eaux au pluriel, soit sous leur nom vulgaire, soit dans les diverses représentations qu'ils leur ont assignées.

Pour les eaux de l'atmosphère, ce n'est plus seulement, comme pour le feu du même monde, le nom le plus employé en mythologie (*agni*), c'est bien le nom vulgaire (*ap*) qui est identique à celui de l'élément correspondant sur la terre. Car le nom de pluie, *vrishti*, ne convient à ces eaux que lorsqu'elles s'épanchent. C'est qu'en effet l'identité des eaux du nuage et des eaux des rivières n'est plus, comme celle de l'éclair et du feu allumé par les hommes, une notion inductive, mais un fait bien et dûment constaté. La descente des eaux du ciel n'est plus comme celle du feu, soit un simple mythe, soit un phénomène réel, mais dont la portée a été singulièrement étendue par la mythologie. Il est rigoureusement vrai que toutes les eaux dont l'homme fait usage lui viennent du ciel. Sans doute une physique un peu plus avancée revendique pour la terre l'origine première de ces eaux, que le ciel ne fait que lui rendre après les lui avoir empruntées. Mais les *Aryas* védiques, ou du moins les créateurs de leur mythologie, n'en étaient pas encore là. Ils se contentaient de reconnaître la source immédiate du précieux liquide, et cette source, ils la plaçaient très-légitimement dans le nuage. La mythologie proprement dite, c'est-à-dire la hardiesse exagérée de l'induction, n'intervenait que dans l'explication des alternatives de sécheresse et de saison pluvieuse, dans la détermination des causes qui retenaient la pluie dans les nuages ou qui l'en faisaient couler, dans la recherche du séjour qui servait de récipient aux eaux célestes quand les nuages eux-mêmes avaient disparu.

S'il nous a paru avantageux de ne pas séparer, dans notre étude, du feu allumé sur la terre, celui qui porte le même nom dans l'atmosphère, ni de la prière du prêtre, son prototype, la voix du tonnerre, à plus forte raison ne devrons-nous pas songer à traiter dans deux sections distinctes des eaux du nuage et des eaux de la terre. Seulement, par une solution inverse de la difficulté, c'est l'étude des eaux de la terre que je subordonnerai à celle des eaux du nuage, en traitant des unes et des autres dans cette section consacrée aux femelles de l'atmosphère. J'ai les meilleures raisons d'agir ainsi. Les eaux terrestres ne jouent un rôle bien distinct dans la mythologie védique qu'en tant qu'elles servent aux cérémonies du culte, particulièrement dans la préparation du Soma. Mais les textes où elles figurent dans ces conditions doivent être réservés pour l'étude qui sera consacrée aux rapports des éléments femelles avec les éléments mâles. Je n'aurai donc à m'occuper ici des eaux terrestres comme des eaux célestes que dans l'ordre des phénomènes naturels.

Il est inutile d'insister longuement sur les textes qui constatent l'importance attachée par les Aryas védiques à la possession des eaux terrestres et aux bienfaits de la pluie. La jouissance d'eaux entourées de riches pâturages est le privilége de celui que protégent les Adityas, II, 27, 13. Les quatre points cardinaux, l'univers entier, sont vivifiés par les ondes que laisse couler la vache mugissante, I, 164, 41 et 42, c'est-à-dire le nuage, ou plutôt dans ce passage le tonnerre. Les eaux renferment tous les remèdes, I, 23, 19-21 ; X, 9, 5-7, cf. V. 53, 14; X, 137, 6. Il est vrai qu'un poison se trouve aussi quelquefois dans les rivières (ainsi que dans les plantes), et qu'on prie les dieux de l'écarter, VII, 50, 3. De même l'excès des pluies peut devenir funeste, et au vers V, 83, 10, Parjanya est prié, après avoir versé les eaux du ciel en quantité suffisante, de les retenir. Mais en général les eaux ne jouent dans les hymnes et dans la mythologie védique qu'un rôle bienfaisant. Par l'intervention des idées morales dans le naturalisme primitif d'une part, et par le développement des spéculations philosophiques ou cosmogoniques de l'autre, les eaux sont devenues un moyen de purification pour les fautes de l'homme, I, 23, 22 = X, 9, 8, comme pour les souillures matérielles, cf. X, 17, 10, et elles ont passé pour le premier principe des choses, X, 129, 1 et 3.

Trois hymnes entiers, VII, 47; 49 ; X, 9, sont adressés aux eaux, qui sont invoquées en outre dans un certain nombre de fragments et de vers isolés, I, 23, 16-23 ; X, 17, 10; 14, et *passim*, soit seules, soit avec différents dieux, avec les aurores, etc., VI, 52, 3. On les prend à témoin de la vérité de ce qu'on dit, VIII, 63, 15. Les eaux, VII, 49, 1 et 2, les rivières, VII, 47, 3, reçoivent la qualification de « divines »; on attribue même aux rivières la dignité divine avec ce caractère particulièrement auguste qu'implique, comme nous le verrons, le mot *asura*, VII, 96, 1. Il semble peu utile de distinguer à ce point de vue les eaux célestes des eaux terrestres qui leur sont absolument identiques par l'origine. Mais il ne faudrait pas croire non plus que le terme de rivières, non plus que l'épithète *samudra-jyeshṭhâh* « qui ont pour aînée la mer » attribuée aux eaux, VII, 49, 1, ne puissent s'appliquer qu'aux eaux terrestres. Dans les exemples dont il s'agit, précisément, la clarification des eaux, VII, 49, 1, la mention des cent tamis par où coulent les rivières, VII, 47, 3, suggèrent, avec allusion aux eaux qui passent mêlées au Soma par le tamis du sacrifice, l'idée des eaux célestes qui s'épanchent également par gouttes [1]. Les termes de mer et de rivières sont d'ailleurs, comme on va le voir, couramment appliqués aux eaux célestes.

Les deux mers, la céleste et la terrestre, sont opposées l'une à l'autre dans les vers X, 98, 5 et 6 déjà cités, d'après lesquels les eaux divines, les eaux de la pluie, qui étaient retenues par les dieux dans la mer supérieure, cf. ibid. 12, se sont, par l'opération du *rishi* Devâpi, écoulées vers la mer inférieure. L'opposition de la mer supérieure et de la mer inférieure se trouve, parallèlement à celle du ciel et de la terre, au vers VII, 6, 7, portant qu'Agni a tiré de l'une et de l'autre les ri-

---

[1]. Cependant au vers VII, 49, 2, l'épithète *samudrârthâh* « qui ont pour but la mer (ou le confluent des rivières) » paraît bien désigner les eaux terrestres. Ce vers distingue d'ailleurs plusieurs sortes d'eaux.

chesses qu'il donne aux hommes. Il se pourrait toutefois que dans ce second exemple, le terme de mer fût une simple métaphore, analogue à celle que présente une expression déjà citée, « les quatre mers de la richesse », qui fait allusion aux quatre points cardinaux. Remarquons à ce propos que la mer antérieure et la mer postérieure du vers X, 136, 5, peuvent désigner l'Orient et l'Occident comme source de différents biens. Mais l'opposition des eaux terrestres et des eaux célestes se retrouve dans la formule du vers III, 22, 3, « Les eaux qui sont en haut, dans le séjour brillant du soleil (cf. l'eau du soleil, X, 27, 21), et celles qui sont en bas[1] », et dans l'ensemble de l'hymne X, 30, où je me contenterai de signaler, devant y revenir, l'épithète *dvidhárāh*, « qui ont deux torrents, deux écoulements », appliquée aux eaux (vers 10). D'après le même vers III, 22, 3, Agni se dirige vers le flot, *arna*, du ciel. Le mot *arnava*, qu'on peut traduire « mer » comme *samudra*, désigne encore les eaux du ciel dans des combinaisons telles que « la mer du ciel », VIII, 26, 17, la mer tonnante, X, 66, 11. Ce dernier vers, qui est une énumération de dieux et de mondes, renferme en outre le nom de *samudra*, sous lequel la mer céleste est encore invoquée ou désignée dans une multitude de passages dont un certain nombre seront cités dans la suite du livre ou l'ont été déjà précédemment. Ajoutons seulement encore que dans une énumération des lieux que peut fréquenter Indra, la mention de « la surface de la mer » ajoutée à celle du ciel, de la terre et de l'atmosphère, VIII, 85, 5, ne doit pas être entendue de la mer terrestre, qu'on ne distingue guère de la terre, et où d'ailleurs le dieu n'a que faire, mais de la mer céleste; elle fait avec celle de l'atmosphère une sorte de double emploi dont les exemples abondent dans les formules de ce genre.

L'énumération du vers X, 66, 11 comprenait encore avec la locution signifiant « mer tonnante » et le propre nom de la mer, *samudra*, le mot *sindhu*. Ce dernier, qui est resté le nom de l'Indus, désigne en outre au singulier la mer, qui, comme ce fleuve, reçoit des rivières, et au pluriel les rivières en général. Il désigne aussi, tant au singulier qu'au pluriel,

---

[1]. Je ne crois pas qu'on doive la chercher au vers I, 23, 17 ; la préposition *upa*, dans la locution *upa sūrye*, ne signifie pas « au dessous » mais « auprès » du soleil; les eaux qui se trouvent là, et dont l'éloignement est d'ailleurs indiqué par le pronom *amúh*, ne semblent pas opposées, mais associées à celles qui sont « avec le soleil ».

ainsi d'ailleurs que le pluriel des autres mots signifiant « rivière », de *nadî* par exemple, les eaux du ciel. Je me contenterai sur ce point, qui est hors de doute, de renvoyer le lecteur au lexique de M. Grassmann, en signalant uniquement un détail particulièrement intéressant du mythe des rivières. Non-seulement l'eau des rivières terrestres est reconnue identique par sa nature et son origine à celle des rivières célestes ; mais les rivières terrestres, ou du moins les principales d'entre elles, ont chacune leur forme céleste. Je n'insiste pas sur l'identité du nom de l'Indus avec celui qui désigne la mer céleste, identité qui peut s'expliquer par l'emploi du mot *sindhu* comme nom commun. On remarquera pourtant, dans la description de l'Indus qui forme le sujet principal de l'hymne X, 75, des traits qui semblent empruntés à un prototype céleste de cette rivière : non-seulement en effet il est comparé aux pluies qui s'échappent en tonnant du nuage (vers 3), mais il est représenté faisant retentir le ciel *(ibid.)*, et, ce qui est plus caractéristique, conduisant les vaches, c'est-à-dire les rivières, ou simplement les eaux, qui le suivent, vers les « deux bords du vêtement », *sicau* (vers 4), c'est-à-dire d'après l'emploi qui est fait de la même expression au vers I, 95, 7, vers les deux mondes, qu'il baigne tour à tour. Mais nous verrons qu'à la rivière Sarasvatî correspond pareillement dans le ciel une divinité du même nom, représentant particulièrement l'élément humide, ou, pour mieux dire, que les *r*ishis célèbrent sous ce nom un personnage qui a diverses formes, correspondant, non-seulement au ciel et à la terre, mais à toutes les divisions de l'Univers. Remarquons en outre dès maintenant que les noms de Rasâ et de Vipâç, quoiqu'ils appartiennent également à des rivières terrestres, ne peuvent désigner que des rivières célestes aux vers X, 108, 1, cf. 2, et IV, 30, 11. D'après l'un, la Rasâ a été traversée par Saramâ, personnage mythique que nous étudierons plus tard ; d'après l'autre, le char de l'Aurore est tombé brisé dans la Vipâç. Ajoutons que la même rivière Vipâç et la Çutudrî, jointes à l'Indus (Sindhu), adressant la parole au *r*ishi qui arrive sur leurs bords, III, 33, 6 et 7, lui disent qu'elles ont été délivrées par Indra, détail qui ne peut convenir qu'aux formes célestes de ces rivières. Enfin, l'étude des nombres mythologiques nous prouvera que les rivières en général ont autant de formes qu'il y a de mondes, et que la formule des sept rivières par exemple, quoiqu'on en ait ensuite fait l'application aux rivières terrestres, a sa première origine dans cet ordre d'idées.

Les observations précédentes nous ont fourni, quoique en dehors des cérémonies du culte, de nouveaux exemples du degré de précision où les Aryas védiques poussaient l'assimilation des choses de la terre et du ciel. Nous allons, sans sortir de notre sujet, en rencontrer d'autres encore. Les eaux du nuage sont renfermées dans des cuves divines, IX, 88, 6, qui ne sont autres que le nuage lui-même. Le dieu Parjanya, quand il est distingué du nuage dont il porte le nom, renverse la cuve et fait couler les rivières, V, 83, 8. Varuna répand de même en la renversant la tonne, V, 85, 3, cf. I, 116, 9, la tonne du ciel pleine d'eau d'où Soma tire le liquide en la fendant, IX, 74, 7. Au vers I, 7, 6, le pot qu'Indra découvre représente également le nuage. Il en est de même des vases de bois, *vanáni*, d'où les Maruts font couler les eaux du ciel, V, 58, 6. La source, *utsa*, des mêmes eaux, cette source tonnante que « traient » les Maruts, I, 64, 6, jaillit, d'après le vers II, 24, 4, d'un puits à « bouche » de pierre. Le récipient en est renversé par les Gotamas altérés, I, 88, 4, qui exercent sur lui l'action attribuée, comme nous l'avons vu, au sacrifice, ou pour Gotama par les Maruts, I, 85, 11. Le vers V, 83, 7 place sur le char de Parjanya l'outre pleine d'eau que ce dieu épanche.

Nous venons de voir les eaux célestes tirées de puits et renfermées dans des vases comme les eaux terrestres. Sous forme de rivières, celles-ci coulent des montagnes, et cela eût suffi déjà pour faire attribuer aux montagnes un caractère divin. Les montagnes, en effet, sont invoquées, IV, 34, 8, invoquées avec les eaux, VIII, 18, 16, et elles reçoivent dans une de ces invocations l'épithète *dhruvakshemásah* « aux fondements solides », III, 54, 20, cf. 56, 1, qui ne peut, en tout cas, convenir à des montagnes errantes. Il en existe pourtant de telles. Les nuages, dont les montagnes s'enveloppent, V, 85, 4, sont considérés eux-mêmes comme des montagnes, non-seulement à cause de l'aspect qu'ils prennent aux bords de l'horizon, mais aussi et surtout parce que les rivières célestes en sortent. Les montagnes, où brillent les Maruts, VIII, 7, 1, et dont ils font couler les sources, V, 59, 7, sont certainement les nuages au vers I, 19, 7, où ces dieux les poussent à travers la mer (de l'atmosphère). Au vers V, 87, 9, les montagnes du ciel, auxquelles cette fois les

Maruts sont eux-mêmes comparés, reçoivent la qualification d'« aînées », assez souvent donnée aux prototypes célestes des objets terrestres. La représentation des nuages sous forme de montagnes semble se combiner avec leur assimilation à des vaches, ou plus généralement à des mères, dans les passages qui nous montrent Indra fendant le « sein » des montagnes, I, 32, 1, et le « fœtus » de la montagne sortant de celle-ci lorsqu'elle s'ouvre, V, 45, 3.

A l'idée des montagnes s'associe naturellement celle de la « pierre » dont elles sont formées. Les rivières célestes, assimilées à des vaches (voir ci-après), lorsqu'elles ont été délivrées par Indra, étaient renfermées dans une étable de pierre, X, 139, 6. La liqueur découverte par Brihaspati était cachée dans la pierre, X, 68, 8, cf. 53, 8. Le vers V, 56, 4, paraît employer comme des synonymes les mots *parvata*, *giri*, « montagne », et le terme de « pierre céleste ». Il est question au vers IV, 19, 5, à propos de la délivrance des rivières par Indra, de pierres (ou de montagnes, *adri*) « qui courent » vers ce dieu comme des chars, ou encore comme des mères vers leur enfant. Ces pierres sont vraisemblablement les nuages. Ajoutons qu'au mythe des pierres célestes, se rattachent également ceux de l'allumage du feu (p. 103), et du pressurage du Soma (p. 199) dans le ciel. La pierre que mettent en mouvement les Maruts, par exemple, I, 85, 5; 88, 3, cf. 165, 4, ces dieux que nous verrons souvent occupés à préparer le Soma céleste, est susceptible de cette interprétation. Nous avons déjà dit, d'ailleurs (p. 241), que la pierre, et aussi la montagne céleste, peuvent quelquefois représenter la voûte même du ciel.

Les rivières, et plus généralement les eaux, sont dans la mythologie védique représentées par divers êtres animés. L'Indus, au vers X, 75, 7, la Vipâç et la Çutudrî, au vers III, 33, 1, sont comparés à des cavales. La même comparaison est appliquée aux rivières que font couler les Maruts et qui traversent l'atmosphère, V, 53, 7. Nous verrons que la mer ou la rivière céleste désignée par le même nom que l'Indus (*sindhu*) transporte les Açvins, V, 75, 2; VIII, 26, 18, et qu'avec la Rasâ, elle « répand » pour eux des chevaux, IV, 43, 6, qui ne sont autres que les flots de l'une et de l'autre. Remarquons à ce propos que les nuages mêmes, ou, comme les appelle le vers V, 83, 3, les messagers pluvieux[1], semblent comparés aussi à des chevaux que fouette le cocher Parjanya.

Au vers II, 28, 4, c'est à des oiseaux qui volent que les rivières obéissantes à la loi de Varuna, apparemment les rivières célestes, sont comparées.

Mais la représentation la plus fréquente des eaux, soit terrestres, soit célestes, est la vache. Au vers V, 53, 7, les rivières traversant l'atmosphère sont comparées à des vaches en même temps qu'à des cavales. La nouvelle comparaison se rencontre encore aux vers I, 32, 2; 61, 10; 130, 5, pour les eaux, les rivières, délivrées par Indra. Ces eaux qui avaient pour gardien le serpent, étaient retenues comme le sont par le Pani, I, 32, 11, les vaches mythiques représentant elles-mêmes, soit les eaux, soit les aurores (voir p. 245). Elles se sont gonflées comme des vaches précédemment stériles, VII, 23, 4. Signalons encore les termes dans lesquels le vers 4 de l'hymne I, 151 à Mitra et Varuna fait allusion à l'empire que ces divinités exercent sur les eaux : « Attelez les eaux comme une vache au joug. » Les rivières célestes sont aussi directement appelées des vaches qui donnent leur lait à Mitra et à Varuna, V, 69. 2. L'auteur du vers V, 55, 5, après avoir dit que les Maruts font tomber la pluie, ajoute : « Vos vaches sont inépuisables. » Les vaches que conquiert le protégé de Brihaspati, II, 25, 4, ne paraissent pas différer des « divines, » *ibid.*, des rivières, *ibid.*, 5, qui coulent pour lui. Les rivières qui entourent Apâm Napât, c'est-à-dire le feu renfermé dans les eaux célestes (voir chap. IV), remplissent une même « étable », II, 35, 3. Elles sont évidemment représentées au vers II, 34, 5 par les vaches qui contiennent des flammes, *indhanvabhir dhenubhih*. Il est à peine nécessaire de remarquer que pour les rivières, terrestres ou célestes, comme pour les nuages, l'assimilation aux vaches a pour point de départ l'assimilation des eaux au lait, ou, car les rishis védiques emploient à peu près indifféremment ces expressions, au beurre. La pluie qui tombe du nuage est un lait, IV, 57, 8, qui coule de sa mamelle, V, 32, 2. Quant aux eaux elles-mêmes, elles sont assimilées à des vaches conformément à cette tendance mythologique dont nous avons déjà constaté plus d'un effet, et en vertu de laquelle la distinction de l'élément et de l'être qui y préside,

---

[1]. Cependant cette expression pourrait aussi s'entendre des éclairs.

ou celle du produit et du producteur s'opère sans intervention d'un nom nouveau, le producteur gardant celui du produit. De là le lait des eaux, X, 17, 14, le lait dont les eaux se gonflent par l'opération des Maruts, I, 64, 6, le lait et le beurre qu'elles portent, X, 30, 13, la mamelle qu'elles laissent couler, X, 30, 11. C'est évidemment la pluie qui est représentée par le lait, V, 85, 4 ; 63, 5, cf. 1, et par le beurre, V, 83, 8, dont Varu*n*a, dont Mitra et Varu*n*a, dont Parjanya, inondent la terre et le ciel. Le beurre et la pluie qu'on demande à la fois à Soma, IX, 49, 3, ne sont qu'une seule et même chose. J'explique dans cet ordre d'idées l'expression curieuse « la pluie du troupeau », X, 23, 4. La Sarasvatî donne aux hommes le lait et le beurre, VII, 95, 2 ; elle et ses sœurs sont bonnes laitières, VII, 36, 6.

A l'idée de la nourrice s'associe naturellement dans la représentation des eaux sous forme de vaches, celle de la mère. Aussi rencontrons-nous avec la mention du beurre, X, 17, 10, ou du lait, I, 23, 16 ; X, 64, 9, et à côté du nom de vache, II, 33, 1, le titre de mère attribué aux eaux en général, aux eaux divines de la Sarasvatî, de la Sarayu, de l'Indus, à la Vipâç et à la Çutudrî. La grande Rasâ (la Rasâ céleste?) est aussi appelée mère, V, 41, 15, et l'Indus, d'après le vers III, 33, 3, est « la plus mère » des mères. Le même superlatif est appliqué aux rivières en général, I, 158, 5, aux eaux, VI, 50, 7 ; le simple titre de mères l'est aux rivières, X, 35, 2, aux sept rivières, VIII, 85, 1, aux eaux délivrées par Indra, VIII, 78, 4. Les eaux mères sont les maîtresses du monde, X, 30, 10, elles sont mères de tous les êtres mobiles et immobiles, VI, 50, 7, et des hommes en particulier, X, 9, 3, cf. 2. Nous verrons que les Açvins sont fils des rivières ou de la mer céleste, *sindhumâtarâ*, I, 46, 2. Mais les eaux du ciel sont avant tout les mères d'Agni et de Soma, confondus dans le personnage d'Apâ*m* Napât (voir chap. IV).

Les eaux et les rivières ne sont pas assimilées seulement à des animaux. Au vers III, 33, 10, la rivière que veulent traverser Viçvâmitra et les Bharatas promet de les embrasser comme une jeune fille embrasse son amant. L'Indus est aussi comparé à une jeune femme au vers 8 de l'hymne X, 75. Enfin la même comparaison est appliquée aux rivières célestes répandues par Varu*n*a, X, 124, 7. Je n'insiste pas sur le nom de sœurs donné aux rivières délivrées par Indra, IV, 22, 7, mais je crois devoir signaler encore le vers I, 23,

16, où les eaux reçoivent, en même temps que le nom de mères, celui de sœurs des sacrifiants.

Rappelons en terminant que le nuage, dont le sexe en mythologie peut être le même que celui des eaux qu'il contient, est aussi considéré comme mâle sous le nom de Parjanya (p. 5, cf. quatrième partie, ch. I, sect. IV). On comprendra donc qu'il prenne, comme le ciel, les deux sexes à la fois. Seconde explication possible du mythe de l'hermaphrodite.

SECTION IV

LES OFFRANDES

Le sacrifice védique comprend des offrandes de diverses sortes. Elles sont implicitement divisées au vers X, 179, 1, cf. 2 et 3, en offrandes cuites et offrandes non cuites. Il n'y a d'ailleurs qu'une seule espèce d'offrandes non cuites ; comme l'indique le même vers, c'est celle avec laquelle on « enivre » Indra, c'est-à-dire le Soma, opposé en effet sous son nom propre dans les vers X, 116, 7 et 8, aux offrandes cuites. Quant à ces dernières, elles peuvent, selon le vers X, 179, 3, avoir été cuites sur le feu ou dans la mamelle. Les offrandes cuites dans la mamelle sont naturellement le lait, et tous les produits du lait dont le principal est le beurre. Les autres comprennent principalement les grains grillés, *dhânâ*, la bouillie de grain, *karambha*, les gâteaux, *apûpa, purolâç,* (voir l'hymne III, 52), sans compter le lait chaud, *gharma,* (Grassmann, *s. v.*), puis les animaux sacrifiés, taureaux, X, 27, 2 et 3; 28, 3, béliers, X, 27, 17. Au premier rang des sacrifices d'êtres vivants il faut placer le sacrifice du cheval, et le sacrifice humain auquel paraît faire allusion le sacrifice mystique du Purusha.

Nous avons déjà consacré une longue étude au Soma, en présentant cette offrande comme un élément mâle du sacrifice, aussi bien que le feu qui la consume ainsi que toutes les autres. C'est que le Soma, distingué du feu sur la terre, se confond avec lui sous ses formes supérieures, excepté bien entendu dans le mythe du sacrifice céleste où il doit conserver son caractère de breuvage et d'offrande. Le rôle de mâle attribué au Soma dans les phénomènes célestes, reste celui du suc de la plante dans la cérémonie du pressurage qui est une imitation de ces phénomènes. Mais, en tant qu'offrande, le Soma peut aussi, comme nous l'avons vu, être comparé à des êtres femelles, particulièrement aux vaches. Le sexe féminin est en effet celui des autres offrandes principales, comme la preuve en sera fournie surtout dans la partie du chapitre IV qui sera consacrée aux relations des offrandes avec Agni et Soma.

Les différentes espèces d'offrandes, si elles ont toutes leur importance dans le rituel, y ont une importance très-inégale. La plus fréquente est celle du beurre. Elle doit précéder et suivre immédiatement toutes les autres : c'est ce qui fait dire que les sacrifices ont pour vêtement le beurre, IV, 37, 2, et que les gouttes de beurre portent le sacrifice aux dieux, IV, 58, 10. L'attribution de ces dernières fonctions au beurre l'assimile passagèrement à Agni. C'est encore dans le même ordre d'idées que peut s'expliquer l'application étrange qui lui est faite de la qualification de « langue des dieux », IV, 58, 1 : on se rappelle qu'Agni est ainsi appelé comme véhicule de la nourriture offerte aux dieux dans le sacrifice. Si l'offrande du beurre est la plus fréquente, celle du Soma est incontestablement la plus précieuse : les sacrifices du Soma ont en effet dans le rituel la prééminence sur tous les autres. Le lait enfin, indépendamment des rites où il est sacrifié seul, emprunte quelque chose de son importance au Soma avec lequel on le mêle. La dernière observation est applicable aux eaux qui servent à l'opération du pressage. Quant aux offrandes « cuites sur le feu », elles varient dans les différents sacrifices, et n'ont pas, soit l'universalité d'emploi de l'offrande du beurre, soit la valeur supérieure de l'offrande du Soma.

Mais c'est surtout au point de vue des mythes du sacrifice que les offrandes diffèrent considérablement entre elles d'importance, ou pour parler plus exactement, d'intérêt.

On savait déjà, et je viens de rappeler encore que le Soma représente le feu céleste, ou plutôt qu'il lui est identique par sa nature et son origine. Avec Agni, il tient la première place dans cette partie de notre étude consacrée à la correspondance des éléments du culte avec les corps et phénomènes célestes. Ce qui a été fait pour le Soma, à savoir le rapprochement de l'élément terrestre et de ses prototypes dans le ciel, l'a été aussi pour les eaux qu'on mêle au Soma en le pressurant. La connaissance de l'identité des eaux terrestres et des eaux célestes pouvait d'ailleurs *a priori* être attribuée aux Aryas védiques, et n'avait pas besoin, comme les mythes véritables, d'être constatée par des citations de textes.

Les textes cités dans le chapitre consacré aux eaux étaient en revanche nécessaires pour constater l'assimilation des eaux et des rivières, soit terrestres soit célestes, à des vaches dont le lait ou « le beurre » n'est autre que l'eau elle-même. — Il suffit maintenant de nous les rappeler pour comprendre que les offrandes de lait et de beurre peuvent représenter les eaux célestes.

Mais ces eaux ne sont pas les seules vaches du ciel. Nous avons constaté aussi l'assimilation des aurores à des vaches dont le lait est la lumière. Ce lait des aurores, et les aurores elles-mêmes peuvent donc être représentées aussi bien que les eaux du ciel par le lait et le beurre du sacrifice. La couleur blanche du lait, et surtout la couleur dorée du beurre semblaient même les destiner à représenter particulièrement la lumière, d'autant plus que les eaux du ciel tombées sur la terre figurent dans le sacrifice sous leur forme réelle. Il en est ainsi du moins dans la préparation du Soma, et nous verrons en traitant de l'union de Soma avec ses femelles, c'est-à-dire avec l'eau et le lait, qu'on peut en effet, dans ces conditions, découvrir des traces d'une assimilation particulière du lait aux aurores. Du vers X, 181, 3, d'après lequel l'offrande de lait chaud, appelée *gharma*, est venue du soleil, on peut conclure au moins qu'elle représente la lumière. Les vaches que Brihaspati a délivrées, et qui, d'après le vers IV, 50, 5, fournissent une offrande agréable, *havyasûdah* (pour le sacrifice céleste), peuvent être identifiées de préférence aux aurores, tant à cause du nom d'*usriyâ* (voir section VI) sous lequel elles sont désignées, qu'en vertu d'autres passages relatifs au même mythe où les aurores sont expressément nommées, X, 67, 4 et 5 (cf. p. 133). Il est probable qu'une allusion à l'aurore est renfermée dans le nom d'*usriyâ* donné à la vache dont Mitra et Varuna sont invités à boire le lait, I, 153, 4, cf. encore I, 93, 12.

Cependant, dans leurs rapports avec le feu du sacrifice où ils sont versés, il paraît certain que le lait et le beurre représentent, non-seulement les aurores, mais les eaux, qui malgré leur familiarité avec Agni dans le ciel, ne sauraient, sous leur forme vulgaire, s'unir à lui sur la terre. En fait, d'après l'hymne IV, 58, consacré tout entier aux louanges du beurre « sur lequel le monde entier, ou tous les êtres, reposent » (vers 11), le flot savoureux du beurre est sorti de la mer (vers 1, cf. 11).

De plus, il est dit du beurre dans le même hymne, comme illeurs de l'offrande en général, I, 34, 8, qu'il est partagé en trois, IV, 58, 4, et la triplicité du beurre, comme celle de tant d'autres éléments dans la mythologie védique, trouve, en dépit des origines attribuées assez arbitrairement à ses trois formes dans le même passage, son explication la plus satisfaisante dans une répartition primitive des trois formes entre les trois mondes. Remarquons aussi dans l'énumération des personnages divins auxquels est rapportée l'origine du beurre, à côté de ceux d'Indra et du soleil, celui de Vena. Nous verrons plus tard que Vena représente le Soma. Or, c'est encore, soit Soma, soit Agni (p. 231), qui, sous la figure d'un taureau « lié triplement », de même que le cheval du sacrifice dont il sera question tout à l'heure, et « ayant pénétré chez les mortels », est représenté dans les vers précédents, IV, 58, 2 et 3, comme ayant « vomi le beurre ». Nous avons déjà dit d'ailleurs (p. 231) que les « sept mains » de cet être lié *triplement,* aussi bien que ses deux têtes, ses *trois* pieds et ses quatre cornes, correspondent à différents systèmes de division de l'univers. C'est une raison de plus d'attribuer aux trois mondes du ciel, de l'atmosphère et de la terre, les trois formes de ce beurre qui a été « vomi par lui [1] ».

Au reste, de quelque façon que l'on interprète des citations empruntées à un hymne difficile, on ne peut contester, ni le mythe de l'origine céleste du beurre, rangé encore au vers

---

1. Il est vrai que le beurre vomi par un taureau représentant Soma pourrait n'être autre que le Soma lui-même dont nous avons constaté (p. 172, 209) l'assimilation passagère au lait et au beurre. Dans cet hymne IV, 58 en particulier, le mot « beurre » a des acceptions très-figurées, et aux vers 5 et 6 par exemple, les gouttes de beurre semblent, comme nous le verrons plus tard, désigner les prières. Elles sont comparées au vers 6 à des animaux qui fuient l'archer, ce qui rappelle le mythe de Soma-oiseau frappé par un archer céleste (Quatrième partie, ch. I, sect. V.) Le cheval brillant auquel elles sont comparées au vers suivant, en tant que volant plus vite que le vent, et s'ouvrant elles-mêmes une voie, paraît être le Soma lui-même. Je crois cependant qu'il vaut mieux dans leurs rapports avec un être représentant Soma, les considérer comme distinctes de lui et représentant elles-

X, 90, 8, parmi les produits dus au sacrifice divin du Purusha, ni la possibilité d'une double signification de cet élément essentiel du sacrifice terrestre, en tant qu'il était naturellement appelé à représenter la lumière de l'aurore aussi bien que l'eau des nuages.

Ainsi, comme l'offrande du Soma, celles du lait et du beurre, pour ne rien dire des eaux mêlées au Soma, avaient leur place marquée dans le système général d'assimilation des rites et des phénomènes célestes qui forme le caractère propre du culte védique. Peut-on en dire autant des autres offrandes, de celles qui, selon la définition donnée plus haut, sont « cuites sur le feu » ? Il paraît certain du moins, comme je le montrerai tout à l'heure, que si elles étaient primitivement étrangères à ce système, on les y a fait rentrer. Mais je serais très-disposé à croire qu'en effet elles n'en faisaient pas d'abord partie intégrante. Je n'entends pas par là qu'elles aient été introduites après coup dans les cérémonies réglées par les rishis. Il semblerait beaucoup plus naturel au contraire que ceux-ci ou leurs prédécesseurs, en un mot les initiateurs quelconques des conceptions religieuses que nous étudions, se fussent vus contraints de respecter dans certains rites, soit le prestige d'une haute antiquité, soit l'attachement des différentes familles à leurs usages particuliers. Si d'ailleurs je distingue les offrandes en question de celles qui ont été étudiées les premières, ce n'est pas que pour les sacrifices d'êtres vivants par exemple, le zoomorphisme et l'anthropomorphisme mythologiques ne pussent fournir des modèles célestes. Ce n'est pas non plus que l'hypothèse d'une adaptation secondaire des rites antérieurs au système général de la religion védique, doive, dans ma pensée, être exclusivement réservée pour les offrandes de gâteaux et les sacrifices d'êtres vivants, et ne puisse être étendue à d'autres offrandes, à celles du beurre et du lait par exemple. Je m'attache uniquement à cette idée que les eaux, le lait, le beurre, sont, comme le Soma et le feu, les éléments indis-

---

mêmes les éléments femelles qui sont tantôt ses épouses, tantôt ses mères ou au contraire ses filles, c'est-à-dire les aurores ou les eaux célestes, quand elles ne sont pas les eaux mêmes ou le lait qu'on mêle sur la terre au breuvage du sacrifice. Au vers IV, 58, 5, le roseau d'or placé au milieu d'elles est peut être le Soma. Nous lisons dans le même hymne que le flot savoureux (du beurre) a atteint l'immortalité avec la plante (du Soma) (vers 1), et que lorsqu'on exprime le Soma, les gouttes de beurre coulent (pour s'y mêler, vers 9).

pensables du sacrifice entendu comme l'entendaient les *r*ishis védiques, le beurre étant pour le feu ce que les eaux et le lait sont pour le Soma, le représentant des femelles qui correspondent dans le ciel aux formes supérieures du mâle. Les autres offrandes au contraire pourraient être supprimées sans qu'aucune pièce essentielle manquât au système. En fait la place qu'elles tiennent dans le rituel est hors de toute proportion avec celle que les *r*ishis leur font dans les hymnes du *R*ig-Veda. Ce monument des conceptions religieuses d'une élite sacerdotale, s'il ne les passe pas entièrement sous silence, se contente pour la plupart d'entre elles de quelques mentions aussi sèches que rares, et réserve ses spéculations théologiques ou ses effusions lyriques pour les offrandes du beurre et du Soma.

J'ai dit pourtant qu'il les fait aussi rentrer dans un système qui serait d'ailleurs complet sans elles. Le moyen est simple et consiste à les introduire dans le sacrifice céleste, prototype de celui qui s'accomplit sur la terre. C'est ainsi que le repas d'Indra dans le ciel, outre le breuvage de Soma, a compris, par les soins de Vish*n*u, une nourriture cuite, *pacatam*, I, 61, 7. Le vers I, 164, 43, place également dans le ciel un sacrifice de taureaux. Nous avons vu déjà (p. 244) que les aurores peuvent y représenter les poteaux auxquels on attache les victimes. Mais c'est surtout le sacrifice du cheval, c'est aussi, s'il y est fait allusion, comme je le crois, dans le sacrifice du Purusha, le sacrifice humain, qui a été étroitement rattaché au système général de la religion védique. Nous allons voir en effet que le cheval du sacrifice et probablement aussi le Purusha sont considérés comme des symboles de l'offrande par excellence, à savoir du Soma. L'étude que je leur consacre ici nous fait sortir du sujet propre de ce chapitre pour nous ramener à un élément mâle. Mais cette dérogation au plan que je me suis tracé m'était en quelque sorte imposée par l'avantage que je trouve à réunir ici les différents genres d'offrandes.

Nous savons que le cheval est une des représentations les plus ordinaires du Soma. Au vers X, 101, 10, où les dix doigts sont assimilés à dix sangles qui le serrent, après ces mots « Versez-le *bai* dans le sein de la cuve », on rencontre ceux-ci: « Façonnez-le avec des haches faites de pierre », cf. X, 53, 10. Ces haches qui sont les pierres du pressoir elles-mêmes, et qui servent à « façonner » le cheval-Soma, suggèrent naturellement l'idée du cheval du sacrifice. Ailleurs l'allusion particulière au cheval fait défaut, mais l'assimilation du pressurage du Soma à un sacrifice d'êtres vivants est plus formelle encore: les deux bras qui tiennent la pierre sont appelés les égorgeurs du Soma, V, 43, 4. Car la citation précédente, en nous montrant comment cette qualification d'égorgeurs du Soma a pu être donnée aux bras qui tiennent les pierres servant à l'exprimer, enlève tout fondement à l'hypothèse d'après laquelle le mot çamitri, qui a incontestablement déjà dans le *R*ig-Veda son sens technique de « prêtre égorgeur », devrait être pris ici simplement dans son sens étymologique de « préparateur de l'offrande » (voir Grassman, *s.v.*). Il est possible qu'au vers V, 44, 5, le personnage mystérieux auquel est appliquée l'épithète *susvaru* « qui a un beau poteau » c'est-à-dire sans doute « qui est attaché à un beau poteau », représente Soma. Remarquons encore que les pierres à presser le Soma, dont on dit indifféremment qu'elles portent sur le dos le Soma, *somaprishthâso adrayah*, VIII, 52, 2, ou le cheval, *grâvânam .... açvaprishtham*, VIII, 26, 24, sont, d'après le vers X, 94, 3, avides de « chair cuite »: cette chair ne diffère sans doute pas de « la branche de l'arbre brillant » qu'elles dévorent, *ibid.*, c'est-à-dire du Soma lui-même.

Ajoutons qu'Agni, auquel la qualification de *somaprishtha* « portant le Soma sur son dos » est également appliquée au vers VIII, 43, 11, en même temps que celles de *ukshânna, vaçânna*, « qui a pour nourriture des taureaux, des vaches », cf. X, 91, 14, parce qu'il reçoit l'offrande du Soma comme toutes les autres, est représenté au vers X, 20, 6, armé de haches, qui sans doute sont ses flammes, mais qui n'en assimilent pas moins le feu qui dévore l'offrande au prêtre qui égorge la victime. En fait c'est Agni[1], comme le reconnaît M. Grassmann (*Wœrterbuch, s. v.*) qui est appelé le çamitri, c'est-à-dire selon moi, l' « égorgeur » divin dans le dixième vers, consacré aux poteaux du sacrifice, des hymnes *A*prâ II, 3; VII, 2, et Aprî III, 4; X, 110. Ce qui a échappé à M. Grassmann, outre l'emploi du mot çamitri dans son sens technique, (emploi qui paraît hors de doute dans des vers consacrés aux poteaux du sacrifice), c'est que dans les vers II, 3, 10; III, 4, 10; VII, 2, 10, et par conséquent aussi dans le vers correspondant (11) de l'hymne Aprî I, 142, bien que l'assimilation d'Agni à

---

1. Le doute est impossible au vers III, 4, 10 ; VII, 2, 10.

l'égorgeur n'y soit plus expressément indiquée par le nom technique de *çamitri*, le causal *sûdaya-* (pour *svadaya-*, aoriste *sushûda-*), exprimant l'opération d'Agni, pourrait prendre déjà le sens de « tuer » qu'il a seul gardé dans la langue classique. Du moins saisit-on ici le passage du sens primitif de « faire goûter l'offrande » aux dieux (cf. au vers I, 188, 10, l'emploi parallèle de l'aoriste *sishvada-*, cf. encore X, 70, 10 ; 110, 10) à celui d'« immoler », généralisé plus tard en celui de « tuer » sans allusion particulière aux victimes du sacrifice. Il est clair d'ailleurs que la victime, ou plutôt pour employer l'expression même des vers en question, l'offrande immolée par l'égorgeur Agni, peut être l'une quelconque des offrandes qu'il reçoit, c'est-à-dire, selon les idées védiques, qu'il sacrifie aux dieux. Ce peut être particulièrement le Soma que nous avons déjà vu expressément assimilé à une victime vivante, au cheval du sacrifice. Mais alors que faut-il penser de ces poteaux auxquels les mêmes vers sont spécialement consacrés, et qui sont invités à abandonner l'offrande aux dieux? Lorsque l'égorgeur est Agni, il ne saurait être question de poteaux véritables tels que ceux auxquels on attache les véritables victimes vivantes. On sera donc naturellement porté à les identifier aux bûches du foyer, sur lesquelles l'offrande est versée pour être dévorée par le feu. Ces bûches elles-mêmes, qui pourraient être directement désignées par le nom des poteaux dans les vers en question, *vanaspati*, « arbre », ces bûches sont à peine distinguées du feu qu'elles entretiennent. On s'explique ainsi le vers V, 5, 10 qui attribue à la bûche-poteau la connaissance des essences secrètes des dieux auxquels elle envoie l'offrande, cf. III, 4, 10, et le vers X, 110, 10, où le *vanaspati* paraît être une forme d'Agni aussi bien que le *çamitri*[1]. Enfin au vers IX, 5, 10, le poteau « d'or, brillant, aux mille branches » ne saurait être que le feu lui-même. On y voit d'ailleurs substituée à l'idée de l'immolation d'une victime celle d'une onction du poteau par le Soma qui coule : c'est toujours en d'autres termes l'opération qui consiste à verser l'offrande dans le feu où elle doit être consumée.

---

1. L'emploi du pluriel pour le verbe (*svadantu*) nous interdit en tout cas de distinguer comme M. Grassmann (*Traduction*) le *vanaspati* d'Agni, sans en distinguer le *çamitri*. Mais comme d'un autre côté le parallélisme du vers III, 4, 10 = VII, 2, 10 ne permet guère de croire qu'il s'agisse ici du *çamitri*, de l'égorgeur réel, j'expliquerais ce pluriel par la distinction de trois formes, ou plutôt de trois fonctions d'Agni, comme poteau, comme égorgeur, et comme dieu, *deva*.

L'assimilation particulière du Soma au cheval du sacrifice explique l'image de la bride avec laquelle le poteau dirige l'offrande sur le chemin des dieux, X, 70, 10. On doit aussi maintenant mieux comprendre la figure qui fait des aurores les poteaux d'un sacrifice céleste (p .244 et 266): ces poteaux brillants ne sont autres que le feu même du ciel.

Les citations précédentes nous ont montré le sacrifice des offrandes non sanglantes, et spécialement du Soma, décrit dans des termes symboliques qui rappellent les sacrifices d'êtres vivants. Elles semblent, en présentant les premiers de ces rites comme équivalents aux seconds, trahir une tendance à remplacer ceux-ci par ceux-là. Il n'en faudrait cependant pas conclure que tous les passages du *R*ig-Veda qui font allusion à des sacrifices d'animaux doivent être interprétés dans un sens purement symbolique. En ce qui concerne particulièrement le sacrifice du cheval, objet des hymnes I, 162 et 163, le premier de ces hymnes renferme, surtout dans les vers 6—20, des détails trop précis pour qu'il soit possible de mettre en doute le fait de l'immolation réelle d'un cheval en chair et en os. Mais il paraît vraisemblable *a priori* que par une application inverse du symbolisme déjà étudié, ce cheval a été lui même considéré comme une représentation du Soma. C'est ce qui peut du reste être aussi prouvé directement.

Tout d'abord un caractère divin et une origine céleste sont attribués au cheval du sacrifice, même dans l'hymne I, 162, particulièrement consacré à la description de la cérémonie réelle. Il est de la race des dieux, *devajâta*, I, 162, 1 ; cf. *ibid.*, 18. Aussi dit-on que sa noble origine mérite d'être célébrée, I, 163, 1. On proclame son héroïsme, I, 162, 1, qui lui a donné sur les dieux une supériorité reconnue par les dieux mêmes, I, 163, 8. Au vers I, 163, 12, le bouc conduit devant lui dans le sacrifice n'est sans doute appelé son « nombril », c'est-à-dire son père (voir p. 35), que par un véritable jeu de mots, le nom de cet animal, *aja*, étant identique par la forme à l'adjectif *aja* « non né », qui désigne plusieurs fois dans le *R*ig-Veda le premier auteur des choses. Quoi qu'il en soit, quand le cheval a henni lors de sa première naissance, il sortait de la mer, I, 163, 1, évidemment de la mer céleste. Nous pouvons donc voir autre chose que des métaphores, je veux dire des détails réellement mythiques, dans les passages qui attribuent au cheval du sacrifice, rapide comme le vent, un corps ailé, I, 163, 11, les ailes d'un aigle et les jambes de devant d'un cerf, I, 163, 1, des pieds de fer, I, 163, 9. Remarquons encore à ce propos que le vers I, 163, 10 célèbre au pluriel des chevaux divins qu'il compare à des oiseaux d'eau.

Or le cheval céleste représente principalement l'éclair et le soleil. Les hennissements du cheval du sacrifice au sortir de la mer suggèrent surtout l'idée de l'éclair. Mais en revanche on lit au vers 2 de notre hymne I, 163, que les dieux ont fait le cheval du soleil, c'est-à-dire ont transformé le soleil en cheval, l'ont fait courir dans le ciel, ce qui rappelle le cheval « qui n'est pas né cheval », I, 152, 5. M. Max Müller a de bonne heure reconnu (*History of the ancient sanskrit Literature*, p. 554, note 2) que le cheval du sacrifice avait été assimilé au soleil.

Mais est-ce directement, ou indirectement, c'est-à-dire en tant qu'assimilé à Agni ou à Soma, que le cheval du sacrifice représente le soleil ou l'éclair? Poser cette question c'est, à ce qu'il semble, la résoudre : il est vrai qu'on ne l'a guère posée. Ce n'est pas le soleil ou l'éclair, ce sont Agni et Soma représentant l'un et l'autre, qui sont descendus sur la terre. C'est d'eux qu'on peut dire, comme on le dit en effet du cheval du sacrifice, que le mortel en a obtenu la jouissance, I, 163, 7, et qu'ils ont laissé ici-bas leurs traces, les traces de leurs sabots, I, 163, 5. C'est à eux que convient l'immensité attribuée au cheval du sacrifice, dont le souffle, oiseau qui vole au bas du ciel, est évidemment le vent, tandis que sa tête, également ailée, est le soleil, I, 163, 6. Comme Agni et Soma ont trois formes[1], trois demeures, etc., le cheval du sacrifice a trois liens. Il est vrai que le vers I, 163, 3 place ces trois liens ensemble dans le ciel; mais le vers suivant y ajoute trois liens dans la mer, trois liens dans les eaux. C'est là d'ailleurs une de ces énumérations à la fois incomplètes et redondantes comme nous en avons déjà rencontré dans les sections consacrées à Agni et à Soma. Le chapitre de *l'Arithmétique mythologique* prouvera, je l'espère, que de telles formules sont de simples modifications de formules plus exactes, dans lesquelles le nombre trois correspondait à celui des mondes. Celle qui nous intéresse ici

---

[1]. C'est précisément sous la forme d'un cheval qu'Apâm Napât, le fils des eaux (Agni ou Soma), est représenté au vers II, 35, 6, qui lui attribue une naissance « ici » et une autre dans le ciel.

implique en tout cas la pluralité des formes du cheval du sacrifice. Il en est de même du vers I, 163, 7 qui mentionne sa forme « suprême » dans le séjour de la vache. Le vers I, 163, 4 l'assimile, dans le lieu de « sa naissance suprême » à Varuna. C'est sans doute au contraire à sa forme terrestre que fait allusion le vers I, 163, 9, en l'appelant un Indra inférieur. Les deux conducteurs du cheval, I, 162, 19, peuvent aussi correspondre aux deux mondes, comme en général les deux sacrificateurs (voir p. 233).

Une allusion aux formes multiples du cheval du sacrifice me paraît encore contenue dans le vers I, 162, 18, d'après lequel la hache détache trente-quatre côtes du cheval. On ne peut en conclure, ni comme l'a fait M. Piétrement (*Mémoire sur les chevaux à trente-quatre côtes des Aryas de l'époque védique*. Paris, E. Donnaud), que les Aryas védiques connaissaient des chevaux à trente-quatre côtes, ni comme l'a fait M. Huxley (*Academy*, 1875, n° 146) qu'ils laissaient subsister les cartilages de deux côtes, pour des raisons anatomiques analogues à celles qui guideraient les chirurgiens modernes dans une opération analogue. M. Max Müller, sans repousser l'explication de M. Huxley (*ibid.*), a fait remarquer qu'il n'est jamais question dans les rituels de laisser deux côtes de la victime intactes. D'ailleurs, qu'on le fît ou non pour le cheval du sacrifice, le choix, soit du nombre de côtes à couper, soit du nombre chargé de représenter *par à peu près* le nombre total des côtes du cheval, a dû être déterminé par des raisons mythiques, et par bonheur nous retrouvons dans le Rig-Veda un autre emploi du nombre trente-quatre qui ne peut guère nous laisser de doute sur sa signification. Il s'agit d'un personnage qui brille de différentes manières avec trente-quatre splendeurs pareilles et cependant soumises à des lois diverses, (*littéralement* avec trente-quatre, avec une splendeur, etc.), X, 55, 3. Ces trente-quatre formes représentent les différents dieux comme le montre le premier hémistiche du même vers : « Il a rempli les deux mondes et le milieu (l'atmosphère), les cinq fois sept dieux. » Les deux nombres ne se correspondent qu'à une unité près, mais c'est évidemment le nombre trente-quatre, nommé le second, qui est exact, et l'inexactitude du premier n'a été rachetée aux yeux de l'auteur que par l'avantage qu'il présentait d'être décomposable en deux facteurs, cinq et sept, ayant chacun une valeur mythologique. Le nombre trente-quatre est lui-même formé, comme nous le verrons, par l'addition d'une unité au nombre de trente-trois dieux correspondant aux trois mondes. Un personnage à trente-quatre formes est donc celui qui a des formes dans tous les mondes, plus une forme mystérieuse. Telle est aussi la signification symbolique des trente-quatre côtes du cheval du sacrifice. Ajoutons que le héros de notre vers X, 55, 3, paraît être Soma, suffisamment désigné au vers 8 du même hymne comme l'allié avec lequel Indra combat les démons quand il a bu le breuvage, puis encore au vers 1 comme le frère de ce dieu, au vers 2 comme l'amant des cinq régions cardinales, au vers 6 comme l'oiseau brillant, au vers 5 comme identifié, à ce qu'il semble, à la lune, pour ne rien dire du vers X, 55, 3 lui-même d'après lequel il « remplit » les dieux. On peut croire d'ailleurs que le rapprochement des hymnes X, 55 et 56 dans le recueil n'est pas purement accidentel, et le second de ces hymnes est consacré en partie à un *cheval* mythique représentant évidemment Soma.

Si d'ailleurs j'avais précédemment nommé Agni avec Soma comme l'un des deux prototypes possibles du cheval du sacrifice, c'était pour ne pas paraître tirer des textes mêmes que je citais des indications plus précises qu'ils n'en pouvaient en effet fournir. Mais entre Agni et Soma le choix ne saurait être douteux. Sans doute une confusion, toujours facile à admettre, d'Agni et de Soma, identiques sous leurs formes célestes, paraît impliquée par le vers I, 163, 7, portant que le cheval, après que l'homme en a obtenu la jouissance, a dévoré les plantes, si toutefois ce détail est ici symbolique, et en tout cas par le vers I, 163, 11, d'après lequel les « cornes », cf. 9, du cheval, dispersées en divers lieux, s'avancent avec impétuosité dans les « forêts ». On reconnaît aisément dans ce dernier passage les flammes du feu dévorant le bois. Il n'en est pas moins évident que comme victime qu'on immole, I, 163, 12, et qu'on envoie aux dieux, *ibid.* 13 ; 162, 21, c'est-à-dire en somme comme offrande, et comme offrande dont les sacrificateurs prennent leur part, I, 162, 5 ; 12, le cheval représente Soma plutôt qu'Agni. Du reste, au vers V, 27, 5, les parts du sacrifice du cheval sont expressément comparées aux Somas « qui entrent dans trois mélanges » *tryaçirah*, c'est-à-dire selon l'explication que nous avons donnée de ce terme, aux Somas des trois mondes. Signalons encore à propos de ce nombre trois que nous avons aussi trouvé dans les trois liens du cheval, la triple onction de l'offrande dont Agni est l'égorgeur, dans un des passages où nous avons constaté l'assimilation de l'offrande non sanglante à une victime vivante, II, 3, 10. Le vêtement dont le cheval est recouvert, I, 162, 2 et 16, rappelle le vêtement « de lait » du Soma (voir chapitre IV). Enfin, si l'auteur du vers I, 163, 3, en parlant des trois liens du cheval « dans le ciel », affirme qu'il est « séparé du Soma », c'est sans doute pour opposer sa forme supérieure à sa forme inférieure qui est le Soma *terrestre*.

Nous avons vu déjà que le cheval du sacrifice est, dans la cérémonie, précédé d'un bouc. Ce bouc, qui est conduit devant lui, I, 162, 3; 163, 12, qui marche le premier quand le cheval est promené trois fois circulairement, I, 162, 4, est la part du dieu Pûshan, I, 162, 3, 4; cf. 2. Mais d'autre part Pûshan a pour attelage des chèvres, ce qui s'explique, si le bouc et les chèvres s'équivalent, comme je le crois, dans les deux mythes, par l'identification de Pûshan avec Soma[1]. Le bouc qui précède le cheval peut être également considéré comme traînant le cheval. C'est ainsi que d'après le vers I, 162, 21, le cheval est considéré comme attaché au joug de l'âne, parce qu'un âne le précède également dans la cérémonie. Nous retrouverons l'âne dans la légende des Açvins. Quant au bouc il pourrait représenter le feu qui porte le Soma. L'épithète *viçvarûpa* « qui a toutes les formes », I, 162, 2, lui donne en effet un caractère mythique, et la fonction qui lui est attribuée d'annoncer le sacrifice aux dieux, I, 162, 4, paraît l'assimiler au dieu qui reçoit si souvent la qualification de *hotri*. On donne aussi pour compagnons au cheval du sacrifice les deux haris ou chevaux d'Indra, I, 162, 21, probablement parce que celui-ci est traîné par eux quand il emporte, soit le Soma qu'il a conquis dans le ciel, soit celui que lui offrent les hommes.

C'est Yama qui a donné le cheval, Trita qui l'a attelé, Indra qui l'a monté le premier (cf. I, 163, 9?), le Gandharva qui en a saisi les rênes, I, 163, 2, gardées par tous les gardiens de la loi en général, I, 163, 5, au nombre desquels il faut sans doute placer aussi Tvashtri, I, 162, 3; 19. Yama et Trita jouent bien là leur rôle ordinaire de sacrificateurs, Indra celui d'un dieu guerrier dont le Soma est, comme nous

---

1. Voir l'étude qui sera consacrée à Pûshan.

le verrons, un auxiliaire indispensable, le Gandharva enfin, celui d'un gardien céleste du breuvage sacré. Au vers I, 163, 3, le cheval du sacrifice est identifié lui-même à Yama et à Trita (en même temps qu'à un *Aditya* ; cf. son assimilation à Varu*n*a dans le vers suivant). C'est ainsi que Soma est, par un phénomène mythologique déjà souvent constaté, le prototype des préparateurs du Soma. Le cheval du sacrifice est encore représenté, non-seulement comme donnant des richesses à l'homme pieux, I, 163, 13, mais comme priant et tournant sa pensée vers les dieux, I, 163, 12; il reçoit même expressément au vers I, 162, 22 la qualification de *havishmat* « sacrificateur ».

Je ne puis mieux clore cette étude sur le cheval du sacrifice qu'en citant les formules destinées à le préserver, malgré le fait matériel de l'immolation, ou tout au moins à préserver l'être divin qu'il représente, de la souffrance et de la mort: « Que ton propre souffle ne te fasse pas souffrir à ton départ; que la hache ne fasse pas de mal à *tes* corps! » I, 162, 20; — « Tu ne meurs pas, tu ne souffres pas de dommage, » ibid. 21. Le second vers se poursuit ainsi: « Tu vas vers les dieux par des chemins aisés. » L'un et l'autre nous rappellent le départ du trépassé pour l'autre vie et les recommandations adressées au feu du bûcher qui doit, sans le dévorer, le transporter au ciel (p. 80). Le cheval, quand il a été égorgé, I, 163, 12, et sacrifié, part de même pour sa demeure suprême où il va retrouver « le père et la mère », ibid. 13. Nous avions annoncé plus haut (p. 191) cette confirmation que l'ascension du cheval du sacrifice donne au mythe du retour de Soma au ciel. Le premier vers de l'hymne X, 56, a déjà été cité comme devant être rapporté ainsi que les deux suivants au cheval Soma: « Voici une de tes splendeurs, une autre est au-dessus, réunis-toi à la troisième ; en te réunissant à ton corps, sois agréable et cher aux dieux, dans ta naissance suprême »; cf. 2 et 3. On remarquera l'analogie de ce passage avec le vers I, 163, 13: « Le cheval est parti pour sa demeure suprême, vers le père et la mère; qu'il soit maintenant agréable aux dieux.... »

Au premier rang des victimes énumérées dans le rituel de certains sacrifices, figure l'homme lui-même. Dans le *R*ig-Veda il n'est, à la vérité, jamais question du sacrifice réel d'un homme; mais une allusion à cette coutume barbare semble néanmoins contenue dans le mythe du sacrifice du

Purusha. En effet, le nom de ce Purusha que les dieux ont pris pour victime de leur sacrifice, X, 90, 15, signifie « homme ». Comme d'ailleurs la forme humaine est attribuée à Soma aussi bien que la forme chevaline, il est difficile de douter que le Purusha sacrifié par les dieux, et par suite aussi l'homme en chair et en os, figurant comme victime du sacrifice terrestre, qu'il fût ou non réellement immolé, aient été considérés, de même que le cheval, comme des représentations symboliques de l'offrande par excellence, du breuvage sacré. L'hymne X, 90, est consacré tout entier au sacrifice du Purusha, auquel fait peut-être allusion aussi le vers X, 130, 2 ; cf. 3, où le nom de Purusha serait remplacé par celui de *pumâms* qui a le même sens. C'est de ce sacrifice, accompli par les dieux, que sont nées toutes choses. Mais les traits de l'hymne en question qui nous importent ici sont ceux qui font du Purusha, comme du cheval du sacrifice, un être multiforme. Je n'insisterai même pas actuellement sur les sept bûches limitant le foyer et sur les trois fois sept bûches à brûler que les dieux ont employées dans le sacrifice du Purusha, 15. Mais je citerai les vers 1 et 5, d'après lesquels cet être à mille têtes, à mille yeux, à mille pieds, enveloppe la terre et la dépasse en avant et en arrière, le vers 2 portant qu'il est tout ce qui a été et tout ce qui sera, et enfin les vers 3 et 4 qui lui attribuent quatre pieds dont l'un représente tous les êtres et est resté sur la terre, tandis qu'avec les trois autres il s'est élevé dans le ciel où ces trois pieds appartiennent à sa forme immortelle. Les trois pieds devaient correspondre primitivement aux trois mondes et ont été attribués tous ensemble au ciel en vertu d'une loi qui sera étudiée dans le chapitre de l'*Arithmétique mythologique*. On peut en rapprocher les trois poteaux auxquels était attaché Çunaççepa quand Varuna l'a délivré, I, 24, 13; cf. 12, et V, 2, 7. Çunaççepa est surtout connu par une légende de l'Aitareya-brâhmana qui fait de lui la victime désignée d'un véritable sacrifice humain. Mais c'est un personnage évidemment mythique, qu'on peut identifier au Purusha, et le mythe des trois poteaux peut servir à rattacher celui des trois pieds du Purusha au mythe des trois liens du cheval du sacrifice. On peut d'ailleurs trouver un argument direct en faveur de l'identité du Purusha avec Soma, sinon au vers 2 de l'hymne X, 90, dans le titre qui lui est donné de « maître de l'immortalité », au moins au premier vers du même hymne, dans la mention, autrement inexplicable, des dix doigts, qui jouent un rôle si important dans les formules relatives à Soma.

L'étude consacrée dans les pages précédentes au Purusha et au cheval du sacrifice considérés comme des symboles du Soma, qui reste ainsi, par opposition au lait, au beurre et aux eaux, la seule offrande représentée dans la mythologie védique par un personnage mâle, formait ici une sorte de digression. Elle ne doit pas nous faire oublier que, conformément à la place qu'elle occupe dans le chapitre consacré aux éléments femelles, la présente section avait pour objet principal les offrandes en tant qu'éléments femelles du sacrifice. Ce qui a été dit des eaux en général s'applique aux eaux employées dans le pressurage du Soma. Quant au lait et au beurre, en tant que représentant, soit les eaux célestes, soit les aurores, ils sont naturellement femelles comme elles. Les représentations qui conviennent aux eaux et aux aurores sont non moins naturellement applicables au beurre et au lait. De même par exemple que les vaches et le lait qu'elles produisent sont souvent confondus dans le ciel sous une appellation unique, de même le lait que les vaches terrestres donnent à l'homme pour le sacrifice (VI, 28, 1 et suivants), et le beurre qu'on tire de ce lait, ont dû être eux-mêmes représentés comme des vaches. On verra dans l'étude consacrée aux rapports des éléments mâles et des éléments femelles qu'il en a été en effet ainsi. Remarquons à propos des vaches réelles qu'elles boivent les eaux divines, I, 23, 18, assimilées elles-mêmes à des vaches, en sorte qu'on a pu dire que c'est leur corps (une autre forme d'elles-mêmes) qui est un remède pour leur corps, X, 100, 10. Ajoutons que le lait et le beurre sont, comme on le verra, assimilés, non-seulement à des vaches, mais aussi à de jeunes femmes.

1. Soit qu'il faille, en gardant la traduction consacrée « Il a dépassé (la terre) de dix doigts », chercher dans ces dix doigts, qui seraient ceux d'un sacrificateur céleste, une allusion de forme bizarre au séjour invisible de Soma, soit que le sens primitif de la formule ait été « Il est monté sur les dix doigts » (comme sur des chevaux qui le portent, cf. p. 224). — Nous n'avons pas à nous occuper ici du sens philosophique qu'a pris le mythe du Purusha.

SECTION V

LES PRIÈRES

Les offrandes ne sont pas les seuls éléments femelles du sacrifice. Le même sexe est attribué aux prières dont le rôle dans la mythologie du culte est plus important encore que celui des offrandes femelles, du moins si l'on en juge par le nombre et la fréquence des formules où ce rôle est indiqué. Par le terme de prières que j'emploierai le plus souvent par abréviation, il faut d'ailleurs entendre toutes les formes de la parole et même de la pensée dans leur application au sacrifice. Cependant les pensées pieuses ne peuvent jouer un rôle dans la mythologie que comme équivalentes aux paroles. C'est à ces dernières, soumises ou non aux lois du rhythme et désignées par les noms les plus divers, *vác, vacas, váka, uktha, súkta* de la racine *vac* « parler », *stuti* et ses composés, *stotra, stoma*, de la racine *stu* « louer », *stubh* de la racine *stubh* « louer », *hùti* (en composition), *hava, hotrá, havîman*, de la racine *hù* « invoquer », *káru* et *sukîrti* de la racine *kar* « louer », *çamsa, praçasti*, de la racine *çams* « prononcer solennellement », *gir* et *gâyatra* des racines *gar* et *gâ* « chanter », *arka* et *suvrikti*, de la racine *arc, ric*, « chanter, célébrer »[1], sans compter le mot *ric*, vers, qui a donné son nom

---

1. La racine *arc, ric*, a dû avoir primitivement, outre le sens de « chanter, célébrer », celui de « briller ». C'est ce que prouve avec évidence l'existence de mots formés de cette racine, qui, comme *arci, arcis*, ont indubitablement le sens de « rayon, flamme, éclat ». Mais pour les formes personnelles de la même racine, c'est à peine si on peut trouver un ou deux exemples certains du sens de « briller », dans l'Atharva-Veda, au vers II, 19, 3, où le poëte d'ailleurs ne fait que jouer sur l'étymologie de *arcis*, et dans le *R*ig-Veda, au vers III, 44, 2, où la traduction « Tu as fait chanter l'aurore » (voir p. 286), serait très-admissible si le causal *arcayah* n'était construit parallèlement au causal *arocayah*. Je ne vois pas que dans aucun autre passage du *R*ig-Veda on puisse alléguer une raison valable pour écarter le sens de « chanter, célébrer », que la racine *arc, ric*, a seule gardé dans la langue classique, tout en le modifiant en celui de « honorer, saluer ». Nous savons qu'Agni ne brille pas seulement, mais qu'il chante aussi, V, 25, 7, et nous verrons qu'Indra accomplit souvent ses exploits en chantant, I, 80, 1,

au *R*ig-Veda, *vip*, de la racine *vip* « être agité, inspiré »[1], puis, outre *ric, chandas, sâman, traishtubha* qui ont pris des sens techniques, enfin *vânî, çûsha* et surtout *brahman*, c'est aux paroles, ou à la parole sacrée, qu'ont été d'abord assignés des prototypes célestes. D'ailleurs les mots signifiant proprement pensée, comme *dhî, dhîti, dîdhiti*, de la racine *dhî*, *mati* et *sumati, manîshâ, manman* de la racine *man*, semblent dans la plupart des cas ne désigner les pensées qu'en tant qu'elles sont manifestées par la parole. L'une des formations de la racine *man*, le mot *mantra*, est même devenu le nom technique des formules sacrées.

Les prières sont comprises au vers VIII, 35, 2 dans une énumération de divinités qui commence au vers précédent et se continue dans le suivant. Cependant un pareil texte ne prouve pas encore l'existence de formes célestes de la prière, car un caractère divin est attribué même à la prière de l'homme, III, 18, 3; IV, 43, 1; VII, 34, 1 et 9; VIII, 27, 13. Mais il en est d'autres plus précis qui vont nous expliquer le carac-

---

1. Voir dans l'introduction une note sur le mot *vip*.

---

comme les prêtres mêmes qui lui servent d'alliés, I, 73, 2, cf. 1; III, 31, 8, cf. 7. Pour le vers I, 62, 2, M. Grassmann a lui-même abandonné dans sa traduction le sens qu'il avait adopté dans son Lexique, et il aurait pu faire de même, sans aucune hésitation, pour le vers III, 31, 7. En effet, quelle idée est plus familière aux poètes védiques que celle du chant des *Angiras*? Le vers I, 6, 8 s'explique naturellement dans le même ordre d'idées. Nous reviendrons plus loin (p. 287), sur le vers I, 92, 3. Quant aux autres sens que M. Grassmann, à l'exemple de M. Roth, assigne à la racine *arc, ric*, ceux de « lancer » et d' « étayer », ils ne me paraissent pas justifiés par les passages d'où on a cru pouvoir les induire. De même que la racine *vas* « briller », par exemple, peut désigner tous les actes que l'Aurore accomplit en brillant, de même la racine *arc, ric*, « chanter » a pu désigner tous les actes qu'un dieu quelconque, en tant qu'assimilé à un sacrificateur, accomplit en chantant, la nature particulière de cet acte étant exprimée par le préfixe ou par les régimes qui accompagnent le verbe. De là l'expression du vers I, 160, 4, ... *yo... rajasî... ajarebhi skambhanebhih sam ânrice* « Qui a étayé les deux mondes avec le chant, les hymnes, comme avec des étais impérissables », et celle du vers XII, 1, 39, de l'Atharva-Veda,... *purve... rishayo gâ udânricuh*: « Les anciens *r*ishis ont fait sortir les vaches en chantant ». C'est ainsi qu'on trouve exprimée par un autre verbe signifiant chanter, accompagné du préfixe *vi, vi grnîshe*, l'idée qu'Indra ouvre par le chant les portes du ciel ou de l'étable céleste, R. V., VI, 35, 5 (*Revue critique*, 1875, II, p. 373, note 3). De même encore au vers I, 2, 3, de l'Atharva-Veda, la racine *arc, ric* ne désigne l'opération des cordes d'arc (littéralement des vaches) lançant la flèche, que parce que la corde, en lançant la flèche, fait un bruit qui est assimilé à un chant; cf. R. V., IX, 69, 1. Remarquons encore, à propos de cette attribution mal justifiée du sens de « lancer » à la racine *arc, ric*, que le mot *udric* paraît n'avoir, comme le mot *udarka*, d'au-

tère divin de la prière par son assimilation à certains phénomènes célestes.

Il semble que les seuls de ces phénomènes auxquels la parole pût être comparée étaient le bruit du vent et celui du tonnerre. Or, bien qu'on rencontre en effet la comparaison de la parole et du vent qui souffle, X, 125, 8, du prélude des hymnes et de celui du vent, I, 113, 18, enfin du chantre qui « pousse » ses hymnes et du vent qui pousse les nuages [1], I 116, 1, comme le vent joue en somme un rôle assez effacé dans la mythologie védique, comme d'ailleurs il appartient au même monde que la foudre, c'est-à-dire à l'atmosphère, on ne voit pas au premier abord que notre nouvel élément

---

[1]. Vâyu, le vent divinisé, est lui-même un chantre, V, 41, 6 ; cf. I, 113, 18, un chantre d'Indra, I, 169, 4, et par suite est comparé à un sacrificateur, V, 43, 3 ; cf. VIII, 90, 10.

---

tre sens que « commencement de l'hymne », I, 53, 11 ; X, 77, 7. — Quant au mot *arka* lui-même, bien qu'il ait désigné plus tard les phénomènes ignés, et particulièrement le soleil, il ne me paraît pas prouvé qu'il ait dans aucun passage du *Rig*-Veda un autre sens que celui d' « hymne » (ou de « chantre », V, 57, 5). De tous ceux pour lesquels M. Grassmann, dans son Lexique, abandonne ce sens, le seul qui puisse paraître vraiment embarrassant est le vers X, 153, 4. Mais le bruit du tonnerre étant considéré comme un hymne, on comprend qu'un poëte ait pu dire d'Indra, tenant en ses mains la foudre retentissante, qu'il porte l' « hymne dans ses bras ». La prière étant, même pour Indra et pour tous les dieux, le grand moyen d'action sur les phénomènes célestes, le mot *arka* peut sans aucune difficulté conserver son sens ordinaire d' « hymne » aux vers II, 11, 15 ; III, 31, 11 (cf. 7 et 8) ; 34, 1 ; 61, 6 ; IV, 16, 4 ; 56, 1 et 2 ; V, 41, 7 ; IX, 97, 31 ; X, 157, 5. Des épithètes exprimant l'idée d' « éclat » sont souvent jointes aux différents noms des prières, ce qui nous fournit l'explication du composé *arkaçoka*, employé au vers VI, 4, 7, et celle du vers précédent : « O Agni, avec les hymnes brillants (ou par l'effet des hymnes, qui sont pour lui comme une nourriture, VI, 3, 8), tu as, comme le soleil, répandu ton éclat dans les deux mondes. » Nous verrons aussi que la composition ou la récitation de l'hymne est assimilée à la clarification d'un liquide, III, 26, 7 et 8 ; VII, 9, 2. C'est encore une idée familière aux *r*ishis que celle du « don de l'hymne par les dieux », VII, 39, 7 ; 62, 3, de la découverte ou de « l'obtention » de l'hymne, soit par les dieux, VI, 49, 8, soit par les hommes, d'où le composé *arkasâti*, I, 174, 7 ; VI, 20, 4 ; 26, 3. Le séjour de l'*arka*, où s'établit Soma, IX, 25, 6 ; 50, 4, est naturellement la place du sacrifice, le séjour de l'hymne qui sert, en même temps que les gouttes du Soma, à l'accroissement du corps d'Indra, IX, 73, 2 ; cf. VI, 20, 13. Le mot *arka* désigne aussi l'hymne céleste que les ancêtres montés au ciel « surveillent » en même temps que « l'offrande », X, 107, 4, et les hymnes invoqués comme des divinités en même temps que les eaux (célestes, d'où ils sortent), VI, 49, 14. On trouvera rapprochés à la page 302 les vers VI, 73, 3 ; X, 67, 5 ; 68, 4 ; 6, 9. Il n'est pas douteux que dans ces vers, adressés à Brahma*n*aspati, le « maître de la prière », le mot *arka* désigne l'hymne. Nous interpréterons plus bas (p. 289) les vers VIII, 90, 13 et 14, et on verra que dans le premier le mot *arkinî* dérive de *arka* dans le sens d' « hymne », comme dans tous ses autres emplois (Gr. *s. v.*).

femelle ait pu avoir plus d'un prototype important dans le ciel, ou du moins que des formes correspondant aux deux mondes distincts de l'atmosphère et du ciel aient pu lui être assignées. La suite de cette étude nous ménage pourtant à ce sujet une surprise. Mais nous devons d'abord nous attacher à prouver l'assimilation de la prière aux bruits de l'orage, et particulièrement au bruit du tonnerre.

Au vers I, 38, 14, le chantre de Brihaspati est invité à tonner comme le nuage. L'auteur du vers I, 116, 12, en célébrant un exploit des Açvins, se compare lui-même au tonnerre qui annonce la pluie. Les hymnes qui ont acclamé Brihaspati sont pareils aux bruits du nuage, X, 68, 1. Le nuage lui-même, ou le dieu Parjanya, qui en porte le nom, « prononce une parole » forte, brillante et bienfaisante, V, 63, 6. Les Maruts font retentir la « voix » du nuage en même temps que les éclairs envoient leur sourire à la terre, I, 168, 8. L' « hymne, *arka,* que Brihaspati a trouvé « comme le ciel tonnant », X, 67, 5, est le même auquel ce dieu est comparé en tant que « lançant l'étincelle du ciel », X, 68, 4. Il ne diffère pas non plus de celui qu'Indra porte dans ses mains lorsqu'il aiguise sa foudre, X, 153, 4, c'est-à-dire qu'il représente le tonnerre, comme le *sâman* qu'un dieu innommé (Indra ou Soma) goûte au moyen de l'éclair, X, 99, 2. La voix que Soma fait entendre sur la surface de la mer, IX, 12, 6, est appelée un hymne au vers X, 14, 1. Ces passages sont de ceux où Soma, s'il ne représente pas l'éclair dans le ciel, ce qui paraît ici le plus probable, le symbolise au moins sur la terre. L'hymne qu'il fait entendre symbolise donc le tonnerre, s'il n'est pas le tonnerre lui-même. D'ailleurs l'éclair est encore expressément nommé au vers I, 164, 29, où il passe pour une transformation de la vache mugissante, et supérieure en sagesse au mortel, quand elle sort de son enveloppe. Or, nous verrons plus loin que la vache, et particulièrement la vache mugissante, cf. *ibid.* 28, est une représentation fréquente de la prière. Mais dès maintenant aucun doute ne peut s'élever sur la signification de la vache « mugissante et créant les eaux » qui, au vers 41 du même hymne, est représentée successivement avec un pied, deux, quatre, huit et neuf pieds, et placée d'ailleurs dans le ciel suprême. Ces pieds ne peuvent correspondre qu'à ceux des mètres de la prière terrestre. La même vache reçoit l'épithète *sahasrâkshrâ* sur laquelle nous reviendrons plus loin.

Ainsi, d'une part, les chants du sacrifice sont comparés au tonnerre, et de l'autre, celui-ci est désigné par les mêmes mots que ceux-là, en reçoit des attributs évidemment empruntés à la parole sacrée. On voit donc déjà que la parole représente dans le culte le bruit du tonnerre. Elle ne le représente pas seule, ou plutôt le bruit des pierres du pressoir est considéré lui-même comme une prière. Ces pierres ont une voix, X, 76, 6, elles la font entendre, X, 94, 14, elles parlent, V, 31, 12 ; 37, 2 ; VIII, 34, 2 ; X, 36, 4, aux dieux, VII, 68, 4, et c'est à elles qu'on compare le chantre quand il prend lui-même la parole, V, 36, 4. L'hymne X, 94, adressé aux pierres, commence ainsi : « Qu'elles prennent la parole, prenons-la aussi nous-mêmes ; adressez la parole aux pierres qui parlent. » Les anciens prêtres Navagvas ont chanté dix mois avec la pierre que remuaient leurs mains, V, 45, 7. Le chant des pierres s'adresse aux dieux, qui sont priés de l'écouter, I, 118, 3 ; III, 58, 3, et qui l'aiment, X, 76, 4 ; il est appelé expressément une invocation, VII, 22, 4, comme la pierre qui parle est elle-même appelée un chantre digne d'éloges, I, 83, 6. Vâyu et Indra sont priés de venir là où parle la pierre, I, 135, 7, et la pierre est invitée à attirer Indra par sa parole, I, 84, 3. On peut croire que de même, au vers VIII, 42, 4, les prières avec lesquelles les pierres ont fait descendre les Açvins pour boire le Soma sont leurs propres prières. Mais les pierres du pressoir représentent elles-mêmes les nuages, ces montagnes, ces pierres célestes. Le premier vers de l'hymne X, 94 nous montre, en même temps que les pierres, les montagnes, c'est-à-dire les nuages, adressant leur chant à Indra. Dans le même hymne, les pierres, assimilées encore à des taureaux mugissants (v. 3), sont, comme nous l'avons vu (p. 199), plusieurs fois considérées elles-mêmes comme des pierres célestes. Celles qui, d'après le vers V, 31, 5, ont chanté un hymne à Indra, semblent identiques aux roues sans char et sans chevaux lancés par ce dieu contre les démons. Bref, le chant des pierres du pressoir, comme les chants proprement dits, représente le bruit du tonnerre.

Ce bruit lui-même, étant la voix du nuage, est aussi la voix des eaux, des rivières célestes. A la vérité la pluie qui tombe a son bruit propre qui a pu entrer, ainsi que le sifflement des vents, dans la conception de la voix des eaux, justifiée en outre par le bruit des rivières terrestres. Mais la prédominance du bruit du tonnerre dans l'ordre purement naturel doit nous disposer à croire qu'il a contribué, sinon à l'exclusion des autres, du moins pour la plus forte part, à la formation de ce mythe. D'après une formule qui, dans le vers X, 109, 1, est appliquée à un cas particulier, à savoir la révélation du crime commis contre un brâhmane, mais qui dans ses traits essentiels doit avoir évidemment un sens plus général, et un sens naturaliste, les eaux divines, la mer sans limites, ont parlé les premières ainsi que Mâtariçvan, c'est-à-dire Agni, représentant ici l'éclair.

Or, au mythe des eaux qui parlent correspond, dans l'ordre du culte, outre l'attribution d'une voix aux eaux qui coulent avec le Soma (voir chap. IV), l'assimilation des prières elles-mêmes aux eaux. Comme les eaux, les prières, en même temps qu'elles retentissent, coulent, VIII, 7, 1; Vâl. I, 6. Elles sont expressément comparées aux eaux, I, 64, 1. L'hymne adressé aux Açvins est comparé à un réservoir d'eau qui doit les attirer, VIII, 76, 1. Les prières fortifient, ou plutôt rafraîchissent Indra comme l'eau, VIII, 87, 8. Les chants sont des eaux que le poëte fait couler vers lui du fond d'une mer, X, 89, 4, qui n'est autre que son cœur; cf. VIII, 14, 10; 87, 7. Ils se dirigent vers lui comme des eaux qui suivent leur pente, VIII, 32, 23; VI, 47, 14; comme des rivières dans une mer, ils pénètrent en lui, VI, 36, 3; VIII, 16, 2, et en Brihaspati, I, 190, 7. Ceux que les dieux adressent à Indra sont également comparés à des eaux, II, 13, 5, et la prière que les hommes adressent aux Maruts plaît à ces dieux comme les sources du ciel à celui qui est altéré, V, 57, 1. La comparaison devient plus précise encore au vers VII, 94, 1, d'après lequel l'hymne qui célèbre Indra et Agni est né de la pensée comme la pluie du nuage, et surtout au vers IX, 100, 3, invitant Soma à répandre la prière comme le tonnerre répand la pluie. Cette dernière citation suffirait pour justifier au besoin l'idée que les précédentes ne contiennent pas de simples comparaisons sans portée, mais bien des allusions à l'assimilation mythique des prières et des eaux. Aux vers VI, 66, 11; X, 68, 1, la mention des montagnes d'où coulent les eaux auxquelles les prières sont comparées[1] peut être une allusion aux nuages. La comparaison est aussi

---

[1]. Sur la formule *girayo nápah* du vers VI, 66, 11, cf. *Revue critique*, 1875, II, p. 376.

étendue aux prêtres eux-mêmes, et d'après le vers VIII, 6, 34, les Ka*n*vas ont acclamé Indra, pareils à des eaux qui suivent leur pente.

Ce n'est pas tout : la composition ou la récitation de l'hymne est comparée à la clarification d'un liquide. On dit des poètes adressant leur prière aux dieux qu'ils la purifient, VII, 85, 1 ; cf. I, 79, 10 ; X, 13, 3 ; Vâl. 5, 6, qu'ils purifient la parole sur un tamis tendu, IX, 73, 7, qui n'est autre que la pointe de leur langue, *ibid.* 9, et de celui qui reçoit les formules de la bouche d'un autre, qu'il « apprend » celles qui « se clarifient », « le suc préparé par les *r*ishis », IX, 67, 31 ; 32. Nous lisons encore au vers IX, 75, 2, que la langue « clarifie l'agréable liqueur de la loi », et il n'est pas difficile non plus de deviner ce qui coule des sages assimilés à des tamis, III, 31, 16. Au vers IX, 67, 23, c'est dans la flamme d'Agni qu'est placé le tamis tendu qui doit purifier la prière. L'idée de la purification de la prière est exprimée au vers X, 71, 2, par une autre comparaison : il y est dit que les sages purifient la parole comme on purifie le grain avec un van. Mais cette variante de la formule ordinaire, produit d'une fantaisie individuelle, ne doit pas nous faire méconnaître la portée des citations précédentes. C'est d'ailleurs à un autre acte du culte, à la préparation du Soma, que la récitation de la prière se trouve directement assimilée par la figure du tamis sur lequel elle se clarifie. Et en effet nous lisons au vers VI, 8, 1, que la prière nouvelle se clarifie pour Agni comme le Soma, au vers X, 29, 1, que l'éloge des Açvins a été déposé comme dans une cuve. Mais ce n'est pas seulement le Soma, ce sont aussi les eaux qui coulent avec lui sur le tamis, soit sur terre, soit dans le ciel, et le sexe attribué aux prières prouverait qu'elles doivent être plutôt assimilées à ces dernières, lors même que nous ne les aurions pas vues expressément comparées aux eaux dans de nombreux passages.

Plus généralement les prières sont, et nous reviendrons plus loin sur ce point, assimilées aux diverses offrandes. Nous lisons au vers X, 76, 7 ; cf. 6, que les hommes purifient en quelque sorte des offrandes avec leur bouche. Dans l'hymne IV, 58, qui célèbre les diverses formes mythiques du beurre, les gouttes de beurre purifiées avec le cœur, avec l'esprit (v. 6), et coulant de la mer du cœur (v. 5 ; cf. 11), sont donc évidemment les prières, dont il est dit du reste au vers VI, 10, 2, qu'elles « distillent en quelque sorte un beurre brillant ». Citons encore les passages où les prières adressées à différents dieux sont comparées au beurre sacrifié, VIII, 39, 3 ; V, 12, 1, au beurre sacrifié avec la cuiller, I, 110, 6, d'où ces expressions hardies « Je prépare l'hymne pour Indra avec la cuiller »,I, 61, 5, et « Je sacrifie avec la cuiller aux Adityas, ces chants qui distillent le beurre », II, 27, 1 ; la cuiller est apparemment la langue, ou peut-être même l'éloquence ; cf. II, 10, 6. Il est dit encore de l'hymne et de la prière qu'ils sont dégouttants de beurre, Vâl. 3, 10, plus doux que le beurre, VIII, 24, 20. Mais le beurre est lui-même dans le sacrifice un représentant des eaux célestes.

Nous sommes maintenant en mesure d'expliquer l'épithète *sahasrâkshara* que nous avons réservée plus haut en citant le vers I, 164, 41. Le mot *akshara*, dont la signification primitive paraît être « inépuisable » (qui ne s'écoule pas), a dans la langue classique le sens de « syllabe » ou de « lettre ». Mais c'est par une étymologie forcée qu'on a voulu tirer ce sens de l'idée d' « indestructible », la syllabe, ou mieux encore la lettre étant le dernier élément irréductible de la parole. Dans nos hymnes, le mot neutre *akshara*, comme le féminin *aksharâ*, paraît n'avoir d'autre sens que celui de « parole », ou s'il s'applique en particulier à la syllabe, il ne la désigne à ce qu'il semble qu'en tant qu'elle est de même nature que la syllabe céleste, que la voix des eaux du ciel. Cette voix est « inépuisable » comme les eaux elles-mêmes comme elles, non-seulement elle « naît » dans le séjour de la vache, III, 55, 1, mais elle « coule » des mers que laisse échapper la vache céleste, I, 164, 42, qui a mille *akshara*, *ibid.*, 41 ; Agni brille dans l'*akshara*, VI, 16, 35, comme il brille dans les eaux, atteint les *akshara*, VII, 1, 14, auxquels le vers I, 34, 4, compare les présents des Açvins. L'*aksharâ* est personnifiée en compagnie des Maruts et priée de ne pas négliger dans sa marche ceux qui l'invoquent, VII, 36, 7. Ces différents passages s'expliqueraient bien par le sens d' « eau » ; mais ils ne s'expliquent pas moins bien par celui de « parole », la parole céleste pouvant être comme les prières terrestres confondue avec les eaux dont elle est la voix. Proprement, le mot *akshara* paraît avoir un sens analogue à celui de *amrita* (voir p. 196), et désigner l'essence inépuisable de la parole céleste. C'est dans ce sens qu'il est construit une fois avec un génitif, I, 164, 39 : « Celui qui ne connaît pas l'essence inépuisable, le ciel suprême du vers (*r*ic ; cf. le ciel suprême de la parole, *ibid.*, 34 et 35) sur lequel reposent tous les dieux, celui-là que fera-t-il du vers ? Voici ceux qui le connaissent; ils sont ici. » Connaissant et possédant l'*akshara*, les hommes s'en servent pour imiter les sept chants, I, 164, 24, et plus généralement la femelle céleste, X, 13, 3. Mille *aksharà* supplient Agni, VII, 15, 9. Nous verrons plus tard que lors de la conquête des vaches par Indra et les A*n*giras, Saramâ, représentant elle-même la parole sacrée, marchait en tête des *aksharà*, III, 31, 6.

Il est maintenant bien démontré que les prières ont un prototype céleste dans le bruit du tonnerre, confondu parfois avec les eaux dont il est la voix, comme les prières elles-mêmes sont assimilées aux eaux, soit directement, soit indirectement par leur assimilation aux offrandes. Mais le tonnerre, les eaux, et le bruit du vent, si on tient compte de cet autre modèle de la prière, appartiennent tous à un même monde, celui de l'atmosphère. Les prières n'auraient-elles donc pas, comme les éléments mâles du sacrifice, et comme les offrandes elles-mêmes auxquelles elles sont assimilées, une forme particulière dans le monde supérieur du ciel?

Remarquons d'abord que si les prières, dans le langage mythologique, sont liquides, elles sont aussi brillantes. Cette qualité est attribuée à l'hymne, VI, 66, 9, à la prière des hommes, VII, 34, 1; 88, 1, qu'Agni élève vers le ciel, I, 143, 7 ; droite, cf. I, 119, 2, et pourvue d'ornements brillants, I, 144, 1; cf. VII, 32, 13, qui brille en partant du séjour de la loi, X, 111, 2, qui trace un sillon éclatant, X, 93, 12, et aussi à la prière céleste, X, 177, 2, aux hymnes avec lesquels le ciel et la terre conduisent le sacrifice, IV, 56, 1 et 2, et plus généralement aux prières invoquées comme des divinités, V, 41, 14. La prière des ancêtres, descendue, comme nous le verrons, du ciel où elle est née, revêt des vêtements brillants, III, 39, 2, et brillante est aussi la « couleur » des prières qu'Indra inspire au chantre, III, 34, 5. On demande à Agni d'apporter la prière qui a brillé dans le ciel, VI, 16, 36. Le prêtre actuel fait briller les chants comme autrefois les Ka*n*vas, VIII, 6, 11 ; quant aux prières de ceux-ci, qui ont brillé en sortant d'une cachette, *ibid.*, 8, elles paraissent tout au moins symboliser des prières célestes.

L'éclat des prières célestes ne saurait être expliqué, comme on pourrait songer à le faire pour celui des prières terrestres, par une simple métaphore. Mais l'éclair qui accompagne le bruit du tonnerre suffirait pour en rendre raison (cf. le vers 7 du dernier hymne cité, VIII, 6). Nous allons voir toutefois que les prières peuvent représenter aussi, naturellement par une assimilation secondaire, un autre phénomène brillant, mais silencieux (car les vents légers du matin ne peuvent guère entrer en ligne de compte), je veux dire l'aurore.

Au vers VII, 85, 1, la prière que « purifie » le poëte est expressément comparée à l'aurore divine « dont la face est de beurre ». D'autre part on peut comprendre le second pâda du vers VII, 72, 3, en ce sens que les prières et les aurores « sont sœurs » : et en effet il est dit au vers suivant que les chantres offrent leurs prières au moment où les aurores brillent. Mais voici qui est plus significatif : les aurores reçoivent la qualification de *suvâcah* « à la belle voix », soit seules, III, 7, 10, soit avec les nuits, VIII, 85, 1. On peut donc croire qu'au vers VIII, 9, 16, la « voix divine des Açvins », des Açvins qui ont à la fois fait entendre un son et donné la lumière aux hommes, I, 92, 17, n'est autre que la voix de l'aurore, de l'aurore si souvent nommée avec les mêmes dieux, et célébrée précisément dans les deux vers suivants. Le prêtre s'est éveillé avec cette voix, *ibid.*, c'est-à-dire sans doute qu'il a été éveillé par elle; or c'est l'aurore qui éveille la demeure, I, 48, 5, le mort, c'est-à-dire l'homme endormi, I, 113, 8, les races humaines, VI, 65, 1, tous les êtres vivants, I, 92, 9, qui éveille les hommes pour le sacrifice, I, 113, 9, comme pourrait le faire le prêtre, I, 124, 4, enfin qui éveille les Açvins eux-mêmes, VIII, 9, 17. J'insiste sur cette idée du réveil du monde par l'aurore; elle a dû contribuer beaucoup à la formation du mythe que nous étudions. D'un autre côté l'aurore passe pour l'inspiratrice des hymnes qui se font entendre à son lever. En même temps qu'elle réveille tous les vivants, elle a trouvé la parole pour tous les pieux, I, 92, 9 ; elle donne l'intelligence, I, 123, 13[1]. Aussi vante-t-on sa sagesse, I, 113, 10, qu'elle prouve aussi d'ailleurs en suivant toujours sa route accou-

---

1. Je ne cite pas l'expression « conductrice des *sûnritâ* », I, 92, 7 ; VII, 76, 7, le mot *sûnritâ* pouvant désigner les bienfaits de l'aurore aussi bien que les hymnes.

tumée, I, 124, 3. Or, de l'idée de sagesse à celle d'éloquence il n'y a qu'un pas. Plus particulièrement celle qui donne la parole n'en peut être elle-même privée. Ajoutez à cela que l'assimilation de l'aurore à une vache, ou celle de ses rayons à des vaches, devait, une fois établie, suggérer l'idée de mugissements correspondant, comme les mugissements réels des vaches de l'atmosphère, au son des prières terrestres. Mais la principale raison de l'assimilation des prières et des aurores doit être cherchée dans l'ensemble d'un système mythologique qui attribue aux autres éléments du sacrifice des formes particulières dans l'atmosphère et dans le ciel, et qui aurait présenté une lacune en ce qui concerne la prière si l'on n'avait fait de la femelle du ciel, c'est-à-dire de l'aurore, l'un des prototypes de la parole. Citons encore le vers I, 130, 9, où la « voix » qu'Indra « vole au lever du jour », en même temps qu'il met en mouvement le disque du soleil, paraît bien représenter l'aurore dont il fait la conquête, et le vers I, 92, 3, dont on peut traduire le commencement en laissant au verbe *arc* le sens de « chanter »[1] : « Elles (les aurores) chantent comme des femmes zélées dans l'œuvre du sacrifice. »

Entre la prière et ses prototypes célestes, il n'y a pas d'ailleurs simple assimilation, mais bien identité de nature et d'origine. Les prières adressées à Vishnu et aux Maruts reçoivent la qualification de *girijâh* « nées sur la montagne », V, 87, 1, c'est-à-dire tirant leur origine des nuages ou du ciel. C'est qu'en effet la parole a sa « matrice » dans les eaux, dans la mer ; cf. V, 44, 9 ; 55, 11, d'où elle s'est répandue dans tous les mondes, X, 125, 7. La prière antique des pères qui est récitée dans l'assemblée, et qui revêt des vêtements brillants, est « née du ciel », III, 39, 2. Au vers X, 89, 3, le prêtre est invité à chanter sur la terre en l'honneur d'Indra une prière nouvelle qui n'est autre que la prière du ciel, la prière incomparable et commune (aux prêtres terrestres et célestes). Nous reviendrons bientôt d'ailleurs sur l'origine céleste de la prière terrestre en traitant de la prière considérée comme élément du sacrifice des dieux.

A la même occasion seront cités des textes constatant, comme le vers X, 125, 7, la diffusion de la parole en divers lieux. C'est sans doute encore à cette diffusion que fait allu-

---

1. Voir plus haut, p. 277, note 1.

sion l'épithète *viçvajanyâ* « commune à toutes les races », que le vers VII, 100, 2 attribue à la prière, ou à la sagesse, inspirée par Vishnu, et qui rappelle le nom de Vaiçvânara donné à Agni. Nous verrons que dans les formules de ce genre l'expression « toutes les races » doit généralement s'entendre des races célestes et terrestres. Il paraît difficile aussi de limiter à la terre l'application de la formule « Elle (la parole) est prononcée par des animaux de toutes formes » ; l'allusion aux vaches célestes est d'autant plus vraisemblable dans le passage où se rencontre cette formule, VIII, 89, 11, que la parole elle-même y est, comme nous le verrons, assimilée à une vache. A cette question « Quel est le ciel suprême de la parole »? I, 164, 34, le vers suivant répond : « Le prêtre ». Mais l'expression « ciel suprême de la parole » n'en garde pas moins sa signification mythologique antérieure et suppose différents séjours de la parole dans les différents mondes. Je n'insisterai pas plus longtemps sur les textes renfermant des allusions plus ou moins vagues à la multiplicité des formes de la parole, et citerai seulement encore, comme un exemple de la manière dont les idées de la prière, du mugissement des vaches et du bruit du tonnerre peuvent se confondre, le vers VIII, 85, 5 : « Lorsque tu prends dans tes bras la foudre enivrante (le Soma), ô Indra, pour tuer Vritra, les montagnes, (les nuages), les vaches, les prêtres acclament Indra. »

Le nombre des formes de la parole est plusieurs fois expressément fixé à trois, comme celui des formes d'Agni ou de Soma. La relation des trois formes de la parole avec les trois formes d'Agni est indiquée au vers III, 26, 7, où par une synthèse plus hardie encore que celles auxquelles nous sommes habitués, un même personnage est identifié à la fois à l'offrande (au beurre), à Agni et à l'hymne « triple » ; cf. Vâl. 3, 4, qui traverse l'atmosphère : cet hymne triple, d'après le vers suivant, est purifié par trois tamis, qui comme les trois tamis de Soma doivent correspondre, au moins primitivement, aux trois mondes. Ce n'est pas que le nombre trois, dans son application aux formes de la parole, ne puisse correspondre aussi à certains détails liturgiques. Les trois paroles qui s'élèvent quand le Soma traverse le tamis, IX, 33, 4 ; 50, 2, et qu'il est censé exciter lui-même, IX, 97, 34, peuvent représenter les tercets effectivement chantés dans la cérémonie. Mais ce rite, comme celui des trois feux, doit être en relation avec le mythe des trois paroles. De même, au vers I, 164, 25, « les trois bûches » du chant composé de *gâyatrî*, paraissent être les trois pâdas dont est formé ce mètre : mais le terme de « bûches » implique une comparaison de ces trois pâdas avec les trois formes d'Agni, correspondant elles-mêmes aux trois mondes. Remarquons à ce propos que le nom de *trishtubh* « triple louange », donné à un mètre composé d'ailleurs de quatre pieds, peut s'expliquer par une allusion à trois formes mythiques de la parole. Au vers VII, 101, 1, les trois paroles reçoivent l'épithète *jyotiragrâh* « lumineuses », littéralement « consistant principalement en lumière », donnée également aux trois progénitures issues de la semence versée par trois mâles dans les mondes, VII, 33, 7. On peut rapprocher de ces formules les vers VIII, 90, 13 et 14. Dans le premier nous lisons que des formes ont été faites (prises) par « cette femelle) rouge qui chante des hymnes, qui descend (sur la terre), et qui est arrivée se manifestant avec éclat entre les dix bras (des cinq sacrificateurs mythiques) ». D'après le second, trois progénitures ; (de cette même femelle sans doute) sont « allées au delà » les autres, (trois autres probablement) se sont incorporées dans l'hymne. Tout ce langage est d'un mysticisme assez peu encourageant pour l'interprète. Il ne semble pas impossible cependant d'en préciser un peu la signification. D'abord la femelle en question ne diffère sans doute pas d'Aditi, célébrée immédiatement après au vers 15, ni de la parole divine dont les louanges font l'objet du vers 16, et qui, comme nous le verrons, paraît être l'une des nombreuses idées personnifiées en Aditi. Elle représente à la fois la lumière et la parole, elle a trois formes, ou ce qui revient au même trois progénitures qui ne sont pas incorporées dans l'hymne, à savoir, les formes visibles des femelles des trois mondes, et d'autres (trois autres) qui apparemment sont les mêmes que les trois paroles lumineuses. Peu nous importe dès lors, que ces trois paroles soient au vers VII, 101, 1, mises ensemble dans la bouche du prêtre terrestre. Leur origine, rapportée à la femelle céleste, à la fois une et multiforme, est une forte présomption en faveur de leur répartition primitive entre les trois mondes. Citons encore le chant coulant triplement, I, 181, 7, qui paraît être celui des Açvins eux-mêmes, de la forme brillante des Açvins, *ibid.* 8, et qui fait prospérer les hommes (ou les dieux, *nrîn*) dans la « demeure au triple *barhis* », *ibid.*, représentant les trois demeures où se trouve le barhis, autrement dit le lieu du sacrifice dans les trois mondes.

Du reste, l'un des meilleurs arguments en faveur de notre interprétation de l'hymne triple et des trois paroles, c'est, outre sa conformité avec l'explication donnée du même nombre dans les mythes d'Agni et de Soma, le fait indubitable d'une opposition de la forme terrestre des prières à une forme supérieure de la parole, forme qui est attribuée au ciel, sans distinction du ciel, au sens restreint du mot, et de l'atmosphère. Ce n'est pas que les « deux paroles » ne puissent être à l'occasion deux chants de mètres différents, composés, par exemple, l'un de *gâyatrî*, l'autre de *trishtubh,* II, 43, 1. Mais l'opposition qui nous intéresse ici ne saurait être plus clairement indiquée qu'au vers IX, 85, 11 déjà cité, d'après lequel les chants de ses amantes (célestes, cf. *ibid.* 10) supplient l'oiseau qui vole dans le ciel (la forme supérieure du Soma) tandis que les prières « lèchent » le petit, l'oiseau d'or qui se tient sur la terre (le Soma terrestre). Au vers I, 173, 1, les chants des hommes sont comparés au *sâman* du nuage (*nabhanya*) chanté par l'oiseau (Agni ou Soma). Plus généralement, la prière terrestre est placée en regard de la femelle céleste comme étant une fille de cette mère, V, 47, 1, ou une imitation de ce modèle, X, 13, 3, et les mugissements des vaches célestes correspondent à ceux des héros (*sic*) qui les conquièrent par le sacrifice, I, 62, 3.

Enfin la répartition des formes de la parole entre les différents mondes sera confirmée dans le chapitre de l'*Arithmétique mythologique*, principalement par l'interprétation des trois pieds cachés de la parole opposés à un quatrième qui représente la parole humaine, I, 164, 45, et par celle des quatre femelles (correspondant aux quatre points cardinaux) opposées à la forme suprême de la parole, VIII, 89, 10.

Nous pouvons dire de la prière, comme nous l'avons dit d'Agni et de Soma, qu'elle remonte au lieu de son origine. Comme eux, en effet, la parole, les hymnes sont comparés à des messagers que le prêtre adresse aux Ribhus, IV, 33, 1, aux Açvins, V, 43, 8. Ils reçoivent aussi directement le nom de messagers en tant qu'adressés aux Açvins, VIII, 26, 16, à Indra, X, 47, 7. On remarquera le tour du premier vers de l'hymne, VI, 6, 3 : « Où l'hymne, pareil à un messager, a-t-il trouvé les Açvins ? » Les prières sont aussi représentées se dirigeant « par les chemins de la loi » vers Indra et Agni, III,

12, 7. Enfin, la parole est comparée à un messager qui va entre les deux mondes, I, 173, 3.

Il va de soi que le mythe des formes supérieures de la parole se rattache à celui du sacrifice céleste. Là-haut sont des sages, ancêtres décédés ou dieux (voir p. 104), qui « gardent » la prière céleste et brillante, X, 177, 2, qui prononcent les formules de la parole au sommet du ciel, I, 164, 10. Ces personnages sont expressément nommés des dieux au vers X, 74, 2, et leur « invocation » divine atteint le ciel et la terre, *ibid*. Les dieux reçoivent l'epithète *panitârah* « louangeurs », III, 54, 9, et celle de *brahmakritah* « faisant la prière », X, 66, 5, à laquelle s'ajoute, au vers 8 du même hymne, celle déjà signalée de *agnihotârah* « ayant pour sacrificateur Agni ». Nous verrons plus tard que les chantres divins par excellence sont les Maruts, et que leurs chants s'adressent à un dieu particulier, à Indra. C'est probablement en ce sens qu'il faut entendre le titre de « roi de la prière faite par les dieux » donné à ce dernier, VII, 97, 3. Mais la réunion de ces deux termes, en apparence nécessairement corrélatifs, la prière et le dieu auquel elle est adressée, n'est pas indispensable dans le système de la religion védique où les divers éléments du sacrifice, sur terre comme dans le ciel, ont leur valeur intrinsèque et leur action directe. En fait, les premiers passages cités ne renfermaient aucune indication d'un destinataire quelconque de l'hymne céleste. Aux vers X, 157, 4 et 5, les dieux que nous avons vus ailleurs (p. 106) honorer les Asuras, sont considérés comme leurs ennemis, et l'hymne, *arka*, qu'ils leur auraient adressé selon la première conception, devient l'arme qu'ils dirigent contre eux.

Les chants célestes gardent d'ailleurs, lorsqu'ils sont attribués à des personnages divins, la signification naturaliste que nous avons assignée en général aux formes supérieures de la parole. Vàyu, le vent, est appelé un prêtre, cf. VIII, 90, 10 et V, 43, 3, « louangeur », V, 41, 6, cf. I, 169, 4. D'après le vers X, 61, 7, quand le père, s'unissant à sa fille selon un mythe que nous étudierons plus loin, a laissé couler sa semence sur la terre, les dieux pieux ont fait la prière. Les phénomènes de l'orage semblent ici suffisamment indiqués. Ce passage rappelle d'ailleurs ceux qui ont été cités plus haut (p. 114), d'après lesquels les deux mondes ont tremblé au moment où le sacrificateur a été choisi, I, 31, 3 ; cf. 151, 1. Or, aux vers X, 11, 4, après une mention de la descente d'Agni porté (comme Soma) par le faucon, on lit que lorsque les races honorables ont choisi Agni pour sacrificateur, alors la prière est née ; et si c'est le sacrifice terrestre qui est ainsi désigné, ce n'est pas en tout cas sans allusion au sacrifice céleste qui s'accomplit dans l'orage. D'ailleurs, l'orage est peut-être confondu avec le lever du jour dans l'hymne III, 7 où les chantres célestes désignés probablement au vers 1, et en tout cas au vers 5, comme brillant du haut du ciel et ayant *Ilâ* (voir section VI) pour voix commune, chantent un hymne au père et à la mère (au ciel et à la terre), au moment où le taureau, qui est lui-même un chantre, s'est accru selon sa nature en enveloppant (en faisant disparaître) la nuit (vers 6) ; ce taureau paraît être Agni, représentant comme chantre l'éclair, comme vainqueur de la nuit, le soleil. Mais c'est dans l'hymne VII, 103, que les prières des sacrificateurs célestes sont le plus clairement identifiées aux bruits qui accompagnent la chute de la pluie. Ces sacrificateurs y sont représentés à la fois comme des grenouilles qui coassent au retour de la saison pluvieuse (vers 3-6, 7) et comme des brâhmanes qui rompent après une année le vœu du silence (1), qui chantent auprès du Soma pressé (7), qui prennent la parole et font leur prière annuelle (8). Il est extrêmement peu vraisemblable que l'hymne en question soit, comme on l'a cru d'abord, une satire contre les brâhmanes, comparés par plaisanterie à des grenouilles. Les personnages auxquels il est consacré sont des adhvaryus qui portent des vases de lait chaud (8) ; or, ces vases qu'ils répandent en observant la loi de l'année, lorsque vient la saison des pluies (9), ne peuvent être que les vases célestes contenant ces pluies elles-mêmes. Ils sont encore désignés comme des sacrificateurs célestes au vers 8, d'après lequel ils apparaissent « après avoir été cachés ». D'autre part, ils sont invoqués sous leur forme de grenouilles (10) ; la comparaison des grenouilles à une peau sèche que viennent gonfler les eaux (2) suggère naturellement l'idée du nuage ; enfin la parole « excitée par Parjanya ou par le nuage » que prononcent les grenouilles, semble bien être la parole du nuage lui-même. Nous avons déjà remarqué du reste (p. 84, note 2) que le mort arrivé dans le séjour des eaux célestes paraît avoir été assimilé à une grenouille.

Nous pouvons maintenant compléter ce que nous avions à

dire de l'origine céleste de la parole humaine, et particulièrement des prières récitées dans le sacrifice. La prière, actuellement adressée aux dieux par les nouveaux *r*ishis comme elle l'a été par les anciens, VII, 22, 9, cf. 29, 4 ; I, 48, 14 ; 143, 1, reçoit souvent la qualification de « nouvelle », I, 27, 4 ; 60, 3 ; 62, 13 ; 82, 2 ; 109, 2 ; 131, 6 ; V, 42, 13, etc., cf. I, 61, 13. Mais elle est moins « nouvelle » que « renouvelée ». On invoque les dieux selon la formule des anciens chantres, I, 175, 6, cf. I, 80, 16. On leur adresse la prière ancienne, VII, 73, 1 ; X, 13, 1 ; Vâl. 4, 9, cf. VIII, 77, 4, la prière des pères, VIII, 41, 2 ; X, 57, 3. Ce sont les anciennes prières qui s'élancent de nouveau vers eux, I, 62, 11, et qui sont pour cette raison appelées des « revenantes », IX, 72, 6. Aussi la prière « nouvelle » est-elle en même temps appelée « ancienne », VIII, 84, 5. « Nous chantons », dit l'auteur du vers I, 87, 5, à la manière de notre père antique. » « Cette parole », dit celui du vers IV, 4, 11, « m'est venue de l'ancêtre Gotama. » La prière nouvelle est rattachée à Vivasvat comme à un nombril, I, 139, 1, c'est-à-dire qu'il en est le père, (cf. VIII, 6, 39, la prière de Vivasvat). Les hommes actuels adressent à Indra le même hymne avec lequel les anciens pères, les A*n*giras, ont conquis les vaches, I, 62, 2.

Or, c'est un fait auquel nous faisions allusion tout à l'heure encore, les anciens prêtres, particulièrement les A*n*giras, sont des personnages mythologiques, confondus dans une certaine mesure avec les dieux, comme ces sages auxquels l'auteur des vers III, 38, 1 et 2 semble demander des enseignements, et qui peut-être ne sont autres que les Gandharvas (cf. 1 et 6). D'ailleurs l'invention de la prière est aussi directement rapportée aux dieux mêmes. La parole que les hommes invoquent aujourd'hui comme une déesse, la parole divine a été « engendrée » par les dieux, VIII, 89, 11, d'où l'épithète *devatta* « donnée par les dieux » appliquée à la prière humaine, I, 37, 4 ; VIII, 32, 27 ; cf. II, 34, 7 ; VII, 97, 5 ; VIII, 75, 2. On demande, comme nous l'avons vu, à Agni, d'apporter la prière qui a « brillé » dans le ciel, VI, 16, 36. « Ce chant-ci », c'est-à-dire sans doute celui qui retentit actuellement sur la terre, est celui des immortels, celui qu'ils ont fait entendre alors qu'eux-mêmes désiraient des trésors (cf. ci-après X, 114, 1) et qu'ils faisaient la prière et le sacrifice, X, 74, 3 (cf. 2, déjà cité). Ce dernier trait rappelle ce que nous avons dit déjà de la prière dans le sacrifice céleste. Les nouveaux textes cités confirment l'idée, déjà suggérée par les précédents, que c'est à ce sacrifice céleste qu'il faut faire remonter l'origine de la prière humaine.

Mais nous savons que ce sacrifice lui-même se confond avec les phénomènes célestes. Ce serait déjà peut-être une raison d'interpréter au sens naturaliste des expressions telles que celles du vers X, 114, 1, où il est dit que les dieux, opérant en vue d'obtenir le « lait du ciel », ont « découvert » l'hymne (*arka*) et le *sâman*, et du vers IX, 10, 6, où les anciens chantres qui « ouvrent les portes des prières » paraissent être les sept sacrificateurs divins (cf. 7, voir le chapitre de l'*Arithmétique mythologique*). De même la comparaison de la prière à un torrent qui coule (voir p. 282) offre un intérêt particulier quand c'est Agni, c'est-à dire à la fois le prototype des anciens prêtres et l'élément qui se manifeste dans le ciel sous les formes du soleil et de l'éclair, qui est prié de lui creuser son lit, IV, 11, 2. Peut-être est-il par exemple identifié à l'éclair au vers IV, 6, 5, où il reçoit l'épithète *madhuvacas* « dont la voix est comme une liqueur enivrante », en même temps qu'il est représenté comme faisant trembler tous les êtres lorsqu'il brille. On peut donc croire aussi que c'est sous sa forme d'éclair qu'il a brisé les portes des démons appelés Panis en « clarifiant » (voir p. 283) un hymne pour les hommes, VII, 9, 2. En tout cas, on ne peut guère méconnaître une allusion au mythe qui devait identifier la découverte de la parole et l'invention de la prière au phénomène céleste de l'orage dans le vers IV, 5, 3, où un poëte déclare qu'Agni lui a enseigné la prière « comme le séjour caché de la vache ». Cette dernière expression désigne en effet, dans la langue des hymnes, la retraite mystérieuse où sont trouvées, l'aurore au lever du jour, les eaux pendant l'orage. Voici d'ailleurs un texte décisif. La « découverte » de l'hymne, au vers X, 67, 5 (cf. 1), où elle est rapportée à Brihaspati, comparé lui-même au « ciel tonnant », non-seulement suit l'« effraction de la forteresse », mais accompagne celle des trésors du ciel, l'aurore, le soleil, la vache, que le dieu a fait sortir de la mer (céleste). Enfin, d'après le vers V, 83, 10, c'est un dieu de l'orage, dont le nom même signifie « nuage », Parjanya, qui a « trouvé » la prière « pour les créatures ».

Ainsi découverte par les dieux, la prière, ou, ce qui revient au même dans la langue des hymnes, la parole a été par eux distribuée, comme le feu lui-même, en divers lieux, et le même hymne, X, 125, où cette distribution est formellement indiquée au vers 3, cf. VIII, 89, 11, nous rappelle au vers 7, que la « matrice » de la parole était dans les eaux, dans la mer (céleste), en ajoutant que c'est de là qu'elle est sortie quand elle s'est répandue dans les différents mondes, ou partagée entre les différents êtres. Le fait de la distribution, comme celui de la découverte de la parole, se confondait d'ailleurs, dans l'esprit des chantres védiques, et avec le sacrifice, et avec les phénomènes célestes. C'est ainsi que d'après le vers X, 71, 3, les personnages dont il est dit, comme des dieux au vers X, 125, 3, qu'ils ont distribué la parole en divers lieux, l'avaient découverte par le sacrifice. Or, si ces sacrificateurs ne sont pas expressément donnés pour des dieux, si le poëte, en ajoutant qu'ils ont « apporté » la parole, paraît les assimiler plutôt à Mâtariçvan ou aux Bhrigus apportant le feu, nous devons d'abord nous rappeler que ces derniers sont confondus dans une certaine mesure avec les dieux proprement dits, ensuite remarquer que les premiers possesseurs de la parole, ceux chez qui les personnages en question l'ont trouvée, et qui représentent peut-être les anciens dieux (voir p. 106), sont eux-mêmes appelés des rishis.

Nous avons dit que l'une des idées qui ont dû contribuer le plus, soit à former, soit à consacrer le mythe du sacrifice céleste, est la croyance à l'efficacité absolue du sacrifice, qui en fait le principe même de l'ordre du monde. Cette observation s'applique tout particulièrement à celui des éléments du sacrifice qui fait actuellement l'objet de notre étude, à la prière. Plus généralement, une action en quelque sorte magique est attribuée dans les hymnes védiques à des formules qui peuvent, comme celles qui sont désignées par le mot *çamsa* par exemple (voir plus bas), être des incantations de démons ou de sorciers, aussi bien que des prières de pieux rishis, comme l'indique au vers II, 23, 10 l'opposition du mot *duhçamsa*, désignant les premiers, et du mot *suçamsa*, désignant les seconds. Cela n'empêche pas que la victoire ne soit assurée à ceux-ci sur ceux-là : c'est seulement une formule « droite » qui triomphe des ennemis, II, 26, 1. On verra dans la quatrième partie de cet ouvrage (ch. II, sect. VIII), que les malédictions des trompeurs, c'est-à-dire des démons ou des sorciers, et particulièrement de ces personnages équivoques, nommés Yâtus ou Yâtudhânas ou même Rakshas, qui participent du caractère des uns et des autres, peuvent retomber sur leurs auteurs. Mais les termes mêmes dans lesquels cette idée est exprimée prouvent qu'une action nécessaire est attribuée aux malédictions, quoique cette action puisse, par l'intervention d'une autre force, être détournée de son but primitif, et renvoyée à son point de départ. Cette autre force pourra être une formule conforme à la religion des *r*ishis, comme celle qui est appelée au vers 13 de l'hymne X, 87, une flèche « née de l'esprit », avec laquelle Agni doit frapper les Yâtudhânas, ces êtres qui « volent par la parole », *ibid.*, 15. Si la malédiction des impies a trois pointes, le *mantra*, la formule efficace des sages en a quatre, et reste victorieuse, I, 152, 2. Dans l'hymne X, 166, le sacrificateur, luttant contre une incantation, ou peut-être même contre un autre sacrifice, 4, demande à Vâcaspati, « le maître de la parole » (voir plus bas p. 300, note 2), que ses ennemis parlent « plus bas que lui », 3, cf. 5, c'est-à-dire que leurs formules cèdent aux siennes.

L'idée de la toute puissance du sacrifice est étroitement liée à celle de la toute-puissance de la prière, car un sacrifice sans prière ne saurait plaire à Indra, X, 105, 8. Aussi est-ce la mesure dans laquelle ils ont reçu le don de la parole, de la prière éloquente, qui fait la principale différence des prêtres, ou comme les appellent déjà les vers X, 71, 8 et 9, des brâhmanes entre eux, cf. 7 et 10 et X, 117, 7.

Le pouvoir de la prière est affirmé dans les hymnes sous les formes les plus variées. Nous laisserons de côté les passages, naturellement très-nombreux, qui nous apprennent seulement que l'homme obtient ce qu'il désire « par la prière », VI, 71, 6, et *passim*, cf. VI, 53, 4, etc. Cependant les passages du même genre dans lesquels un instrument matériel de la victoire comme « le cheval », II, 2, 10 ; IV, 37, 6, figure au même titre que la prière, sont déjà plus significatifs, en ce qu'ils assimilent dans une certaine mesure la prière à cet instrument matériel. C'est ainsi encore que les chantres védiques, au lieu de dire simplement que les dieux récompensent la prière, ou, par une expression plus imagée, qu'ils la revêtent de riches ornements, II, 35, 1 ; I, 61, 16, disent aussi qu'ils la rendent conquérante de vaches, de chevaux, de butin, VI, 53, 10; cf. I, 112, 24; VIII, 75, 2; X, 42, 3 et 7. Les dieux font aussi « gonfler » les prières, I, 151, 6, et le commentaire de cette expression est au vers IV, 41, 5, où la prière est célébrée sous la forme d'une vache que fécondent Indra et Varuna, comparés à deux taureaux.

Souvent aussi les effets attribués à la prière lui sont rapportés directement, et sans intervention des dieux. Elle a le pouvoir de donner une étable pleine de vaches, un breuvage salutaire, VIII, 25, 20; elle donne une nombreuse descendance, I, 76, 4 ; elle protége le sacrificateur, X, 37, 2, elle le favorise, VII, 84, 5, cf. 66, 8 ; elle aiguise la flèche du combattant, VI, 75, 16, elle lui sert de cuirasse, VI, 75, 19. Ces expressions ne sont pas de simples métaphores. Dans la bouche des chantres védiques elles avaient incontestablement un sens mythique. Pour le prouver, sans même recourir à l'hymne X, 125, qui peut être de date relativement récente, mais où cependant la parole [1] personnifiée, en se disant la reine des richesses, 3, en promettant la richesse au sacrificateur, 2, et la force à celui qu'elle aime, 5, ne s'arroge aucun pouvoir qui ne lui soit expressément attribué en bien d'autres passages, il suffira de citer le vers VIII, 46, 14, dont l'auteur voulant célébrer la puissance d'Indra, ne trouve rien de mieux que de le comparer à la parole, et le vers X, 50, 4, où le même dieu est appelé le *mantra*, la formule par excellence. Nous retrouverons encore plus loin des comparaisons du même genre.

En résumé il n'y a rien au-dessus du *sâman*, II, 23, 16, et plus généralement de la prière. La parole, qui tend à Rudra son arc, X, 125, 6, et qui exerce sur tous les dieux, et particulièrement sur Indra, une action que nous étudierons plus tard, la parole est la reine des dieux, VIII, 89, 10. Les dieux reposent sur le ciel suprême de la parole (proprement, du vers), I, 164, 39, qui n'est autre que le prêtre, *ibid.*, 35.

L'action de la prière s'exerce en particulier sur les deux ordres de phénomènes célestes qui figurent au premier rang dans la mythologie védique, les phénomènes du lever du jour, et les phénomènes de l'orage. L'aurore sort de la montagne ouverte par les hymnes, V, 45, 1, cf. 3, dont elle entend l'appel, VI, 64, 5, qui l'éveillent, III, 61, 6 ; IV, 52, 4; VII,

---

1. D'après l'Anukramaṇî dont l'interprétation offre ici tous les caractères de la vraisemblance.

80, 1, et l' « accroissent », I, 124, 13 ; VII, 77, 6, qui font briller le ciel et la terre, IV, 56, 1. C'est la prière qui fait (qui ouvre) les chemins lumineux, X, 53, 6. L'hymne est enfin appelé *svarshá* « qui conquiert la lumière », I, 61, 3 ; V, 45, 11.

De même, la parole, qui triomphe dans les combats, conquiert aussi la pluie du ciel, I, 152, 7. Elle reçoit au vers X, 98, 7, l'épithète *vrishtivani* « qui conquiert la pluie », cf. 3. Si c'est au moment où a été chanté l'hymne appelé *rathamtara* que le soleil a été aperçu, c'est au moyen du mètre appelé *jagati* que la mer « céleste » a été soutenue dans le ciel, I, 164, 25. La vache « mugissante » à un, deux, quatre, huit et neuf pieds, qui « produit les eaux », I, 164, 41, et d'où coulent les mers, *ibid.*, 42, ne peut guère être que la parole rhythmée.

Dans ce dernier passage, il est vrai, la vache dont il s'agit est placée au plus haut du ciel, et représente par conséquent une forme supérieure de la prière. De même on peut entendre le vers, III, 61, 6, en ce sens que l'aurore est éveillée par les hymnes « du ciel ». Mais dans la plupart des autres passages cités, les prières qui exercent une action sur les phénomènes célestes sont bien les prières terrestres, celles que l'auteur de l'hymne appelle « mes » ou « nos » prières.

Il y a ainsi entre les formes principales de la femelle céleste, c'est-à-dire entre l'aurore et les eaux de la pluie, d'une part, et la prière, qui est la femelle terrestre, de l'autre, une correspondance dont témoigne encore en divers passages la mention simultanée de l'aurore, qui vient à l'appel du sacrificateur, I, 48, 11, de l'aurore, qui est le salaire, la *dakshiná* du sacrifice, VI, 64, 1, et de la prière, I, 183, 2, des aurores qui viennent au-devant des chants du sacrificateur, I, 122, 14, et des prières, I, 123, 6 (et *passim*), ou bien des rivières (célestes) et des « vaches de la loi », I, 73, 6, c'està-dire encore des prières, des prières qui s'avancent dans la direction des sources (célestes), X, 25, 4. Au vers I, 141, 1, au contraire, les « vaches de la loi » paraissent être les eaux, et en tout cas les femelles célestes, qui sont « amenées » quand la prière « réussit ». J'explique dans le même ordre d'idées l'épithète *visrishtadhená* « qui répand les vaches », donnée à la prière, VII, 24, 2. Ce ne peut être aussi que l'une des formes de la femelle céleste qui, sous le nom d'*Urjânî*, monte sur le char des Açvins, quand la prière terrestre s'élève, I, 119, 2, et sous le nom de Sarasvatî, **donne son lait à celui qui fait la prière**, IX, 67, 32. Nous reviendrons sur ces noms particuliers donnés à la femelle céleste, et nous verrons, dès la section suivante que le second, celui de Sarasvatî, désigne un personnage qui résume les différentes formes de la femelle mythologique. La prière est représentée allant comme une messagère (*antar... carati*), chercher le don de la vache, III, 55, 8 ; cf. I, 173, 3. Ce dernier passage peut expliquer le vers III, 58, 1, où la « vache » qui paraît associée à Agni comme messagère « amenant la clarté (de l'aurore) » ne diffère pas de l' « éloge de l'aurore » et représente la prière elle-même. Les « vaches » dont la « musique » des Sobharis est « ointe », VIII, 20, 8, sont de nouveau les femelles célestes, ou plutôt le lait de ces femelles qui récompense le chant des prêtres. Enfin aux vers VIII, 6, 43 et VIII, 55, 8, cf. 14, c'est sous le nom même de « prière », de prière « antique » ou « brillante », que la femelle céleste paraît être mise en relation avec la prière terrestre, avec l'hymne des Ka*n*vas qui la « fortifie », avec l'hymne que goûte Indra et dont elle doit être la récompense.

L'idée de l'efficacité nécessaire, de la puissance propre de la prière ressort mieux encore de l'introduction dans le panthéon védique d'un personnage divin qui symbolise précisément cette action en quelque sorte magique des formules sacrées, et dont le nom, Brahma*n*aspati ou B*r*ihaspati, souvent invoqué en même temps que les noms de différents éléments divinisés du culte, I, 18, 5 ; 40, 3 ; X, 36, 5 ; 64, 15 ; 100, 5 ; 103, 8, signifie « le maître de la prière ». Ce nom suffirait déjà à le caractériser. Il est d'ailleurs appelé en outre, le premier roi des prières, II, 23, 1, le père de toutes les prières (*brahman*, paroxyton), II, 23, 2[1]. Et on doit entendre par là, non-seulement qu'il inspire le prêtre, qu'il « met dans sa bouche une parole brillante », X, 98, 2 ; 3 et 7, qu'il l'aide à louer dignement « son ami (à lui-même, Indra) », II, 24, 1, mais qu'il prononce lui-même la formule qui plaît aux dieux, I, 40, 5, qu'il chante le *sâman*, X, 36, 5, qu'il satisfait les dieux avec des hymnes et des prières, X, 64, 16, cf. I, 190. 1 ; 3 et 4. Il donne la *pankti*, I, 40, 3, c'est-à-dire qu'il inspire les

---

1. C'est pour cela que le vers X, 71, 1, sur l'origine de la parole, est adressé à B*r*ihaspati.

prières composées dans le mètre ainsi nommé; mais c'est le mètre *brihati* qui, par allusion à son nom, lui est particulièrement rapporté, X, 130, 4. Le même mot *brihati* est au vers X, 67, 1 une épithète de la prière « à sept têtes », équivalente aux « sept prières », qui a été « trouvée » par Brihaspati[1]. De même, si en tant qu'il prononce lui-même les formules sacrées, il a droit au nom de « prêtre », II, 24, 13; X, 64, 16, c'est le nom particulier du prêtre *brahman* (oxyton) qui lui convient avant tout autre, et qu'on aime à rapprocher de son propre nom, II, 1, 3; X, 141, 3. *Brahman* (prêtre), et maître du *brahman* (prière), il est naturellement l'ennemi de ceux qui haïssent le *brahman* (la prière ou le prêtre), c'est-à-dire des impies, II, 23, 4 : ces impies peuvent d'ailleurs être des démons, X, 182, 3, cf. V, 42, 9. En revanche, il favorise celui qui fait le *brahman*, la prière, II, 25, 1.

La conception d'un dieu inspirateur des prêtres, et prêtre lui-même, n'est cependant pas dans la mythologie védique une pure abstraction. Nous avons déjà vu les mêmes fonctions attribuées à des personnages divins d'origine naturaliste en même temps que liturgique, Agni et Soma. Brahmanaspati semble quelquefois identifié à l'un ou à l'autre de ces dieux. Il l'est probablement à Soma[2] en même temps que Yama, au vers X, 13, 4, où il est dit de ce dernier qu'il a « abandonné (sacrifié) son propre corps », et de Brihaspati qu'on en a fait un sacrifice (une offrande), cf. X, 100, 5[3]. Il l'est certainement à Agni[4] quand il est représenté « brillant dans la demeure » et « le dos noir (de fumée) », V, 43, 12, ou qu'il reçoit la qualification, propre au dieu qui naît du frottement des aranis, de *sahasas putra* « fils de la force », I, 40, 2. D'ailleurs, engendré par Tvashtri « à chaque sâman » et « de tous les mondes », II, 23, 17, Brahmanaspati, comme

---

1. Au vers V, 43, 12, Brihaspati lui-même reçoit l'épithète *brihat*.
2. C'est d'ailleurs Soma qui reçoit, ou seul, ou le plus souvent, les qualifications équivalentes de *dhiyas pati*, IX, 75, 2; 99, 6, de *vâcas pati*, IX, 26, 4; 101, 5, de *manasas pati*, IX, 11, 8; 28, 1. Cette dernière est en outre donnée au vers 1 de l'hymne X, 164, à un dieu non autrement désigné, mais qui ne paraît guère différer de Brahmanaspati invoqué au vers 4 du même hymne. Celle de *vâcas pati* est également donnée au vers X, 166, 3 à un dieu non autrement désigné, et au vers X, 81, 7 à Viçvakarman.
3. Rien n'empêche de croire que c'est Soma qui est invoqué dans le vers 1 de l'hymne IX, 83, sous le nom de Brahmanaspati.
4. Appelé lui-même *brahmanas kavi* « le sage de la prière » au vers VI 16, 30, peut-être même *brahmanaspati* aux vers I, 38, 13 ; III, 26, 2.

Agni et Soma, est *trishadhastha*, IV, 50, 1, c'est-à-dire qu'il a trois demeures, dont une demeure « inférieure », II, 24, 11, apparemment sur la terre, et une dans le ciel suprême où le vers IV, 50, 4. place sa première origine ; comme eux, il est au vers II, 23, 2, comparé au soleil, et quand il est représenté, lui qui prend toutes les formes, III, 62, 6, sous la forme d'un taureau qui fait retentir les deux mondes, VI, 73, 1, on peut en conclure que dans l'une de ses demeures supérieures il est, toujours comme Agni et Soma, assimilé à l'éclair. Il reçoit même au vers X, 68, 12, où il est aussi représenté comme « mugissant », l'épithète *abhriya* qu'on peut traduire « né du nuage ».

Or l'assimilation de Brahma*n*aspati à Agni et à Soma ne diminue-t-elle pas l'intérêt que pouvaient offrir, pour le sujet particulier de cette section, les formules qui célèbrent la puissance du « maître de la prière », en nous présentant ces formules comme de simples variantes de celles qui célèbrent la puissance du feu ou du breuvage du sacrifice? Ou même, son assimilation aux formes supérieures d'Agni et de Soma ne peut-elle pas suggérer une interprétation purement naturaliste de celles qui lui attribuent une action sur les phénomènes célestes, et qui nous le montrent, comme le vers VI, 73, 3, par exemple, conquérant la lumière, cf. II, 24, 5 et 9 ; X, 68, 10, et les eaux, cf. I, 190, 7 ; II, 24, 4 ; 12 ; IV, 50, 3, (d'où son influence sur la végétation, X, 97, 15 et 19)? Si B*r*ihaspati, ce dieu vainqueur, cf. II, 23, 11 ; 30, 9 et 10 ; IV, 40, 1 ; X, 103, 4, fait sortir (de l'étable céleste) des vaches, II, 24, 14, cf. I, 62, 3 ; X, 68, 3 et suivants, X, 108, 11, qui représentent, soit les aurores, cf. X, 67, 5 ; 68, 9, soit les eaux expressément nommées aux vers II, 23, 18 et VI, 73, 3, cf. X, 68, 4 et 5, n'est-ce pas parce qu'il représente lui-même, soit le soleil, soit l'éclair? L'allusion à l'éclair en particulier ne semble-t-elle pas évidente dans les passages où il est fait mention du « bruit » qui accompagne les exploits de B*r*ihaspati (le sage bruyant, X, 64, 4 et 16), « naissant dans le ciel et écartant les ténèbres », IV, 50, 4, cf. IV, 50, 1 ; IX, 80, 1 ?

Nous avons répondu d'avance à ces objections dans les sections consacrées à Agni (p. 139) et à Soma (p. 212), en constatant l'intérêt qu'offrait en tout cas la désignation du soleil ou de l'éclair par les noms du feu et du breuvage du sacrifice, pour la détermination de l'action attribuée à ceux-ci sur les phénomènes célestes. 'De même, le nom seul de « maître de la prière » donné à un dieu représentant le soleil ou l'éclair, suffirait pour caractériser le rôle assigné dans l'ordre du monde aux cérémonies du culte, particulièrement, et c'est par là que les formules concernant Brahmanaspati gardent leur intérêt propre après celles qui concernaient Agni et Soma, à la prière. L'auteur du vers II, 24, 3, insiste d'ailleurs sur le sens de ce nom, en disant des exploits ordinaires de Brahmanaspati, cf. 2 et 4, ouverture de la caverne et délivrance des vaches, accompagnées de la disparition des ténèbres, de l'apparition de la lumière, du jaillissement des eaux, que ce dieu les a accomplis par la prière, *brahmanâ* (cf. *mati*, II, 24, 9; 13). C'est aussi avec l'hymne, *arkena*, que d'après le vers X, 68, 9, cf. VI, 73, 3, il a dissipé les ténèbres. C'est avec des hymnes qui « brûlent comme le feu », qu'il a « brisé » la retraite de Vala, X, 68, 6, et au vers X, 68, 4, il est comparé lui-même à l'hymne (à la voix du tonnerre), qui fait jaillir l'étincelle du ciel. Peu importe que la prière de Brahmanaspati, quand ce dieu représente l'éclair, représente le tonnerre, comme cet hymne dont il est dit au vers X, 67, 5, qu'il l'a trouvé, pareil au ciel tonnant. L'emploi des mots signifiant « hymne » ou « prière » n'en garde pas moins son intérêt pour le sujet qui nous occupe. De même, le char brillant sur lequel il monte quand il dissipe les ténèbres, ce char qui « fend l'étable des vaches célestes », est appelé le char « de la loi », II, 23, 3. Dans un autre vers où ses exploits ne sont pas spécifiés, II, 24, 8, nous lisons que son arc, avec lequel il atteint tout ce qu'il désire, a pour corde « la loi (du sacrifice) » et que ses flèches se fixent dans l'oreille, c'est-à-dire qu'elles ne sont autres que des prières ; cf. I, 190, 4.

Ailleurs c'est la troupe des compagnons de Brihaspati qui prie et qui chante en même temps que lui-même brise la caverne avec fracas et délivre les vaches, IV, 50, 5 ; cf. I, 62, 3 ; X, 108, 11. Il semble alors remplir, avec l'aide d'une troupe de sacrificateurs, un rôle identique à celui que nous verrons attribué à Indra. Comme Indra, il prend pour allié le sacrificateur, II, 25, 1, cf. 23, 10 ; comme Indra, il triomphe des démons désignés par les noms de Çambara, II, 24, 2, et de Vritra, VI, 73, 2 (cf. X, 68, 6 et suivants). Mais souvent il n'est lui-même que le compagnon et l'allié du dieu guerrier par excellence, II, 23, 18 ; 24, 12 ; VIII, 85, 15, avec lequel il forme un couple, II, 24, 12; IV, 49 (en entier); 50, 10 et 11; VI, 47, 20; VII, 97, 9 et 10; X, 100, 5; 164, 4; cf. II, 30, 4; X, 42, 11; 103, 4 et 5[1], analogue à ceux d'Indra et Agni, d'Indra et Soma, ou plus généralement d'Indra et d'un représentant quelconque du feu ou du breuvage du sacrifice. C'est donc aussi à Agni ou à Soma qu'il est plus ou moins complétement assimilé quand il figure à la tête d'une troupe de sacrificateurs, de chantres, VII, 10, 4; X, 14, 3, ou plus généralement d'une troupe de compagnons, et qu'il est appelé par exemple le maître des troupes, II, 23, 1; cf. V, 51, 12. Ces compagnons sont célébrés avec lui tout le long de l'hymne, X, 67 (cf. 68, 11), d'après lequel Brihaspati « désirant la lumière au milieu de l'obscurité a fait apparaître les aurores », 4, et « brisant la forteresse, a fait sortir de la mer l'aurore, le soleil, la vache », 5, cf. 3 et 8. Mais ils ne sont pas seuls à chanter, 3; Brihaspati, à côté duquel figure du reste dans le même hymne, 6, le dieu auquel appartiennent en propre les attributs guerriers, c'est-à dire Indra lui-même, Brihaspati chante avec eux, 3, comme il convient au « maître de la prière », au dieu « à la langue harmonieuse que les anciens rishis ont mis à leur tête » (*puro dadhire*, cf. *purohita*), IV, 50, 1. Dans l'hymne X, 98, Brihaspati, invoqué par Devâpi, qui le prie de faire pleuvoir le nuage en faveur de Çamtanu, 1, met dans la bouche du prêtre lui-même, 2 et 3, la parole « conquérant la pluie », 7, avec laquelle le prêtre et le dieu conquièrent ensemble la pluie pour Çamtanu, 3.

Les compagnons de Brihaspati ont ordinairement le caractère équivoque de tous les anciens sacrificateurs, moitié prêtres, moitié dieux. Nous avons eu déjà (p. 97) l'occasion de citer les vers II, 24, 6 et 7, où leur apparition et leur disparition semblent représenter l'apparition et la disparition des phénomènes lumineux ou ignés du ciel; cf. IV, 50, 3. Dans l'hymne X, 67, au vers 7, ils ont pour sueur le « lait chaud », c'est-à-dire les pluies tièdes de l'orage. Au vers 2 du même hymne ils reçoivent le nom d'Angiras; or, la troupe des Angiras peut être considérée comme le type le plus accompli de ces groupes de sacrificateurs mythiques dans lesquels nous voyons si souvent se confondre les attributs de l'humanité et ceux de la divinité.

---

1. Au vers VII, 97, 3, Indra paraît être opposé à Brahmanaspati comme roi de la prière « faite par les dieux ».

Brihaspati porte lui-même le nom d'Angiras, II, 23, 18, si souvent donné à Agni, comme à l'Angiras par excellence, au chef des Angiras. Mais il reçoit beaucoup plus souvent celui d'*àngiras* (V. Gr. *s. v.*). Ce nom, qui est le patronymique dérivé du précédent, semble faire du dieu de la prière, comme de la prière elle-même, un « produit » du culte dont les Angiras sont les plus anciens ministres, ce qui n'empêche pas que, comme Agni, il ne reçoive le nom de père, VI, 73, 1 ; X, 67, 1, et qu'au vers X, 100, 5, il ne semble, sous ce nom, identifié non plus seulement à Angiras, mais à Manu, père commun de tous les hommes.

Quoi qu'il en soit, la création du personnage divin de Brahmanaspati peut être considérée comme le témoignage le plus frappant de la croyance à une efficacité propre et en quelque sorte intrinsèque de la prière. La plupart des indianistes sont d'accord pour voir en lui le prototype du dieu qui figure à la tête de la trinité hindoue, sous le nom de Brahman (masculin, au nominatif *brahmá*)[1], dont le sens védique est « prêtre », tandis que le Brahman neutre (au nominatif *brahma*), c'est-à-dire l'âme du monde, l'être unique de la philosophie védantique, porte le nom védique de la prière elle-même. Mais bien avant que cette double conception ait consacré le triomphe de la caste brâhmanique[2], non-seulement sur les autres castes, mais sur les dieux que le sacrifice mettait en quelque sorte à son service, Brahmanaspati était déjà le symbole du pouvoir que les prêtres védiques s'attribuaient, et qu'ils rapportaient directement aux cérémonies du culte, particulièrement à la prière. Et en effet, ce dieu qui « embrasse tout », II, 24, 11, est pour eux « le plus dieu des dieux », II, 24, 3, le père des dieux, II, 26, 3, cf. IV, 50, 6, qu'il a forgés comme un forgeron (forge le fer), X, 72, 1 et 2 ; cf. IV, 2, 17. Au vers X, 98, 1, plusieurs des principaux dieux védiques lui sont identifiés, comme dans l'hymne II, 1, tous sont successivement identifiés à Agni.

1. Je crois qu'au vers IX, 111, 6 le mot *brahman*, masculin, désigne Brahmanaspati, pressant le Soma en chantant, dans le lieu où l'homme espère devenir immortel (cf. les vers suivants et IX, 83, 1 et 2).
2. C'est un fait digne de remarque qu'une des rares allusions à la distinction des castes que renferme le *Rig-Veda* se rencontre précisément dans un hymne à Brahmanaspati, l'hymne IV, 50 : les vers 8 et 9 de cet hymne promettent en effet la faveur divine et tous les biens au roi (*rájan*) qui reconnaît la prééminence du *brahman*. Au vers 5 de l'hymne X, 109, la femme enlevée au brâhmane est retrouvée par Brihaspati.

Avec Brahma*n*aspati, il faut nommer encore Narâçamsa, personnage dont l'identification avec Agni n'est pas simplement vraisemblable ou accidentelle, mais complète et définitive [1], et qui cependant doit être aussi considéré comme symbolisant particulièrement la puissance de la prière.

Je n'insisterai pas sur le rapprochement des invocations adressées à Narâçamsa et à B*r*ihaspati aux vers 4 et 5 de l'hymne I, 106, ni sur les vers consacrés à Narâçamsa dans des hymnes à B*r*ihaspati, le vers 2 de l'hymne X, 182, et le vers 9 de l'hymne I, 18, d'où on pourrait peut-être déjà conclure que les deux personnages sont considérés, sinon comme identiques, au moins comme très-analogues [2]. Je ne m'attacherai qu'au nom même de Narâçamsa. Ce nom, comme celui de Brahma*n*aspati, est un composé impropre, c'est-à-dire un composé dont le premier terme est fléchi, avec cette particularité que la dernière lettre de la flexion a disparu, le nominatif *narâçamsah*, par exemple, étant pour *narâm çamsah*, comme le prouve le vers II, 34, 6, où les mots figurent séparés par l'enclitique *na*, le premier sous sa forme complète, tandis qu'aux vers IX, 86, 42 ; X, 64, 3, ce premier mot, en dépit de l'enclitique qui le sépare également du second, se présente sous la forme altérée *narâ*. Il est vrai qu'au vers II, 34, 6, la locution en question n'est peut-être pas prise comme un nom propre ; mais il en est de même, et bien plus certainement, malgré la déformation du premier terme, au vers IX, 86, 42. Et ce sont précisément les passages où elle garde son sens étymologique qui nous aident à retrouver la conception primitive fixée dans le personnage assez effacé de Narâçamsa.

Le mot *çamsa*, formé de la racine *ças*, *çams*, comme le mot *çasman* identique au latin *carmen*, désigne tout particulièrement les formules auxquelles est attribuée une efficacité en quelque sorte magique, aussi bien celles qui sont « droites », II, 26, 1, c'est-à-dire conformes à la religion des *r*ishis, que celle des démons ou des sorciers, ou plus généralement

---

1. Voir III, 29, 11 et le deuxième vers des hymnes *A*prà, II, 3 ; V, 5 ; VII, 2 ; X, 70, où il remplace Tanûnapât, autre forme d'Agni invoquée seule dans quatre des hymnes *A*prî, tandis qu'au vers 3 de l'hymne *A*prâ I, 13, et de l'hymne *A*prî I, 142, il figure après Tanûnapât invoqué au vers précédent.

2. Aux vers 6-8 du même hymne I, 18, le *sadasas pati*, « le maître de la demeure », qui fait réussir l'offrande, 7 et 8, pourrait être B*r*ihaspati aussi bien qu'Agni lui-même.

de l'ennemi, I, 18, 3 ; 94, 8 ; 128, 5 ; III, 18, 2 ; VII, 25, 2 ; 34, 12 ; 56, 19 ; VIII, 39, 2. Ces deux emplois du mot se rencontrent dans un même hymne, I, 166, aux vers 8 et 13[1]. Il n'a pas en réalité d'autre sens. Les passages où MM. Roth et Grassmann veulent qu'il signifie « faveur divine » s'expliquent tous par l'idée de l'efficacité absolue des formules. C'est aussi la formule efficace, et non la faveur céleste, qui est personnifiée et divinisée dans les vers V, 46, 3 ; VII, 35, 2, comme le prouve le vers X, 64, 10, où le çamsa invoqué est expressément désigné comme le çamsa du sacrificateur, littéralement « de celui qui prend de la peine ». Au vers IX, 81, 5, le nom de çamsa est remplacé, à la suite du nom de Bhaga comme dans les trois citations précédentes, par celui de nrçamsa, composé propre équivalent à la locution narâm çamsah et au composé impropre narâçamsa, auxquels nous nous trouvons ainsi naturellement ramenés.

De ces composés et de cette locution il faut encore rapprocher les locutions pitrînâm çamsâh, X, 78, 3, çamsam uçijâm, II, 31, 6, et enfin çamsam âyoh, IV, 6, 11 ; V, 3, 4, la dernière appliquée à Agni, ce dieu auquel nous avons dit que Narâçamsa est aussi régulièrement identifié. Or, le çamsa ou les çamsa des pères, et particulièrement des Uçij et d'Ayu, sont les formules, les prières efficaces de ces ancêtres des sacrificateurs actuels, comme le çamsa des hommes en général est la formule, la prière humaine. Ce qui prouve que les locutions et les composés en question ne doivent pas être interprétés, comme le fait, sauf des exceptions assez arbitraires[2], M. Grassmann, suivant toujours l'exemple de M. Roth, dans le sens concret de « loué des hommes, etc. », tiré du sens abstrait d'« éloge », c'est la locution équivalente martam çamsam, I, 141, 6. On comprend, en effet, que la formule du mortel soit appelée la formule « mortelle » ; on comprendrait moins bien qu'une locution dont le sens propre aurait été « éloge mortel » eût désigné celui qui est loué par le mortel.

---

1. Cf. l'opposition des composés duhçamsa et suçamsa, aghaçamsa et pâkaçamsa (v. Gr. s. v.).
2. Pour pitrînâm çamsâh et çamsam uçijâm, et même pour narâm çamsaih aux vers I, 173, 9 et 10, où il prend çamsa dans le sens de « faveur ». Quant au composé jivaçamsa, I, 104, 6 ; VII, 46, 4, auquel il donne le sens de « loué des vivants », ce n'est pas un possessif, mais un simple composé de dépendance, comme l'indique déjà l'accentuation (sur la dernière syllabe) ; il signifie « formule qui donne la vie » (cf. pour l'emploi de jîva le mot jîvadhanya, Gr. s. v.).

La « formule du mortel » est d'ailleurs là pour le mortel lui-même, la prière pour le sacrificateur, comme le prouve, dans le même vers, l'opposition de cette locution et du mot *devân* « les dieux ». Au vers 11 du même hymne, I, 141, le nom des dieux est à son tour remplacé par la locution *devânâm çamsam* « la formule des dieux », cf. X, 31, 1, qui nous rappelle l'assimilation des dieux à des sacrificateurs[1] et l'opposition des deux sacrifices, des deux prières, terrestre et céleste. Pour plus de clarté, ce vers renferme encore la mention expresse des deux races (humaine et divine) qu'il nous montre, ainsi que la « formule des dieux », dirigées par Agni. La même opposition se retrouve au vers III, 16, 4, entre le nom des dieux et la locution « la formule des hommes » : le messager des deux mondes, Agni, se dirige, et vers celle-ci, et vers ceux-là. Au vers IX, 86, 42, c'est le composé impropre *narâ-çamsam*, dont les deux termes sont là séparés par l'enclitique *ca*, avec l'adjectif *daivyam* se rapportant au mot *çamsam* sous-entendu, c'est-à-dire encore « la formule des hommes » avec « celle des dieux » qui sert de développement à la phrase « Soma va entre les deux races » ; en ajoutant que cet autre messager des deux mondes va « entre la formule des hommes et celle des dieux », le poëte nous rappelle que les dieux sacrifient en même temps que les hommes[2]. C'est encore dans le même ordre d'idées qu'il faut expliquer les « deux çamsa » des vers I, 185, 9 et IV, 4, 14. Dans le premier, les deux formules (céleste[3] et terrestre), invoquées comme l'est ailleurs la formule du sacrificateur (p. 306) ou la formule des dieux, X, 31, 1, semblent remplacer passagèrement le couple même du ciel et de la terre.

Il ne faut chercher qu'une nouvelle preuve du pouvoir at-

---

[1]. C'est dans le même ordre d'idées que j'explique les épithètes *uruçamsa*, *gambhiraçamsa*, dans leur application aux dieux : M. Grassmann, après M. Roth, y donne encore un nouveau sens au mot *çamsa*, en les traduisant « qui *domine* au loin », ou « dans les espaces profonds ».

[2]. Cf. encore l'opposition déjà signalée de Brahmanaspati et d'Indra, ce dernier étant considéré comme le roi « de la prière faite par les dieux », VII, 97, 3.

[3]. L'épithète *naryâ*, qui peut signifier « puissantes » ne fait peut-être allusion que par une sorte de jeu de mots à la locution *narâm çamsah*, cf. V, 41, 9. D'ailleurs, une locution signifiant « formule des hommes » pourrait désigner au duel la formule des hommes et celle des dieux, comme le duel du mot *prithivî* « terre » désigne la terre et le ciel, et cela d'autant plus aisément que le mot *nri* désigne souvent les dieux aussi bien que les hommes.

tribué aux formules sacrées dans les passages où nous voyons les dieux Maruts comparés aux formules des pères X, 78, 3, à la formule des hommes, II, 34, 6, ou Indra lui-même appelé « la formule des hommes », VI, 24, 2. N'avons-nous pas vu en effet (p. 297) le même Indra appelé le *mantra*, c'est-à-dire encore la formule par excellence ? Même observation sur les passages qui nous montrent la protection des dieux s'exerçant par l'intermédiaire des formules, X, 7, 1, ou selon la comparaison répétée dans les vers 9 et 10 de l'hymne I, 173, « comme par les formules des hommes », ou encore qui font des formules mêmes un présent des dieux, VII, 25, 3 ; Vâl. 9, 3.

Conclurons-nous de ce qui précède que le personnage de Narâçamsa représente directement la formule ou la prière ? Une telle conclusion serait en désaccord, et avec l'attribution ordinaire du sexe féminin aux personnages représentant la prière, et avec l'identification régulière de Narâçamsa et d'Agni[1]. Je ne vois d'autre moyen de lever la difficulté que d'interpréter le composé impropre *narâçamsa* à la manière d'un composé possessif. On comprend qu'il n'ait pas pris ce sens au vers IX, 86, 42, expliqué plus haut, où ses deux termes sont séparés par une tmèse, bien qu'il l'ait peut-être dans les mêmes conditions au vers X, 64, 3 ; qui paraît opposer à Narâçamsa l'Agni « allumé par les dieux ». Quoi qu'il en soit, le mot *narâçamsa*, en tant qu'il est le nom d'un personnage divin, paraît avoir, à la manière d'un composé possessif, le même sens que le dérivé *nâraçamsa*, dans son application à Soma, X, 57, 3, et désigner Agni, non pas simplement comme le dieu loué par les hommes, mais comme le dieu de la prière humaine, c'est-à-dire comme un autre Brahmanaspati.

Narâçamsa d'ailleurs, s'il est célébré moins souvent que Brahmanaspati, ne l'est pas en termes moins magnifiques. Ce dieu « à quatre membres », X, 92, 11 (cf. p. 31), est aussi « le plus dieu des dieux », X, 70, 2, et il égale en grandeur les trois cieux, II, 3, 2.

Il nous reste à indiquer comme nous l'avons fait successivement pour les divers éléments mâles et femelles, quelles sont dans la mythologie védique les diverses représentations des prières.

---

1. Notons cependant qu'au vers IV, 41, 1, l'hymne est comparé à un sacrificateur divin.

C'est seulement dans la seconde partie de cet ouvrage, et à propos de l'action exercée sur Indra par les hymnes qui lui sont adressés, que je traiterai des prières considérées comme les véhicules ou comme les attelages des dieux. Mais je puis citer dès maintenant, comme allusions à la représentation des prières sous forme de cavales, d'une part le nom de « conducteur (*yantri*, cocher ou cavalier) » des prières ou de l'hymne, donné à Agni, III, 3, 8, et à Brahma*n*aspati, II, 23, 19, de l'autre le verbe *vanc* « caracoler » employé pour exprimer la marche de la prière, I, 142, 4 ; III, 39, 1 ; X, 47, 7. Au vers II, 34, 6, c'est aussi, à ce qu'il semble, la prière qui est comparée à une cavale en même temps qu'à une vache féconde.

Quant à la représentation des prières sous forme de vaches, nous en avons eu déjà des exemples, et elle est des plus fréquentes. Les prières en effet « mugissent », et elles sont fécondes, ou, selon l'expression des hymnes, elles ont du lait. Il en est à cet égard de la parole du prêtre mortel, X, 17, 14, comme de la parole divine, appelée expressément une vache, aux vers VIII, 89, 11, cf. 10 ; 90, 16 ; 164, 41, et des hymnes du vent, comparés à une mamelle qui se gonfle, I, 169, 4. Les prières actuelles en effet sont, comme nous l'avons vu, la reproduction des prières anciennes dont l'origine est divine : ce sont des « vaches revenantes », IX, 72, 6. La prière, avant d'être « découverte » était une vache errant sans gardien, III, 57, 1. On lit au vers X, 64, 12 : « Cette prière que vous m'avez donnée, ô dieux, faites qu'elle se remplisse de lait comme une vache ! » Si le prêtre qui dirige ses hymnes vers Rudra se compare lui-même à un berger, I, 114, 9, cf. VI, 49, 12, c'est qu'il assimile les hymnes à des vaches, comme celui qui après avoir adressé son hymne à la Nuit divinisée, lui dit : « J'ai en quelque sorte dirigé vers toi des vaches », X, 127, 8. Les troupeaux que l'auteur du vers VIII, 85, 10, veut faire envoyer à Indra ne diffèrent vraisemblablement pas de l'hymne, des chants, mentionnés dans le même vers. Au vers VII, 94, 4, il est dit expressément des vaches envoyées à Indra, qu'elles lui sont envoyées « avec la pensée » ou « la prière ». Indra est lui-même comparé à une étable qui reçoit les chants assimilés à des vaches, VIII, 24, 6. Ailleurs la comparaison de la prière à une vache se complète par celle du prêtre à un veau (qu'elle allaite), X, 119, 4.

La prière est une vache qui donne son lait au chantre, II, 2, 9. De la parole inféconde on dit qu'elle n'est pas une « vache », X, 71, 5. Les intelligences faibles « épuisent » la parole (proprement, la musique, l'hymne chanté), IV, 24, 9, c'est-à-dire apparemment la rendent stérile.

Il arrive même que les prières ne sont désignées que par ce nom de « vaches ». Il en est ainsi par exemple aux vers I, 73, 6; III, 58, 1. C'est la prière ancienne, la prière des pères qui est appelée au vers I, 139, 7, « la vache donnée aux A*n*giras par les dieux ». La vache « annoncée » à Varu*n*a, et qui donne son lait, X, 65, 6, paraît être encore la prière. J'en dirai autant des vaches qui cherchent à attirer celui qui séjourne dans le ciel, I, 173, 1. Il faut reconnaître toutefois que dans les passages de ce genre, la vache peut souvent représenter les offrandes aussi bien que les prières.

Ailleurs la prière ou la parole « naît dans le séjour de la vache », III, 55, 1, comme si elle n'était que la voix de cette vache mythique.

La parole, quand elle se donne à un homme, et avant tout à un prêtre, est aussi comparée à une épouse richement vêtue qui se livre à son époux, X, 71, 4. Au vers I, 167, 3, la prière semble considérée comme l'épouse de Ma*n*us. Mais les prières, comme nous le verrons dans l'étude qui sera consacrée à Indra, sont avant tout les épouses des dieux auxquels on les adresse.

Les prières n'ont pas que des représentations animées. J'ai dit déjà qu'on les verrait plus tard assimilées à des véhicules. Celles des différents sacrificateurs sont aussi comparées à des branches qui se séparent (voir la note de l'Introduction sur le mot *vip*).

Souvent la prière est considérée comme une arme (*ibid.*), surtout comme une flèche, comme une flèche placée sur l'arc, IX, 69, 1. Nous avons vu déjà que les flèches lancées par Brahma*n*aspati, avec un arc qui a pour corde « la loi », vont se fixer « dans les oreilles », II, 24, 8. De même, au vers I, 84, 16, les flèches que portent « dans la bouche » des « bœufs » qui paraissent représenter les Maruts, ces chantres divins par excellence, sont apparemment leurs prières, et c'est avec ces prières qu'ils « atteignent le cœur ». C'est peut-être dans le même ordre d'idées qu'il faudrait chercher l'explication du « carquois » des Maruts dans le vers obscur I, 122, 1. Agni frappe les Yâtudhânas avec une flèche « née de l'esprit », X, 87, 13, cf. 4. Les deux représentations de la prière, sous forme de flèche et sous forme de vache, semblent combinées, avec cette indifférence, ou plutôt avec ce goût que montrent les poëtes védiques pour l'incohérence des métaphores, dans le nom propre *goçarya* (Gr. *s. v.*) « qui a pour flèche la vache ». Enfin nous avons vu que la vraie formule a « quatre pointes » et triomphe de celle qui n'en a que trois, I, 152, 2.

Remarquons encore que le renouvellement constant de la prière est exprimé par l'assimilation de l'œuvre du poëte à un tissu, X, 53, 6; cf. VII, 33, 9. « Que la chaîne de l'étoffe ne se brise pas pour moi avant le temps, quand je tisse la prière, » dit l'auteur du vers II, 28, 4, c'est-à-dire : « Puissé-je vivre pour continuer à adresser ma prière aux dieux! » La continuité de la prière est aussi exprimée par le mot *syûman* « couture », I, 113, 17.

SECTION VI

LE PERSONNAGE MYTHIQUE DE LA FEMELLE

Le personnage mythique de la femelle donne lieu aux mêmes observations que celui du mâle (voir p. 226). L'identification des divers éléments, naturels ou liturgiques, auxquels la mythologie védique attribue le sexe féminin, n'est pas moins complète que celle des divers éléments, naturels ou liturgiques, auxquels elle attribue le sexe masculin.

Cette identification, il est vrai, s'expliquait plus aisément pour les mâles qu'elle ne s'explique pour les femelles. A un point de vue purement naturaliste, l'assimilation du soleil, de l'éclair, du feu et même du breuvage du sacrifice, avait déjà sa raison d'être dans les phénomènes analogues de lumière, ou du moins de *couleur* et de chaleur, communs à ces divers éléments. Mais entre l'aurore et la nuée on ne découvre guère d'analogie naturelle, du moins au premier abord. Il semble qu'ici le rapprochement n'a pu se faire que par l'intermédiaire des offrandes et des prières auxquelles l'aurore et les eaux célestes ont été à la fois assimilées. Cette assimilation des éléments des deux ordres de phénomènes célestes aux mêmes éléments du culte, qui n'a fait peut-être que confirmer et consacrer l'idée d'une identité d'essence entre le soleil et l'éclair, paraît bien être la cause première de la confusion qui s'est pareillement établie dans la mythologie védique entre les deux formes principales de la femelle dans le ciel.

Déjà, du reste, dans l'assimilation de la prière et de l'aurore, nous avons eu à constater une grande hardiesse de la spéculation théologique, étendant, au delà des données naturalistes, les applications d'un système général qui avait pourtant son principe dans ces données. Au contraire, l'idée de l'identité des eaux employées dans le culte et des eaux célestes était rigoureusement exacte, et l'assimilation des offrandes de lait et de beurre, tant aux eaux célestes qu'à la lumière, s'expliquait aisément par la représentation de l'aurore et de la nuée sous forme de vaches. Quant à la prière, représentant naturellement la voix du tonnerre, et même les eaux célestes d'où elle sort, et qui sont ordinairement confondues avec le tonnerre sous une seule et même figure mythique, c'est surtout, à ce qu'il nous a semblé, pour qu'il n'y eût pas de lacune dans le système général d'assimilation de chaque élément du culte à un élément de chacun des deux ordres principaux de phénomènes célestes, qu'elle a été considérée comme représentant aussi l'aurore.

Nous avons vu d'ailleurs (p. 283) que les offrandes et les prières, comme les phénomènes de la pluie et du tonnerre qui leur correspondent dans l'atmosphère, sont souvent elles-mêmes assimilées ou confondues. Aux exemples de ce fait cités alors comme étant de nature à confirmer l'assimilation reconnue entre les prières et les eaux célestes, ajoutons encore ici les suivants. L'hymne, ou plus généralement la parole sacrée, est une nourriture que le prêtre offre à Mitra et à Varuna, X, 30, 1 ; cf. VII, 64, 5. C'est comme un mets favori, I, 61, 1 et 2, ou plus généralement une offrande qu'il présente à Indra, VIII, 55, 11, ou même à Soma, IX, 103, 1. Et en effet, les hymnes enivrent Indra, VIII, 53, 1, ils sont comme les premières coupes de liqueur pour Agni, VIII, 92, 6. L'offrande de l'hymne est au vers II, 41, 18, exprimée par le verbe *hu*, et au vers VIII, 52, 4, par le mot *homan* qui n'est d'ailleurs employé que pour l'offrande réelle. Enfin au vers VI, 16, 47, l'hymne, désigné par le nom d'offrande faite avec le cœur, doit tenir lieu à Agni de taureaux et de vaches. C'est ainsi encore que les vaches à huit pieds dont Agni reçoit l'offrande (*âhuta*h), II, 7, 5, ne peuvent représenter que les prières. Au vers Vâl. 2, 4, les prières et les offrandes, (ici les gouttes de Soma) échangent leurs fonctions, les premières distillant un liquide savoureux, tandis que les secondes invoquent Indra.

L'équivalence des deux formes principales de la femelle mythique dans le culte ainsi doublement établie, indirectement par le fait qu'elles représentent les mêmes éléments des phénomènes célestes, et directement par des textes du genre de ceux qui viennent d'être cités, nous rapproche encore de la conception de l'identité essentielle de la femelle sous ses différentes formes terrestres ou célestes, conception qui devait se compléter par la confusion de ses deux formes principales dans les phénomènes célestes, l'aurore et l'eau de la nuée.

Cette confusion d'ailleurs, si elle est due avant tout à une représentation commune de l'une et de l'autre par les mêmes éléments du culte, a pu être favorisée dans une certaine mesure par l'observation des nuages dorés par l'aurore, ou, pour employer le langage des hymnes, des eaux qu'elle traverse, VI, 64, 4, cf. I, 48, 3 et V, 45, 2, quand elle apparaît dans la partie orientale de l'atmosphère « humide », I, 124, 5, d'où la comparaison de l'aurore à une baigneuse, V, 80, 5. Nous devons nous rappeler en outre (voir p. 155) que la diffusion de la lumière est souvent assimilée dans les hymnes à l'épanchement d'un liquide, et qu'en particulier les splendeurs de l'aurore, de l'aurore jaillissante, I, 48, 6, et brillante comme le torrent d'une rivière, I, 92, 12, sont comparées aux flots brillants des eaux, VI, 64, 1. Les « brillantes » qui au vers I, 72, 10, coulent comme des rivières, sont sans doute encore les aurores, auxquelles est en outre appliquée au vers V, 59, 8, l'épithète *dânucitrâh* « ayant des gouttes brillantes ». On ne saurait nier qu'une telle conception des phénomènes lumineux n'ait pu contribuer aussi pour sa part à la confusion dont il s'agit. Quoi qu'il en soit, nous voyons au vers X, 67, 5, l'aurore sortir, en même temps que le soleil et l'hymne, ou la vache qui est la figure mythique de l'hymne, du réservoir des eaux fendu par Brihaspati. Sans revenir sur la confusion signalée plus haut (p. 228) du soleil et de l'éclair, dont ce passage est une nouvelle trace, nous remarquerons que l'aurore occupe ici à côté de l'hymne sortant du réservoir des eaux, et représentant par conséquent la voix du tonnerre, la place qui appartiendrait plus naturellement aux eaux elles-mêmes [1]. Lors donc que l'aurore, qui tout en gardant son unité d'essence, X, 55, 4, cf. X, 88, 18 et Vâl. 10, 2, a au moins deux formes, ou, ce qui revient au même dans le langage mythologique, une sœur « inférieure » (dans le sacrifice terrestre) opposée à l'aurore réelle ou supérieure, X, 55, 4, lorsque l'aurore, dis-je, est donnée comme triple, on peut être tenté d'interpréter ces trois aurores, VIII, 41, 3 ; X, 67, 4, cf. VII, 33, 7, par trois formes de l'aurore correspondant aux trois mondes [2]. Inversement les eaux, qui d'ailleurs sont enveloppées pendant l'orage d'une obscurité, II, 23, 18, analogue à la nuit d'où sort l'aurore, semblent lorsqu'elles sont représentées se levant, X, 37, 2, se levant brillantes, II, 30, 1, « tous les jours », assimilées aux aurores, peut-être en tant que formant les nuages dorés par les rayons du matin. On s'expliquerait donc aussi que trois formes diverses eussent été attribuées aux eaux. Nous verrons au chapitre de l'*Arithmétique mythologique* qu'au moins dans d'autres systèmes de division de l'univers elles ont des formes en nombre égal à celui des mondes.

Enfin, dans quelque mesure que se soit opérée la confusion réelle des aurores et des eaux, il est certain en tout cas, et c'est là le point sur lequel il importe surtout d'insister, que les formules qui concernent, soit l'un ou l'autre de ces éléments des phénomènes célestes, soit les éléments du culte qui leur correspondent, sont souvent équivoques par la raison que tous peuvent être, ainsi que nous l'avons vu, représentés par les mêmes figures mythiques, et prendre par exemple la forme de femmes ou celle de vaches, en sorte qu'à défaut d'autres détails les formules en question peuvent être applicables à l'un quelconque d'entre eux.

Elles peuvent l'être aussi au ciel ou à la terre, du moins lorsqu'elles concernent une seule femme ou une seule vache. Ainsi nous rencontrerons dans le mythe des Ṛibhus une

---

1. L'aurore dans l'orage pourrait aussi représenter peut-être la « manifestation » de l'éclair désignée par le mot féminin *vidyut*.

2. Nous verrons pourtant au chapitre de l'*Arithmétique mythologique* qu'un mythe des trois aurores ou des trois jours peut s'expliquer aussi par les trois divisions du jour.

vache prenant toutes les formes, IV, 33, 8, et qui pourrait représenter la terre au vers IV, 33, 1, où les *R*ibhus sont priés « d'étendre » cette vache brillante ; cf. V, 85, 1. Remarquons d'ailleurs à ce propos que si les eaux et « les aurores » peuvent seules, avec les offrandes et les prières, être représentées par tout un groupe de femelles, une seule femelle peut représenter, non-seulement l'un des mondes, non-seulement « l'aurore », mais les eaux du ciel, conçues comme réunies en une seule nuée, ou, selon l'expression du vers IV, 19, 6, en une grande rivière qui renferme toutes les vaches ; cf. I, 140, 5.

Enfin, il faut naturellement ajouter au nombre des applications de nos formules celle qui peut en être faite aux vaches réelles, aux troupeaux du sacrifiant. Ces vaches qui, en buvant les eaux du ciel, V, 83, 8, ou en mangeant l'herbe que ces eaux ont fait croître, se nourrissent en quelque sorte d'elles-mêmes, X, 100, 10, c'est-à-dire de leur propre essence céleste, peuvent, comme leurs prototypes divins, figurer même dans des formules d'un caractère décidément mythologique. Cette confusion des vaches réelles et des vaches mythiques est évidente dans l'hymne X, 169 ; cf. I, 164, 40.

Voici maintenant quelques exemples de l'indétermination des formules concernant les vaches mythiques. De toutes on a pu dire qu'elles donnent leur lait sans être traites, et qu'elles rajeunissent sans cesse, III, 55, 16. La diversité des significations mythiques « du beurre » ne permet pas de préciser la nature de la vache où, d'après le vers IV, 58, 4, il a été trouvé par les dieux. Nous verrons que les fonctions divines de Savit*r*i ne sont pas limitées aux phénomènes solaires, de sorte que la vache bonne laitière, invoquée avec lui au vers I, 164, 26, ne représente pas nécessairement et exclusivement l'aurore. La vache stérile que les Açvins rendent féconde, I, 112, 3, cf. X, 31, 10, donnerait lieu à une observation analogue. La raison qu'on peut avoir en revanche d'admettre qu'au vers I, 64, 5, la mamelle traite par les Maruts est celle de la nuée, est moins le caractère mythologique des Maruts, dont les fonctions s'exercent principalement, mais non exclusivement sur les phénomènes météorologiques, que le rapprochement du vers suivant où il est dit pareillement des Maruts qu'ils traient « la source tonnante ».

La couleur « rouge » des vaches mythiques peut être une raison d'identifier ces vaches aux aurores, quoique les eaux de la nuée puissent être aussi rougies, soit par les rayons de l'aurore elle-même, auquel cas elles se confondent d'ailleurs à peu près avec elle, soit aussi par l'éclair. Deux des mots exprimant cette couleur, le mot *usriya* ainsi que son primitif *usra*, à cause de leur étroite parenté avec les noms de l'aurore, *ushas* et *ushar*, suggèrent plus directement encore l'idée de ce phénomène, et quand ils sont employés comme substantifs féminins, peuvent presque passer pour deux de ses noms. Cette interprétation est admise pour le féminin *usrâ* par M. Grassmann (*s. v.*), et peut être étendue selon moi au féminin *usriyâ*, sous cette réserve pour l'un et pour l'autre, qu'ils ne désignent l'aurore que par l'intermédiaire de l'idée de « vache couleur d'aurore »[1], correspondant à l'idée de « taureau couleur d'aurore », exprimée par le masculin des mêmes mots[2]. Le mot *usriyâ* peut désigner des vaches réelles, cf. VIII, 4, 16, les vaches rouges fournissant le lait du sacrifice, I, 93, 12, et 153, 4, dont les gouttes, dans leur union avec le Soma, peuvent être assimilées particulièrement aux aurores, et recevoir elles-mêmes pour cette raison en même temps que comme représentant les vaches d'où elles sont tirées, le nom de « vaches couleur d'aurore », IX, 93, 2; 96, 14, cf. 68, 1. En dehors de ces passages, l'application régulière du nom d'*usriyâ* aux aurores, naturellement suggérée par l'étymologie, ne me paraît contredite par aucun trait essentiel des formules où il se rencontre. Il est vrai qu'au vers IV, 50, 5, il est parlé du bruit que fait Brihaspati en délivrant les vaches désignées par ce nom. Mais une confu-

---

1. Voir surtout pour *usrâ* I, 92, 4 et IV, 1, 13; cf. I, 3, 8. Rien ne s'oppose à ce qu'aux vers VI, 39, 2 ; X, 138, 2, et même VIII, 64, 8 et X, 175, 2, pour lesquels M. Gr. abandonne le sens d' « aurore », le mot *usrâ* désigne ce phénomène, sous le bénéfice de la même observation. Sur le vers 1 de l'hymne X, 169, je renvoie à l'observation faite plus haut à propos de l'hymne entier; cf. I, 122, 14. C'est également le féminin *usrâ* qui se rencontre au vers I, 87, 1 : il y désigne les nuits, comme ailleurs le mot *ushas* lui-même (voir p. 249).

2. Le nom d'*usra* est donné à Agni, I, 69, 9, aux Açvins, II, 39, 3 ; IV, 45, 5; VI, 62, 1; VII, 74, 1 (dans les quatre premiers passages avec allusion évidente à l'étymologie), aux anciens prêtres Mânas, I, 171, 5 (avec la même allusion, cf. les Maruts, VIII, 85, 8), celui d'*usriya* à Soma, IX, 70, 6; 74, 3, et au ciel lui-même, V, 58, 6. Dans ce dernier passage il sert d'épithète au mot *vrishabha*, taureau. Ma principale raison pour lui donner à lui-même, ainsi qu'au mot *usra*, le sens de taureau, est l'analogie des féminins *usrâ*, *usriyâ*. Je considère le rapprochement de ces mots et de *ushtri*, *ushtra* (Gr. *s. v.*) comme très-contestable, ces derniers pouvant avoir perdu un *k*, cf. *ukshan*.

sion des traits empruntés aux deux ordres principaux de phénomènes célestes est ici d'autant plus facile à admettre que le bruit en question [1] ne représente qu'indirectement le tonnerre, toute la formule suggérant avant tout l'idée d'un sacrifice céleste. En revanche le mot *usriyâ*, expressément appliqué aux vaches de l'aurore, délivrées par l'aurore elle-même, VII, 75, 7 (cf. p. 246), ou poussées en avant par le soleil, VII, 81, 2, paraît opposé comme épithète des vaches à l'épithète *apyâ* « aquatique », appliquée aux vaches de la nuée, IX, 108, 6.

Quoique notre interprétation des mots *usrâ* et *usriyâ* diminue d'autant le nombre des passages où la nature des vaches mythiques pourra nous paraître indéterminée, ce nombre reste très-considérable, comme on le verra dans la suite de ce livre. Ces vaches, même lorsqu'elles sont placées dans le ciel, y peuvent représenter d'ailleurs, et je viens de faire encore allusion à ce fait, les éléments femelles d'un sacrifice céleste, et particulièrement la prière des dieux, cette grande vache qui prodigue son lait aux hommes, X, 101, 9.

Même en tant qu'elles représentent les éléments femelles d'un sacrifice, et d'un sacrifice terrestre, les vaches mythiques sont encore susceptibles d'une double interprétation. Ainsi les vaches des hommes que regarde Indra, X, 43, 6, les vaches avec lesquelles on poursuit, littéralement on « chasse » Indra comme un gibier, VIII, 2, 6, celles dont les dieux sont « oints » par les sacrificateurs, I, 151, 8, peuvent être, soit les offrandes, soit les prières. « Que toute vache te soit agréable », dit à Indra l'auteur du vers I, 173, 8, rappelant ainsi que la vache est le symbole de tout ce qu'on offre aux dieux aussi bien que de tout ce que les dieux donnent aux hommes.

Enfin, dans une formule comme celle du vers X, 176, 1, où il est dit des sacrificateurs qu'ils ont en quelque sorte atteint la vache mère, il paraît impossible de décider si cette vache représente un phénomène céleste, aurore ou nuée, ou bien la prière, tirant d'ailleurs son origine du ciel, que les prêtres ont réussi à reproduire sur la terre. Nous aurons plus d'une

---

1. Au vers X, 68, 7, le génitif *svarînâm*, épithète des vaches désignées par le mot *usriyâ*, peut être rapporté au féminin de *svarya*, qui me paraît signifier, non « retentissant », comme le veulent MM. Roth et Grassmann, mais « brillant » ou « céleste ». Rien ne nous empêche, aux vers I, 112, 12; III, 39, 6, V, 30, 4 et 5, d'admettre la mention *successive* des aurores et des eaux.

fois l'occasion, dans l'interprétation des vaches mythiques, d'hésiter ainsi entre les phénomènes célestes et les éléments qui les représentent dans le culte.

Il faut cependant remarquer à ce propos qu'un trait caractéristique des représentations de la prière pourrait être cherché, non-seulement dans les « huit pieds » des vaches dont il est question au vers II, 7, 5 (voir p. 313), mais plus généralement dans la simple mention des « pieds » de la femelle mythique, qui représenteraient les pieds des vers dont sont composés les hymnes. Du moins peut-on croire que celle qui, « étant sans pieds », arrive avant celles qui ont des pieds, VI, 59, 6, cf. I, 152, 3, représente la femelle céleste, aurore ou nuée[1], par opposition, non-seulement aux vaches ou plus généralement aux femelles réelles, mais aux prières[2]. Cette distinction d'ailleurs n'a rien d'absolu. De plus les pieds de la vache peuvent correspondre à ses différents séjours, I, 164, 17. Enfin la terre, si c'est d'elle qu'il est question au vers X, 13, 3, a quatre pieds représentant les quatre points cardinaux, et reproduits par la parole, *ibid.*, dans les quatre pâdas du vers.

Nous aurons dans la suite de ce livre plusieurs occasions de revenir sur le caractère, souvent complexe ou indéterminé, de la femelle mythique, à propos de différentes formes de cette femelle qui jouent un rôle dans telle ou telle légende particulière. D'un assez grand nombre d'autres personnages féminins, les hymnes du *Rig-Veda* ne nous font guère connaître que les noms. Telles sont, à part Hotrâ Bhâratî, Ilâ et Sarasvatî, sur lesquelles nous reviendrons tout à l'heure, les déesses comprises dans trois énumérations, I, 22, 9; 10 et 12; II, 31, 4; V, 42, 12, des femmes divines (*gnâ*, voir Gr. *s. v.*), des épouses des dieux, compagnes de Tvash*t*ri, ou, selon l'expression équivalente du vers V, 42, 12, épouses du mâle.

Indrânî, Varunânî et Agnâyî, I, 22, 12, nommées encore ensemble au vers V, 46, 8, avec *açvinî rât*, « la splendeur des Açvins? » et Rodasî que nous retrouverons dans la compagnie des Maruts, sont, comme l'indique leur nom, des épouses d'Indra, de Varuna, d'Agni. Mais Agnâyî ne reparaît pas ailleurs. Varunânî n'est plus nommée que deux fois,

---

1. Nous verrons que les vaches qu'Indra donne aux hommes sont aussi appelées des vaches sans pieds (*rite padebhyah*), VIII, 2, 39.
2. Au vers II, 15, 6, au contraire, ce sont les prières qui semblent appelées les « rapides » par opposition aux aurores.

au vers II, 32, 8, en compagnie d'Indrânî et d'autres déesses, et au vers VII, 34, 22, en compagnie de Rodasî. Indrânî seule joue un rôle dans une légende assez obscure, qui fait le sujet de l'hymne X, 86. Or, nous verrons que la femelle mythique a été sous toutes ses formes, y compris celle de prière, considérée comme l'épouse des dieux. Le vers V, 46, 7, d'ailleurs, précédant l'une des énumérations qui viennent d'être citées, constate que, des épouses des dieux, les unes sont « terrestres » et les autres sont « sous la loi des eaux », c'est-à-dire atmosphériques.

Au vers V, 42, 12, les épouses du mâle sont expressément appelées des rivières, et d'ailleurs un mythe sur lequel nous reviendrons, celui de Tvash*tri* se cachant au milieu des femmes divines ses compagnes, paraît devoir s'expliquer par l'identité de ces femmes avec les eaux de la nuée. Mais ces épouses du mâle reçoivent en même temps les qualifications d'ouvrières aux mains habiles. Le nom de l'une d'elles, Râkâ, invoqué encore dans l'hymne II, 32, avec ceux de Gu*n*gû et de Sinîvâlî, 8, a désigné plus tard, comme celui de Sinîvâlî, une des phases de la lune ou le génie qui y préside. Je n'insiste pas sur ces formes des deux mythes, formes vraisemblablement secondaires comme le sont en général tous les mythes qui se rapportent au ciel nocturne (voir p. 156). Mais je dois relever dans l'hymne II, 32, à côté des passages qui nous montrent Râkâ et Sinîvâlî considérées, ainsi que la plupart des femelles mythiques, celle-ci comme une mère, 7, celle-là peut-être comme une vache, 3 et 4, celui qui attribue à la seconde des doigts habiles, 7, et celui où la première est priée de « coudre l'ouvrage avec une aiguille qui ne se brise pas », 4. Ils prouvent que la notion de ces divinités n'est pas moins complexe que celle de Sarasvatî, nommée avec Râkâ au vers V, 42, 12, et dont nous constaterons bientôt le double caractère, naturaliste et liturgique. Sur Brihaddivâ, invoquée dans le même vers, et dont le nom, employé aussi au masculin, paraît signifier « qui habite le haut du ciel », je n'ai rien à ajouter, si ce n'est que cette déesse, qui reçoit au vers X, 64, 10, le nom de « mère », est encore aux vers II, 31, 4 et V, 41, 19, rapprochée d'un personnage de caractère décidément liturgique, Ilâ. On peut cependant remarquer en outre que le masculin *brihaddiva* est appliqué principalement à des sacrificateurs mythiques, II, 2, 9; IV, 37, 3; IX, 79, 1; X, 66, 8; 120, 8 et 9.

Le nom de Varûtrî, compris dans l'énumération du vers I, 22, 10 ; cf. VIII, 38, 5 , 40, 6, signifie « protectrice », et est employé au pluriel, peut-être comme nom générique des femmes divines, III, 62, 3 ; VII, 34, 22. Il est rapproché au vers V, 41, 15 de celui de Rasâ, de la grande mère Rasâ. Or, ce dernier nom désigne une rivière terrestre, V, 53, 9 ; X, 75, 6, et de plus comme nous l'avons dit déjà (p. 256), une forme céleste de cette rivière, X, 108, 1 et 2 ; cf. VIII, 61, 13 et IX, 41, 6 ; X, 121, 4 et IV, 43, 6 ; X, 121, 4. Mais au vers I, 22, 10, c'est de Dhishanâ, c'est-à-dire de la cuve au Soma divinisée, que Varûtrî se trouve rapprochée, comme au vers III, 62, 3, les Varûtrìs le sont de Hotrâ Bhâratî, divinité liturgique, et compagne ordinaire d'Ilâ et de Sarasvatî.

En somme, et c'est la seule conclusion que je veuille tirer des observations qui précèdent, les idées liturgiques et les idées naturalistes sont représentées à la fois, et en une forte mesure confondues dans le groupe des femmes divines [1], sinon dans chacun des personnages dont il se compose.

La qualification de femme divine, *gnâm devîm*, est encore donnée à Aramati, V, 43, 6, qui aurait pu peut-être figurer dans la section précédente comme une personnification pure et simple de la prière. En effet, si son nom, qui paraît devoir être décomposé en *ara* (adapté ou conforme au *rta*) et *mati* « pensée, prière », est un simple composé de dépendance, il signifie prière conforme au *rta*, à la loi (voir IVᵉ partie, ch. III). Mais si, comme semble l'indiquer l'accent, resté sur le premier terme (sur la seconde syllabe du premier terme), le composé est possessif, il signifie simplement « dont la prière ou la pensée est conforme à la loi », et a pu désigner une forme plus complexe de la femelle mythique. En tout cas, le caractère d'Aramati sera essentiellement liturgique, tant d'après son nom que d'après les passages où elle est rapprochée de la cuiller pleine de beurre (assimilée à une jeune femme), VII, 1, 6, de l'offrande, *hotrâ*, et de Brihaspati, X, 64, 15. Bien entendu, son rôle n'est pas limité au sacrifice terrestre. Le vers X, 92, 4, où elle reçoit l'épithète *mahî* « grande », cf. 5 et V, 43, 6 ; VII, 36, 8,

---

1. Nous verrons que les épouses des dieux chantent un hymne à Indra quand il combat contre Ahi, I, 61, 8.

rappelle que le domaine du *rta* est le ciel, le vaste espace. Par suite, il est difficile de décider si, au vers V, 54, 6, les Maruts sont priés de diriger l'Aramati terrestre, ou d'amener l'Aramati céleste. Aramati est comprise dans des énumérations de dieux, VII, 36, 8; 42, 3; VIII, 31, 12, et rapprochée particulièrement de Tvashtri, VII, 34, 21, comme toutes les femmes divines, ou de l'autre forme de Tvashtri, Savitri, II, 38, 4, cf. X, 92, 4, à moins que dans ce vers II, 38, 4, le mot *aramati*, pris décidément comme composé possessif, ne soit une simple épithète de Savitri, signifiant « pieux ».

Quand deux femelles mythiques sont rapprochées ou opposées, elles peuvent représenter le ciel et la terre, mais un rapprochement ou une opposition de ce genre peut aussi ne faire allusion aux deux mondes qu'en tant qu'ils servent de séjour à deux formes différentes de la femelle, représentant, l'une un phénomène céleste, l'autre un élément correspondant du culte. C'est ainsi que le vers VI, 66, 1, oppose à la vache céleste Priçni qui ne donne son lait qu'une fois (à une époque déterminée), l'espèce, portant le même nom de vache, qui se gonfle de lait chez les mortels, et qui peut comprendre d'ailleurs les vaches réelles, aussi bien que les offrandes et les prières. Au vers 21 de l'hymne VIII, 20 aux Maruts, les vaches qui, étant de même race (comme les Maruts), se lèchent réciproquement, pourraient bien symboliser les rapports mutuels des femelles célestes et des femelles terrestres. Les deux pieds, supérieur et inférieur, de la vache, I, 164, 17, doivent aussi correspondre aux deux mondes. Nous retrouverons au chapitre suivant l'opposition de la femelle céleste et de la femelle terrestre bien marquée dans leur rapport avec le petit qu'elles allaitent toutes les deux, mais que la première abandonne souvent, III, 55, 12 et 13. Nous y verrons aussi que celle-ci passe pour la mère de l'autre, III, 55, 12.

Toutefois, la mère peut aussi, comme le père (voir chap. IV), représenter l'essence permanente et cachée des formes qui se manifestent dans les différents mondes, et, par opposition au père, l'essence des éléments femelles, cf. II, 5, 6. Les filles sont naturellement au nombre de trois dans les formules qui font allusion à la division de l'Univers en trois parties. De là les trois sœurs « venues en ce monde », II, 5, 5, et les trois vaches dont l'une est au-dessous de deux, les deux autres étant au-dessus de la première, X, 67, 4 ; cf. I, 164, 17.

Nous avons vu d'ailleurs que ces trois formes de la femelle peuvent être toutes trois assimilées à l'Aurore, et il en est ainsi précisément dans la suite du vers X, 67, 4, où elles reçoivent le nom d'*usrâ*.

Dans une triade féminine dont l'étude exigera d'assez longs développements, celle des déesses invoquées au vers 8 des hymnes *Aprî* I, 188 ; III, 4 ; IX, 5 ; X, 110, et *Apra* II, 3 ; V, 5 ; VII, 2 ; X, 70, et au vers 9 des hymnes *Aprî* I, 13 ; 142, nous allons voir que chaque personnage peut être considéré, dans une certaine mesure, comme représentant à la fois les différentes femelles mythiques, en sorte que la réunion de ces trois personnages équivalents doit s'expliquer, comme le mythe des trois aurores, par une application secondaire du mythe, déjà consacré, des trois formes de la femelle.

Insistons d'abord sur ce nombre de trois déesses. Il est expressément indiqué dans tous les hymnes *Aprî* ou *Apra*, excepté l'hymne I, 188, qui, d'ailleurs, nomme séparément trois déesses, avec addition du mot *sarvâh* « toutes », et l'hymne I, 142, où nous trouvons cinq noms : *hotrâ, bhâratî, ilâ, sarasvati, mahî*. De ces cinq noms, trois se retrouvent seuls dans cinq de nos hymnes, à savoir I, 188 ; II, 3 ; X, 110 et les deux hymnes III, 4 et VII, 2 où le vers en question est conçu en termes identiques : ce sont *sarasvatî, ilâ* et *bhâratî*. Le vers 9 de l'hymne I, 13, et le vers 8 de l'hymne V, 5, qui sont aussi identiques, ne contiennent pareillement que trois noms ; mais le nom de *bhâratî* y est remplacé par celui de *mahî*. Dans l'hymne X, 70, on ne rencontre que le nom d'*ilâ*, bien que le chiffre de trois déesses soit indiqué. Enfin, nous retrouvons à la fois les noms de *bhâratî* et de *mahî* dans l'hymne IX, 5, en même temps que ceux d'*ilâ* et de *sarasvatî :* mais le nombre de trois déesses y est expressément maintenu en dépit des quatre noms.

On peut conclure de là que Bhâratî et Mahî, qui, tantôt se remplacent, tantôt se juxtaposent tout en paraissant ne compter que pour une, se confondent aux yeux des *rishis*. Quant à Hotrâ, dont le nom signifie « offrande »[1], excepté

---

[1] Je ne vois aucune raison d'abandonner ce sens pour celui d'invocation aux vers I, 120, 1 ; VIII, 90, 8 ; X, 64, 15 (Gr. *s. v.*), et si le mot, au vers VII, 104, 6, s'applique à la prière, ce sera un exemple à ajouter à ceux où la prière est présentée comme une offrande.

peut-être au vers X, 64, 15 où ce nom est rapproché de ceux de Brihaspati et d'Aramati, elle n'est personnifiée qu'avec addition du mot *bhârati*, et dans l'hymne Aprî I, 142, et aux vers I, 22, 10; III, 62, 3, et au vers 11 de l'hymne II, 1, où Agni lui est identifié en même temps qu'à Ilâ et à Sarasvatî, de sorte que ce vers renferme une nouvelle mention des trois déesses.

Il paraîtra bien naturel, dans cette expression *hotrâ bhârati*, de faire du premier mot un substantif, et du second un adjectif, et d'admettre que l'offrande a été appelée « offrande des Bharatas » (*bhâratam janam*, III, 53, 12), comme Agni est, lui aussi, plusieurs fois appelé le feu des Bharatas, II, 7, 1 et 5; IV, 25, 4; VI, 16, 19 et 45, du nom de cette race antique, cf. III, 23, 2. L'adjectif *bhârati*, pris substantivement, aura eu primitivement le même sens. Hotrâ Bhâratî ou Bhâratî sera d'ailleurs devenue une simple personnification, et une personnification divinisée de l'offrande en général. De plus, elle est placée au vers I, 142, 9, au milieu du groupe des dieux Maruts, très-souvent conçus, ainsi que nous le verrons, comme des prêtres célestes, mais, bien entendu, comme des prêtres dont le sacrifice est assimilé aux phénomènes naturels. On peut en conclure, qu'en même temps que l'offrande antique, elle représente, au moins indirectement, les éléments femelles de ces phénomènes. C'est peut-être en cette qualité d'offrande d'un sacrifice céleste qu'elle a été appelée aussi Mahî « la grande », c'est-à-dire « la grande offrande » (cf. la « grande » cuve, la « grande » louange, la « grande » mère, la « grande » vache, Gr. *s. v. mahî*). Les offrandes particulières semblent associées à leur type général, à leur personnification divine, dans l'expression *bhârati bhâratîbhih sajoshâh*, III, 4, 8.

Ce sens d' « offrande » paraît être aussi l'un de ceux du nom, beaucoup plus usité, d'Ilâ. Ce dernier lui-même est, dans ses diverses acceptions, à peu près synonyme de *id*, à cela près que *id* n'est pas devenu le nom d'une déesse. Le sens d' « offrande » pour *id* est indiqué surtout par l'expression *ilas pade*, désignant le lieu où Agni a été allumé par Manus, II, 10, 1, cf. I, 128, 1; VI, 1, 2; X, 70, 1; 91, 1; 191, 1, et mieux encore par celle de *hotâram ilah* « sacrificateur de l'offrande », appliquée à Agni, III, 4, 3. Or, l'expression *ilas pade* a son équivalent exact dans l'expression *ilâyâs pade*, III, 23, 4; 29, 4; X, 1, 6; 91, 4, désignant pareillement le lieu où est né *Agni*, X, 1, 6, appelé aussi, comme nous le verrons, le fils d'*Ilâ*, III, 29, 3. Le sens d' « offrande » est d'ailleurs indiqué encore pour ce mot *ilá* par le vers VII, 3, 7, où il est construit (au pluriel) parallèlement au mot *havya*, et surtout par l'épithète *ilâvantah*, appliquée aux pierres du pressoir, X, 94, 10.

La dernière citation suggère particulièrement l'idée d'une offrande liquide. Il en est de même des passages où notre mot est construit comme régime de la racine *mad* « s'enivrer », III, 53, 1 ; 59, 3 ; VI, 10, 7. Le sens du mot *id* peut d'ailleurs être précisé de même d'après le vers VII, 47, 1 où la première vague des eaux qui a servi de breuvage à Indra est appelée *ûrmim ilah*.

On voit par cet emploi du mot *id* qu'il peut désigner une offrande, ou plus généralement un breuvage céleste, aussi bien qu'une offrande terrestre. C'est ainsi encore qu'une divinité de l'orage, non autrement désignée, reçoit le nom d'*ilas patih* « maître de l'*id* », V, 42, 14, donné aussi au dieu Pûshan, VI, 58, 4. Enfin les hommes demandent à Sarasvatî, X, 17, 9, leur part de l'*id*.

Les exemples d'un emploi analogue du mot *ilá* sont beaucoup plus nombreux. Mitra et Varuna sont placés au milieu des *ilâ*, V, 62, 5, et 6, et priés d'en arroser le domaine du sacrifiant, VII, 65, 4. Les montagnes divines, c'est-à-dire les nuages, dégouttent d'*ilâ*, III, 54, 20. On attend l'*ilâ* du dieu Parjanya dont le nom signifie « nuage », VII, 102, 3 ; cf. VI, 52, 16. Les Somas donnent pareillement cette *ilá*, IX, 62, 3, figurant aux vers V, 53, 2 ; VII, 64, 2, avec la pluie qui est elle-même appelée *ilâvatî*, IX, 97, 17. On paraît lui attribuer comme aux eaux la vertu de guérir, III, 59, 3, et par suite de prolonger la vie, II, 1, 11 ; VI, 10, 7. Si d'ailleurs, d'après les citations précédentes, l'élément céleste désigné par le mot *ilâ* semble être ordinairement l'eau de la nuée, ce même mot peut être considéré comme désignant aussi les bienfaits des dieux en général, I, 40, 4 ; 48, 16 ; 186, 1 ; IV, 2, 5 ; 50, 8 ; VIII, 32, 9 ; IX, 108, 13 ; X, 64, 11.

Personnifiée [1], *Ilâ*, la déesse *Ilâ*, VII, 44, 2, cf. II, 31, 4,

---

[1]. Peut-être *id* l'est-elle aussi au vers I, 128, 7 où elle est distinguée de l'offrande comme « faisant » l'offrande, et au vers III, 24, 2 où il est dit que le feu est allumé par elle (cf. encore III, 27, 10).

dont le nom est donné ailleurs au don de la vache, III, 1, 23, devient elle-même une vache, III, 55, 13, et la mère du troupeau, V, 41, 19 ; cf. VIII, 31, 4. L'épithète *ghrtahastâ* (cf. *ghrtapadî* X, 70, 8), « qui a les mains pleines de beurre », VII, 16, 8, paraît l'assimiler à une femme. Il s'agit dans ce passage de l'offrande terrestre, puisque I*l*â y est représentée « assise », établie dans la demeure des sacrifiants. Au contraire la mère du troupeau invoquée au vers V, 41, 19, semble bien être une vache céleste ; cf. 18.

L'offrande et la prière, souvent assimilées, même sous leurs formes terrestres, sont plus facilement encore confondues sous leurs formes célestes, par exemple dans les phénomènes de l'orage où elles représentent, l'une les eaux de la nuée, l'autre la voix de ces eaux qui est le tonnerre. Nous ne nous étonnerons donc pas qu'I*l*â devienne, au vers III, 7, 5, le « chant », la prière « commune »[1] des sacrificateurs célestes. Ainsi s'explique le vers I, 31, 11, où il est dit à la fois des dieux qu'ils ont fait d'Agni (rapproché encore d'I*l*â au vers V, 4, 4) le premier Ayu pour Ayu, et qu'ils ont fait d'I*l*â l'institutrice de l'homme : la prière divine est en effet le modèle de la prière humaine, comme le feu descendu du ciel est le prototype du sacrificateur.

Dans la déesse Bhâratî, ou Hotrâ Bhâratî, ou Mahî, nous avions déjà reconnu une personnification de l'offrande, tant de l'offrande terrestre, puisque l'un de ses noms signifie l'offrande des *Bharatas*, que de l'offrande céleste, puisqu'elle est au vers I, 142, 9, placée parmi les dieux Maruts. Nous venons de reconnaître également dans la déesse I*l*â une personnification de l'offrande, soit céleste, soit terrestre, et aussi de la prière assimilée à l'offrande. L'étude de notre troisième déesse, de Sarasvatî, va confirmer l'idée que les trois personnages de la triade sont à la fois équivalents et multiformes, et que chacun d'eux équivaut en somme à la triade entière.

Le nom de Sarasvatî a été donné à un grand fleuve du N.-O. de l'Inde, et c'est évidemment de ce fleuve *terrestre* qu'il s'agit dans divers passages des hymnes où nous voyons les Purus habiter ses deux rives, VII, 96, 2, différents rois régner sur ses bords, VIII, 21, 18, les sacrifiants souhai-

---

1. *Ganyâ*. Cf. le *gana*, la troupe, des Maruts, si souvent considérés comme des prêtres divins.

ter d'y rester toujours, VI, 61, 14. La Sarasvatî est aussi nommée III, 23, 4, et invoquée, X, 64, 9; 75, 5, avec d'autres rivières voisines, la Dṛshadvatî, la Sarayu, le Sindhu (Indus), le Gange, la Yamunâ.

Mais comme les eaux terrestres en général, les différentes rivières viennent du ciel où elles ont chacune, au moins les principales, une ou plusieurs formes divines. C'est surtout à ces formes supérieures des rivières qu'a dû être attribuée, comme au vers 1 de l'hymne VII, 96, à Sarasvatî, la dignité suprême désignée par le mot *asurya*. Le vers suivant est pourtant celui qui nous montre les Purus établis sur les deux rives de la Sarasvatî. Mais rien n'est plus conforme à l'esprit général de la mythologie védique que cette confusion des formes célestes et terrestres de chacun de ses éléments. En tout cas le caractère mythique de la Sarasvatî ne saurait être révoqué en doute au vers V, 42, 12, où elle figure avec Bṛhaddivâ et Râkâ (voir ci-dessus p. 319) dans une formule d'invocation aux rivières « épouses du mâle (Tvashtṛi) ». Il y a mieux : au vers V, 43, 11, elle est priée de descendre du ciel, de la montagne (céleste). Le vers 2 de l'hymne VII, 95 à la Sarasvatî, hymne où la comparaison de cette rivière à une forteresse d'airain, 1, et surtout la mention du jeune taureau qui croît au milieu des femmes, 3, suggèrent naturellement l'idée des rivières célestes, peut être interprété dans le même sens : « La Sarasvatî a brillé seule (au-dessus) de toutes les rivières, pure, et venant des montagnes, de la mer (céleste). » Dans l'épithète *sindhumâtâ* (accentuée sur la première syllabe) qui lui est donnée au vers VII, 36, 6, le mot *sindhu* désigne sans doute aussi la mer céleste dont la Sarasvatî est fille. On s'explique ainsi que cette rivière, la première, cf. VI, 61, 9; 13; VII, 95, 1, la plus « maternelle » et la plus divine des rivières, II, 41, 16, nommée de préférence avec les eaux divines, X, 30, 12, comme leur personnification la plus achevée, soit comprise dans des énumérations de dieux, avec, Vâl. 6, 4, cf. VI, 52, 6, ou sans, IX, 81, 4; X, 141, 5, les « sept rivières », qui ont été, au moins à l'origine, des rivières purement mythiques. Ces sept rivières sont les sept sœurs de la Sarasvatî, VI, 61, 10, appelée ailleurs elle-même la « septième », VII, 36, 6.

C'est seulement au chapitre de l'*Arithmétique mythologique* que nous pourrons déterminer la signification du nombre sept et en constater la relation avec l'un des différents systèmes de division de l'Univers. Mais au vers VI, 61, 12, la Sarasvatî, en même temps que l'épithète *saptadhâtu* « septuple », reçoit celle de *trishadhasthâ* « qui a trois demeures ». C'est précisément la qualification souvent appliquée à Agni et à Soma, parce qu'ils ont trois séjours dans les trois mondes. Elle doit avoir le même sens dans son application à Sarasvatî. D'ailleurs le vers précédent, qui nous montre la Sarasvatî remplissant l'atmosphère comme les espaces terrestres, suggère directement l'idée que ses trois séjours (comme ses sept formes) correspondent aux différents mondes.

De cette notion d'une triple Sarasvatî on peut décidément affirmer qu'elle renferme à elle seule tous les éléments de la triade des hymnes *Aprî* et *Aprâ*. La rivière céleste est en effet le prototype de toute offrande, et même, comme la voix du tonnerre, *pâvîravî tanyatuh*, rapprochée au vers X, 65, 13, de Sarasvatî qui lui est peut-être identifiée au vers VI, 49, 7, de toute prière. Dans les mêmes vers du reste, Sarasvatî, qui doit devenir dans la mythologie postérieure la déesse de l'éloquence, épouse de ce Brahmâ dont le prototype est le Brahmanaspati védique, est invoquée « avec les prières », X, 65, 13, de même qu'elle l'est ailleurs avec les rivières, apparemment comme leur modèle, et on lui demande la prière, VI, 49, 7. Elle est encore invoquée avec les prières au vers VII, 35, 11[1], et comme inspiratrice des prières, des hymnes, aux vers I, 3, 10-12, cf. II, 3, 8; VI, 61, 4. Enfin, il y a tout lieu de croire que la parole invoquée au vers VII, 36, 7 en compagnie des Maruts n'est pas distinguée de Sarasvatî nommée au vers précédent. Sarasvatî, en effet, paraît être, comme Hotrâ Bhâratî, dans une relation étroite avec les Maruts, III, 54, 13; VII, 9, 5; 39, 5; 40, 3[2], d'où la qualification de *marutvatî* « accompagnée des Maruts » qui lui est appliquée au vers II, 30, 8, et celle de *marutsakhâ* « amie des Maruts » (cf. *marudvridhâ*, nom de rivière, X, 75, 5), étendue à la rivière terrestre, VII, 96, 2.

Dans ses relations avec les Maruts, Sarasvatî, comme Hotrâ Bhâratî, paraît remplir le rôle qui, comme nous le verrons, est ordinairement assigné à Rodasî. En tant que

---

1. Il en est de même au vers X, 66, 5 du personnage masculin *sarasvat*, qui est évidemment dans une relation étroite avec Sarasvatî.
2. Cf. le rapprochement de Sarasvatî et de Rudra, père des Maruts, VI, 50, 12.

compagne des ancêtres ou pitris, montée avec eux sur un même char, X, 17, 8, cf. 7 et 9, elle semble équivalente à Saramâ, compagne des pitris nommés Angiras, dans laquelle nous reconnaîtrons plus tard (II° partie) une personnification de la prière. Elle partage avec elle l'épithète *subhagâ*, I, 89, 3; VII, 95, 4 et 6; VIII, 21, 17, et, ce qui est plus caractéristique, elle triomphe du Pani, VI, 61, 1 (comme de Vritra, *ibid.* 7), et c'est elle qui « trouve » les rivières pour les races des hommes, *ibid,* 3. Sarasvatî semble encore remplacer Sûryâ (voir la III° partie), comme compagne du couple Indra et Agni, VIII, 38, 10, identifié à celui des Açvins, et comme préparatrice du Soma, associée aux Açvins eux-mêmes, X, 131, 5.

En somme Sarasvatî, qui est aussi assimilée à une vache, VI, 61, 14, cf. I, 164, 49; VII, 95, 2; IX, 67, 32, n'est comme Ilâ et Bhâratî ou Mahî, qu'une des nombreuses personnifications équivalentes de la vache ou plus généralement de la femelle mythique, représentant à la fois les éléments femelles des phénomènes célestes, et les éléments correspondants du culte, transportés d'ailleurs eux-mêmes dans le ciel. Il faut seulement remarquer que le caractère liturgique domine dans la conception de Bhâratî et d'Ilâ, et sans doute aussi dans celle de Sarasvatî, au moins en tant qu'elle est associée aux deux premières. Quand à la triade formée des trois déesses réunies elle ne peut être mieux comparée qu'à celle qu'ont formée dans la mythologie postérieure le Vishnu aux trois pas, le Rudra (Çiva) aux trois mères, VII, 59, 12, de la mythologie védique, et le Brahmâ, successeur de Brahmanaspati, qui a trois séjours dans la même mythologie, c'est-à-dire trois divinités dont chacune est, dans une certaine mesure, équivalente à la triade entière.

TABLE DES MATIÈRES

CONTENUES DANS LE TOME PREMIER

	Pages.
INTRODUCTION.	I

PREMIÈRE PARTIE
LES ÉLÉMENTS DE LA MYTHOLOGIE VÉDIQUE DANS LES PHÉNOMÈNES NATURELS ET DANS LE CULTE.

CHAPITRE I. — Les mondes	1
CHAPITRE II. — Les éléments males	4
Section I. — Le ciel	4
Section II. — Le soleil	6
Section III. — L'éclair	9
Section IV. — Agni	11
§ I. — Différentes formes d'Agni. — Origine céleste du feu terrestre.	11
§ II. — Suite du précédent. — Origine céleste de la race humaine	31
§ III. — Retour du feu au ciel. — Mythes de l'autre vie.	70
§ IV. — Le sacrifice céleste.	101
§ V. — Action du sacrifice terrestre sur les phénomènes célestes.	121
§ VI. — Représentations d'Agni et des sacrificateurs.	142
Section V. — Soma.	148
§ I. — Différentes formes de Soma. — Origine céleste du Soma terrestre	148
§ II. — Suite du précédent	182
§ III. — Retour du Soma au ciel. — Mythes de l'autre vie.	189
§ IV. — Le sacrifice céleste	198
§ V. — Action du sacrifice terrestre sur les phénomènes célestes.	212
§ VI. — Représentations de Soma et des sacrificateurs.	221
Section VI. — Le personnage mythique du mâle	226
CHAPITRE III. — Les éléments femelles	236
Section I. — La terre. — Le ciel et la terre.	236
Section II. — L'aurore. — L'aurore et la nuit.	241
Section III. — L'eau de la nuée. — Les eaux en général.	251
Section IV. — Les offrandes	261
Section V. — Les prières	277
Section VI. — Le personnage mythique de la femelle	311

SAINT-OUEN (SEINE). — IMPRIMERIE JULES BOYER.
(Société générale d'Imprimerie et de Librairie.)

28ᵉ fascicule : Matériaux pour servir à l'histoire de la philosophie de l'Inde, par P. Regnaud, élève de l'Ecole des Hautes Etudes. 1ʳᵉ partie. 9 fr.
29ᵉ fascicule : Ormazd et Ahriman, leurs origines et leur histoire, par J. Darmesteter. 12 fr.
30ᵉ fascicule : Les Métaux dans les inscriptions égyptiennes, par C. R. Lepsius, traduit par W. Berend, avec des additions de l'auteur et accompagné de 2 pl. 12 fr.
31ᵉ fascicule : Histoire de la ville de Saint-Omer et de ses institutions jusqu'au xivᵉ siècle, par A. Giry, élève de l'Ecole des Hautes Etudes. 12 fr.
32ᵉ fascicule : Essai sur le règne de Trajan, par C. de la Berge, ancien élève de l'Ecole des Hautes Etudes. 12 fr.
33ᵉ fascicule : Etudes sur l'industrie et la classe industrielle à Paris au xiiiᵉ et au xivᵉ siècle, par G. Fagniez. 12 fr.
34ᵉ fascicule : Matériaux pour servir à l'histoire de la philosophie de l'Inde, par P. Regnaud, élève de l'Ecole des Hautes Etudes. — 2ᵉ partie (sous presse).
35ᵉ fascicule : Mélanges publiés par la section historique et philologique de l'Ecole des Hautes Etudes, avec 10 planches. 15 fr.

CHABANEAU (C.). Histoire et théorie de la conjugaison française. In-8°. 4 fr.
COLLECTION PHILOLOGIQUE. Recueil de travaux originaux ou traduits, relatifs à la philologie et à l'histoire littéraire.
1ᵉʳ fascicule : La théorie de Darwin ; de l'importance du langage pour l'histoire naturelle de l'homme, par A. Schleicher. In-8°. 2 fr.
2ᵉ fascicule : Dictionnaire des doublets ou doubles formes de la langue française, par A. Brachet. In-8°. 2 fr. 50
3ᵉ fascicule : De l'ordre des mots dans les langues anciennes comparées aux langues modernes, par H. Weil. In-8°. 3 fr. 50
4ᵉ fascicule : Dictionnaire des doublets ou doubles formes de la langue française, par A. Brachet. Supplément. 50 c.
5ᵉ fascicule : Les Noms de famille, par Eug. Ritter, prof. à l'Université de Genève. 3 fr. 50
6ᵉ fascicule : Etudes philologiques d'onomatologie normande. Noms de famille normands étudiés dans leurs rapports avec la vieille langue, et spécialement avec le dialecte normand ancien et moderne, par H. Moisy. 1 vol. in-8°. 8 fr.
7ᵉ fascicule : Essai sur la langue basque, par F. Ribary, professeur à l'Université de Pest. Traduit du hongrois, avec des notes complémentaires et suivi d'une notice bibliographique, par J. Vinson. In-8°. 5 fr.
8ᵉ fascicule : De conjugatione verbi « dare », à James Darmesteter. In-8°. 1 fr. 50
9ᵉ fascicule : De Floovante vetustiore gallico poemate, et de Merovingo cyclo scripsit et adjecit nunc primum edita Octaviani Floventis Sagæ versionem et excerpta e parisiensi codice « il libro de Fioravante. » A. Darmesteter. In-8°. 5 fr.
CONSTANS. Marie de Compiègne d'après l'Evangile aux femmes, texte publié pour la première fois dans son intégrité d'après les quatre manuscrits connus des xiiiᵉ, xivᵉ et xvᵉ siècles. Gr. in-8°. 3 fr.
CONSTANTIN (A.). La Statistique aux prises avec les grammairiens, ou essai sur les moyens de simplifier l'étude du genre des substantifs et celle de la conjugaison. In-8°. 4 fr.
DARMESTETER (A.). De la création actuelle des mots nouveaux dans la langue française et des lois qui la régissent. 1 vol. gr. in-8°. 10 fr.
DIEZ (F.). Grammaire des langues romanes. 3ᵉ édition refondue et augmentée. T. 1ᵉʳ, traduit par A. Brachet et G. Paris ; Tomes 2ᵉ et 3ᵉ, traduits par A. Morel-Fatio et G. Paris. Gr. in-8°. 36 fr.
FLAMENCA (le roman de), publié d'après le manuscrit unique de Carcassonne, avec introduction, sommaire, notes et glossaire, par P. Meyer. Gr. in-8°. 12 fr.
GEORGIAN (C.-D.). Essai sur le vocalisme roumain, précédé d'une étude historique et critique sur le roumain. Gr. in-8°. 3 fr.
GUESSARD (F.). Grammaires provençales de Hugues Faidit et de Raymon Vidal de Besaudun, xiiiᵉ siècle, 2ᵉ édit. In-8°. 5 fr.
HEINRICH (G.-A.). Histoire de la littérature allemande depuis les origines jusqu'à l'époque actuelle. 3 forts volumes in-8°. 24 fr.
HUMBOLDT (G. de). De l'origine des formes grammaticales et de leur influence sur le développement des idées, traduit par A. Tonnelé. In-8°. 2 fr.
HUSSON (H.). La Chaîne traditionnelle. Contes et Légendes au point de vue mythique. 1 vol. petit in-8°. 4 fr.
JOLY. Benoît de Sainte-More et le roman de Troie, ou les Métamorphoses d'Homère et de l'Epopée gréco-latine au moyen âge. 2 vol. in-4°. 100 fr.
— La Fosse du Soucy. Etude philologique. In-8°. 75 c.
JORET (C.). La Littérature allemande au xviiᵉ siècle dans ses rapports avec la littérature française et avec la littérature anglaise. Gr. in-8°. 1 fr. 50
— De Rhotacismo in indoeuropaeis ac potissimum in germanicis linguis, commentatio philologica. Gr. in-8°. 3 fr.

MEYER (P.). Documents manuscrits de l'ancienne littérature de la France conservés dans les Bibliothèques de la Grande-Bretagne. Première partie. Londres (Musée britannique), Durham, Edimbourg, Glasgow, Oxford (Bodléienne). 1 vol. in-8°. 6 fr.
— Manière (la) de langage qui enseigne à parler et à écrire le français. Modèles de conversation composés en Angleterre à la fin du XIVe siècle, et publiés d'après le manuscrit du Musée britannique Harl. 3988. Gr. in-8°. 3 fr.
NISARD (C.). Etude sur le langage populaire ou patois de Paris et de sa banlieue, précédée d'un coup d'œil sur le commerce de la France au moyen âge, les chemins qu'il suivait et l'influence qu'il a dû avoir sur le langage. 1 vol. in-8°. 7 fr. 50
PARCIC (A.). Grammaire de la langue serbo-croate. Traduction à l'usage des Français contenant des améliorations suggérées par l'auteur, avec une introduction par M. le Dr J.-B. Feuvrier. Gr. in-8°. 10 fr.
PARIS (G.). Etude sur le rôle de l'accent latin dans la langue française. In-8°. 4 fr.
— Histoire poétique de Charlemagne. Gr. in-8°. 20 fr.
— Dissertation critique sur le poëme latin du Ligurinus attribué à Gunther. In-8°. 3 fr.
— Le petit Poucet et la Grande-Ourse. 1 vol. in-16. 2 fr. 50
— Les Contes orientaux dans la littérature française du moyen âge. In-8°. 1 fr.
— Grammaire historique de la langue française. Cours professé à la Sorbonne en 1868. Leçon d'ouverture. 1 fr.
PUYMAIGRE (Comte de). La Cour littéraire de Don Juan II, roi de Castille. 2 vol. petit in-8°. 7 fr.
QUICHERAT (J.). De la formation française des anciens noms de lieu, traité pratique suivi de remarques sur des noms de lieu fournis par divers documents. Pet. in-8°. 4 fr.
RECUEIL d'anciens textes bas-latins, provençaux et français, accompagnés de deux glossaires et publiés par P. Meyer. 1re partie : bas-latin, provençal. Gr. in-8°. 6 fr.
— 2e partie : vieux français. Gr. in-8°. 6 fr.
ROLLAND (E.). Devinettes ou Énigmes populaires de la France, suivies de la réimpression d'un Recueil de 77 Indovinelli publié à Trévise en 1628. Pet. in-8°. 4 fr.

LES ANCIENS POÈTES DE LA FRANCE, publiés sous les auspices de S. Excellence M. le ministre de l'instruction publique, en exécution du décret impérial du 12 février 1854, et sous la direction de M. F. Guessard, in-12, cart. pap. vergé, caractères elzeviriens, t. I à X. — Volume II à VIII et X, le vol. 5 fr. — Volume IX, 7 fr. 50. — Sur papier fort vergé, vol. : II à VIII et X, le vol. 10 fr. — Volume IX, 15 fr. — Sur papier de Chine, tiré à 10 exemplaires. Le vol. 20 fr. — Le premier volume ne se vend plus séparément dans aucun des papiers.

Volumes publiés : Gui de Bourgogne, publié par MM. F. Guessard et H. Michelant. Otinel, publié par MM. F. Guessard et H. Michelant. Floovant, publié par MM. F. Guessard et H. Michelant. — II. Doon de Mayence, publié par M. A. Pey. III. Gaufrey, publié par MM. F. Guessard et F. Chabaille. — IV. Fierabras, publié par MM. A. Kroeber et G. Servois. — Parise la Duchesse, publié par MM. F. Guessard et Larchey. — V. Huon de Bordeaux, publié par MM. F. Guessard et C. Grandmaison. — VI. Aye d'Avignon, publié par MM. F. Guessard et P. Meyer. Gui de Nanteuil, publié par P. Meyer. — VII. Gaydon, publié par MM. F. Guessard et S. Luce. — VIII. Hugues Capet, publié par M. le marquis de La Grange. — IX. Macaire, publié par M. F. Guessard. — X. Aliscans, publié par MM. F. Guessard et A. de Montaiglon.

En préparation : Nouvelle série, format in-8° couronne. Chaque volume imprimé en caractères elzeviriens sera accompagné d'un glossaire spécial.

Sous presse : La Chanson de Garin de Monglane.

REVUE CELTIQUE, publiée avec le concours des principaux savants français et étrangers, par M. H. Gaidoz. 4 livraisons d'environ 130 pages chacune. — Prix d'abonnement : Paris, 20 fr.; départements, 22 fr.; édition sur papier de Hollande : Paris, 40 fr.; départements, 44 fr.

Le troisième volume est en cours de publication.

ROMANIA, recueil trimestriel consacré à l'étude des langues et des littératures romanes, publié par MM. Paul Meyer et Gaston Paris. Chaque numéro se compose de 160 pages qui forment à la fin de l'année 1 vol. gr. in-8° de 640 pages. Prix d'abonnement : Paris, 20 fr.; départements et pays d'Europe faisant partie de l'union postale, 22 fr.; édition sur papier de Hollande : Paris, 40 fr.; départements et pays d'Europe faisant partie de l'union postale, 44 fr.

La septième année est en cours de publication.

Aucune livraison de ces deux recueils n'est vendue séparément.

www.ingramcontent.com/pod-product-compliance
Lightning Source LLC
Chambersburg PA
CBHW050258170426
43202CB00011B/1733